북한법 변화를 통해서 보는
현대 북한의 이해

◆

임상순 김상범 김상원 김일한 박민주 엄현숙 오삼언 이수원
이창희 전수미 정원희 최효정 탁용달 하상섭 하승희 허정필 황주희

The Law

of

North Korea

박영사

목차

일러두기

본서는 국립국어원의 한글 맞춤법 규정을 따르되 일부 인용구, 표 등에서 북한 표기 방식을 사용하였음을 알립니다. 또한 각 장 저자의 집필 원고를 따르는 과정에서 북한 표기 방식과 한글 맞춤법 통일안의 표기가 혼재함을 밝힙니다.

김정은 시대 북한법의 이해:
북한에도 법이 있나요?

임상순 · 최효정

김정은 시대 북한법의 이해:
북한에도 법이 있나요?

김정은 시대 북한법의 이해 – 북한 '법제정법'을 중심으로

I 북한에도 법이 있나요?

북한에 법이 있는지 알아보기 위해서는 먼저 법이 무엇인지 살펴볼 필요가 있다. 우리나라 국가기관인 법제처는 법에 대해서 이렇게 설명한다. 민주주의 국가에서 법은 '국민의 기본적인 권리와 의무를 정하고 국가기관을 구성하는 근거가 되며, 행정관청이 국민을 위해 일하도록 만들고, 권리구제를 위한 재판의 근거가 되는 규범'이다.

북한에도 이러한 기능을 하는 법이 있다. 북한에서는 법이란 '모든 사람들의 사회생활, 사회적 활동을 통일적으로 규제하는 행동규범이자 준칙'이며, '법에 의하여 사람들의 집단적이고 조직적인 행동이 보장되고 사회의 질서가 정연하게 유지'된다고 설명한다. 그리고 법을 '사회주의 사회의 주인인 근로인민대중의 의사를 반영한 행동규범'이며, '사회의 모든 구성원들이 높은 정치적 자각을 가지고 의무적으로 지켜야 할 행동준칙'이라고 정의한다.

우리 헌법은 "모든 국민은 법 앞에 평등하다. 누구든지 성별·종교 또는 사회적 신분에 의하여 정치적·경제적·사회적·문화적 생활의 모든 영역에 있어서 차별을 받지 아니한다."라고 규정하고 있고, 대통령은 취임에 즈음하여 "나는 헌법을 준수하고 국가를 보위하며 조국의 평화적 통일과 국민의 자유와 복리의 증진 및 민족문화의 창달에 노력하여 대통령으로서의 직책을 성실히 수행할 것을 국민 앞에 엄숙히 선서"한다고 말한다. 이처럼 남한 국민은 누구도 예외없이 법 앞에 평등하며, 헌법은 대통령이 취임식에서 준수를 선서할 정도로 중요한 최고(最高)의 법이다.

이와 달리 북한은 「헌법」 제11조에 나와 있듯이 집권당인 조선로동당 규약과 지시 그리고 최고지도자인 김일성, 김정일, 김정은의 명령이 헌법보다 더 상위에 존재한다. 북한에서는 국가의 법이 집권 정당인 조선로동당의 정책을 관철하기 위한 수단이기 때문에 조선로동당이 국가의 법을 집행하는 과정을 통제하고 지도하며, 각급 조선로동당 조직은 해당 지역 단위에서 국가의 법이 정확히 집행되도록 책임지고 지도, 통제한다. 한마디로 북한의 법은 남한의 법과 달리 집권 정당인 조선로동당과 최고지도자인 김정은의 지시와 명령의 하위에 놓여 있다고 할 수 있다.

그럼에도 불구하고, 북한법은 북한 행정기관의 업무수행과 주민들의 생활을 규율하는 규범으로서 적절히 작동하고 있으며 북한 정권은 북한 주민에게 준법의식을 강조한다. 북한 최고지도자인 김정은 국무위원장은 법을 '혁명의 성과를 수호하고 사회주의 제도를 공고히 발전시키며 인민의 권리와 이익을 옹호 보장하는 강력한 무기'라고 하면서 "법 규범과 규정을 보다 세분화, 구체화하고 과학적으로 제정하고 제때에 개정함으로써 사회주의 국가 인민들의 정치실현을 믿음직하게 담보하여야 한다."라고 주장한다. 그리고 온 사회에 준법기풍을 철저히 확립하여 전체 인민이 높은 준법의식을 가지고 국가의 법을 존엄 있게 대하고 의무적으로 준수하도록 하며, 법 적용에서 과학성과 객관성, 공정성과 신중성을 철저히 견지함으로써 '법이 인민을 지키고, 인민이 법을 지키는 법치국가'를 만들어야 한다고 하였다. 이를 통해 김정은 정권이 '법에 의한 통치'를 보다 공고히 하고자 하는 의도를 가지고 있음을 알 수 있다.

Ⅱ 북한에는 어떤 법이 있나요?

법은 기능과 효력에 있어 일정한 체계를 가지고 있다. 보통 법이라고 하면 국회에서 만드는 법률을 가리키지만, 국민의 일상생활에 법률 못지않게 중요한 영향을 미치는 법이 있는데, 여기에는 헌법, 행정부에서 법률을 집행하기 위해 만드는 명령(대통령령·총리령·부령), 지방자치단체가 제정하는 조례와 지방의회에서 정하는 규칙이 있다. 넓은 의미에서 '법'은 이 다섯 가지 종류의 법 규범, 즉 헌법, 법률, 명령, 조례, 규칙을 의미한다.

북한도 남한과 비슷하게 헌법과 3가지 종류의 법 규범이 있다. 북한은 현재의 최고지도자인 김정은 국무위원장이 집권한 해인 2012년 우리의 국회 격인 최고인민회의에서「법제정법」을 통과시켰는데, 이 법에 헌법을 제외한 3개의 법 규범(부문법, 규정, 세칙)에 대한 자세한 설명이 포함되어 있다.「법제정법」은 총 8장 75개 조항이며, 1장 '법제정법의 기본', 2장 '최고인민회의와 최고인민회의 상임위원회의 법제정', 3장 '내각의 규정제정', 4장 '내각위원회, 성의 세칙제정', 5장 '도(직할시) 인민회의와 인민위원회의 세칙제정', 6장 '법문건의 효력', 7장 '법문건의 작성과 법체계화', 8장 '법적책임'으로 구성되어 있다. 이하에서는「법제정법」에 규정된 부문법, 규정, 세칙에 대해 살펴보고자 한다.

1. 부문법

북한의 헌법이 부문법에 비해 상위법이라면, 북한의 부문법은 헌법에 대해 하위법으로서의 위상을 가진다. 부문법은 최고주권기관인 최고인민회의와 최고인민회의 상임위원회에서 제정되고 개정된다. 부문법은 헌법에 기초하여 일정한 부문의 사회관계를 규제하는 법으로서, 부문 기본법과 부속법으로 구분된다. 부문법을 제정하고 개정하는 최고인민회의는 우리의 국회와 마찬가지로 법을 만들고 수정하는 입법권을 행사한다. 최고인민회의가 휴회하는 중에는 최고인민회의 내부에 설치되어 있는 최고인민회의 상임위원회가 입법권을 가진다. 최고인민회의는 헌법을 개정하거나 부문법을 제정 또는 개정하며, 최고인민회의의 휴회 중에 최고인민회의 상임위원회가 채택한 중요 부문법을 승인하는 역할을 한다.

북한에서는 부문법으로 정하는 사항을 11가지로 구분하고 있는데, 각 사항을 국가 관련 사무와 공민 관련 사무의 영역으로 나누어 정리하면 <표1-1>과 같다.

표 1-1 북한 부문법 규정 사항 구분

구분	규정 항목
국가 관련 사무	국가형태, 국적, 국가영역, 국가 상징 같은 국가주권 사항
	각급 주권기관, 행정 집행기관, 사법 검찰기관의 조직과 권한
	경제관리 및 특수경제지대의 기본제도
	국방, 국가안전 및 외교의 기본제도
	조국 통일 및 남북관계
공민 관련 사무	범죄와 형벌
	공민에 대한 정치적 권리의 박탈, 신체의 자유를 제한하는 강제조치와 처벌
	민사기본제도

	소송과 중재제도
	교육, 보건 등 문화의 기본제도
기타 사무	그 밖에 반드시 최고인민회의 및 최고인민회의 상임위원회가 법령으로 규정하여야 할 사항

위의 표에서 보듯이, 북한에서 부문법으로 정하는 11가지 사항 중 국가 관련 사무가 5가지, 공민 관련 사무가 5가지, 기타 사무가 1가지로서, 국가 관련 사무와 공민 관련 사무의 비중이 같음을 알 수 있다.

가. 최고인민회의 법 제정 및 개정

최고인민회의에서 다룰 법안은 우리의 국회의원에 해당하는 최고인민회의 대의원들과 북한 국무위원회 위원장, 국무위원회, 최고인민회의 상임위원회, 내각과 최고인민회의 내부 위원회에서 제출할 수 있다. 최고인민회의에 법안이 제출되기 전에 최고인민회의 법제위원회에서 사전 심의하게 되는데, 법제위원회는 해당 법안을 최고인민회의에 상정할 것인지 여부를 결정하게 된다.

최고인민회의에 상정된 법안은 보고, 초안낭독, 토론의 과정을 거친다. 단, 대의원들에게 초안이 미리 배포된 경우에는 초안낭독을 생략할 수 있다. 이 과정에서 수정보충의견이 제기되면 그 의견이 초안에 반영된다.

최고인민회의에서 법안의 채택여부는 대의원들이 손을 들어 의사를 표시하는 거수방식에 의해 결정된다. 법안이 채택되기 위해서는 회의에 참석한 대의원의 과반수가 찬성하여야 한다. 「헌법」 개정의 경우에는 전체 대의원 3분의 2 이상의 찬성이 필요하다.

최고인민회의 의장은 채택된 법령을 공포한다. 한편, 최고인민회의 상임위원회가 최고인민회의 휴회기간에 채택한 중요 부문법은 최고인민회의 승인을 얻어야 한다. 최고인민회의의 승인절차는 법안 채택절차와 동일하다.

나. 최고인민회의 상임위원회 법 제정 및 개정

최고인민회의 상임위원회에서 다룰 법안은 최고인민회의 대의원들과 내각, 최고인민회의 내부 위원회, 최고인민회의 상임위원회 내부 위원회에서 제출한다. 최고인민회의 상임위원회에 법안이 제출되기 전에 최고인민회의 법제위원회에서 해당 법안을 먼저 심의한다. 이 사전 심의를 통과한 법안만이 최고인민회의 상임위원회에 제출된다.

최고인민회의 상임위원회에 제출된 법안은 상임위원회 전원회의에서 심의한다. 심의는 초안 낭독, 토론의 방법으로 이루어진다. 위원들에게 초안이 배포된 경우에는 초안낭독을 생략할 수 있다. 최고인민회의 상임위원회 전원회의에 참석한 위원의 과반수 찬성으로 법안이 채택된다. 채택된 부문법은 최고인민회의 상임위원장이 공포한다. 한편, 최고인민회의 상임위원회는 헌법과 부문법, 최고인민회의 상임위원회가 채택한 규정에 대한 해석권을 가진다.

2. 규정

규정이란 부문법을 전국적 범위에서 집행하기 위하여 그 내용을 구체화하거나, 아직 부문법을 제정할 조건이 성숙하지 않은 경우, 실무적인 내용들을 구체적으로 규제해야 할 경우 제정하는 법 규범이다.

규정은 헌법과 부문법에 기초하여 우리의 행정부에 해당하는 북한의 내각에서 제정하거나 개정한다. 규정은 부문법을 집행하기 위해서 제정하는 경우 또는 부문법에서 보다 구체화하여야 할 사항을 명시하는 경우 또는 부문법에서 내각이 정하도록 위임한 경우 제정된다. 하나의 부문법 집행을 위하여 여러 개 규정을 만들 수도 있다. 규정안은 내각 위원회와 내각의 각 부서(북한에서는 이 부서를 '성'이라고 한다.)에서 제출한다. 규정안의 심의와 채택 절차는 내각이

정하며, 규정의 공포와 규정의 해석 모두 내각이 한다.

내각은 부문법이 새로 제정되었을 때에는 그 법이 공포된 날로부터 3개월 이내에 해당 법 집행을 위한 규정을 제정하여야 하며, 부문법이 개정되었을 경우에는 그 법이 공포된 날로부터 2개월 안에 해당 규정을 개정하여야 한다. 다만, 정책적으로 시급한 경우에는 해당 부문법이 공포된 후 빠른 시일 안에 규정을 제정하거나 개정하여야 한다.

3. 세칙

세칙이란 부문법이나 규정을 일정한 부문이나 지역의 특성에 맞게 내용을 보다 상세하게 규정하는 법 규범이다. 세칙을 제정 및 개정할 권한을 가진 기관은 내각 위원회와 내각 부서, 도(직할시) 인민회의와 인민위원회이다.

가. 내각 위원회와 내각 부서 세칙 제정 및 개정

내각 위원회, 내각 부서는 부문법과 내각 규정에 기초하여 해당 기관의 권한 범위 내에서 세칙을 제정하거나 개정한다. 내각 위원회, 내각 부서는 부문법이나 내각 규정을 집행하기 위하여 그 내용을 더 구체화할 필요가 있는 사항 또는 부문법이나 내각 규정에서 해당 기관이 정하도록 위임한 사항에 대하여 세칙을 제정할 수 있다.

내각 위원회, 내각 부서는 규정이 새로 제정되어 공포되면 그 집행을 위한 세칙을 3개월 이내에 제정하여야 한다. 규정이 개정된 경우에는 그것이 공포된 후 2개월 이내에 해당 세칙을 개정하여야 한다. 다만, 정책적으로 시급한 경우 해당 규정이 공포된 후 빠른 시일 안에 세칙을 제정 및 개정하여야 한다.

세칙안의 작성은 해당 내각 위원회와 내각 부서에서 한다. 2개 이상의 내각

위원회 또는 내각 부서의 권한범위와 관련되는 사항인 경우에는 해당 위원회와 내각 부서가 공동으로 작성할 수 있다. 내각 위원회와 내각 부서가 제출한 세칙안은 내각의 검토를 받는다. 세칙안의 심의와 채택 절차는 내각이 정한다. 내각 위원회와 내각 부서는 세칙에 대한 해석 권한을 가진다.

나. 도(직할시) 인민회의와 인민위원회 세칙 제정 및 개정

북한의 도(직할시)는 남한 행정구역 중 광역단체인 도, 특별시, 광역시에 해당한다. 그리고 북한의 도(직할시) 인민회의와 도(직할시) 인민위원회는 남한의 도(특별시, 광역시) 의회와 도청(특별시청, 광역시청)에 해당한다.

세칙의 제정 및 개정 권한은 도(직할시) 인민회의에 있으며, 도(직할시) 인민회의가 휴회하는 동안에는 인민위원회가 세칙의 제정 및 개정 권한을 갖는다. 도(직할시) 인민회의와 인민위원회는 자기가 관할하는 특수경제지대와 관련되는 사항 또는 부문법이나 규정에서 위임한 사항에 해당하는 경우 세칙을 제정할 수 있다.

세칙안은 도(직할시) 인민위원회가 만들며 내각의 검토를 받아야 한다. 도(직할시) 인민회의와 인민위원회가 세칙안을 제출하고 심의하고 채택하는 절차는 각 인민회의와 인민위원회에서 정한 규정에 따른다. 세칙에 대한 해석 권한도 각 인민회의와 인민위원회가 갖는다.

Ⅲ 북한에도 법 제정 원칙과 법 적용 원칙이 있나요?

1. 북한법의 제정 원칙

북한 「법제정법」에 의하면 북한에는 '당의 노선과 정책을 구현할데 대한 원칙', '인민의 의사를 반영할데 대한 원칙', '현실성, 과학성 보장원칙', '준법성 보장원칙' 등 총 4개의 법 제정 원칙이 있다.

첫 번째 원칙은 '당의 노선과 정책을 구현할 데 대한 원칙'으로서, 국가는 법 제정 사업에서 집권당인 조선로동당의 노선과 정책을 정확히 구현하여야 한다. 이 원칙과 관련하여 김정일 국방위원장은 '법은 정치를 표현한 것이기 때문에 정치를 떠나서는 법을 제정할 수도 없고 집행할 수도 없다. 우리의 법은 당 정책을 실현하며 당 정책을 옹호하기 위하여 만든 것이기 때문에 법이 당의 영도, 정치에 충실해야만 자기의 사명과 역할을 다할 수 있다.'고 강조한 바 있다.

두 번째 원칙은 '인민의 의사를 반영할데 대한 원칙'으로서, 국가는 광범위한 군중을 법 제정 사업에 적극 참가시키며 법에 인민의 의사를 정확히 반영해야 한다. 북한 정권은 「사회주의헌법」을 비롯한 모든 법들이 다 북한 인민의 요구와 의사를 반영하여 제정된다고 주장한다.

세 번째 원칙은 '현실성, 과학성 보장원칙'으로서, 국가는 법을 현실에 맞게 세분화, 구체화하고, 과학적으로 제정 완성하며 제때에 수정 보충하여야 한다. 북한 정권은 사회주의 제도가 더욱 공고히 발전하기 위해서는 시대의 변화에 맞게 법을 개정하고 끊임없이 완비해 나가야 한다고 설명한다.

네 번째 원칙은 '준법성 보장원칙'으로서, 국가는 주민들이 법을 준수할 수 있도록 정해진 권한과 절차에 따라 그리고 「사회주의헌법」의 요구에 맞게 법 제정 사업을 진행하며 법체계의 통일성을 보장하여야 한다. 이 원칙과 관련하여 김정일 국방위원장은 '공화국 공민에게 있어서 「사회주의헌법」을 비롯한 모든 법 규범과 규정을 지키고 집행하는 것은 신성한 의무이며, 공민으로서 사회주의 법을 어긴다면 그것은 공민된 자격을 스스로 저버리는 것'이라고 강조하기도 하였다.

2. 북한법의 적용 원칙

북한법도 남한법과 마찬가지로 법 규범 적용에 있어서 상위법 우선의 원칙, 특별법 우선의 원칙, 신법 우선의 원칙이 작동한다.

상위법 우선의 원칙이란 법 규범에 등급을 두고, 상위 등급의 법 규범이 하위 등급의 법 규범보다 우선하여 적용하는 원칙을 말한다. 북한 「법제정법」에 규정된 상위법 우선의 원칙을 남한법 규범과의 비교를 통해 살펴보면 다음과 같다.

표 1-2 남북한 법 규범의 상위법 우선 원칙 정리

남한		북한	
우선 순서	제정 주체	우선 순서	제정 주체
헌법	국회 → 국민투표	헌법	최고인민회의
법률	국회	부문법	최고인민회의/최고인민회의 상임위원회
명령	대통령, 국무총리, 행정 각 부의 장	규정	내각
조례	지방의회	세칙	내각 위원회/내각 각 부서도 (직할시) 인민회의/인민위원회
규칙	지방자치단체의 장		

위의 표에서 보듯이, 남북한 모두 법 적용에서 상위법 우선의 원칙을 채택하고 있으며, 헌법, 법률(부문법), 명령(규정), 조례와 규칙(세칙)의 제정 주체가 비슷하다는 것을 확인할 수 있다.

북한은 법 적용에서 상위법 우선의 원칙과 함께 특별법 우선의 원칙, 신법 우선의 원칙도 수용하고 있다. 북한 「법제정법」 제51조에 의하면, "한 기관이 낸 법 문건에서 같은 사항에 대하여 특별법 규범과 일반법 규범이 서로 다를 경우에는 특별법 규범을 우선 적용한다. 그리고 후에 나온 법 규범과 먼저 나온 법 규범이 서로 다를 경우에는 후에 나온 법 규범을 우선 적용한다."라고 규정하고 있다.

Ⅳ 북한의 법 현실은 어떠한가요?

1. 북한법의 실효성과 '준법기풍'

북한법의 체계를 살펴봤다면 이번에는 북한법의 현실은 어떠한지 알아보자. 북한에서는 김일성·김정일·김정은 교시와 당규약, 강령이 법률보다 우선시된다. 그런데 이것과 관련해 북한법을 연구하는 많은 학자는 "교시가 법률보다 더 우위에 있는데 법률의 실효성이 있겠어?" 하고 의문을 제기하는 경우가 많다. 실제로 북한법에는 규범력이 없다는 논의가 있어 왔다. 그러나 김일성·김정일·김정은 3대의 교시와 당규약이 법률보다 상위에 있다는 것은 단지 규범의 위계를 드러낼 뿐 그것 자체가 북한법에 효력이 없다는 것을 의미하지는 않는다.

북한은 「헌법」을 개정하면서 조선로동당의 영도를 명문화하였다.[1] 당의 영도를 법으로 규정했다는 것은 헌법이 당의 영도 아래에 있다는 상하 위계의 의미도 되지만, 다른 한편으로는 두 규범의 맥락이 서로 통한다는 것을 드러내기도 한다. 당의 영도와 헌법의 상통은 결국, 북한 법률이 당 정책 실현을 위한 수단으로 작동하며, 법률 조항에도 당의 의지가 반영되어 있다는 것을 뜻한다. 헌법의 하위법인 부문법, 규정, 세칙도 마찬가지로 당규약과 헌법과의 연관성을 고려하여 제정 및 개정된다.

북한의 법은 '기본권 보장을 위한 수단'이기보다 '통치권을 강화하는 수단'으로 작용한다는 비판도 존재한다. 그러나 북한에서 새로 제정, 개정되는 법률을 보면 사회통제나 경제관리뿐만 아니라 사회보장과 인권 관련 법률도 존재한다. 예컨대 「장애자보호법」, 「년로자보호법」, 「사회보험 및 사회보장법」 등이 그러하다. 물론 이러한 법률에 명시된 국가의 사회적 책임이 현실 속에서 얼마나 잘 이행되고 있는지 판단하기는 어렵다. 북한이 대외적으로 정상국가로 보이도록 하기 위한 포석이라고 해석할 수도 있다. 하지만 북한에서도 법률을 통해 취약계층에 대한 국가의 보호 책임을 명시하고, 행정 기관들의 역할을 법적으로 규정하고 있는 것은 분명하다.

북한에도 법의 위반을 판단하기 위한 사법체계가 존재한다. 중앙재판소, 도(직할시)재판소, 인민재판소 등의 재판기관과 군사재판소와 철도재판소의 특별재판소가 있다. 관련 법으로는 「재판소구성법」이 있다. 출간된 지 오래되기는 했지만 한 부부의 이혼청구소송을 소재로 재판 과정을 유추해볼 수 있는 북한 소설도 있다. 바로 백남룡 작가의 '벗'이다. 이 소설은 1988년 출간되어 북한에서 엄청난 인기를 얻었으며, 2020년에는 미국에서 출판되어 '라이브러리 저널'이 선정한 '최우수소설' 상을 받기도 했다. 이 소설의 주인공은 이혼 소송을 맡은 판사이다. 사건과 관련해 발품을 팔며 아내의 이야기, 남편의 이야기를 차근차근 듣고 판결하는 과정을 담았다. 이 소설에서는 북한의 사법부가 실질적으로 작동하고 있는 것으로 묘사되는데, 물론 소설 내용이 현실과 일치하는 것은 아니지만 사법체계의 존재는 짐작할 수 있다.

김정은 시기에 들어 북한은 주민들에게 준법의식과 준법기풍 확립을 매우 강조하고 있다. 북한이 주민들에게 '준법'을 강조하는 것은 법을 통해 사회를 통치하고자 하는 의지의 반영이자, 동시에 법치를 통해 대내외적으로 정상국가로 비춰지기 위한 노력의 일부로 볼 수 있다. 북한에서 '준법기풍'이 본격적으로 강조된 것은 2019년이다. 2019년 2월 노동신문에 "준법기풍을 전 사회적인 기강으로 확립하는 것은 사회주의 강국 건설의 필수적 요구"라는 기사가 실렸다. 이 기사에서는 준법기풍을 국풍이 되도록 하자고 주장하였으며, '준법기풍'을 당의 영도 사업으로 규정하기도 했다.[2]

북한은 사회주의 법무생활에 모범적인 기관에 모범준법단위 칭호를 수여하고 모범준법단위 칭호쟁취 운동을 전개하기도 한다. 2020년 8월 14일자 노동신문에 따르면 지난 13년간 전국각지에서 2,000여 개 단위가 모범준법단위 칭호를 쟁취했다고 한다. 2022년에는 하반기에만 300여 개 단위가 해당 칭호를 받았으며 2023년에는 700여 개 단위가 수여받았다.[3] 사회주의 법률제도를 강화하라는 김정은의 연설 및 지시에 맞게 북한은 준법기풍의 확립을 지속적으로 주창하고 있다.

2. 법을 해설해 주는 '법무해설원'

북한의 주민들은 법률에 대한 지식을 어떻게 얻게 될까? 북한이탈 주민들에 따르면 법에 대한 내용은 주로 인민반에서 설명해 준다. 남한에서는 일부러 찾아가지 않는 이상 법률 관련 강습을 들을 기회가 많지 않지만 북한은 다르다. 북한의 기업, 기관소, 단체 등에는 남한에는 없는 직책이 있는데, 바로 법무해설원이다. 주민들에게 법률의 구체적인 내용을 알려주고 전달해주는 사람이 바로 '법무해설원'이다. 북한 주민들은 주로 자신이 속한 기관, 기업소, 사회단체, 인민반 등에서 열리는 강습, 강연회에서 법무해설원의 해설을 통해 법률을 인지하게 된다.

북한에서 법무해설원은 법 해설과 준법 감시, 주민 생활 전반에 대한 규율을 담당한다. 주로 기관, 기업소, 사회협동단체의 단위책임자들이 법무해설원의 역할을 수행한다. 어떤 특정한 사람이 법무해설원으로서의 직업을 가지는 것은 아니고, 해당 기관, 기업소의 단위책임자가 국가가 제정한 법 규범, 도덕 규범, 사회규범의 영역까지 포괄하여 법무해설 활동을 한다.[4] 법무해설원들은 시범교육과 경험토론회를 진행하면서 다양한 형식과 방법으로 법 해설 선전사업을 실시한다. 한 사례로 안주철도화학공장의 법무해설원은 사회주의 노동법의 요구대로 사업을 이끌어가고 노동규율 규정을 준수하도록 하기 위해 법 해설 담화자료를 만들어 준법교양사업을 실시했다고 한다.[5]

법무해설원들의 해설은 전체 종업원이 모이는 기회 또는 날마다 진행되는 '일 생산 및 재정 총화모임' 시간에 실시되기도 한다. 주로 작업반을 위주로 하고 구체적인 실정에 맞게 진행된다. 법무해설원들은 법 해설뿐만 아니라 준법 감시, 생산성 선도 등의 역할도 맡는다. 법무해설원을 지원하고 통제하는 단위는 각급의 인민위원회이다. 인민위원회들은 매월 1회 법무해설원의 날을 운영하는데 대체로 매월 첫째 주에 연다.[6] 2023년 8월에는 원산시와 평성시에서 '전국준법 교양자료 전시회'가 열리기도 하였다. 이 전시회에서는 법 해설자료와 직관물, 녹음 및 다매체 편집물을 비롯한 40여 종 1만여 점의 준법 교양자료와 수단들이 출품됐다.[7] 또한 2023년 1월에 「평양문화어보호법」이 채택된 이후 당및 근로단체 조직들에서도 「평양문화어보호법」 해설문을 가지고 강연회를 열라고 지시하고 있다는 소식이 있다.[8] 해당 기사는 2023년 2월에 보도된 것으로서 법률 채택 이후 비교적 이른 시기에 법무 해설 강습이 열린 것이다. 최근까지도 법무해설원들의 역할이 지속되고 있음을 알 수 있다.

3. 법을 위반한 사람에 대한 처벌

우리나라에서도 사형, 징역, 금고, 자격상실, 자격정지, 벌금, 구류, 과료, 몰수 등 9종의 형벌이 존재하는 것처럼 북한에서도 법률을 위반하면 처벌을 받는다. 북한의 「형법」에 따르면 형벌의 종류는 다음의 9가지이다.

표 1-3 북한 형벌 종류와 남한과의 비교

	북한 형벌 종류	내용	북한	남한
기본 형벌	1. 사형	생명형	사형	
	2. 무기 노동교화형	- 교화소에서 노동시키는 형벌 - 유기노동교화형기간은 1~15년	노동교화형	징역
	3. 유기 노동교화형			
	4. 노동단련형	- 노동단련대에서 노동시키는 형벌 - 노동단련형 기간은 6개월~1년	노동단련형	–
부가 형벌	5. 선거권 박탈형	반국가범죄를 저지른 사람의 선거권과 피선거권 제한	선거권 박탈형	자격정지 자격상실
	6. 재산몰수형	- 재산을 무상으로 국가에 넘김	재산몰수형	몰수
	7. 벌금형	- 반국가 및 반민족범죄를 저지른 자에게 물질적 제재	벌금형	
	8. 자격박탈형		자격박탈형	자격상실
	9. 자격정지형		자격정지(형)	

출처: 북한 「형법」, 통일교육원 청소년 통일사전 "[북한체제] 인민재판(형벌제도)" 참고.

김정은이 권력을 이어 받고 2012년 4월 13일에 북한 「헌법」이 개정됨에 따라 북한 「형법」에도 많은 변화가 생겼다. 대표적으로는 노동단련형의 양형 범위가 기존의 2년에서 1년으로 줄어들었다. 또한 벌금형이 새로 생겼다.[9] 북한의 형벌 중 사형, 노동교화형, 노동단련형은 기본형벌이고 선거권 박탈형, 벌금형 등은 기본형벌에 더해지는 부가형벌이다. 남한이 범죄자 격리에 중심을 둔다면 북한은 범죄자의 노동력 제공에 중점을 두고 있다. 그래서 북한에서는 대부분의 범죄를 노동형으로 처벌한다.[10] 노동형 중 노동교화형은 남한의 징역형과 비슷하다. 노동단련형은 남한의 사회봉사명령제도와 유사하지만 그보다는 무거운 처벌이다.

북한에서는 선거권 박탈형이 별도로 존재하는데, 이는 반국가범죄(형법 제 61-69조)를 저지른 사람에게 적용된다. 이에 비해 남한의 「형법」은 제43조 2항 (형의 선고와 자격상실, 자격정지)에서 다른 자격들과 함께 '공법상 선거권과 피선거권의 자격상실, 자격정지'를 규정하고 있다. 이는 사형, 무기징역 또는 무기금고 판결을 받은 사람에 한해 적용된다.

북한에서는 선거가 매우 중요한 행사이고 선거일은 축제 분위기로 진행된다. 또한 선거에 참여하지 않으면 정치적으로 낙오자가 된다는 인식이 있다. 실제로 2023년 지방인민회의 대의원 선거와 2019년 최고인민회의 대의원 선거에서 투표율은 모두 99%를 상회하였다. 북한에는 육체적 생명과 함께 사회정치적 생명이 존재한다는 생명관이 있다. 선거 참여는 개인의 사회정치적 위상과도 밀접하게 연관돼 있기에 북한에서 선거권 박탈은 엄중한 형벌이 되는 것이다.

북한의 노동교화형은 교화소에 가는 것이고, 노동단련형은 노동단련대에 가는 것이다. 노동교화형이 노동단련형보다 더 높은 형벌이다. 노동교화형 집행기간에는 공민으로서의 권리가 일부 정지되고, 노동단련형 집행기간에는 공민의 권리가 보장되는 것이 큰 차이점이다.

「반동사상문화배격법」의 제27조 괴뢰사상문화전파죄는 "괴뢰영화나 록화물, 편집물, 도서, 노래, 그림, 사진 같은 것을 보았거나 들었거나 보관한자 또는 괴뢰노래, 그림, 사진, 도안 같은 것을 류입, 류포한자는 5년 이상 10년 이하의 로동교화형에 처한다. 정상이 무거운 경우에는 10년 이상의 로동교화형에 처한다."라고 규정하고 있다. 또한 「평양문화어보호법」 제58조 괴뢰말투사용죄는 "괴뢰말투로 말하거나 글을 쓰거나 괴뢰말투로 된 통보문, 전자우편을 주고

받거나 괴뢰말 또는 괴뢰서체로 표기된 인쇄물, 록화물, 편집물, 그림, 사진, 족자 같은 것을 만든 자는 6년이상의 로동교화형에 처한다. 정상이 무거운 경우에는 무기로동교화형 또는 사형에 처한다."라고 되어 있다. 매우 강력한 죄로 다루고 있음을 알 수 있다.

2020년 조사한 바에 따르면 교화소에는 주로 「반동사상문화배격법」 위반, 비사회주의·반사회주의 행위자, 살인, 강도, 밀수, 마약, 유괴 순으로 수감자가 많다. 또한 국가재산탐오낭비죄(행정처벌법 제88조), 대외적권위훼손죄(형법 제272조)도 많으며, 코로나 시기에는 비법월경죄(인민보안단속법 제28조)로 수감되는 인원은 줄었다고 한다.[11] 국가재산탐오낭비죄는 국가재산을 횡령하거나 함부로 낭비하는 자에 대해 행정적으로 처벌하는 것이고, 대외적권위훼손죄는 북한 주민이 다른 나라에서 북한의 권위를 훼손시키는 행위를 하는 경우의 죄이다. 비법월경죄는 불법으로 밀수, 밀매하거나 허가 없이 국경을 넘나드는 행위에 대한 죄이다.

김정은 시대에 들어 새롭게 생긴 벌금 처벌은 「구타행위방지법」, 「도로교통법」, 「소방법」, 「폭발물처리법」, 「평양문화어보호법」, 「행정구역법」, 「행정처벌법」 등 여러 법에 규정되어 있다. 「평양문화어보호법」에는 구체적으로 벌금 액수까지 기재돼 있는데, "국가적으로 지정된 괴뢰말투 제거용 프로그램을 설치하지 않고 손전화기, 콤퓨터, 봉사기 같은 것을 리용하였을 경우", "자녀들에 대한 교양과 통제를 바로하지 않아 괴뢰말투를 본따는 현상이 나타나게 하였을 경우", "새용어를 언어사정기관의 심의를 받지 않고 사용하여 사회 언어 생활에 부정적 영향을 주었을 경우" 등에 기관, 기업소, 단체에는 100~150만 원, 공민에게는 10~15만 원의 벌금을 물린다고 되어 있다.

북한의 형벌에 대해 살펴보았는데, 그렇다면 북한 주민들은 실제로 이러한 법률을 잘 준수하고 있을까? 북한 당국이 준법을 강조한다는 것은 거꾸로 보면 그만큼 준법을 강조해야 할 필요성이 있다는 것을 뜻한다. 다시 말해, 실생활에서는 법률 준수가 잘 이뤄지지 않는 것의 반증일 수 있다. 물론, 북한에서 법률이 얼마나 잘 지켜지는지 파악하기는 어렵다. 다만 북한에서 가장 많이 통제하는 것 중 하나인 한국 드라마, 영화 시청과 관련한 북한 주민들의 인식을 통해 일부 유추할 수 있다.

북한은 반사회주의, 비사회주의 현상을 철저히 단속하고 한국 문화와 사회에 대해 동경을 갖는 것을 방지하고자 2020년에 「반동사상문화배격법」, 2021년에 「청년교양보장법」, 2023년에 「평양문화어보호법」 등을 채택하였다. 유사한 조항이 담긴 법률이 계속 나오고 처벌이 강화되는 것은 그만큼 법률의 실효성에 의문을 제기하게 한다. 실제로 북한이탈 주민들에게 이러한 법률과 현실의 상관성을 질문하면 처음에는 바짝 조심해야겠다는 분위기가 있지만 시간이 흐르면서 점차 원래대로 돌아가는 분위기라는 답변이 다수이다. 본보기(시범)로 걸리면 크게 화를 입을 수 있으니 초반에만 조심하면 된다는 것이다. 초반을 무사히 넘긴 후에는 단속에 걸려도 대부분 뒷돈으로 해결하는 경우가 많다고 한다. 그럼에도 북한이 지속적으로 관련 사안에 대한 처벌을 반복하고 강화한다면 주민들은 스스로를 검열하고 규범을 내재화할 가능성이 있다. 주민들에 대한 통제 관련 법과 북한 사회의 법 현실이 어떻게 지속 또는 변화될지 귀추가 주목된다.

마무리

북한법의 체계와 위상, 제정 원칙과 적용 원칙, 실효성 등에 대해 알아보았다. 남한의 법이 헌법과 법률, 명령, 조례, 규칙의 다섯 종류로 이뤄진 데 비해, 북한의 법은 헌법과 부문법, 규정, 세칙의 네 종류로 구성된다. 법의 위상은 남북한이 다소 다르다. 남한 헌법에서는 모든 국민이 법 앞에 평등하며, 차별받지 않을 것을 규정하고 있으나, 북한에서 헌법은 최고지도자인 김일성, 김정일, 김정은의 명령과 조선로동당 규약과 지시의 하위에 위치한다. 북한은 조선로동당의 영도 밑에 모든 활동을 진행하고, 그러한 조선로동당 위에는 최고지도자가 있기 때문이다.

북한의 부문법은 헌법에 기초해 일정 부문의 사회관계를 규제하는 것으로 국가 관련 사무와 공민 관련 사무, 기타 사무의 영역이 있다. 이러한 부문법은 최고인민회의 또는 최고인민회의 상임위원회에서 채택된다. 헌법의 경우 전체 최고인민회의 대의원의 3분의 2 이상의 찬성이 필요하지만, 부문법은 회의에 참석한 대의원의 과반수만 찬성하면 된다. 규정은 부문법을 전국적 범위에서 집행하기 위해 실무적인 부분을 구체화한 법이다. 규정은 헌법과 부문법에 기초하여 남한의 행정부에 해당하는 내각에서 제정하거나 개정한다. 하나의 부문법을 집행하기 위해 여러 개의 규정을 제정하기도 한다. 세칙은 부문법이나 규정을 일정 부문이나 지역적 특성에 맞게 더욱 상세하게 규정한 것이다. 세칙을 제정할 권한은 내각 위원회와 내각 부서, 도(직할시) 인민위원회에 있다.

북한에도 법을 제정하는 원칙이 있다. 첫째는 '당의 노선과 정책 구현'이다. 둘째는 '인민의 의사 반영'이다. 북한은 법 제정에 인민을 적극 참여시키고 의사를 정확히 반영해야 한다고 하나, 실질적으로 이것이 얼마나 이뤄지고 있는지는 좀 더 검토가 필요하다. 셋째는 '현실성, 과학성 보장' 원칙이다. 이는 법을 현실에 맞게 구체화하고 제때 수정하는 것을 말한다. 넷째는 '준법성 보장' 원칙이다. 이 원칙은 북한법이 체계적 통일성을 갖춰야 하며, 공민이 법을 잘 지킬 수 있도록 구성되어야 한다는 것을 뜻한다. 또한 북한법에도 남한법과 동일하게 상위법, 특별법, 신법 우선의 원칙이 작동한다.

북한에서 김일성, 김정일, 김정은의 교시와 당규약 등이 법률보다 우선시된다고 했지만, 그럼에도 북한법은 일정 부분 실효성을 갖는다. 특히 김정은 시기

들어 북한은 준법의식을 매우 강조하고 있는데, 이러한 흐름은 법을 통해 사회를 통치하고 법의 위상을 강화하고자 하는 지도자의 의지를 반영한다. 북한은 법무생활에 모범적인 기관에 모범준법단위 칭호를 수여하고, 기관이나 인민반에서는 새로 나온 법령이나 노동법 등에 대해 쉽게 설명해주는 모임을 반복적으로 개최하기도 한다. 이때 근로자들과 주민들에게 법률의 구체적인 내용을 전달해주는 사람을 '법무해설원'이라고 하는데, 이러한 직업이 따로 있기보다는 주로 기관, 기업소, 사회협동단체의 단위책임자들이 해당 역할을 수행한다. 준법기풍을 강조하고 주민들에 대한 법률 해설 모임을 많이 만드는 것은 모두 북한법의 실효성을 높이기 위한 노력의 일환이라 하겠다.

북한에도 법을 위반한 사람에 대한 처벌이 존재한다. 「형법」에 따르면 북한의 형벌은 9종류이다. 1) 사형, 2) 무기 노동교화형, 3) 유기 노동교화형, 4) 노동단련형의 기본형벌과 5) 선거권 박탈형, 6) 재산몰수형, 7) 벌금형, 8) 자격박탈형, 9) 자격정지형의 부가형벌이 있다. 형벌의 명칭에 '노동'이 들어간 것이 눈에 띄는데, 남한의 형벌이 범죄자 격리에 초점이 있다면 북한의 형벌은 노동을 시키는 것에 더 중점을 둔다. 김정은 시기 들어 벌금형이 새롭게 생긴 것도 특징인데, 이는 전보다 처벌의 유연성을 높인 것이다.

2012년에 통과된 북한의 「법제정법」을 중심으로 북한법의 구성이 어떠한지, 북한법이 실효성이 있는지 등을 살펴보았다. 이 책의 2장부터는 정치·사회·문화 분야 등 북한의 부문법들을 구체적으로 다루게 될 것이다. 이 장을 통해 이러한 부문법들이 북한 법 규범체계의 어디에 속하는지, 어떤 방식과 원칙을 적용해 제정되었는지, 법률과 주민 생활의 실제는 어떠한지 이해하는 데 조금이나마 다가갈 수 있기를 바란다.

1 우리의 행정부에 해당하는 북한의 내각은 규정(우리의 명령)과 세칙(우리의 조례, 규칙)을 모두 제정하고 개정할 수 있습니다. 이럴 경우 어떤 장점과 단점이 있는지 이야기해 봅시다.

2 북한의 최고인민회의는 최고인민회의 상임위원회라는 것을 두고 수시로 법을 만듭니다. 신속한 법 제정을 위해 필요하다는 의견과 신중한 검토가 어렵다는 의견이 있습니다. 자신의 입장을 설명해 봅시다.

3 북한 사회에서 주민들은 법률에 대한 지식을 주로 어떤 방법으로 얻을까요? 그리고 이것은 남한 사회와 어떤 점이 다른지 이야기해 보세요.

4 북한의 형벌에는 어떤 종류가 있고 남한과 다른 점은 무엇이며, 왜 그렇게 구성되어 있을지 논의해 봅시다.

참고문헌

권영태, 『북한의 법교육』, 파주: 한국학술정보, 2009.

권영태, "교시우위론과 북한법의 규범력", 『북한법연구』제21호, 북한법연구회, 2019.

권영태, "법무해설원을 통한 북한의 법교육", 『법교육연구』제4권 1호, 한국법교육학회, 2009.

노동신문, "모범준법단위칭호쟁취운동의 생활력 과시 - 지난 13년간 전국각지의 근 2000개 단위 모범준법단위칭호 쟁취", 2020. 8. 14.

노동신문, "단위발전의 위력한 추동력인 모범준법단위칭호쟁취운동 - 올해 하반년에 들어와 300여개의 단위가 모범준법단위칭호를 수여받았다", 2022. 10. 29.

노동신문, "사회주의법률제도강화에 이바지하는 대중운동의 생활력 - 올해에 들어와 700여개의 단위가 모범준법단위칭호를 수여받았다", 2023. 12. 27.

노동신문, "책임성높은 법무해설원들", 2019. 12. 10.

노동신문, "《전국준법교양자료전시회-2023》진행", 2023. 8. 28.

Daily NK, "평양문화어보호법 채택 이후 단속 고삐 … 北 청년들 바짝 긴장", 2023. 2. 20.

Daily NK, "북한, 전국에 여전히 9개 교화소 운영·반동법 위반자 수감 늘어", 2024. 1. 10.

법률신문, "북한, 대대적 형법 개정·벌금형 추가 등 처벌 완화", 2014. 2. 4.

전영선, "'사회주의 미풍양속'과 '준법기풍'을 통해 본 북한의 문화 검열", 『통일인문학』제84집, 건국대학교 인문학연구원, 2020.

「조선민주주의인민공화국 반동사상문화배격법」

「조선민주주의인민공화국 사회주의헌법」

「조선민주주의인민공화국 재판소구성법」

「조선민주주의인민공화국 청년교양보장법」

「조선민주주의인민공화국 평양문화어보호법」

「조선민주주의인민공화국 형법」

통일교육원, 『청소년 통일사전』, 서울: 국립통일교육원, 2022.

헌법과 통치구조:
북한에도 헌법이 있나요?

김상범

CHAPTER 02

헌법과 통치구조:
북한에도 헌법이 있나요?

헌법과 통치구조

I 헌법은 북한에서 어떠한 기능과 역할을 하나요?

1. 북한 헌법의 정의와 특징

북한은 「헌법」을 "국가주권을 쥔 계급의 의사와 요구에 맞게 국가사회제도의 기본원칙, 국가기관의 조직과 활동원칙, 공민의 기본원리와 의무를 규제한 국가의 기본법"으로 정의하고 있다. 또한 「사회주의헌법」은 "인민대중의 자주성 실현의 기본 분야인 정치, 경제, 문화 등 사회생활의 제원칙과 공민의 기본권리와 의무, 국가기구에 대하여 전면적으로 규제한다. 「헌법」은 다른 모든 법 가운데서 최고의 지위에 있으며 그 제정과 적용의 기초로 되고 있다."라고 정의하며 그 권위를 강조하고 있다.

북한이 자본주의 헌법과 「사회주의헌법」에 대해서 분리해서 개념화하고 있는 이유는 "자본주의 헌법은 「사회주의헌법」과 달리 「헌법」에 모순되는 법령과 명령, 결정들이 마구 채택되어 효력을 발생하고 있기 때문에 「헌법」이 기본법으로서의 실제적 지위를 차지하지 못하고 있다."라고 보기 때문이다.[1] 다시 말해 자본주의 「헌법」은 착취 계급 이익을 실현하는 도구이기 때문에 「헌법」에 의한 정치는 실현되지 않으며, 정치적으로 미화되고 있다 주장하고 있다.

이어 북한은 「헌법」이 다른 법들과 구별되는 일련의 특징으로 몇 가지를 제시하고 있다. 구체적으로 살펴보면, 우선 「헌법」이 국가사회제도를 법화한 것으로 개별적인 법과 그 규제대상에서 구별된다. 또 하나는 그것이 최고의 법적 효력을 가지고 있다. 다른 하나는 그것이 부문 법 제정의 입법적 기초가 된다. 또 다른 하나는 그것이 국가 정권의 조직과 그 활동의 법률적 기초가 된다. 마지막으로 그것이 특별한 절차에 의하여 제정되고 수정·보충된다는 데 있다. 북한은 「헌법」의 제정 및 수정·보충과 관련한 전 인민적 투표(자본주의 사회에서 국민투표에 해당)도 다른 법 제정과 관련해서는 전혀 찾아볼 수 없는 고유한 특성이라 주장하고 있다.[2] 또한 북한은 자신들의 「헌법」이 통일적인 법전 형식을 갖추고 있는 헌법, 즉 일정한 장, 절체계에 따라 헌법이 규제해야 할 내용을 체계성 있게 서술하고 있는 성문헌법을 형태를 띠고 있음을 강조하고 있다.[3]

요약해 보면, 북한은 「헌법」과 「사회주의헌법」 모두 자신들이 원하는 '혁명(revolution)'에 대한 경험의 소산이자 정당성의 표상이며, 이들이 사회주의 일반과 북한 특유의 사회주의 체제의 유지와 발전에 매우 중요한 과학적 길라잡이로 인식하고 있음을 보여준다.

2. 북한 헌법의 변화 과정

북한은 1948년 9월 8일 최고인민회의(한국의 국회에 해당) 제1기 제1차 회의에서 조선민주주의인민공화국 「헌법」을 채택한 이후, 2024년 6월 현재까지 「헌법」을 15차례 수정·보충(제정 포함 총 16차례)하였다. 흥미로운 부분은 최고지도자의 생존을 기준으로 김일성 시대(1948-1992년/44년간) 8회, 김정일 시대 (1998-2010년/12년간) 3회, 김정은 시대(2012-2019년/7년간)에 5회가 수정·보충 되어 김정은 시대에 단기간에 가장 많은 횟수의 「헌법」 개정이 이뤄졌다는 사 실이다. 또 하나는 한국의 국회에 해당하는 최고인민회의가 새로 구성되어 첫 번 째 회의 때 6회, 두 번째 회의 때 2회 등 최고인민회의 구성 및 활동 초반에 「헌법」 수정·보충이 이뤄졌다는 사실이다. 이 두 사실을 종합해 보면, 먼저 북 한은 변화된 국내외 상황을 종합해 「헌법」 개정을 통해 국가 제도, 국가 기관, 공민들을 규제해 왔음을 알 수 있다. 다른 하나는 새로 구성된 최고인민회의의 구성과 운영의 중요한 목적 중 하나가 「헌법」 개정을 통한 통치의 정당성 확보 임을 알 수 있다. 마지막으로 북한은 김정은 위원장 시대에 '법에 의한 통치'를 국가 운영을 위해 적극 활용하고 있음을 알 수 있다.

표 2-1 북한 사회주의 헌법 제정 및 수정·보충 현황

횟수	최고지도자	일시	법적 근거	비고
1	김일성	1948.9.8	최고인민회의 제1기 제1차 회의	헌법 제정
2		1954.4.23	최고인민회의 제1기 제7차 회의	행정구역 개편
3		1954.10.30	최고인민회의 제1기 제8차 회의	• 지방행정기관 조항 개정 • 대의원 임기 연장(기존 3년→4년)
4		1955.3.11	최고인민회의 제1기 제9차 회의	• 최고인민회의 상임위원회 및 내각 구성조항 개정 • 내각 권한 수정
5		1956.11.7	최고인민회의 제1기 제12차 회의	선거권 연령 하향 조정(만 20세→만 18세)
6		1962.10.18	최고인민회의 제3기 제1차 회의	최고인민회의 대의원 선거 기준 인구 수 조정(기존 5만 명당 1명→3만 명당 1명)

7		1972.12.27	최고인민회의 제5기 제1차 회의	• 사회주의 헌법으로 개칭 • 국가주석제 도입
8		1992.4.9	최고인민회의 제9기 제3차 회의	국방위원회를 독립 기관화, 국가주권의 최고군사지도 기관으로 격상
9		1998.9.5	최고인민회의 제10기 제1차 회의	최고인민회의 상임위원회 위원장에게 명목상 국가수반의 역할 명시
10	김정일	2009.4.9	최고인민회의 제12기 제1차 회의	국방위원장 관련 절의 신설 및 최고영도자로 권한 강화
11		2010.4.9	최고인민회의 제12기 제2차 회의	기존 중앙재판소와 중앙검찰소를 최고재판소와 최고검찰소로 각각 명칭 변경
12		2012.4.13	최고인민회의 제12기 제5차 회의	국방위원회 제1위원장의 권한 강화
13		2013.4.1	최고인민회의 제12기 제7차 회의	핵보유국 명시
14	김정은	2016.6.29	최고인민회의 제13기 제4차 회의	• 국가기구 내 최고직위로 국무위원장 직제 신설 • 최고재판소와 최고검찰소를 각각 중앙재판소와 중앙검찰소로 개칭
15		2019.4.11	최고인민회의 제14기 제1차 회의	• 국무위원장의 헌법상 지위를 국가원수로 재규정 • 국무위원장의 군사관련 헌법상의 지위 보장 강화 • 수령, 영도자 표기 부활
16		2019.8.29	최고인민회의 제14기 제2차 회의	• 최고인민회의 상임위원회의 권한을 국무위원장 권한으로 이양 • 국무위원장을 최고인민회의 대의원으로 불선거

출처: 최선·김재우, "북한의 헌법 개정과 권력 구조 변화", 『국가안보와 전략』, 제23권 제4호, 2023, p. 164와 헌법 각호를 참고해 저자 작성.

3. 북한 헌법 개정의 주요 내용과 의미

<표 2-1>에서도 알 수 있듯이 북한은 1948년에 「헌법」을 제정한 이후 총 15회의 수정·보충을 하였다. 먼저 북한은 1948년 9월 8일 북한 정권 수립 하루 전날에 개최된 최고인민회의 제1기 제1차 회의를 통해 정권 수립의 정당성을 확보하는 차원에서 「헌법」을 제정하였다. 1948년 9월 「헌법」[4]에서는 국호가 조선민주주의인민공화국이며, 주권은 인민에 있다고 명시하였다. 또한 최고인민회의는 국가최고 주권기관이자 최고 권력기관으로, 입법권을 행사하는 유일한 기관으로 그 기능과 역할을 규정하였다. 흥미로운 부분은 당시 「헌법」 제103조에 조선민주주의인민공화국의 수부(수도)를 '평양시'가 아닌 '서울시'로 명기한 사실이다.

그렇다면 왜 평양이 아닌 서울로 명기했을까? 간단히 말하자면, 북한도 당시 한반도의 정치 중심이 평양이 아니라 서울로 인식하고 있었기 때문이었다. 그 이유는 세계 각국 공산당 및 대표적 공산주의 단체의 연합체이자 지도조직인 코민테른(Comintern: Communist International의 약자, 사실상 소련공산당을 지칭)이 한 개의 국가에는 한 개의 공산당이 존재해야 한다는 원칙(소위 1국 1당 원칙)을 제시했으며, 이로 인해 해방정국에서 한반도의 공산당의 본부는 서울에 위치한 조선공산당(당수 박헌영)이었기 때문이었다.

그러나 당시 김일성은 서울에 미군정(美軍政)이 설치되어 자유로운 공산당 활동을 보장받지 못하는 특수한 상황을 들어 1945년 10월 평양에 조선공산당 북조선분국을 설치한 바 있었다. 참고로 말하자면, 이러한 상황에서 박헌영은 조선혁명의 중심은 자신이 당수로 있는 조선공산당이었으며, 김일성은 현실적 상황을 들어 소군정(蘇軍政)이 있는 평양 그리고 자신이 중심이라고 생각하게 되었다.

이외 1954년 4월 「헌법」부터 1962년 10월 「헌법」 개정까지는 통치구조의 변화보다는 한국전쟁의 경험을 토대로 기존 「헌법」의 세부적인 조항을 변경하는 수준에 머물렀다. 먼저 1954년 4월 「헌법」에서는 행정구역 개편이 반영되었으며, 동년 10월 「헌법」에는 지방행정기관에 관한 조항을 개정하고 최고인민회의 대의원의 임기를 3년에서 4년으로 조정하였다. 1955년 3월 「헌법」에는 최고인민회의 상임위원회 및 내각 구성 조항 그리고 내각 권한을 수정하였다. 1956년 11월 「헌법」에서는 선거권의 연령을 만 20세에서 만 18세로 하향 조정하였으며, 1962년 10월 「헌법」에서는 최고인민회의 대의원 선거 기준을 인구 5만 명당 대의원 1명에서 3만 명당 대의원 1명으로 축소 조정하였다.[5] 이러한 「헌법」 수정·보충은 지방행정 기관을 세밀화하여 재발할 수 있는 전쟁에 대비해 인적, 물적 자원 동원의 효율성을 높이고 최고인민회의, 최고인민회의 상임위원회 및 내각이 이를 제도적으로 뒷받침하게 만들기 위한 목적이 있었다.

북한은 1972년 헌법을 「사회주의헌법」으로 명명하고, 기존 수상이 실질적인 통치권을 행사하던 내각책임제적 시스템을 국가주권상 최고통치자로 국가주석을 규정한 국가주석제를 도입하고 그 권능을 대폭 강화함으로써 현재와 같은 1인 지배 정치 체제를 정착시켰다. 1992년 12월 「헌법」에서는 기존 당 중앙인민위원회 산하에 있던 국방위원회를 독립 기관화시키고 국가주권의 최고군사지도기관으로 격상시켰다. 김일성 주석 사후 새로 구성된 최고인민회의 제10기 제1차 회의에서는 1998년 9월 「헌법」을 개정하고 명목상 국가수반으로 최고인민회의 상임위원장을 명시하였다. 이 규정으로 인해 2000년 6월 남북 간 최초의 정상회담 개최 당시 김대중 대통령의 파트너가 김정일 위원장이 아니라 김영남 최고인민회의 상임위원회 위원장이 아니냐는 논란이 일기도 했다. 2008년 8월 김정일 위원장이 뇌혈관계 이상으로 쓰러진 뒤 복귀한 2009년 4월 북한은 국방위원장 관련 '절'을 신설하고 최고영도자로 절대적 권한을 부여하는 방향으로 「헌법」을 개정하였다. 2010년 4월 「헌법」은 2009년 4월 「헌법」과 비교해봤을 때 재판소와 검찰소의 명칭을 변경하는 문구 수정 수준에서 개정되었다.

헌법의 변화는 김정은 시대에 들어 그 변화와 폭이 컸다. 김정일 위원장 사후 최초로 개정된 2012년 4월 「헌법」에서는 '국방위원장 직제'를 그대로 둔 채 '국방위원회 직제'를 개편해 김정은을 국방위원회 제1위원장으로 명시하였다. 2013년 4월 「헌법」에서는 최초로 자신들을 핵보유국으로 명시하고 핵 프로그램을 지속할 수 있는 법·제도적 근거를 마련하였다. 36년 만에 열린 제7차 당대회 후 개정된 2016년 6월 「헌법」에서는 김정일 시대 선군정치 방식의 정치, 제도적 상징이었던 국방위원회를 폐지하고 대신 국무위원회를 신설하고 국무위원장의 권능을 규정하였다. 2019년 4월 「헌법」에서는 국무위원장의 헌법상 지위를 국가원수로 규정하고, 국무위원장에게 군사 관련 권능을 강화하는 방향으로 개정되었다. 마지막으로 2019년 8월 「헌법」에서는 기존 최고지도자가 최고인민회의 대의원으로 선출되는 정치관례를 깨고 국가원수는 인민의 대표인 최고인민회의 대의원으로 선출되지 않는다는 규정을 명시하였다. 또한 최고인민회의 상임위원회장이 가지고 있던 외교 관련 권한을 국무위원장에게 부여함으로써 수령으로서의 김정은 국무위원장의 권능을 대폭 강화시켜 나갔다.

 II **김정은 위원장 시대 개정된 북한 헌법에서 통치구조는 어떻게 변화되었나요?[6]**

1. 김정은 위원장 시대 헌법 개정과 통치구조의 변화

북한은 제4차 당대표자회가 끝난 직후인 4월 13일 최고인민회의 제12기 제5차 회의를 개최하였다. 북한은 「헌법」을 개정해 김정일을 영원한 국방위원장으로 추대, 그 아래 제1위원장 직제를 신설해 김정은 위원장을 추대하는 내용의 국방위원회 조직 개편을 단행하였다. 그리고 「헌법」을 「김일성 – 김정일헌법」으로 명명하였다. 이것은 김일성 – 김정일주의의 실현과 김정은 위원장의 유일적영도체계를 확립해 나가기 위한 법·제도로서 헌법을 강조하는 것과 당의 영도를 국가헌법에 반영해 관철해 나간다는 두 가지 의미가 있었다. 헌법의 형식을 통해 당의 지도사상을 국가의 지도사상으로 확립한 것은 김정은 위원장의 지도적 권능과 모든 국민에 대한 당의 지배를 합법화한다는 의미도 내포되어 있었다.

북한은 제7차 당대회 개최 후인 2016년 6월 29일 최고인민회의 제13기 제4차 회의를 개최하고 국방위원회 폐지와 국무위원회 신설을 주요 내용으로 하는 「김일성 – 김정일헌법」을 수정·보충하였다. 북한의 최고인민회의는 최고주권기관으로서 우리의 국회와 같이 입법권을 가지고 있다. 북한의 최고인민회의는 일반적으로 4월과 9월에 개최되며 해당 연도 국가 예산 지출 및 차기년도 예산의 운영 방향에 대해 논의, 결정한다. 북한은 김정은 체제 출범 이후 최초로 6월에 최고인민회의를 개최하였는데 제7차 당대회 개최와 관련이 있어 보인다.

주요 사항들을 살펴보면, 첫째, 국무위원회 위원장의 지위와 역할은 국방위원장과 거의 유사하지만, 국가의 전반적인 사업 지도 권한을 명시하면서도 국방위원장 체제하에서는 없었던 국가의 중요 간부 임명, 해임권을 가지도록 명시하였다. 둘째, 전시에 국가방위위원회 구성권을 추가하였다. 셋째, 2012년 4월 「헌법」 개정 당시에 국방위원회 제1위원장의 권한으로 명시했던 규정, 즉 '제1위원장 명령, 국방위원회 결정, 지시에 어긋나는 국가기관의 결정, 지시를 폐기'를 유지함으로써 국가 최고 영도자로서 김정은 위원장의 권능을 법·제도적으로 보장하였다.

그렇다면 국방위원회와 국무위원회는 기능과 역할이 거의 흡사함에도 북한은 왜 국방위원회를 폐지하고 국무위원회를 신설했을까? 북한에서 국무라는 용어는 '나라의 정사에 관한 사무'로 우리의 개념과 비슷하다. 국방과 국무라는 용어를 비교해보면, 국방은 국무의 하위 개념에 해당된다. 국무에서 국방을 전문 분야로 분리, 운영한다는 것은 체제의 성격과 지도자의 신념, 외부 위협에 대한 효율적 대응, 내부의 효율적 동원 체제가 필요했을 때를 상정해 볼 수 있다. 북한이 국방위원회를 국무위원회로 개편한 것은 먼저 국방을 국무의 영역에 포함시키며, 정상적인 국가사무를 통해서도 이전 국방위원회의 기능과 역할을 충분히 이행할 수 있다고 판단했기 때문이었을 것으로 보인다.

국방위원회는 구 소련 스탈린 시절 위기 대응 시스템의 일환으로 운영되었으며, 비록 김일성 체제에서도 존재했지만 실제로는 고난의 행군 시기 국가 비상 상황에서 그 권능이 확대, 운영되어 왔다. 특히 김정일 위원장이 2008년 8월 뇌졸중으로 쓰러지고 복귀한 시점이었던 2009년 4월 북한은 국방위원회 위원장과 위원회의 권능을 더욱 강화시켰다는 사실을 통해 보면, 국방위원회는 당−국가 체제의 비정상적인 운영과 위기 대응시스템의 성격이 강했다. 북한은 1998년 9월 「헌법」에서 국방위원회를 '국가주권의 최고군사지도기관이며 전반적인 국방관리기관'으로 명문화했지만, 2009년 4월 '국가주권의 최고국방 지도기관'으로 권능을 강화한 바 있었다. 북한이 국방위원회를 국무위원회로 변경하고 일부 권한을 확대한 것은 당−국가 회의체의 정상적 운영을 통해 체제 안정성과 내구력을 강화시켰다고 판단한 결과로 보인다. 다시 말해, 선군정치보다 인민대중제일주의의 성과로 판단한 것이었다. 선군정치의 상징이었던 국방위원회의 폐지는 제도적 측면에서 '인민대중제일주의정치'로의 전환의 시작을 알리는 시그널이었다.

북한은 국가핵무력 완성을 선언하고, 미국과의 비핵화 협상을 이어가던 시점이었던 2019년 4월 최고인민회의 제14기 제1차 회의를 개최하고 기존 국무위원장의 권능과 국무위원회의 역할을 더욱 강화해 나갔다. 이를 세부적으로 살펴보면 먼저 기존 '국방건설 사업을 비롯한 국가 중요정책 방향을 토의, 결정한다.'는 국무위원회의 기능과 역할 규정을 '국가의 중요정책을 토의, 결정한다.'고 변경하였다. 다른 하나는 국무위원장을 기존과 같이 최고 영도자로 규정하였지만, 선대 지도자들과는 달리 국무위원장을 최고인민회의 대의원으로 선거하지 않는다고 규정하였다. 또 다른 하나는 국무위원회의 권한에 기존 최고인민회의와 최고인민회의 상임위원회의 권한이었던 외국 주재 북한 대사 임명·소환, 최고인민회의 휴회 중 내각 총리 제의에 의한 부총리, 위원장, 상 그밖의 내각 간부들의 임명·해임권을 포함시켰다.

표 2-2 북한 신구 헌법 주요 개정 내용 비교

구분	2009.9	2012.4	2016.6	2019.4
제6장 국가기관	국방위원장, 국방위원회	국방위원회 제1위원장, 국방위원회	국무위원장, 국무위원회	국무위원장, 국무위원회
제2절 국방위 위원장 제100조	최고령도자	2009년 헌법과 동일	2009년 헌법과 동일	제101조 **위원장은 최고인민회의 대의원으로 불선거**(추가)
제102조	전반적 무력의 최고사령관, 국가 일체 무력을 지휘통솔	2009년 헌법과 동일	2009년 헌법과 동일	제103조 **위원장은 공화국 무력총사령관**, 국가의 일체 무력을 지휘 통솔
제103조	• 국가의 전반사업 지도 • 국방위원회 사업 직접 지도 • 국방부문의 주요 간부 임명·해임 • 외국과의 조약 비준·폐기 • 특사권 행사 • 비상상태·전시 상태 및 동원령 선포	2009년 헌법과 동일	• 국가의 전반사업 지도 • 국무위원회 사업 직접 지도 • **국가의 중요 간부 임명, 해임** • 특사권 행사 • 비상상태·전시상태,동원령선포 • **전시에 국가방위위원회 조직 지도**	제104조 • 국가의 전반사업 지도 • 국무위원회 사업 직접 지도 • **최고인민회의 법령, 국무위원회 주요 정령과 결정 공포** • 국가의 중요 간부 임명·해임 • **외국 주재 외국대표 임명, 소환** • 특사권 행사

				• 비상상태·전시상태, 동원령 선포 • 전시에 국가방위원회 조직 지도
제3절 국방위 제106조	국방위원회는 국가 주권의 최고국방지도기관	2009년 헌법과 동일	국가주권의 최고 정책적 지도기관	국가주권의 최고 정책적 지도기관
제109조	• 선군혁명노선 관철을 위한 국가의 중요정책 수립 • 국가의 전반적 무력과 국방건설사업 지도 • 위원장 명령, 국방위원회 결정·지시 집행정형 감독, 대책 수립 • 국방부문의 중앙기관 신설 및 폐지 • 군사칭호 제정 및 장령이상의 군사칭호 수여	• 제1위원장 명령, 국방위원회 결정·지시 집행정형 감독, 대책 수립(수정) • 제1위원장 명령, 국방위원회 결정·지시에 어긋나는 국가기관의 결정·지시를 폐기(추가) • 이외 2009년 헌법과 동일	• 국방건설사업을 비롯한 국가 중요정책을 토의·결정 • 위원장 명령, 위원회 결정·지시 집행정형 • 위원장 명령, 국무위원회 정령, 결정·지시에 어긋나는 국가기관의 결정·지시 폐기 • 자체 결정·지시 생산	제110조 • **국가의 중요정책 토의결정** • 위원장 명령, 국무위원회 정령, 지시 집행정형을 감독, 대책 수립 • 위원장 명령, 국무위원회 정령, 결정·지시에 어긋나는 국가기관의 결정·지시 폐기 • **최고인민회의 휴회 중에 내각 총리에 제의에 의거 부총리, 위원장, 상 그 밖의 내각성원들을 임명·해임**

출처: 국가정보원에서 매년 발행하는 북한 법령집 上의 내용을 토대로 저자가 재정리.

변경된 「헌법」 조항의 의미를 살펴보면 우선 전반적인 국가 사무와 국가 중요 정책 방향에서의 국무위원회의 기능과 역할을 강화하고, 체제 대내외 현안과 긴급사무에 대한 현실 대응력을 높이고자 했음을 알 수 있다. 다른 하나는 국무위원회에 국방뿐만 아니라 경제 사무까지 포함시킨 것은 경제·핵무력 병진노선의 이행과 경제발전 및 인민 생활 향상을 위해 국무위원장과 국무위원회가 더욱 노력하겠다는 정책적 의지를 인민들에게 상징적으로 보여주는 의미가 있었다. 또 다른 하나는 국방 관련 권한을 당 중앙군사위원회로 이양시키고 국무위원회는 국가사업 전반에 더욱 집중시키기 위한 목적도 있었을 것으로 보인다.

마지막으로 선대 지도자들과는 달리 최고지도자를 최고인민회의 대의원으로 선거하지 않는다는 것을 명문화한 것은 삼권분립의 정당성 확보, 절대적 권력의 확보로 인해 대의원 자격이 불필요 등으로도 설명할 수 있다. 북한에서는 삼권의 분립이 아니라 민주집중제에 기초한 삼권의 융합을 주장하고 있다. 그 이유로 삼권 분립 차원에서 최고지도자가 최고인민회의 대의원에 출마하지 않는다는 주장은 설득력이 떨어진다. 그러나 인민의 대표자들인 최고인민회의 대의원들이 최고지도자를 절대적으로 신임한다는 표징으로 명문화하려는 의도, 다시 말해 김정은 위원장의 절대적 권위를 더욱 높이기 위한 목적이 있어 보인다.

2. 김정은 시대 북한 헌법 개정의 특징

김정은 시대 북한의 「헌법」 개정은 '법치'라는 개념으로 접근할 필요가 있다. 북한에서 법치는 여타 일반적인 국가들과 마찬가지로 "법에 의해 다스리는 것"으로 정의하고 있다. 김정은 위원장은 2012년 4월 6일 당 중앙위원회 책임 일군(간부들)과 한 "위대한 김정일동지를 우리 당의 영원한 총비서로 높이 모시고 주체혁명위업을 완성해 나가자"라는 제하의 담화(이하 4·6담화)에서 사회주의 강성국가 건설의 결정적 전환을 가져오기 위하여 당 조직의 기능과 역할 제고를 촉구하는 과정에서 사법, 검찰기관 및 인민보안기관들의 사명과 임무를 강조하였다. 김정은 위원장의 의도는 사회주의 법치를 위해서는 사법, 검찰, 인민보안기관 등 국가기관의 역할도 중요하지만, 이를 위해서는 당의 우선 지도방식과 역량 강화가 우선되어야 한다는 것을 강조하는 의미가 있었다. 김정은 위원장이 당이 정치 및 법률사업을 주도하기 위해서는 당이 우선적으로 법을 능숙하게 다룰 수 있는 역량을 갖춰야 한다고 생각하고 있었음을 보여준다.

김정은 위원장 위원장의 이러한 법치관을 보여주는 중요한 두 가지 사례가 있다. 우선 2012년 11월 26일에 열린 전국사법검찰일군열성자대회에서 사법검찰기관의 역할 및 법적 통제 기능이 중요하다는 것을 강조하면서 사회주의 법치국가 표현을 최초로 사용하였다. 다른 하나는 2012년 12월 19일 「법제정법」의 채택이다. 법제정법은 "국가기관들이 규범적 범 문건을 제정하는데 지켜야 할 준칙을 규제한 법규범들의 총체"로서 법제정사업의 정규화, 규범화 달성을 목적으로 한 것이었다.[7] 이 법은 국가사업에서 법에 따라 엄격하게 행동하고 준수하는 규율과 문화를 창조하기 위한 것으로 이전 지도자들과 다른 법치 개념을 가지고 있음을 보여준다.

북한과 같은 당－국가 체제에서 당의 정책과 노선은 당이 인민을 어떻게 지도하여 사회주의를 건설하고 공산주의로 나아가는가에 대한 방향타의 역할을 한다. 그러므로 오직 당의 지도만이 북한 체제의 안정을 보장하며, 이를 위해서는 '당'과 '사회주의' 그리고 '법'의 중요성을 인식하는 것이 중요하다. 당의 정책과 노선에 입각해 국가에서 법을 제·개정하는 것이므로 본질적으로 법률의 위반은 당의 지도적 역할에 대한 반대라는 속성을 가지고 있다.

상술한 내용을 바탕으로 김정은 시대 「헌법」 개정의 특징을 피상적으로 보면 단순히 통치구조를 개편해 리더십의 효율성을 높이기 위한 수단으로 볼 수 있다. 물론 권력의 배치는 정치 체제에서 가장 중요한 사안이며, 고도화, 집중화된 권력은 국내외 현안에 빠르고 신속하게 대응할 수 있다는 장점을 가지고 있다.

그러나 김정은 시대에 선대 지도자들과는 다른 강도로 사회주의 법치와 법 건설을 강조하고 있는 현실을 본다면 당－국가 시스템의 관리체계와 능력을 현대화하려는 의도가 있다고 판단된다. 김정은 시대 「헌법」은 사회주의 기치를 계속 유지하고, 체제의 주요 불안 요인을 제거하고 안정적인 이데올로기를 유지·발전시켜 나가며, 경제발전을 통한 인민 생활 향상 및 안정과 발전 사이의 균형을 찾는 중요한 도구로서의 의미가 있다.[8] 북한은 「헌법」에 근거한 법치 및 법건설을 위해 간부들과 인민들 모두 법률 의식과 관념을 제고하는 것을 매우 중요시하고 있으며, 이러한 이유로 미래 세대들에 대한 법제 교육에 집중하고 있는 것으로 보인다. 종합해보면, 김정은 시대 헌법의 특징은 당－국가 시스템을 중장기적으로 현대화하고, 기존 당의 정책과 노선으로 대변되었던 최고지도자의 지시와 정책도 중요하지만 이를 법제화하여 통치의 정당성을 강화시키는 방향으로 나아가고 있는 것으로 보인다.

3. 북한의 핵·미사일 고도화와 헌법과의 관계

북한은 2013년 3월 31일 당 중앙위원회 전원회의를 개최하고 '경제건설과 핵무력 건설을 병진시킬데 대한 노선(이하 경제·핵무력 병진노선)'을 제시하였다. 김정은 위원장은 이 노선에 대해 선대 지도자들의 경제·국방병진 노선의 계승이자 심화·발전으로 규정하고, 핵·미사일 고도화를 통해 국방을 강화하고 경제건설에 더 매진하기 위한 '가장 혁명적이고 인민적인 노선'이자 당의 확고부동한 신념과 의지의 결정체라고 주장하였다. 또한 새로운 병진노선은 국방비를 추가로 투입하지 않고 전쟁억제력을 강화하고 경제건설과 인민 생활 향상에 힘을 집중할 수 있는 것이라며 그 가치와 정당성을 강조하였다.

북한은 2013년 4월 1일 김정은 위원장이 참가한 가운데 최고인민회의 제12기 제7차 회의를 개최하고 '자위적 핵보유국의 지위를 더욱 공고히 할데 대하여'라는 제하의 법령을 채택, 자신들을 당당한 핵보유국가로 명시하며 핵보유국의 지위를 더욱 공고히 하기 위해 10가지 사항을 규정하였다. 주요 내용을 보면, 핵무기의 사명, 핵무력의 강화와 갱신, 핵무기 지휘통제, 사용 원칙 외에 핵무기의 안전한 유지와 관리, 보호 및 전파방지에 대한 내용도 포함되었다.[9] 북한은 「헌법」에 최초로 자신들이 핵보유국임을 명기하였다.

북한이 김정은 체제 초기 핵보유국의 지위를 규정한 법령을 채택한 이유는 권력 승계가 나타날 수 있는 리더십의 불안 요인들을 제거하고 핵을 통해 권력을 자신에게 집중시키며, 법령 채택을 통해 핵 프로그램을 지속할 수 있는 법·제도적 근거와 인민들의 동의를 얻기 위한 목적이 있었다. 이 법령들은 모두 핵 이데올로기 강화와 관련된 것들이었다. 이러한 방식으로 북한은 핵 이데올로기를 통해 김정은 체제의 권력과 사상에 대한 합리성, 카리스마, 정당성을 강화시켜 나갔다.

북한은 2022년 9월 7일과 8일 최고인민회의 제14기 제7차 회의를 개최하고 9월 8일 '조선민주주의인민공화국 핵무력정책에 대하여'라는 제하의 법령을 채택하였다. 이 법령은 핵무기의 사명, 구성, 지휘통제, 사용 결정 집행, 사용원칙, 사용조건, 동원태세, 유지관리 및 보호, 질량적 강화와 개선, 전파방지 및 기타 11장 총 18항으로 구성되었다. 북한은 이 법령 제정의 목적을 핵보유국 사이에서 오판과 핵무기 남용을 예방함으로써 핵전쟁의 위험성을 줄이기 위한 것이라고 주장하였다.

이 법령에서는 ▲기본사명으로 전쟁억지력 명시, ▲국무위원장의 유일적 지휘·통제(유사시 사전 결정된 작전방안에 따라 이행), ▲사용 원칙으로 외부의 공격과 외부와 야합한 비핵국가에 대한 핵 사용 명시, ▲사용 조건으로 국가지도부와 국가핵무력 지휘기구, 중요 전략적 대상 및 인민에 대한 군사적 감행 및 임박 판단, 전쟁 장기화 방지, ▲핵무기 보관 관리제도 수립 및 유출 가능성 차단, ▲핵무력에 대한 질량적으로 갱신, 강화, ▲2013년 4월 1일 채택된 '자위적핵보유국의 지위를 더욱 공고히 할데 대하여'에 대한 효력 정지 등이 명시되었다.

북한은 먼저 핵무기의 사명을 미국의 적대시정책과 핵위협에 대처한 정당한 방위 수단, 자신들에 대한 군사적 침략과 공격에 대한 억제 및 보복 타격으로 규정하였다. 또한 핵무력의 강화와 갱신을 위해서 핵억제력과 핵보복타격 능력을 질량적으로 강화한다는 내용을 제시하였다. 핵무기 지휘통제는 최고사령관의 최종명령에 의해서만 사용되며, 사용 원칙으로 적대국가와의 야합하지 않는 비핵국가에 대한 핵무력 사용 및 위협 행위 금지 조항도 포함시켰다. 이외 핵무기의 안전한 유지와 관리, 보호 및 전파방지에 대한 내용도 규정되었다.[10]

표 2-3   2013년 4월과 2022년 9월 핵무력 법령 비교

	2013년 4월	2022년 9월
법령 제목	자위적핵보유국의 지위를 더욱 공고히 할데 대하여	조선민주주의인민공화국 핵무력정책에 대하여
핵무력 목적	그 어떤 외부의 침략에도 일격에 물리치고 사회주의 제도를 굳건히 보위하며 인민들의 행복한 생활을 확고히 담보	핵보유국 사이에서 오판과 핵무기 남용을 예방함으로써 핵전쟁의 위험성을 줄이는 것
핵무력 사명	• 미국의 적대시 정책과 핵 위협에 대처하여 부득이하게 갖추게 된 정당한 **방위수단** • 자신들에 대한 침략과 공격을 억제, 격퇴하고 침략이 본거지들에 대한 보복 타격	외부의 군사적 위협과 침략, 공격으로부터의 국가주권과 영토완정, 인민의 생명을 수호하는 국가방위의 기본 역량 - **전쟁 억제**가 기본 사명
핵무력 구성	-	각종 핵탄, 운반 수단, 지휘 및 조종체계, 그의 운영과 갱신을 위한 모든 인원과 장비, 시설로 구성
지휘통제	적대적인 핵보유국의 침략, 공격시 조선인민군 **최고사령관의 최종명령**에 의거	**국무위원장의 유일적 지배에 복종, 핵무기와 관련한 모든 결정권 보유** - 유사시 사전 결정된 작전방안에 따라 이행
핵무기 사용결정 집행	-	핵무기 사용 명령 즉각 집행
사용 원칙	적대적인 핵보유국과 야합하여 침략이나 공격에 가담하지 않는 한 비핵국가들에 대해서는 핵무기 사용 및 위협 금지	• 외부의 침략과 공격에 대한 최후의 수단 • 비핵국가들이 다른 핵보유국과 야합하여 침략이나 공격하지 않는 한 해당 국가에 대한 핵무기 위협과 사용 금지

사용 조건	-	국가, 국가지도부와 국가핵무력 지휘기구, 중요 전략적 대상 및 인민에 대한 군사적 감행 및 임박 판단, 전쟁 장기화 방지
동원태세	-	즉시 핵무기 사용을 집행할 수 있는 경상적인 동원태세 유지
유지관리 및 보호	• 핵무기의 안전한 보관·관리, 핵시험의 안정성 보장과 관련한 규정들 엄격히 준수 • 적대적인 핵보유국들과의 **적대관계 해소에 따라** 핵전파방지와 핵물질의 안전한 관리를 위한 국제적인 노력에 **협조** • 핵전쟁 위협 감소 및 핵무기 없는 세계 건설, 핵군비경쟁을 반대하고 핵군축을 위한 **국제적인 노력을 적극 지지**	안전한 핵무기 보관관리제도 수립 및 이행
질량적 강화와 개선	공화국은 가증되는 적대세력의 침략과 공격위험의 엄중성에 **대비**해 억제력과 핵보복타격력을 질량적으로 강화하기 위한 대책 수립	외부의 핵위협과 국제적인 핵무력 태세 변화를 **항시적으로 평가해 그에 상응한** 핵무력을 질량적으로 갱신, 강화
전파 방지	핵무기와 관련 기술이 불법적으로 유출되지 않도록 보관관리체계와 질서 수립	핵무기의 타국 배치 금지 및 핵무기 및 물질 이전 금지
기타	-	이전 자위적 핵보유국의 지위를 더욱 공고히할데 대하여에 대한 효력 폐기

출처: "조선민주주의인민공화국 최고인민회의 법령-자위적핵보유국의 지위를 더욱 공고히 할데 대하여", 『노동신문』, 2012년 4월 2일, p. 5; "조선민주주의인민공화국 최고인민회의 법령-조선민주주의인민공화국 핵무력정책에 대하여", 『노동신문』, 2022년 9월 9일, p. 6을 종합해서 저자가 정리. 굵은 글자는 저자 강조.

2013년과 2022년 법령에서 보이는 가장 큰 차이는 바로 핵무기의 성격 및 사명의 변화이다. 먼저 2013년 법령에서는 핵무기의 성격과 사명을 '방어'에, 2022년 법령에서는 '전쟁 억제력'에 초점을 맞추었다. 이 부분은 핵무기의 질량적 강화와 개선과 관련된 부분에서 쉽게 확인할 수 있다. 2013년 법령에서는 적대세력들의 침략과 공격에 대한 '대비'에, 2022년 법령에서는 외부의 핵 위협과 국제적인 핵무력 관련 환경 변화를 항시적으로 '(자체)평가와 그에 상응'해 핵무력을 강화시킨다는 내용을 명시하고 있다. 2022년 법령은 북한이 외부 위협의 수위가 상승하면 될수록 핵 프로그램의 질적, 양적의 발전도 동시에 빨라질 수 있음을 경고한 의미가 있었다. 이러한 변화는 핵무력 완성에 대한 자신감이 표현이기도 하지만, 군사적 신뢰가 없는 북미 간 상호 핵 위협의 정도와 역량이 점점 더 강화되고 있음을 증명하는 것이었다.

다른 하나는 2013년 법령이 주로 핵무기의 안전한 보관 관리, 전파방지 및 외부 위협의 감소에 따라 국제사회와의 '협조'에 초점을 맞추었다면, 2022년 법령에서는 사용 원칙과 조건을 명확히 함으로써 자체적인 '관리'에 집중하고 있음을 보여준다. 이러한 변화는 북한의 핵이 더 이상 방어와 협상용이 아니라 전쟁 억제력 강화 및 정치적·군사적 활용에 초점을 맞추고 있다는 것을 의미한다. 또 다른 하나는 이 법령에서는 핵무기 사용 관련 일체 지휘권을 최고지도자인 김정은 위원장에게 일임함으로써 개인 정치(personal politics) 영역으로 포함시켰다. 이것은 최고지도자의 생존을 위해 핵이 사용될 수 있음을 보여주는 의미, 즉 최고지도자에 대한 위협은 핵 사용의 가장 큰 기준이 될 수 있음을 의미했다.

북한은 최고인민회의를 통해 국가발전 전략의 핵심 요소인 핵에 대한 지휘체계, 사용 원칙 및 조건 등을 명확히 제시함으로써 스스로 핵의 '블랙박스'를 오픈했다. 이것은 블랙박스를 오픈함으로써 외부의 위협에 실질적으로 대응하고 핵의 고도화를 통해 최고지도자—당—인민, 즉 체제의 존재 가치를 정당화하기 위한 목적이 있었다. 김정은 위원장은 시정연설을 통해 아래와 같이 언급하였다.

"핵은 우리의 국위이고 국체이며 공화국의 절대적힘이고 조선인민의 크나큰 자랑", "공화국 핵무력은 곧 조국과 인민의 운명이고 영원한 존엄이라는 것이 우리의 확고부동한 립장", "국가방위력을 건설을 최우선, 최중대시하여 절대적힘을 무한대로 끌어올리고 공화국 무장력을 더더욱 불패하게 만드는 것이 우리 공화국정부 앞에 나선 제1혁명과업."[11]

"당대회가 제시한 국방발전전략사상을 높이 받들고 세세대 무장장비 개발을 본격적으로 적극화하며, 가장 중요하게 핵무력의 전투적 신뢰성과 작전운용의 효과성을 높일 수 있게 전술핵운용공간을 부단히 확장하고 적용수단의 다양화를 더 높은 단계에서 실현하여 핵전투태세를 백방으로 강화해나가며, 첨단전략무기체계들의 실전배비사업을 부단히 다그치며 나라의 전쟁억제력을 비상히 강화하기 위한 총력전을 다해 나가야 한다."[12]

김정은 위원장의 발언을 해석해 보면, 핵은 더 이상 흥정물이 아니며, 전쟁억제력 강화와 이에 대한 지속가능한 발전에 대한 정당성을 가지는 것이 핵무력 정책이 가지는 중대한 의미임을 알 수 있다. 김정은 위원장은 이른바 핵 프로그램의 3세대이다. 1세대 김일성 주석은 핵 프로그램을 시작했으며, 2세대 김정일 위원장은 발전시켜 나갔으며, 제3세대 김정은 위원장은 핵무력 완성을 선언하였다. 국가핵정책을 법령화한다는 것은 향후 핵무력 증강을 위해 향후 4세대가 구체적인 행위를 지속할 수 있는 제도적 기반과 실제 행위를 암시하는 의미가 있었다. 그 이유는 북한은 핵 프로그램이 체제의 안전을 보장할 수 있는 유일한 수단이자 지속 가능한 생존체계를 보장해 줄 수 있는 유일한 정책으로 인식하고 있으며, 핵을 국체로 규정하고 있기 때문이다. 이로써 북한은 주체사상과 핵이라는 두 개의 국체, 즉 사상과 핵을 가진 국가로 설명할 수 있다.

북한은 2023년 9월 최고인민회의 제14기 제9차 회의를 개최해 핵무력의 지위와 핵무력건설에 관한 국가활동 원칙을 「헌법」에도 명시하였다. 이 회의에서 최용해 최고인민회의 상임위원회 위원장은 "국가핵무력정책에 관한 법령이 발표된 이후 지난 1년 동안 공화국 핵무력의 변혁적인 발전상과 경제문화 분야에서 일어난 괄목할 변화들은 국가핵무력정책법화의 정당성과 생활력을 뚜렷이 확증해주었다."라고 주장하였다.[13] 김정은 위원장은 시정연설을 통해 자신들이 이룩한 가장 큰 성과로 한·미·일 3각 군사동맹체계 수립 본격화와 아시아판 나토의 결성 움직임이라는 '실제적인 최대의 위협'에 대응한 국가방위력과 핵 전쟁억지력의 강화를 지목하며, 핵무력의 급속한 양적, 질적 강화와 핵 타격 수단의 다종화에 기반으로 한 빠른 실천 배치사업을 지시하였다.[14] 또한 그는 국가핵무력 정책의 법령화 및 개정된 「헌법」에 명문화한 역사적 성과에 기반해서 사회주의적 전면적 발전을 위해 국가 중요 경제사업들을 안정적 궤도에 올려 놓을 것을 강조했다. 상술하였듯이 이것은 북한이 핵이 가지는 안보와 경제 이 모두를 동등한 수준에서 고려하고 있음을 다시금 강조하는 의미가 있었다.

김정은 위원장과 최용해의 발언을 종합해 보면, 북한이 핵무력 법령 제정 및 개정된 「헌법」에 반영한 것은 핵이 최고지도자와 체제 생존, 국가발전전략을 위해서 어떻게 활용되어야 하는 차원의 문제이지 협상의 수단이 아니라는 것을 명확히 한 것이었다. 이것은 김정은 위원장이 2021년 당 중앙위원회 제8기 제3차 전원회의에서 "대화에도 대결에도 다 준비돼 있어야 한다."라고 언급한 것은 단순히 대화를 위한 제스처가 아니라 대화와 대결 모두 '주체'라는 방향타를 가지고 핵 활용을 통해 국가이익을 어떻게 최대화할 것인가의 문제에 준비하고 있어야 한다는 의미로 해석된다. 또한 북한의 입장에서는 2017년 11월 국가핵무력 완성으로 인해 미국의 본토까지 타격 가능한 핵과 투발수단을 확보한 이상, 이제는 미국과 상호 간의 군사적 공격에 대한 억지와 포기과정에 들어섰다고 판단한 결과로도 볼 수 있다. 핵무기는 최고지도자에게 체제 보위를 위해 권력을 집중시킬 수 있는 효과를 극대화하고 그에 대한 정당성을 부여하고 있으며, 의도적 차원에서 사용 대상 및 범위의 확대는 핵보유국으로서의 북한 국가의 성격과 동북아 역학구조를 변경하는 데 중요한 변수로 작용하고 있다. 다시 말해 핵무력을 법제화하는 것은 권력 집중의 효과를 극대화하고 김정은 위원장 이후 소위 혁명 4세대의 핵 프로그램 고도화에 대한 명분을 제공하는 역할을 할 것으로 보인다.

1 김정은 시대 헌법은 선대 지도자들의 헌법과 비교해 봤을 때 어떠한 특징이 있나요?

2 김정은 시대 법치와 북한의 기본정치방식인 인민대중제일주의정치방식은 어떠한 관계가 있나요?

3 김정은 시대 법치를 어떻게 정의할 수 있으며, 국가 중장기 발전 전략과 어떠한 관계가 있을까요?

참고문헌

김상범, 『북한의 핵과 정치권력 변화』, 서울: 경남대학교 출판부, 2024.

박서화, 『북한법질서에서의 법치 개념』, 서울: 경남대학교 극동문제연구소, 2023.

백과사전출판사, 『광명백과사전 3-정치, 법』, 평양: 백과사전출판사, 2009.

최선·김재우, "북한의 헌법 개정과 권력 구조 변화", 『국가안보와 전략』 제23권 제4호, 2023.

쑨궈화 저, 최용철·김홍매·김미란·남미향 역, 『중국 특색 사회주의 민주법치에 관한 연구』, 파주: 법문사, 2023.

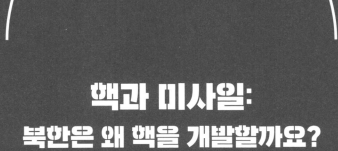

핵과 미사일:
북한은 왜 핵을 개발할까요?

이수원 · 하상섭

CHAPTER 03

핵과 미사일:
북한은 왜 핵을 개발할까요?

북한의 핵 관련 법 제정과 변화[1]

I 서론

북한은 2022년 9월 8일 최고인민회의를 통해 법령 '조선민주주의인민공화국 핵무력정책에 대하여'를 제정했다. 이 법령에는 북한 핵전력의 존재 이유, 지휘·통제체계, 핵무기 사용원칙과 조건, 관리 방안, 전력 강화 방침 등이 명기되어 있다. 북한의 핵무력 운용 전략을 대내외에 공표한 것이다.

그런데 북한이 자신들의 핵 운용 전략을 법제화한 것은 위 사례가 처음이 아니다. 2013년에 '자위적핵보유국의 지위를 더욱 공고히 할데 대하여'를 제정했었고, 2012년 4월 「개정헌법」에서는 '핵보유국'을 최초로 명기했었으며, 2023년 9월에는 「헌법」에 지속적인 핵 개발 의지를 명기하였다. 거기에 2013년부터 추진하고 있던 핵을 기반으로 한 국가발전 전략인 '경제건설과 핵무력건설의 병진로선'을 2016년 5월 개정된 당규약에 새로 명기하기도 했다.[2] 북한의 이러한 핵 운용을 위한 법 제정은 핵교리를 정립하고 이에 대한 실천을 법적으로

규정하는 것이라고 분석되고 있다.[3]

이러한 분석이 가능한 이유는 북한에서 법이 '국가가 제정 공표하고 국가 권력에 의해 그 준수가 보장되는 공통적인 행동 준칙'이고, 법의 문건인 법령은 '최고 주권·입법기관(최고인민회의)에서 제정하고 공표하는 최고의 효력을 가진 법 문건으로 최고지도자의 교시와 당의 노선과 정책을 실현하기 위해 채택'되기 때문이다.[4] 그리고 「헌법」은 '국가의 기본법으로 김일성과 김정일의 국가건설사상과 건설업적을 법화한 법'이며 당규약은 '당조직과 당원들의 활동준칙으로 그들이 지켜야 할 당건설원칙과 당생활규범의 총체'이기 때문이다.[5] 즉, 당규약과 「헌법」, 법령 그리고 최고지도자의 인식이 담긴 교시는 북한에서 "의무적으로 지켜야 할 규칙이나 질서"인 '규범'인 것이다.[6] 그래서 북한의 당규약과 헌법에서의 핵 관련 내용과 핵 법령에는 그들이 반드시 실현해야 하는 핵 운용에 대한 기본 전략이 담겨 있다.[7]

이는 당규약, 「헌법」에서의 핵 관련 내용과 핵 법령을 순차대로 살펴보면 북한의 핵전력 운용 전략과 그 변화를 확인할 수 있음을 의미한다. 그래서 이 글은 당규약과 「헌법」, 핵 법령들의 내용과 그것들이 만들어지고 적용되었던 당시의 상황들을 종합적으로 살펴 북한 핵 운용 전략의 변화 방향성은 무엇이며, 그것이 법에 어떤 모습으로 반영되었는지 분석하는 것을 목적으로 할 것이다. 이것을 위해 먼저, 북한 최고지도자들의 핵에 대한 인식을 살필 것이다. 이를 먼저 살피는 것은 북한에서 절대적 지위와 영향력을 가진 이들의 인식과 그에 따른 발언들은 북한의 핵 운용 방침과 법령의 지침이기 때문이다.[8] 그리고 당규약과 「헌법」에서의 핵 관련 내용과 2개 핵 법령의 내용 그리고 이것들이 제정될 당시 북한과 관련된 상황들을 살펴볼 것이다. 또한 이들의 변화 특징을 분석하여 북한의 핵 운용 전략과 이것이 담긴 핵 법령 변화의 방향성을 살필 것이다. 이는 북한이 핵을 만들고 있는 이유와 핵을 어떻게 활용하고 있는지, 어떤 방향으로 핵전략을 수립하고 있는지 밝히는 데 유용한 수단으로 활용될 수 있을 것이다.

Ⅱ　북한 핵 관련 규범 변화

1. 최고지도자들의 핵에 대한 인식

김일성 본인이 직접 핵무기를 가지겠다는 의지를 공식적으로 표명한 것은 확인하기 어렵다. 그러나 그의 핵에 대한 의지와 인식은 1979년부터 1996년까지 발간된 김일성 저작집(김일성의 공식 발언 모음집)들을 보면 알 수 있다. 1~3, 5, 18권을 제외한 모든 저작집에서 한 번씩이라도 핵무기와 관련된 김일성의 언급을 확인할 수 있기 때문이다.

김일성의 발언 중 가장 많은 내용은 미국의 핵무기에 대한 경계와 대비, 비난이었고 원자력 발전을 위한 기술 개발을 역설하는 발언들도 확인할 수 있으며 핵무기 자체의 폐기를 주장하는 내용도 볼 수 있다. 또한 1차 핵 위기 당시 핵사찰을 거부하며 자신들은 핵을 가질 수 있는 능력도 의지도 없다는 내용의 발언들도 나와 있다.[9] 김일성에게 핵은 가지고 있지 못해 두려운 대상이었고 그래서 거짓을 말해서라도 가져야 하는 무기였으며 에너지 확보 수단으로도 활용하고 싶었던 대상이었던 것이다. 이는 그가 꾸준히 핵개발을 위한 노력을 해왔다는 것에서 확인할 수 있다.[10]

아울러 당시 북한은 소련의 핵무기와 원자력은 평화를 위해 이용되는 핵, 중국의 핵은 위협으로부터 자신을 지키는 핵이라는 인식을 가지고 있었다. 적대국의 핵은 억제되어야 할 대상이고 우방국의 핵은 평화를 위해 협력해야 하는 대상이라는 인식을 가지고 있었던 것이다.[11]

김정일은 비핵화가 김일성의 유훈이고 자신의 입장이기도 하지만 미국의 위협 때문에 어쩔 수 없이 핵무기를 보유하게 되었다고 설명하였다.[12] 그리고 이라크 전쟁 사례를 들어 강력한 무력 없는 양보는 죽음이라고 하며 미국의 선

핵 포기 요구를 일축하고 전쟁 예방을 위한 것이라며 핵억제력 강화를 지시한다.[13] 또한 광명성 1, 2호 발사 성공과 핵실험 성공에 대해 "당당한 위성발사국, 핵보유국이 된 우리 나라의 권위와 존엄은 그 누구도 건드릴수 없는것으로 되였습니다."라고 말하며 핵개발로 자신들은 안전하게 되었음을 주장하였다.[14]

거기에 김정일은 제네바 합의로 경수로 사업이 진행되고 있던 시점에도 핵 운용의 핵심인 미사일 개발을 자주적 권리라며 계속 추진할 것을 천명했고 핵 관련 정책이 포함된 자신들의 국방정책은 철저히 자위적 정책이라며 핵개발과 국방력을 계속 강화할 것임을 밝혔다.[15] 또한 1차 핵시험 성공 후 핵무기 보유를 실증했고 국방력과 전쟁억지력 등을 계속 강화해야 한다고 말하였다.[16] 이는 김정일이 핵개발은 자신들의 권리이자 자신들의 안위를 지킬 수 있는 가장 유력한 수단이므로 계속 발전시켜야 하는 대상으로 인식하고 있었음을 보여주는 것이다. 실제로 김정일은 비핵화를 위한 대화의 지속 여부와 관계없이 핵과 미사일 개발 활동을 28차례 진행하였다.[17] 김정일의 비핵화는 말로만 진행된 것이다.

김정은은 2013년 3월 당 중앙위원회 전원회의에서 선대 최고지도자들의 핵강국건설 업적을 이어갈 것이며 자주권과 생존권을 지키기 위해 핵무력을 중심으로 국방력을 강화해 나갈 것임을 역설한다.[18] 그리고 핵탄두의 경량화, 표준화, 규격화의 실현에 만족하고 핵 선제타격권은 미국만의 것이 아니며 그들이 자신들을 위협하면 핵 선제공격을 하겠다고 선언한다.[19] 또한 전시 핵 공격체계의 정상 작동을 위한 핵무력의 유일적 령군체계, 관리체계 수립과 핵타격수단들의 결전준비태세 확립을 명령한다.[20]

거기에 2017년 11월 29일 ICBM '화성-15형' 발사 성공을 계기로 '국가핵무력완성' 선포 후 미국 전역이 핵 타격권 안에 있으며 핵단추가 자신의 사무실 책상 위에 있다고 위협한다.[21] 그리고 2023년에는 핵어뢰 '해일'과 새로운 ICBM '화성-18형' 개발도 공개하였다. 또한 한국을 표적으로 한 전술 핵무기를 운반할 수 있는 대구경 방사포와 순항미사일, 전술 탄도 미사일 같은 수단들을 생산, 배치하고 전술핵 공격을 가상한 훈련을 진행하고 있다. 북한은 전술핵을 활용한 대남 군사전략을 수립하고 이의 실행을 위한 훈련을 실시하고 있는 것이다. 즉, 김정은은 핵무기를 체제 유지와 대남·대미 전략을 유리하게 이끌기 위한 필수조건으로 인식하고 선대 최고지도자들의 핵 유산을 물려받아 개발을 지속하여 그 수준을 향상시키고 있으며 이의 실제 사용도 준비하고 있는 것이다.

이처럼 김일성은 핵을 두려워하여 개발을 시작했고 김정일은 비핵화 대화를 진행하는 가운데서도 각종 제재를 감수하며 핵무기를 보유했다. 그리고 김정은은 이를 더욱 발전시켜 실전에서 사용 가능한 수준의 핵전력을 갖추고 2013년과 2022년에 선제공격을 포함한 핵무력 운용 방침을 담은 법들을 제정하여 핵전력을 통제·관리하기 위한 체계를 만들었다. 이러한 최고지도자들의 인식과 활동은 미국의 핵전력에 대한 자신들의 두려움을 미국의 위협으로 전환시키고 자위, 생존 등 체제 유지를 위한 권리를 명분으로 내세우며 진행된 것이다. 거기에 김정은은 핵무기와 그 운반 수단들의 다양화에 성과를 내면서 핵의 실제 사용도 염두에 두고 이를 대미·대남 전략의 핵심 수단으로 활용하고 있다.[22] 북한의 최고지도자들은 핵을 체제 유지와 소위 '우리식 사회주의' 달성의 핵심 수단으로 인식하여 이를 포기할 수 없던 것이다.[23] 다음의 <표 3-1>은 위와 같은 북한 최고지도자들의 핵 인식을 정리한 것이다.

표 3-1 북한 최고지도자들의 핵 인식

구분	핵 인식	비고
김일성	• 적대국의 핵은 억제되어야 하는 경계와 대비의 대상, 우방국의 핵은 협력 대상 • 두려우나 가지고 싶고 활용하고 싶은 대상	핵은 체제 유지와 '우리식 사회주의' 달성의 핵심 수단
김정일	• 북한의 안위를 지킬 수 있는 가장 유력한 수단 • 핵개발은 자위적 수단이고 자신들의 권리이며 계속 발전시켜야 할 대상 • 북한은 핵보유국	
김정은	• 선대의 핵강국건설 업적을 이어갈 것 • 체제 유지와 국정운영의 핵심 수단 • 핵 선제공격 가능	

　　이러한 최고지도자들의 핵에 대한 인식은 고스란히 북한의 핵 관련 법 제정에 영향을 끼쳤다. 핵개발을 시작했던 김일성은 기술이 성숙 되지 못해 핵전략을 공식화할 수 없었지만 김정일은 각종 제재 속에서도 핵무기의 실용화가 가시권 안에 들어오자 핵보유국 선언을 했고 핵 운용 전략의 원칙을 제시하여 핵 운용의 제도적 기반을 다지기 시작했다. 그리고 김정은은 선대의 성과를 이어받아 핵의 실전 사용을 실증해 나가며 당규약을 통해 핵을 우선순위에 둔 국정운영 노선을 제시했고 「헌법」에 핵보유국임과 지속적인 핵개발 의지를 명시했다. 또한 핵 법령 2개를 만들어 핵 운용 방안을 구체적으로 제시하였다. 즉, 북한 최고지도자들의 핵 보유와 운용에 대한 의지는 항상 확고했으며, 이것은 당규약과 「헌법」, 핵 법령들을 통해 규범화·법제화된 것이다. 이에 대한 구체적인 내용들은 후술할 것이다.

2. 당규약과 헌법에서의 핵 규정

북한은 2016년 5월, 제7차 당대회에서 당규약을 개정하여 '경제건설과 핵무력건설의 병진로선'을 명기한다. 이것은 2021년 1월 개정 때 삭제되었으므로 당규약에 핵 관련 내용이 명기된 유일한 사례이다. 그런데 '경제건설과 핵무력건설의 병진로선'은 2013년 3월 당 중앙위원회 전원회의에서 처음 제시된 것이다. 당시 김정은은 이 노선에 대해 일시적 대응책이 아닌 항구적으로 틀어쥐고 나가야 할 전략적 노선으로 자신들의 핵 보유를 영구화하고 그를 바탕으로 경제강국건설을 이루자는 목적을 가지고 있음을 설명했다.[24]

또한 김정은은 7차 당대회에서 핵억지력을 바탕으로 대미투쟁을 지속할 것이며 병진노선을 틀어쥐고 핵무력을 질량적으로 더욱 강화해 나갈 것이라고 말했고 '경제건설과 핵무력건설의 병진로선'은 사회주의강국건설에 대한 요구와 현실을 반영한 가장 혁명적이고 과학적인 노선이라며 이 노선 관철을 강조한다.[25] 핵을 가지고 체제 안전을 확보한 후 경제발전에 나서겠다는 국정운영 방향성을 제시한 것인데, 이는 집권 초기에 제시되어 실행되고 있던 김정은만의 통치 노선을 반드시 지켜야 할 원칙, 규범으로 명기한 것이다.

그런데 '경제건설과 핵무력건설의 병진로선'을 2021년 1월 개정에서 삭제했는데, 이는 이미 2017년 11월 국가핵무력완성을 선언했고 다음 해 4월 20일 당 중앙위원회 전원회의에서 병진노선의 승리를 선언했기 때문이다. 전원회의에서 김정은은 국가핵무력건설을 달성한 현 단계에서는 경제건설에 집중해야 한다며 '경제건설에 총력을 집중할데 대한 새로운 전략적로선'을 제시한다.[26] 핵으로 정치·군사 강국을 달성했으니 경제문제 해결에 집중하겠다는 의지를 나타낸 것이다. 이런 의지는 2021년 개정 당규약에 기본정치방식이 선군정치(군을 중심으로 혁명과 건설을 이끈다는 정치 방식)에서 인민대중제일주의 정치(국민의 이익을 최우선으로 하는 정치)로 바뀌고 병진노선 대신 자력갱생 아래 경제건설과 사회주의의 물질·기술적 토대를 다져 사회주의 완전 승리를 다지겠다는 내용이 들어가며 국정운영의 원칙·규범으로 제시된다.

한편, 북한은 2012년 4월 「헌법」을 수정하여 「김일성-김정일헌법」으로 정식화하고 서문에 "김정일동지께서는…선군정치로 김일성동지의 고귀한 유산인 사회주의전취물을 영예롭게 수호하시고…불패의 정치사상강국, 핵보유국, 무적의 군사강국으로 전변시키시였으며…"라고 핵보유국임을 명기한다. 그리고 이 「헌법」의 채택으로 '선대 수령들의 업적을 대를 이어 옹호고수하고 사회주의 제도를 지키며 빛내일 강력한 법적 무기를 가지게 되었다.'고 설명한다.[27] 이는 핵 보유 노력이 선대부터 이어져 온 것이며 지속해야만 하는 것임을 나타낸 것으로 이것을 추진하는 정책적 노력을 법적으로 뒷받침한 것이다.

당시까지 북한은 2차례의 핵시험을 진행했고 각종 미사일을 김일성 시대부터 35차례 발사하여 핵무기 보유와 이를 운용할 능력을 본인들 기준으로는 확인한 상태였다.[28] 또한 2·29 합의 이행, 장거리 로켓 발사, 우라늄 농축 프로그램 중단, IAEA 사찰 등의 문제로 국제사회와 줄다리기 중이었다. 그래서 자신들의 핵 능력에 대한 자신감과 핵 보유 의지를 드러내고 국제사회와의 대화에서 유리한 고지를 점하고자 「헌법」에 핵보유국을 명기한 것으로 보인다. 그리고 선대부터 이어져 온 절대적인 과업임을 국민들에게 보이고자 하는 목적도 있었을 것이다.

거기에 2023년 9월 북한은 「헌법」을 다시 한번 수정하여 「헌법」 제4장 제58조에 핵무기발전을 고도화하여 생존권과 발전권을 담보하고 전쟁을 억제하며 지역과 세계의 평화와 안정을 수호한다는 내용을 명기한다. 그리고 김정은은 이에 대해 "현시대의 당면한 요구는 물론 사회주의국가건설의 합법칙성과 전망적요구에 철저히 부합되는 가장 정당하고 적절한 중대조치"라고 평가한다.[29] 2012년 4월 「헌법」 수정 이후 핵무력과 그 운영체계의 발전 상황을 반영하여 핵무력 활용 방향성을 명기한 것으로 앞으로도 핵개발은 지속될 것이며, 이를 바탕으로 국가건설을 추진하겠다는 전략을 국가의 기본법인 「헌법」으로 분명히 한 것이다. 아래의 <표 3-2>는 당규약과 「헌법」에서의 핵 관련 내용의 변화를 정리한 것이다.

표 3-2 당규약, 헌법의 핵 관련 내용 변화

구분		내용	비고
당규약	2016. 05	'경제건설과 핵무력건설의 병진로선' 명시	2017. 11. 국가핵무력완성 선언/2018. 04. 병진노선 승리 선언 후 삭제
	2021. 01	'경제건설과 핵무력건설의 병진로선' 삭제	
헌법	2012. 04	'핵보유국' 명시	핵개발 지속과 핵 기반 국가건설 추진 의도
	2023. 09	'핵무기발전 고도화' 추가 명시	

3. 2개의 핵 법령

북한은 2012년 「헌법」에 핵보유국을 명기한 후 2013년 4월에 법령 '자위적 핵보유국의 지위를 더욱 공고히 할데 대하여'를 제정한다. 이 법은 북한이 핵 운용 방침을 구체적으로 제시한 최초의 법이다. 그리고 2022년 9월에 2013년 법령을 대신하는 '조선민주주의인민공화국 핵무력정책에 대하여'를 제정한다. 다음 <표 3-3>은 이 법령들의 내용을 정리한 것이다.

표 3-3 북한 핵 관련 법령 주요 내용

구분	자위적 핵보유국의 지위를 더욱 공고히 할데 대하여(2013. 04. 01)	조선민주주의인민공화국 핵무력정책에 대하여(2022. 09. 09)
사명	• 미국의 적대시 정책과 핵위협에 대한 정당한 방위 수단 • 북한에 대한 침략과 공격을 억제, 격퇴하고 침략에 대한 보복 타격	• 적대세력의 침략과 공격기도 포기하게 하여 전쟁 억제 • 전쟁 억제 실패 시 침략과 공격 격퇴하고 결정적 승리를 위한 작전적 사명 수행

핵무력 구성	-	• 각종 핵탄, 운반수단, 지휘 및 조종체계, 운용과 갱신을 위한 모든 인원과 장비, 시설
지휘·통제	최고사령관의 최종명령으로만 사용	• 국무위원장이 지휘하고 모두 결정 • 국무위원장이 구성한 국가핵무력지휘기구가 핵 관련 모든 내용에 대해 국무위원장 보좌 • 핵무력 지휘·통제 체제 위기 시 적대세력에 대한 핵타격 자동적으로 즉시 실시 • 핵무력은 핵무기 사용 명령 즉시 집행→명령 즉시 집행을 위한 동원태세 유지
사용 원칙	• 적대적 핵보유국의 침략, 공격에 대한 격퇴와 보복타격 • 적대적 핵보유국과 야합하지 않는 비핵국가들에는 핵무기 사용 금지	• 외부의 침략과 공격에 대처하여 최후의 수단으로 사용 • 비핵국가들에게는 핵보유국들의 대북 공격행위에 가담치 않으면 핵무기 위협이나 사용 금지
사용 조건	-	• 핵무기 또는 기타 대량살상무기 공격이 있거나 임박하였다고 판단되는 경우 • 국가지도부, 국가핵무력지휘기구에 핵 및 비핵공격 있거나 임박하였다고 판단되는 경우 • 국가 중요전략적대상들에 치명적 군사적공격이 있거나 임박하였다고 판단되는 경우 • 유사시 작전상 필요성이 제기되는 경우 • 핵무기로 대응할 수밖에 없는 불가피한 상황이 조성되는 경우
핵 무력 강화	• 핵전력 강화하기 위한 대책 수립	• 외부의 핵 위협과 핵무력 태세를 항시 평가하고 그에 따라 핵무력을 질량적으로 갱신, 강화 • 각 상황에 따른 핵 사용 전략 정기 갱신
관리	• 핵무기의 보관, 관리, 핵실험의 안전과 관련한 규정 준수 • 핵기술 유출 방지를 위한 체계 확립 • 핵 전파방지, 핵물질 안전 관리, 핵군비경쟁 반대, 핵 군축을 위한 국제적 노력 협조	• 철저하고 안전한 핵무기 보관관리제도를 수립하고 이행 담보 • 핵무기·기술·물질 등의 유출 방지 대책 수립 • 타국에 핵무기 배치·공유, 관련 기술·설비, 무기급 핵물질 이전 금지

| 기타 | • 해당 기관들은 법령 집행을 위한 실무적 대책 수립 | • 이 법령의 임의의 조항도 정당한 자위권 행사를 구속하거나 제한하는 것으로 해석되지 않음
• 해당 기관들은 법령 집행을 위한 실무적 대책 수립 |

출처: 로동신문, "조선민주주의인민공화국 최고인민회의 법령 자위적핵보유국의 지위를 더욱 공고히 할 데 대하여", 2013. 4. 2.; 로동신문, "조선민주주의인민공화국 최고인민회의 법령 조선민주주의인민공화국 핵무력정책에 대하여", 2022. 9. 9.의 내용을 재구성.

그런데 북한은 위 법들을 만들기 전에 2010년 외무성 비망록을 통해 핵 운용 방향을 밝힌 적이 있다. 당시 북한은 핵무기의 사명은 한반도와 전 세계가 비핵화될 때까지 자신들에 대한 공격을 억제, 격퇴하는 것이며 핵보유국과 야합하여 자신들을 공격하지 않는 비핵국가들에게는 핵을 사용하지 않겠다고 밝혔다. 그리고 핵무기를 필요한 만큼 생산할 것이며 비핵화를 위해 노력할 것이라고 설명했다.[30] 핵은 방어에만 사용되나 생산은 계속할 것이며 미국과 관련 없는 비핵국가들에게는 사용하지 않겠다는 핵 운용 방식의 기초적인 원칙을 제시한 것이다.

이 비망록 3년 후 제시된 2013년 법안은 자신들이 핵보유국이라는 기본 전제 아래 비망록에서 제시된 사명과 사용 원칙을 어떻게 실행할 것인지를 구체적으로 제시한 것이다. 기존 제시된 사명과 사용 원칙을 보완하고 원론적인 수준이지만 지휘·통제와 핵 무력 강화, 핵무기 관리 방안을 새롭게 제시했다. 헌법에 핵보유국을 명시한 상황에서 핵전력 운용 전략을 실제로 보여줄 법안이 필요했을 것이다. 그리고 북한의 핵 보유를 인정하지 않는 국제사회에는 자신들이 핵을 체계적으로 운용하고 있고 핵 보유가 정당한 것임을 알리고자 했을 것이다. 그래서 법안에서 핵보유국 지위가 공고화되었음을 대내외에 천명하고 핵전력의 강화와 관리, 지휘체계 확립 등을 위한 방향성을 제시한 것이다.[31]

2022년 제시된 법안은 2013년 법안보다 더욱 구체화되어 발전된 법안이다.

2013년 법안보다 핵무기 사용 원칙을 확대하고 사용 조건을 새롭게 제시하며 언제, 어떻게, 어디에 사용할 것인지도 구체적으로 밝히고 있다. 그리고 이를 지휘할 국가핵무력지휘기구 설치와 핵무기 사용 전략의 정기적 갱신도 명기하고 있다. 북한은 핵 운용 전략을 변화되는 상황을 반영하여 발전시키고 있는 것이다.

먼저, <표 3−3>의 지휘·통제의 '명령 즉시 집행'과 '명령 즉시 집행을 위한 동원태세 유지'는 언제든 핵을 사용할 수 있도록 항시 준비 태세를 갖추고 있어야 함을 명시한 것이다. 그리고 사용 조건에서 제시된 '임박하였다고 판단되는 경우'는 자신들이 필요할 때 알아서 판단한 후 언제든 선제공격하겠다는 의도를 드러낸 것이다.[32] 아울러 '작전상 필요성이 제기되는 경우'와 '핵무기로 대응할 수밖에 없는 상황 조성'에 핵무기 사용 원인을 제공하는 것이 핵무기여야 함을 명확히 하지 않아 반드시 핵과 관련된 상황이 아니라도 핵을 사용할 수 있게 하였다. 핵을 사용할 수 있는 상황과 범위를 재래식 위협으로까지 확대한 것으로 그만큼 실제로 핵을 사용할 수 있는 경우의 수와 가능성을 높인 것이다.

다음으로, 국가핵무력지휘기구 설치는 북한의 핵무력 지휘체계가 정착되었음을 의미한다. 그리고 이 기구를 포함한 지휘부 보호를 위한 핵 선제공격은 소위 '참수작전'으로 대변되는 한국의 대응에 대한 방어책으로 보인다. 또한 문구 자체로만 본다면 핵 선제공격은 기존 방어 위주의 핵전략이 공격적으로 변화되었음을 보여주는 것이고 그만큼 자신들의 핵전력에 자신이 있음을 보여주는 것이다.[33] 이에 더해 핵전력 강화와 전략 갱신에 대해 명기했는데, 이는 핵능력을 지속적으로 발전시킬 것이며 북한을 둘러싸고 수시로 변화하는 상황에 맞추어 핵 운용 전략도 시의성 있고 현실성 있게 지속해서 수정·보충하겠다는 것이다.

그런데 핵전력 운용 전략을 공개한 경우는 기존 핵보유국들에서도 찾아볼 수 있다. 미국은 주기적으로 핵태세검토보고서를 발표하며 핵정책을 공개하고 있고 프랑스는 공식적으로 자신들과 동맹이 공격받지 않으면 핵무기를 사용하지 않는다는 원칙을 밝히고 있다. 러시아는 자신들이 핵으로 위협받지 않으면 선제공격하지 않는다는 원칙을 공개하고 있으며, 중국은 핵 선제 불사용 원칙을 추구하다 2013년 국방백서부터 이를 생략했고, 영국은 핵 선제공격 가능성을 배제하지 않고 있다.[34] 이처럼 핵보유국들은 법으로 만들지는 않더라도 핵전력의 운영 원칙을 대외에 공개하고 있는 것이다.[35]

이렇게 북한이 기존 핵보유국들처럼 핵 운용 전략을 공표한 것은 자신들도 최소한 기존 핵보유국들만큼은 법과 원칙을 세워 체계적으로 핵을 운용하고 있음을 과시하는 의미일 것이다. 그리고 지속적인 핵 보유와 개발은 법으로 보장된 자신들의 권리이자 의무로 멈출 수 없는 것임을 밝혀 대내적으로 정당성을 호소하는 것이다. 또한 대외적으로 앞으로 지속될 수밖에 없는 비핵화 대화에서 절대로 물러설 수 없다는 의지를 보여주는 것이다. 다음 장에서는 핵 관련 법령의 특징을 그 내용을 통하여 살펴보도록 하겠다.

Ⅲ 핵 능력과 상황에 따른 전략 규정: 변화와 한계

1. 체제 보위를 위한 핵 능력 확보

북한은 2005년 2월 핵보유국 선언을 하면서 "미국이…핵몽둥이를 휘두르면서 우리 제도를 기어이 없애버리겠다는 기도를 명백히 드러낸 이상 우리 인민이 선택한 사상과 제도, 자유와 민주주의를 지키기 위해 핵무기고를 늘이기 위한 대책을 취할것이다."라고 언급한다.[36] 체제 보위가 핵 보유의 이유임을 밝히고 이를 위해 핵개발을 지속하겠다는 의도를 드러낸 것이다. 그리고 핵보유국을 처음 「헌법」에 명기하면서 김정일이 북한을 핵보유국으로 만들어 자신들이 자주적으로 살아갈 기틀을 마련하였고 「헌법」을 수정·보충하여 김정일의 국가 건설업적을 이어갈 법적 담보를 마련하는 것은 현재의 가장 절박한 과업이라고 설명한다.[37] 이 역시 핵개발은 체제 보위를 위한 것이었고 핵개발을 지속하기 위한 법적 토대를 마련했다는 것이다.

2013년 4월 제정한 법령에서 북한은 자신들이 왜 핵을 만들었는지 명확히 밝힌다. 서문에 자신들은 핵보유국이라고 선언하며, "우리 공화국은 외세의 온갖 침략과 간섭을 받아온 수난의 력사에 영원히 종지부를 찍고…주체의 사회주의 강국으로 세상에 빛을 뿌리게 되었다."라고 명기한다. 그리고 제1조에는 "핵무기는 우리 공화국에 대한 미국의 지속적으로 가증되는 적대시정책과 핵위협에 대처하여 부득이하게 갖추게 된 정당한 방위수단이다."라고 명기한다. 이 법령에서 가장 먼저 언급한 것이 자신들은 핵보유국이고 핵은 체제 보위를 위해 만들었다며 핵 보유에 대한 이유와 정당성을 설명한 것이었다.

또한 김정은은 '경제건설과 핵무력건설의 병진로선'을 당규약에 추가하며 평화는 항시 핵전쟁의 위험 속에서 살아온 자신들의 염원으로 미국의 핵위협을 핵억제력으로 종식시킬 것이며 적대세력이 핵으로 자주권을 침해하지 않는 한 핵무기를 사용하지 않을 것이고 비핵화를 위해 노력할 것이라고 말한다.[38] 그리고 당대회 결정서에는 핵무기의 소형화, 다종화를 실현하고 질량적으로 강화하여 북한을 동방의 핵대국으로 만들 것이라고 천명한다.[39] 자신들을 지키기 위해 어쩔 수 없이 핵을 만들었으나 비핵화를 위해 노력할 것임을 밝힘과 동시에 핵무기 개발에 대한 의지를 숨기지 않은 것으로서 핵개발 원인을 외부로 돌리면서 정당성도 확보하려 한 것이다.

아울러 김정은은 병진로선의 승리 선언 후 이의 관철로 국가와 인민의 안전이 담보되었는데, 그 기초위에 핵무기 없는 세계 건설에 이바지할 것이며 사회주의 위업의 최후승리를 앞당겨야 함을 강조하였다.[40] 핵개발이 완성되어 체제의 안전이 확보되었고 이로 인해 사회주의 경제건설에 총력을 기울일 수 있게 되었다는 것으로 병진로선의 최우선 목적이 핵무기 확보를 통한 체제 보위였음을 보여주는 것이다.

2022년 9월 새로 제정한 법령에서 북한은 "핵무력이 국가의 주권과 령토완정,[41] 근본리익, 인민의 생명과 안전을 수호하고…전쟁을 방지하는 수단이자 국가방위의 기본역량"이라고 명기한다. 그리고 이 법을 제정한 이유는 "핵무기보유국들사이의 오판과 핵무기의 람용을 막음으로써 핵전쟁위험을 최대한 줄이는데 목적을 두고있다."라고 밝힌다. 또한 이 법령에 대해 "국권수호, 국익사수의 의지를 뚜렷이 과시하였으며 조선반도와 지역, 세계의 평화번영에 이바지하는 믿음직한 법적무기"라고 해설한다.[42] 자신들이 핵을 만든 이유와 그 사용 방향성을 법으로 제정한 이유 모두 체제 보위를 위한 것임을 직간접적으로 밝힌 것이다.

거기에 이 법령에는 핵무기 사용 조건에 국가지도부, 국가 중요전략적 대상에 대한 공격이 예상되거나 공격받았을 때가 명기되어 있다. 이는 자신들의 지도부를 지키기 위해선 핵 선제공격을 통한 핵전쟁도 불사하겠다는 의사를 드러낸 것인데, 국가지도부, 국가 중요 전략적 대상에는 북한 체제 그 자체인 김정은이 포함되어 있기 때문이다. 체제 보위를 위해선 무엇이든 하겠다는 의지를 법으로도 천명한 것이다.

이처럼 북한은 핵과 관련된 중요한 법적 조치를 취할 때마다 핵을 만든 이유가 자위권 차원의 어쩔 수 없는 행동이었음을 역설하며 사태의 원인을 외부로 돌리고 핵 보유에 대한 정당성을 주장하고 있다. 이는 자신들의 핵개발에 대해 외부에서 어떻게 판단하고 있는지 그에 따른 결과가 어떤 것인지는 너무나 명확하기 때문이다. 그래서 북한은 외부에 법령을 공개하여 나름대로 체계적으로 운영하고 있음을 주장하는 것이고 대외에 자신들의 능력과 의지를 과시하고 있는 것이다. 그리고 이것은 주민들에게는 왜 어려움을 감내해야 하는 지도 설명하는 것이다.

2. 핵 능력 발전을 반영한 전략 설정

김일성 시대에는 핵 보유 자체가 목적이었을 것이므로 별도의 핵 운용 전략이 있을 수 없었다. 대신 핵에 대한 방어는 준비하고 있었다. 이는 김일성이 전국의 요새화를 추진한 이유 중 하나로 핵공격에 대한 방어를 든 것에서 알 수 있다.[43] 핵이 군사전략 수립의 중대한 고려 대상이었으며 이를 가지지 못한 상태에서 가장 먼저 해야 할 것은 방어라고 판단한 것이다.

그런데 이러한 상황은 김정일 시대 들어 점차 변화되기 시작한다. 북한은 2006년 1차 핵실험을 실시하기 전부터 핵탄두를 실을 수 있는 로동과 대포동 1호, 스커드 같은 탄도 미사일을 지속적으로 발사하며 핵 운반 능력을 키우고 있었다. 이를 바탕으로 북한은 2005년 2월에 '대북 고립 압살정책에 맞서 자위를 위해 핵무기를 만들었고 이는 자위적 핵억제력으로 남아있을 것'이라며 핵보유 선언을 하며 6자회담이 참가국들의 비핵·군축 회담이 되어야 한다고 주장한다.[44] 이는 핵개발 진척도에 자신이 있기에 가능했던 선언으로 6자회담에서 주도권을 잡기 위한 노력이었다.

이후 북한은 2012년 「헌법」에 핵보유국을 명기하기까지 2차례의 핵실험과 대포동 2호, 노동, 은하 2·3호, 스커드 미사일들을 계속 발사했는데, 특히 대포동과 은하 미사일들은 북한이 인공위성을 탑재한 것들로 그들의 ICBM 개발에 대한 의욕을 대변해 주는 것이다. 북한은 비핵화 대화가 진행 중인 가운데 핵보유와 핵공격 범위 확대를 지속적으로 시도한 것이다.[45] 그리고 2013년 4월 핵법령을 내놓을 때까지 1차례의 핵실험과 ICBM으로 의심받고 있던 은하 3호 발사를 추가로 실시하여 핵탄두의 위력 확보와 소형화, 미사일의 단 분리, 핵탄두 운반 능력 등의 기술을 실증하였다.[46] 자신들이 만든 핵무기의 능력을 기술적으로 증명한 후 이를 만든 이유를 설명하며 어떻게 사용하고 관리할 것인지 등 실제 운용 전략의 원칙을 담은 법을 제정한 것이다.

또한 2016년 당규약 개정까지 북한은 각종 중·단거리 탄도 미사일 발사 횟수를 늘리고 SLBM 시험발사를 수차례 실시했다. 그리고 ICBM 기술이 적용된 광명성호 로켓을 발사했고 ICBM용 엔진 개발을 추진했으며 탄도미사일의 대기권 돌입 실험에 성공했다. 또한 4차 핵실험도 실시했다. 북한은 핵 투발 수단의 다양화를 시도했고 ICBM과 핵탄두의 능력 및 생산 기술을 성숙시키기 위해 노력한 것이다.[47] 그리고 그 성과를 바탕으로 핵이 국정운영의 중심임을 밝히는 '경제건설과 핵무력건설의 병진로선'을 당규약에 명기한다.

이후 2022년 핵 법령 제정과 2023년 「헌법」 개정을 하기까지 북한은 화성−14형부터 18형에 이르는 ICBM을 개발했고 2차례의 핵실험을 더 실시하며 수소탄 개발에 성공했다고 주장한다. 그리고 SLBM 개발을 위한 노력을 지속하고 있으며 장거리 순항미사일도 개발했다. 또한 전술핵을 투발할 수 있는 대형 방사포를 개발하였고 단거리 탄도미사일들의 발사도 지속하고 있으며, 2023년 5월에는 정찰위성 발사를 시도했고 9월에는 전술핵 공격잠수함도 공개했다.[48] 북한의 핵전력이 기술적으로 다양성을 갖춰가고 있는 것이다. 그리고 이는 한반도에서 북한의 핵무기 사용 가능성을 높이고 있다.

실제로 북한은 한국의 전략 거점이나 한미연합군 등 한반도 내에서의 사용을 위한 전술 핵무기 운용 훈련을 시행하고 있다.[49] 북한은 전술핵을 대남 군사 전략의 핵심 수단으로 두고 이의 실행을 정당화하는 법을 만들며 실제 사용을 위한 훈련을 진행하고 있는 것이다. 즉, 기술 발전을 바탕으로 한 법 제정과 전술 핵무기 사용 훈련은 북한 대남·대미 정책의 기반이 되고 있으며, 핵무기 없이 이에 대응해야 하는 한국에게는 한미일 군사협력과 군비 강화를 강요하고 있다.

이처럼 북한의 핵 관련 법령들은 기술 발전에 큰 영향을 받았다. 핵기술에 대한 자신감이 생기자 핵 보유의 정당성을 주장하며 핵보유국을 선언한 후 이를 「헌법」에 명기했다. 그리고 핵무기와 투발 수단들의 실전 사용을 위한 필수 기술들이 실증되자 핵보유국 지위를 공고히 하며 실전 운용 원칙을 담은 법령을 제정했다. 이후 개발한 핵탄두와 투발 수단들의 기술적 성숙도와 생산성을 확인하자 핵을 바탕으로 한 국가 전략 노선을 택한다.

또한 자신들의 핵능력이 성숙되었다고 판단되자 기존 핵 법령을 더욱 구체화하여 지휘체계와 사용 대상·조건을 명확히 하여 선제공격이 가능한 상황도 확대하고 이를 바탕으로 핵사용을 전제로 한 군사훈련도 강화하고 있다. 즉, 북한은 핵능력이 향상될수록 핵무기를 정치, 군사적으로 활용하기 위해 점차 핵 관련 법령들의 내용을 공격적인 방향으로 구체화하고 있는 것이다.

3. 핵전력의 실제 사용을 상정한 변화

당규약과 「헌법」은 국가 정체성을 밝히고 국정운영 노선을 제시하는 것이지 구체적인 방법을 설명하는 것은 아니다. 더구나 북한은 당규약에서 핵 관련 내용을 1차례 명기했다 삭제했고, 「헌법」에서는 처음 등장했을 때의 내용에서 변화를 주지 않다가 2023년 9월에야 핵무력을 계속 강화하여 국가의 생존권과 발전권을 담보하겠다는 정책 기조 정도만 명기했다.[50] 그래서 당규약과 「헌법」을 통해선 북한의 핵보유국이라는 주장과 이를 계속 발전시킬 것이라는 의도는 읽을 수 있으나 핵을 어떻게 운용할 것인지는 구체적으로 알 수 없다.

하지만 2차례 만들어진 핵 법령들을 보면 그들의 핵 운용 전략을 구체적으로 분석할 수 있다. 법령은 당과 국가의 노선을 실천하기 위해 만든 것이기 때문이다. 2013년 핵 법령은 핵 보유 목적과 사용 원칙, 핵정책의 방향성은 물론 핵무기 관리, 국제규범 준수, 최종명령권자 등 핵 운용 방침에 필요한 요소들을 두루 갖추고 있다.[51]

그런데 여기서 가장 주목되는 부분은 <표 3-3>의 사용 원칙에 해당되는 내용이다. 실제 법령의 관련 내용은 "적대적인 다른 핵보유국이…침략하거나 공격하는 경우 그를 격퇴하고 보복타격을 가하기 위하여…사용할 수 있다."로 자신들이 공격당했을 경우로 상황을 제한했으나 실제 사용할 의지를 가지고 있음을 알 수 있다. 그리고 "적대적인 핵보유국과 야합하여…침략이나 공격 행위에 가담하지 않는 한 비핵국가들에 대하여 핵무기를 사용하거나 핵무기로 위협하지 않는다."라는 내용은 비핵국가에 대한 핵 불사용 원칙을 천명한 것처럼 보이나 적대적 핵보유국과 함께하는 비핵국가를 향해서는 핵을 사용하겠다는 위협으로 분석할 수 있다. 북한이 적대적 핵보유국으로 지칭하는 미국의 동맹인 한국도 핵사용 대상국에 포함됨을 충분히 추정할 수 있다.

이는 북한이 미국을 목표로 하는 대륙간탄도미사일과 함께 한국을 목표로 하는 단거리 탄도미사일이나 대구경 방사포와 같은 전술핵 투발 수단들의 개발에도 힘을 쏟고 있는 것을 보면 알 수 있다. 즉, 2013년 핵 법령은 조건을 제시하여 사용을 제한하는 것으로 보이나 진정한 의도는 조건만 충족되면 미국은 물론이고 한국 등에 핵을 실제로 사용하겠다는 의지를 드러내고 이를 위한 법적 기반을 마련한 것이다.

한편, 2022년 핵 법령은 2013년 법령의 사용 원칙을 계승했다. 비핵국가들이 핵보유국과 야합하여 자신들을 침략하거나 공격하지 않으면 핵을 사용하지 않겠다는 내용을 다시 명기한 것이다. 이는 한국을 상대로 한 핵정책에는 변함이 없음을 의미한다. 이는 앞서 언급한 것 같이 한국을 표적으로 한 전술 핵무기와 투발 수단 개발, 이를 사용하는 훈련의 반복 진행에서 확인할 수 있다. 북한은 핵을 대남 군사전략의 최우선 고려 사항으로 두고 이를 실제로 사용하기 위한 준비를 하고 있는 것이다.

또한 앞서 설명했지만 2022년 핵 법령은 2013년 법령에서 핵무기 사용 조건, 핵무력 강화, 핵무기 관리에 대한 내용 등을 보강하고 새롭게 추가했다.

2013년 법령이 핵무력 운용에 필요한 원칙과 방향성만 원론적으로 제시했다면 2022년 법령은 그 내용의 모호성을 없애고 관련 사안들에 대한 기준을 명확히 제시하였다. 핵전력 운용을 담당하는 입장에서는 해야 할 일이 분명해져 실제 운용에서 망설이거나 혼란스러운 상황이 줄어들고 임무를 명확히 수행할 수 있을 것이다.

아울러 2022년 법령은 핵정책 지휘·통제기구인 '국가핵무력지휘기구 운용을 명기하였다. 2013년 법령에는 핵무력 지휘에 대해 조선인민군 최고사령관이 사용 명령을 내린다고만 되어 있었다. '국가핵무력지휘기구'는 핵무기와 관련한 전 과정에서 국무위원장을 보좌하게 되어 있는데, 김정은이 최종 결정을 내리지만 그 결정을 독단적으로 하기보다는 참모들의 보좌를 받으며 합리적·체계적으로 결정하고 있음을 보여주기 위한 것으로 핵정책을 체계적으로 지휘할 기구를 창설한 것이다. 명확하고 합리적인 지휘체계는 평시는 물론이고 실전에서 임무 수행의 일관성과 효과성 등을 높일 수 있으므로 이를 위해 창설한 것이다.

그런데 '국가핵무력지휘기구'가 핵전력을 지휘·통제하는 최상위 기구인지는 보다 면밀한 분석이 필요하다. 2022년 법령 제정 이후 북한의 핵 관련 군사활동들은 당 중앙군사위원회에서 결정·지휘·평가하고 있기 때문이다.[52] 그리고 당 중앙군사위원회는 당의 군사노선과 정책을 관철하기 위한 대책을 결정하고 북한의 무력을 지휘하며 국방사업 전반을 지도하는 기관이고 국가기구는 당의 영도를 받아야 한다.[53] 북한체계(당이 국가를 지도하는 당-국가 체제)상 당 중앙군사위원회가 국가핵무력지휘기구를 지도·지휘하는 상위 기구일 가능성이 높은 것이다. 즉 당 중앙군사위원회가 핵무력 관련 노선과 정책을 제시하면 국가핵무력지휘기구가 그 실행을 위한 결정과 집행 전 과정에서 김정은을 보좌하는 것이다. 그리고 당 중앙군사위원회 위원장이자 국무위원장, 최고사령관인 김정은은 이 모든 과정을 지휘·결정·명령하는 것이고 전략군과 그 예하 부대들은 그 지휘·결정·명령을 실행하는 것이다.

한편, 북한이 이렇게 핵무기의 실전 사용을 법적으로 명시하고 발전시킨 것은 실제로 사용할 의지가 있음을 밝히는 것이며 그만큼 자신들의 핵능력에 자신이 있기 때문이다. 앞서 설명했지만 핵시험과 함께 탄도 미사일과 같은 투발수단들을 착실히 발전시켜 이를 실전에서 사용할 수 있다는 자신감을 가지게 된 것이다. 그리고 현재까지 개발한 능력은 물론이고 앞으로 확장되게 될 능력을 체계적으로 지휘·통제·관리해야 할 필요성이 있었을 것이다. 그래서 이를 보다 확실히 추진하기 위해 핵 운용 전략을 법제화하고 발전시킨 것이다. 또한 이를 통해 핵보유국 지위를 스스로 주장하고 핵정책을 법적으로 공개하여 체계적으로 잘 관리되고 있음을 보여줌으로써 자신들의 핵 보유에 대한 대외의 비판과 불신에 대응하고자 하는 목적도 있는 것으로 보인다.[54]

IV 결론

북한 최고지도자들은 핵능력과 핵 운용 전략을 꾸준히 발전시켜 왔다. 김일성은 핵개발을 시작했으며 김정일은 핵개발을 지속하여 핵보유국임을 선언하고 핵 운용의 기본 전략을 제시하였다. 김정은은 핵무기를 실전에서 사용할 수 있는 수준으로 발전시키고 '핵보유국'과 '지속적인 핵 능력향상'을 「헌법」에 명기하였으며 당규약에는 핵능력을 기반으로 한 국정운영 전략인 '경제건설과 핵무력건설의 병진로선'을 명시했다. 그리고 2013년과 2022년에 핵무력 운용 방침을 법제화했다. 김정은이 선대의 성과를 이어받아 핵 역량을 더욱 발전시키며 이의 운용 전략을 체계화·법제화한 것이다.

한편, 북한은 핵개발의 정당성을 설명할 때 항상 미국의 체제 위협을 이유로 들고 있다. 이러한 주장은 당규약과 「헌법」의 핵 관련 내용을 설명하면서도 반복적으로 언급되고 있고 2개의 핵 법령에도 제시되어 있다. 국제사회의 반대에 대해 항상 생존권, 자위권을 이유로 대응하고 있는 것이다.

그런데 북한의 핵 규범들은 향상되는 핵 능력을 기반으로 변화되어 왔다. 처음 핵보유국을 선언할 때는 자신들도 핵무기를 가지고 있다는 것을 알리는 수준이었다. 그러나 그 후 2차례의 핵실험과 수차례의 미사일 발사를 성공시켜 기술적으로 핵탄두의 위력과 운반 능력이 실증되자 「헌법」을 통해 핵보유국 지위를 명확히 한 후 핵무기의 사명과 사용 원칙, 관리 방안 등이 담긴 '자위적 핵보유국의 지위를 더욱 공고히 할데 대하여'를 제정했다.

이후 북한은 핵 투발 수단이 다양화되고 기존 ICBM과 핵탄두의 능력 및 생산 기술이 더욱 발전하자 핵능력을 바탕으로 국가를 발전시키겠다는 '경제건설과 핵무력건설의 병진로선'을 제시하였다. 그리고 핵능력이 실전에서 사용할 수 있는 수준으로 발전되었다고 판단되자 기존 2013년 핵 법령을 더욱 구체적·공격적으로 보강한 법령 '조선민주주의인민공화국 핵무력정책에 대하여'를 제정했다. 북한의 이러한 기술 향상을 반영한 법제화는 자신들의 핵능력을 과시하고 핵무기가 체계적으로 관리되고 있음을 보여주기 위한 것이다.

한편, 북한의 법령들은 점차 실제 사용을 염두에 두고 변화되고 있다. 2013년 법령은 핵무력의 영구화를 강조하며 핵무력의 사명과 사용 원칙을 제시하고 언제, 어디에 사용할 것이지, 누가 지휘하는지, 어떻게 관리해야 하는지 등을 제시했다. 2022년 법령은 2013년 법령에서 사용 원칙을 계승하고 사용 조건에는 핵 선제공격 상황과 핵 위협이 아니라도 핵을 사용할 수 있는 상황 등을 추가하여 핵사용 가능 범위를 넓히고 공격 대상도 명확히 했다. 그리고 항시 전투준비태세 확립과 전력 강화, 전략 수립 관련 내용도 추가하여 평시에 전시를 대비하는 방안도 제시하였다. 또한 이 모든 것을 지휘할 지휘·참모기구 설치도 명기했다. 결국 북한은 핵사용이 가능한 상황들을 구체화하고 이를 어떻게 대비해야 하는지까지 제시하며 실제 사용을 위해 운용 전략을 발전시켜 구체화한 것이다.

이렇게 북한은 최고지도자들의 의지에 따라 체제 보위를 위해 자신들의 핵무력 발전과 제재 등의 상황을 고려하여 핵 운용 전략과 이것을 담은 법령들을 실제 사용을 위한 방향으로 발전시켜 왔다. 이는 북한의 선택지에서 핵 포기는 없다는 것을 의미한다. 그리고 핵무력은 계속 발전될 것임을 의미한다. 앞으로도 북한의 핵 운용 전략을 담은 법령들은 변화하는 정세와 핵능력 등을 반영하여 실전 사용을 염두에 두고 지속적으로 개정될 것으로 전망된다.

더 나아가서 미국이 핵태세검토보고서를 공개하는 것처럼 북한도 정기적으로 자신들의 핵 운용 전략을 공개할 수도 있을 것이다. 이는 핵무력의 발전과 변화하는 정세에 맞는 사용 및 관리 방안, 지휘체계 등이 필요하고 이를 공개하면 자신들의 핵 보유에 대한 정당성과 투명성을 선전할 수 있기 때문이다. 그리고 이미 이를 위한 법적 장치는 마련되어 있다. 2022년 핵 법령에 "조선민주주의인민공화국은 핵무력이 자기의 사명을 믿음직하게 수행할 수 있도록 각이한 정황에 따르는 핵무기 사용전략을 정기적으로 갱신한다."라고 명기되어 있는 것이다.

그래서 우리는 북한의 핵 운용 전략이 담긴 법령이 어떻게 변화하는지 주목해야 한다. 이 법령들을 분석하면 북한 핵 운용의 현주소와 핵정책 방향을 알 수 있고 이를 토대로 대응 방안을 마련할 수 있기 때문이다.

1 북한이 핵개발을 계속하는 이유는 무엇일까요?

2 북한이 핵 운용 방침을 법으로 만들고 공개한 이유는 무엇일까요?

3 북한은 앞으로 핵을 어떻게 활용하고 관리할까요?

참고문헌

1. 국내 문헌

가. 단행본

김보미, 『북한의 핵개발 전략 변화: 냉전기에서 핵무력 완성기까지(1948-2017)』, 서울: 국가안보전략연구원, 2021.

정성윤·이동선·김상기·고봉준·홍민, 『북한 개발 고도화의 파급영향과 대응방향』, 서울: 통일연구원, 2016.

홍민, 『북한의 핵·미사일 관련 주요 활동 분석』, 서울: 통일연구원, 2017.

나. 논문·보고서

구갑우, "북한 핵 담론의 원형과 마음체계, 1947~1964", 『현대북한연구』 제17권 제1호, 북한대학원대학교 심연북한연구소, 2014.

마효양·한동균, "김정일 집권 중기 북한의 핵보유 외교전략 및 주변국 정책: 남북방 3각 관계를 중심으로", 『중국지역연구』 제7권 제3호, 중국지역학회, 2020.

변상정, "김정은 시대 북한의 우주개발과 시사점", 『INSS 전략보고』 November 2022 No. 190, 국가안보전략연구원, 2022.

임을출, "김정은 정권의 핵무력정책 법령화: 배경, 특징과 함의", 『통일과 법률』 통권 제54호, 법무부, 2023.

정일성·고운, "북한의 핵무장력과 국가행동 변화 분석", 『한국동북아논총』 제82호, 한국동북아학회, 2017.

정성장, "김정은 체제의 경제건설과 핵무력건설 병진 노선 평가", 『정세와 정책』 2013년 5월호, 세종연구소, 2013.

다. 언론기사 및 인터넷 자료

시대전환, "2021년 1월 개정 조선로동당 규약, 3장 30조", https://transition.parti.xyz/front/posts/43509 (검색일: 2024년 6월 20일).

KBS, "北 핵무력 법제화에 담긴 뜻", 2022. 9. 21.

2. 북한 문헌

가. 단행본

김일성, 『김일성저작집(4, 6-16, 19-44)』, 평양: 조선로동당 출판사, 1979-1996.

김일성, 『김일성저작집(17)』, 평양: 조선로동당 출판사, 1982.

김정은, 『조선로동당 중앙위원회 2013년 3월전원회의에서 한 결론』, 평양: 조선로동당 출판사, 2013.

김정일, 『로씨야 이따르-따스통신사가 제기한 질문에 주신 대답』, 평양: 조선로동당 출판사, 2001.

김정일, 『일본 교도통신사 사장이 제기한 질문에 대한 대답』, 평양: 조선로동당 출판사. 2002.

김정일, 『로씨야 이따르-따스통신사가 제기한 질문에 주신 대답』, 평양: 조선로동당 출판사, 2011.

사회과학원 언어학연구소, 『조선말대사전(1)』, 평양: 사회과학출판사, 1992.

조선민주주의인민공화국 사회과학원, 『정치사전』, 평양: 사회과학출판사, 1973.

탁성일 편, 『선군-김정일정치』, 평양: 외국문출판사, 2012.

나. 언론기사

로동신문, "조선민주주의인민공화국 사회주의헌법을 수정보충함에 대한 보고", 2012. 4. 14.

로동신문, "경애하는 김정은동지께서 핵무기연구부문의 과학자, 기술자들을 만나시고 핵무기 병기화사업을 지도하시였다", 2016. 3. 9.

로동신문, "경애하는 김정은동지께서 조선인민군 전략군의 탄도로케트발사훈련을 보시였다", 2016. 3. 11.

로동신문, "경애하는 김정은동지께서 서해위성발사정을 찾으시여 새형의 대륙 간탄도로케트 대출력발동기 지상분출시험을 지도하시였다", 2016. 4. 9.

로동신문, "조선로동당 제7차대회에서 한 당중앙위원회 사업총화보고", 2016. 5. 8.

로동신문, "조선로동당 제7차 대회 결정서", 2016. 5. 8.

로동신문, "경애하는 김정은동지께서 조선로동당 중앙위원회 사업총화에 대한 력사적인 결론을 하시였다", 2016. 5. 9.

로동신문, "조선민주주의인민공화국 정부 성명: 새형의 대륙간탄도로케트시험발사 성공", 2017. 11. 29.

로동신문, "신년사", 2018. 1. 1.

로동신문, "조선로동당 중앙위원회 제7기 제3차 전원회의 진행 조선로동당 위원장 김정은동지께서 병진로선의 위대한 승리를 긍지높이 선언하시고 당의 새로운 전략적로선을 제시하시였다", 2018. 4. 21.

로동신문, "조선민주주의인민공화국 최고인민회의 법령 조선민주주의인민공화국 핵무력정책에 대하여", 2022. 9. 9.

로동신문, "경애하는 김정은동지께서 조선인민군 전술핵운용부대들의 군사훈련을 지도하시였다", 2022. 10. 10.

로동신문, "대륙간탄도미싸일발사훈련 진행", 2023. 2. 19.

로동신문, "전략순항미싸일 수중발사훈련 진행", 2023. 3. 13.

로동신문, "대륙간탄도미싸일 화성포-17형 발사", 2023. 3. 17.

로동신문, "핵반격가상종합전술훈련 진행", 2023. 3. 20.

로동신문, "중요무기시험과 전략적목적의 발사훈련 진행", 2023. 3. 24.

로동신문, "조선인민군 총참모부 보도", 2023. 8. 31.

로동신문, "중요목적의 대응훈련 진행", 2023. 9. 3.

로동신문, "조선민주주의인민공화국 최고인민회의 제14기 제9차회의 진행", 2023. 9. 28.

로동신문, "경애하는 김정은동지께서 조선민주주의인민공화국 최고인민회의 제14기 제9차회의에서 뜻깊은 연설을 하시였다", 2023. 9. 28.

조선중앙통신, "조선외무성 2기 부쉬행정부의 대조선적대시정책에 대처한 립장 천명: 6자회담참가를 무기한 중단", 2005. 2. 11.

조선중앙통신, "외무성 대변인 담화 6자회담은 비핵화,군축회담으로 되여야 한다", 2005. 4. 1.

조선중앙통신, "조선외무성 비망록 <조선반도와 핵>", 2010. 4. 21.

조선중앙통신, "제3차 지하핵시험을 성공적으로 진행", 2013. 2. 12.

조선중앙통신, "가장 우월한 우리 나라 사회주의제도를 끝없이 빛내여나가자", 2017. 12. 27.

조선중앙통신, "우리식 국가특유의 우월성을 담보하는 인민의 법전", 2022. 12. 26.

다. 인터넷 자료

우리민족강당, "거대한 사변, 핵보유국의 지위 법화실현", https://ournation-school.com/lecture/5497 (검색일: 2023년 8월 7일).

조선의 오늘, "조선말대사전('사회주의 헌법', '당규약' 검색)", https://dprktoday.com/kor_dic/ (검색일: 2023년 7월 24일).

조선의 오늘, "조선말대사전('령토완정' 검색)", https://dprktoday.com/kor_dic/ (검색일: 2023년 8월 12일).

조선의 오늘, "조선말대사전('규범' 검색)", https://dprktoday.com/kor_dic/ (검색일: 2023년
    10월 24일).
조선의 오늘, "조선말대사전('교시' 검색)", https://dprktoday.com/kor_dic/ (검색일: 2023년
    10월 24일).

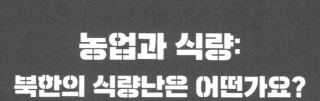

농업과 식량:
북한의 식량난은 어떤가요?

김일한

CHAPTER 04

농업과 식량:
북한의 식량난은 어떤가요?

농장의 자율성 vs. 정부의 시장개입: 북한 농업법제 변화[1]

I 서론: 농업정책 변화와 법제 개정

북한의 농업 관련 법률이 크게 변화하고 있다. 북한의 농업제도는 김정은 체제 등장 이후 형식과 내용에서 큰 변화를 보여 왔다. 대표적으로는 김정은식 농업정책이 시범 실시된 2012년 '6.13조치', 2014년 '우리식경제관리방법(5.30조치)'에서 구체화된 '농장책임관리제' 등 식량증산정책을 지속적으로 추진해왔다.

최근 농업법제에서도 큰 변화가 나타나고 있는데, 기존 농업정책의 기본 골격을 유지하면서 분야별 관련 법률을 대폭 수정하고 있다. 법제 변화의 대표적인 사례는 「농업법」(2020 개정), 「농장법」(2022 개정), 「허풍방지법」(2022 제정), 「량정법」(2021 개정) 등이다. 농업법률의 개정/제정은 '농장의 자율성 확대'와 '정부의 시장개입(또는 시장과의 경쟁)'이라는 상호모순적인 정책효과를 드러내고 있다.

이상의 제도변화는 다섯 가지 목표를 지향하고 있다. 첫째, 식량생산 주체인 농장의 기업적 경영을 위한 농장책임관리제 제도화, 둘째, 곡물 수확후 손실분 절감 조치, 셋째, 화학비료, 농기계 등 농자재의 공급 강화, 넷째, 생산된 곡물 및 통계 관리, 농업인프라 보호 강화, 마지막으로 곡물유통관리를 강화하는 방향으로 제도개선이 진행되고 있다.

김정은 체제 10년 동안 농업정책과 법 제도 변화를 유인한 영농현장의 환경을 평가할 필요가 있다. 김정은 체제 10년은 농업정책, 식량증산정책의 역사다. 정책의 형식과 내용의 규모를 비교할 수 있는 또 다른 분야를 찾기 어려울 정도다. 농업부문 정책 변화는 2012년 6.13시범조치에서 시작되었다. 농민 분배 문제, 영농단위 축소와 포전담당책임제 등 시범사업이 진행되었다. 시범사업을 추진한 결과 2014년 농장책임관리제를 전면화하면서 김정은 시대 농업정책의 프로토입(Prototype)을 완성했다.[2] 2013년에는 경제개발구정책을 추진하면서 농업개발구를 지정했고, 「농장법」이 9차례 개정(2012 – 2022년)되었다. 식량증산을 위한 농업발전 5대 요소를 2019년 체계화했다.

그림 4-1 농업 법제 개정/제정: 식량증산 정책 강화

식량증산을 위한 토대사업으로 국토관리 인프라정책으로 간석지개발 5개년계획(2020 – 2024년)과 치산치수전망계획(2021 – 2030년)이 제도화되었으며, 북

한식 국토균형발전정책인 농촌발전 10개년계획(2022－2031년)과 2022년 「농촌발전법」이 제정되었다.[3]

그림 4-2 북한 농업-식량증산정책

5.30 조치	농장책임관리제	농업정책의 체계화	목표
① 기업부문: 사회주의기업 책임관리제	① 경영 자율성	▲ 2012년 6.13조치(분배개선/포전담당책임제) ▲ 2013년 농업개발구 ▲ 2012-2022년 농장법(9차 개정)	식 량 증 산
② 농업부문: 농장책임관리제	② 분배 자율성	▲ 2019년 농업발전5대요소 ▲ 2020년 간석지개발5개년계획(2020-2024)	
③ 대외부문: 경제개발구	③ 시장 친화성	▲ 2021년 치산치수전망계획(2021-2030) ▲ 2022년 농촌발전10개년계획, 농촌발전법	

특히 농업발전 5대 요소는 2019년 말 당 중앙위원회 제7기 제5차 전원회의에서 식량증산정책으로 수립되었다. 6.13조치, 간석지개발계획, 치산치수계획 등 기존의 부문별 정책을 통합해 추진과정과 성과, 문제점 등을 추적할 수 있는 체계를 구축했다. 최근 농업부문 법제화의 핵심 내용도 농업발전 5대 요소에 기반해 진행되고 있다. 5대 요소는 ▲ 영농과학기술, ▲ 농자재보급, ▲ 농업인프라 개발 및 보호, ▲ 증산영농, ▲ 증산경쟁으로 구성되어 있다.[4]

Ⅱ 농업법제 개정: 자율성과 효율성 강화

1. 농장의 기업적 운영: 농장책임관리제 강화

북한의 농업정책은 2014년 단행된 농장책임관리제를 토대로 운영되고 있으며, 기본법인 「농업법」과 「농장법」은 농업현장의 영농행정을 규율한다. 개정 법률의 핵심은 농장의 ▲ 기업적 지도와 ▲ 경영의 자율성 강화다. 「농장법」은 신설된 제2조에서 농장을 "농업생산과 경영활동을 진행하는 사회주의농업기업체"로 정의하고 있다. 농장에 단순한 식량생산단위 또는 협동적소유에 기반한 농민들의 농업연합체가 아니라 '기업체'로서 역할과 기능을 요구했다. 즉 투입대비 이윤극대화를 지향하는 경영주체로서 농장의 경제적 지위를 부여한 것이다.

한편, 2020년 개정한 「농업법」은 도, 시, 군농업지도기관에 '농촌경리'와 '식량생산'등 농업정책 집행의 책임을 일원화하는 역할을 부여하고,[5] 협동농장은 '기업적 지도'의 대상으로 재규정했다. 농장은 농업기업체로서의 자생력을 강화하고, 농업지도기관은 일원화된 권한을 통해 효율적으로 농장을 지원한다는 법률 개정의 목표를 분명히 한 것이다.

농업기업체는 농장의 자생력을 강화하기 위해 '실제적인 경영권'을 부여하고, '계획권과 생산조직권, 관리기구 및 로력조절권, 생산물처리권, 자금리용권 같은 경영권(농장법 제22조)'의 주체임을 명문화했다. 강화된 경영권한을 통해 '실리주의원칙'에 기반해 '농장책임관리제와 분조관리제안에서의 포전담당책임제'를 실시(농장법 제5조)하고, 농장원의 노동보수를 기존의 현금분배에서 현물분배로 전환(농업법 제74조)함으로써 식량증산을 유도했다.

2. 주곡 작물체계 변경: 밀농사 확대, 옥수수농사 축소

「농장법」 개정에서 주목할만한 조항은 "강냉이농사는 최대한 제한하고 벼농사와 밀, 보리농사에로 방향전환(제5조)"하는 조항이다. 김정은 위원장이 최고인민회의 제14기 제5차 회의 시정연설(2021.9.21.)에서 작물품종의 변경을 주문하면서 시작된 밀농사 확대정책이 법제화된 것이다.[6] 쌀과 옥수수중심에서 쌀과 밀중심으로 재배작물을 변경한 데는 두 가지 주요한 원인이 작용했다. 먼저, 주민들의 밀가루 음식에 대한 수요가 급증했고, 둘째, 기후변화에 따른 글로벌 식량작물체계 변화에 대응하기 위한 것이었다.

그림 4-3 북한시장의 곡물가격 변동추이: 2012.1-2023.6

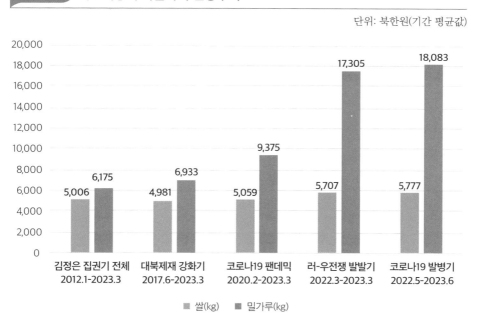

단위: 북한원(기간 평균값)

* 출처: 김일한, "최근 북한의 식량문제 평가와 전망", 『제8차 당 대회 이후 북한경제 현실과 전망』, 한반도 포커스 경남대학교 극동문제연구소, 2023-05. 수정.
* 주: 쌀 가격은 dailyNk.com, 밀가루가격은 농촌경제연구원, 『북한농업동향』, 각 년도.

김정은 체제 등장 이후 북한 시장에서 밀가루제품의 수요는 지속적으로 증가했다. 특히 코로나19 팬데믹이 발생한 2022년 초부터 2023년 6월까지 북한 시장의 주요곡물 가격 상승률은 쌀 26%, 옥수수가 30% 상승한 반면, 밀가루는 97.7%가 상승할 정도로 시장과 주민의 수요는 폭발적이다.[7]

또한 밀농사 확대정책은 김정은 위원장의 시정연설 이후 당 중앙위원회 제8기 제4차 전원회의(2022.1.1.)에서도 밀농사 확대 정책을 글로벌 기후변화에 대응하기 위한 정책전환이라는 점을 분명히 했는데, '세계농업발전 추세'에 맞춰 정책을 변경했다는 것이다. 북한 사회과학원 역시 "농작물배치에서 강냉이농사는 최대한 제한하고 벼농사와 밀, 보리농사로 방향전환"이 기후변화에 대응하기 위한 정책적 선택이라는 점을 강조하고 있다.[8]

표 4-1 농업의 기업적 지도: 사회주의농업기업체

	신 법	구 법
농장의 기업적 운영	• **농장법**(최고인민회의 상임위원회 정령 제778호 개정, 2021.11.15.) <신 설> 제2조 (농장의 정의) 농장은 토지를 기본생산수단으로 하여 농업생산과 경영활동을 진행하는 **사회주의농업기업체**이다.	• 농장법(최고인민회의 상임위원회 정령 제555호 개정, 2015.6.25.)
	• **농업법**(최고인민회의 상임위원회 정령 제422호 개정, 2020.9.25.) 제70조 (도,시,군농업지도기관의 임무) 도농업지도기관은 도의 농촌경리발전과 농업생산을 책임지고 시,군농업지도기관과 농업부문 기관, 기업소, 단체의 농업정책집행을 정상적으로 장악지도하여야 한다. 시,군농업지도기관은 농업생산을 직접 책임지고 협동농장에 대한 **기업적지도를** 강화하며 농업생산에 복무하는 기관, 기	• 농업법(최고인민회의 상임위 정령 제392호 개정, 2009.11.3.) 제70조 (지방농업지도기관의 임무) 지방농업지도기관은 지방의 농업생산을 책임지고 지도하며 농업에 대한 물질기술적방조를 실현하여야 한다.

	신 법	구 법
	업소, 단체를 틀어쥐고 협동농장에 대한 국가의 물질기술적방조를 원만히 실현하여야 한다.	
현물 분배 강화 노동 의욕 강화	• 농업법(2020.9.25.) 제74조 (생산의 효과성제고, 분배) 농목장은 농업에 대한 계획화 사업과 로력, 재정관리를 잘하고 경제적공간을 리용하여 생산의 효과성을 높이며 사회주의분배원칙에 맞게 농장원의 가동일수와 로력일에 따라 **현물분배를 기본으로 하면서 현금분배**를 결합하는 방법으로 분배를 실시하여야 한다.	• 농업법(2009.11.3.) 제74조 (생산의 효과성제고, 분배) 농목장은 농업에 대한 계획화 사업과 로력, 재정관리를 잘하고 경제적공간을 리용하여 생산의 효과성을 높이며 사회주의분배원칙에 따라 분배를 실시하여야 한다.
농장의 경영 자율성 강화	• 농장법(2021.11.15.) 제5조 (농장의 경영활동원칙) 국가는 **농장책임관리제**와 **분조관리제안에서의 포전담당책임제**를 실시하고 농장의 경영활동을 실리주의원칙에서 과학화, 합리화하며 농작물배치에서 **강냉이농사는 최대한 제한하고 벼농사와 밀, 보리농사에로 방향전환**을 하도록 한다. 제22조 (농장의 경영권) 농장은 경영활동에서 **계획권과 생산조직권, 관리기구 및 로력조절권, 생산물처리권, 자금리용권** 같은 경영권을 가진다. 농장은 국가가 부여한 **실제적인 경영권**을 가지고 경영활동을 주동적으로, 창발적으로 해나가야 한다.	• 농장법(2015.6.25.) 제4조 (농장의 경영활동원칙) 농장의 경영활동을 바로하는 것은 농업생산을 늘이기 위한 기본조건이다. 국가는 농장의 경영활동을 실리주의원칙에서 과학화, 합리화하도록 한다. 제23조 (농업생산계획의 작성, 실행) 국가계획기관은 과학성, 현실성, 동원성이 보장된 농업생산계획을 작성하며 농업지도기관과 해당 기관, 기업소, 단체에 제때에 시달하여야 한다. 농장은 시달된 농업생산계획을 작업반, 분조별로 분담하고 항목별, 지표별로 어김없이 실행하여야 한다. 농장은 중앙지표로 시달된 농업생산계획을 수행하는 조건에서 수입이 높은 여러 가지 작물을 농장지표로 계획화하고 자체로 재배할수 있다.

한편, 2021년 10월 미국 항공우주국 NASA의 고다드연구소[9]는 매우 흥미로운 연구결과를 발표했다. 결론적으로 현재와 같은 수준의 대기 중 온실가스 농도가 유지된다면 글로벌 옥수수 생산량은 24% 감소하고, 밀 생산량은 17% 증가한다는 것이다. 특정 작물의 생산량이 20% 이상 감소하는 것은 세계적인 식량문제를 초래할 것이라는 경고인 셈이다.

2021년 연구결과는 2014년 연구를 연장한 것인데, 2014년 당시 연구결과는 옥수수와 밀 생산량이 각각 1%, 9% 증가했다는 점에서 매우 심각한 결과라고 할 수 있다. 옥수수는 현재 적도 인근 지역에서 대량생산되는데, 북중미, 서아프리카, 중앙아시아, 브라질 등은 미래에 기온 상승으로 재배면적이 감소할 전망이다. 반면에, 밀은 현재 미국 북부, 캐나다, 중국 북부, 중앙아시아, 호주 남부 및 동아프리카 등 온대기후 지역에 넓게 분포하고 있다. 따라서 기온이 상승할수록 밀 재배 면적이 확대되고 생산량이 늘어나지만, 21세기 중반에는 재배 면적 확대가 중단될 것으로 예측하고 있다.[10]

| 그림 4-4 | 글로벌 곡물생산체계 변화 |

단위: 북한원(기간 평균값)

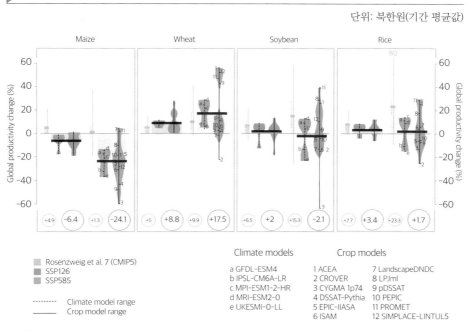

※ 자료: Jonas Jägermeyr⋯, Climate impacts on global agriculture emerge earlier in new generation of climate and crop models. *NATURE FOOD*. Vol.2. 11 2021.

* 주1. ■ 2014년 추정결과, ■ 저탄소 시나리오, ■ 고탄소 시나리오

* 주2. Climate Model, [예시, GFDL-ESM4: 프린스턴대학 지구물리유체역학연구실(GEOPHYSICAL FLUID DYNAMICS LABORATORY, GFDL) 지구시스템모델 4(Earth System Model version 4, ESM4)]

* 주3. Crop Model, [예시, ACEA, 옥수수 종자]

3. 수확 후 손실분 절감 제도화: 실질적인 식량증산 효과 기대

북한 농업은 그동안 수확 후 손실분(Post-harvest losses)에 골머리를 앓아왔다. 수확 후 손실분이 총 생산량의 16~17%로 추정되기 때문이다. 모든 작물은 수확과 함께 손실이 발생할 수밖에 없지만, 곡물의 수확, 운반, 탈곡, 가공, 보관과정에 대한 관리를 강화한다면 손실분을 최소화함으로써 실질적인 식량증산효과를 기대할 수 있다.

개정 「농장법」은 수확 후 손실분 절감을 위해 생산관리를 제도화했는데, "농업생산물의 수확, 운반, 탈곡, 가공, 보관을 바로하지 않아 허실, 부패변질"에 대해 생산 및 관리주체에 책임을 물어 "경고, 엄중경고처벌 또는 3개월 이하의 무보수로동, 로동교양처벌(제72조 제11항)"할 것을 명문화했다.[11]

표 4-2 수확 후 손실분 관리를 통한 식량증산

농장법(2021.11)	농장법(2015.6)
제72조 (행정적책임) 다음의 경우에는 책임있는자에게 경고, 엄중경고처벌 또는 3개월이하의 무보수로동, 로동교양처벌을 준다. 11. 농업생산물의 **수확, 운반, 탈곡, 가공, 보관을 바로하지 않아 허실, 부패변질**시켰을 경우	제61조 (행정적책임) 다음의 경우에는 기관, 기업소, 단체의 책임있는 일군과 개별적 공민에게 정상에 따라 해당한 행정처벌을 준다. 10. 농업생산물을 정해진대로 보관하지 않아 허실하였거나 부패변질시켰을 경우

FAO(Food and Agriculture Organization, 유엔식량농업기구)는 해마다 북한의 수확 후 손실분을 추정하고 있다.[12] 추정 결과에 따르면 2016년 75만 4천 톤 대비 2021년 손실분은 약 36%가 증가한 102만 3천 톤이다. FAO 추정 data의 신뢰성과 관계없이, 수확 후 손실분 절감은 절감분만큼 즉시 식량증산효과로 이어진다는 점에서 효과적인 정책이다. 한편, 2022년 하반기 군수부문에서 지원한 5,500대 농기계는 수확 후 손실분 절감을 위한 대표적인 조치에 해당한다.

표 4-3 수확 후 손실분: FAO 추정

단위: 천 톤

	2015/2016	2016/2017	2017/2018	2018/2019	2019/2020	2020/2021
수확 후 손실분	754	799	737	871	947	1,023
총 생산량	4,801	5,150	4,722	4,170	4,529	4,889

※ 자료: FAO. 각 년도.
* 주: 2020년 생산량은 2019-2021년 평균값.

4. 농자재 공급 확대: 농기계 및 화학비료 공급 의무화

「화학공업법」, 「기계공업법」(2021.7)이 제정되었다. 「화학공업법」, 「기계공업법」의 입법은 공업부문별 생산능력 향상을 위한 제도적 조치이면서 농업부문의 화학비료, 농기계 등의 농자재 공급체계 구축 측면에서 긍정적인 조치로 해석된다.

「화학공업법」은 "비료공업, 탄소하나화학공업, 화학섬유공업, 합성수지공업(제2조)" 생산 활성화를 통해 "화학제품생산기업소와 수요자기관, 기업소, 단체는 화학제품공급 및 판매계약(제31조)"에 따라 계약을 이행할 것을 제도화하고 있다. 나아가 계약에 따라 공급이 이행되지 않을 경우, 즉 "화학제품생산계획, 공급계획을 과학성, 현실성이 없이 세워 시달하였거나 계획수행을 미달하였을 경우(제52조 제6항)", "책임있는자에게 경고, 엄중경고 또는 3개월이하의 무보수로동, 로동교양(제52조)" 처벌을 명문화했다. 농업생산성에서 가장 큰 영향을 미치는 비료생산 및 공급을 법제화함으로 화학비료 공급의 안정성을 강화하기 위한 조치로 평가할 수 있다.[13]

한편 ▲ 흥남비료련합기업소와 남흥청년화학련합기업소의 질소비료 생산량이 지속적으로 증가하고, ▲ 유기질복합비료 등 대체비료의 활용도 높아지고 있다. 최근 로동신문은 순천린비료공장이 준공 3년만에 인비료 생산소식을 보도했다. 그동안 "황린전기로용천연흑연전극의 질개선"[14] 등 기술적인 문제를 해결하고 "맡겨진 린비료생산계획을 수행"하고 있다는 것이다.[15] 순천린비료공장의 생산이 안정화된다면 식량증산에 획기적인 전환점을 맞을 수 있다. 일반적으로 복합비료(21−17−17, N+P+K 성분비) 1톤을 추가 투입하면 쌀 증수효과는 대략 2~3톤 정도로 추정할 정도로 비료의 식량증산 효과는 절대적이기 때문이다.[16]

당 중앙위원회 제8기 제7차 전원회의는 비료생산 및 공급능력 확대를 위한 조치를 강조하고 있다. 영농 지원을 위한 품목을 구체화하고 물자 보장 대책을 주문하고 있는데, ▲ 비료, ▲ 영농비닐박막, ▲ 연유(기름), ▲ 농류산(진한 황산), ▲ 농약, ▲ 농기계 및 부속품, ▲ 시멘트와 강재 등이다. 특히 화학비료 문제를 강조하고 있는데, ▲ 질소비료와 인비료의 적기 보장, ▲ 그중에서 '절박하게 요구하는것은 인비료'이며 "린안비료전량을 우선적으로 시급히 보장"하기 위해 대책을 세우고 있다고 강조하고 있다. 또한 시, 군, 농장 자체의 대용광물질비료 증산과 비료생산에 필요한 농류산 공급체계 구축, 지효성알비료생산체계를 강화하고 있다. 장기적으로는 식량증산을 "지속적 발전궤도에 올려세우는데서 린, 카리비료를 충분히 보장할수 있는 가능성을 마련"해야 하며, "동해에 있는 린회암을 채취해 린비료로 쓰기 위한 사업"도 추진하고 있다.[17]

「기계공업법」 또한 "기계제품생산기업소와 수요자기관, 기업소, 단체는 기계제품공급 및 판매계약(제29조)"에 따라 "지표, 수량, 가격, 날자, 장소 등 기계제품공급 및 판매계약에 밝혀진 사항을 정확히 리행(제30조)"할 것을 제도화하고 있다. 동법 제4조는 "기계제품생산의 전문화, 집중화원칙"을 명문화하고 있는데, 분야별로 특성화된 기계를 전문적으로 집중적으로 생산함으로써 "기계제품의 질을 높이고 기술력량의 분산을 막으며 로력과 원료, 연료, 동력의 랑비"를 줄일 것을 법제화하고 있는 것이다.

최근 농업기계화 정책은 주목할 만한 성과를 보여주고 있다. 노동력과 농작물 수확후 손실분을 절감할 수 있는 가장 효과적인 정책이라는 점에서 식량증산정책의 주요 과제다. 2022년 하반기 "▲ 군수공업부문의 로동계급이 만들어낸 5,500대의 능률높은 농기계들과 ▲ 기계공업부문이 생산한 수백대의 벼종합탈곡기들이 황해남도의 모든 농장과 작업반에 빠짐없이 전개"되었다.[18] 황해남도에 공급된 군수부문이 생산한 5,500대 농기계는 ▲ 이동식벼종합탈곡기 1,500대, ▲ 소형벼수확기 2,500대, ▲ 강냉이종합탈곡기 500대, ▲ 종합토양관리기 1,000대 그리고 기계공업부문의 룡성기계련합기업소, 대안중기계련합기업소, 락원기계종합기업소 등이 수백대의 벼종합탈곡기를 제작 공급했으며, ▲ 금성뜨락또르공장 1단계 준공되는 성과를 거두었다는 것이다.

더불어 이동식벼종합탈곡기, 소형벼수확기, 강냉이종합탈곡기는 추수과정의 곡물 손실분을 절감함으로써 생산된 곡물의 '허실'을 줄여 식량증산에 실질적인 기능을 할 것으로 평가된다.

Ⅲ 농업통계, 국가양곡유통관리 강화

1. 곡물관리 강화: 생산곡물 및 통계 관리를 위한 허풍방지법 제정

매우 이례적인 명칭을 가진 법률이 최근 제정되었다. 「허풍방지법」이다. 결론적으로 동법은 농업부문 생산 및 통계관리를 강화하기 위한 법률이다. 북한경제의 통계부실문제는 국가정책 계획과 집행과정에서 매우 심각한 장애요인이었다. 특히 농업생산량 통계관리에 대한 지도부의 관심이 가시화된 것은 제8차 당대회 이후 지속된 '농업부문의 허풍방지'였다.

2022년 5월 최고인민회의 상임위원회 정령 제972호로 「허풍방지법」을 제정했다. 당 중앙위원회 제8기 제10차 정치국회의(2022.9.25.)의 주요 의제인 양곡유통 및 식량생산량 통계를 관리하기 위한 후속조치였다. 5장 49조로 구성된 동법은 제3장 전체가 '농업생산에서의 허풍방지'로 규정할 정도로 식량생산 및 농업 관련 허위보고 금지, 과학적 통계관리를 규정하고 있다.[19]

핵심 내용은 계량검정기관의 계량수단으로 모든 농업생산물을 정확히 계량해 통계기관에 보고(제17조)할 것을 규정함으로써 생산통계의 투명성을 강화하는 것이다. 더불어 농작물예상수확고판정에서 허풍을 방지하기 위해 ▲ 위성정보해석기술, ▲ 농작물생육모의기술, ▲ 평뜨기방법을 통해 포전별농작물예상수확고를 과학적으로 판정(제16조)할 것을 강제했다.

경제현장에서 '허풍'에 대한 감독, 통제, 처벌을 강화했다. ▲ 내각, 성, 중앙기관, 지방인민위원회가 국가정책을 장악(제36조)하고, ▲ 검찰, 사회안전기관을 비롯한 해당 감독통제기관이 직접 감독통제(제39조)하고, ▲ 위반 행위에 대해 '경고, 엄중경고, 무보수로동, 로동교양, 강직, 해임, 철직처벌(제48조)'할 수 있도록 관리 및 처벌규정을 명문화한 것이다.

표 4-4　농업부문 허풍방지

허풍방지법 제3장 농업생산에서의 허풍방지		
제12조	농업생산에서 허풍방지의 기본요구	- 지방인민위원회와 농업지도기관, 농장은 농업생산에 대한 지도와 관리를 개선
제13조	농업생산에 대한 지도에서의 허풍방지	- **허위 보고, 압력 행사, 암시, 조장 행위 금지**
제14조	영농준비사업에서의 허풍방지	- **자급비료 생산과 반출, 영농설비, 자재 확보 등 영농준비사업 허풍 금지**
제15조	영농작업수행에서의 허풍방지	- 모내기, 김매기, 비료주기, 농약치기, 가을걷이 등 영농작업수행에서 과학농법 엄수 - 눈가림식으로 길옆포전과 밭머리 등 보이는 곳에만 김매기 등 허풍 금지
제16조	농작물예상수확고판정에서의 허풍방지	- ▲ 위성정보해석기술, ▲ 농작물생육모의기술, ▲ 이해당사자 입회하의 평뜨기방법에 의한 논벼, 강냉이예상수확고판정의 과학성과 공정성, 객관성 보장
제17조	농업생산정형의 등록과 보고에서의 허풍방지	- 계량검정기관의 검정을 받은 계량수단으로 모든 **농업생산물을 정확히 계량해 통계기관에 보고**
제18조	농업생산물수매계획수행에서의 허풍방지	- 농장의 국가알곡의무납부계획 수행을 위해 초과생산단위의 농업생산물 수거 금지 - 평균주의로 농장원의 생산의욕 저하 현상 통제
제19조	농업토지리용에서의 허풍방지	- 농업토지의 건설부지 전용 금지 - 유실 농업토지의 원상복구, 대토복구 미이행 및 자의적 지목변경 금지
제20조	농업부문에서 허풍방지를 위한 과학기술도입	- 원격수감기술 등 정보기술, 분석 및 측정기술 도입

특히 주목할 부분은 통계와 품질관리를 강화하고 있는바, "내각과 중앙통계기관, 해당 감독통제기관은 통계수자의 정확성과 과학성을 보장하지 않거나 통계수자를 확인하지 않고 되받아넘기거나 허위수자를 눈감아 주거나 품질검사를 받지 않거나 품질검사에서 불합격된 제품을 계획수행에 포함시켜 평가해주는 등 통계사업에서의 무책임하고 비원칙적인 현상에 대한 감독통제의 도수를 높이고 사소한 문제라도 사건화"해 바로잡을 것을 규정했다.

제8차 당대회 이후 북한 지도부의 농업부문 '허풍'에 대해 날선 비판을 이어갔다. 양곡생산과정, 생산량, 농자재관리, 영농활동 등에서 관련 통계를 과도하게 높게 잡거나, 낮게 허위보고하는 관행을 바로 잡기 위한 비판이었다.[20]

표 4-5 감독통제 강화

허풍방지법 제5장 허풍방지사업에 대한 감독통제		
제39조	허풍방지사업에 대한 감독통제	- <u>검찰, 사회안전기관 등의 감독통제 강화</u>
제40조	품질감독통제에서 지켜야 할 요구	- 내각, 중앙품질감독지도기관, 감독통제기관은 질적지표 미달 합격품 평가 등 검열, 감독
제41조	통계사업감독통제에서 지켜야 할 요구	- <u>내각, 중앙통계기관, 감독통제기관은 통계수자 미확인 및 허위수자 묵인 행위 감독 통제</u>
제45조	허풍행위에 대한 조사처리	- 검찰, 사회안전기관은 허풍행위 미접수, 지연행위 등 엄격히 조사처리
제48조	경고, 엄중경고, 무보수로동, 로동교양, 강직, 해임, 철직처벌	- 위반자는 경고, 엄중경고처벌 또는 3개월이하의 무보수로동, 로동교양처벌 - 6항. 농업생산에 대한 지도와 영농준비, 영농작업수행, 농작물예상수확고판정, 농업생산물 수매계획수행에서 허풍행위 - 7항. 농업생산물의 계량을 규정대로 하지 않았거나 농업생산정형을 허위로 보고한 행위 - 8항. 승인없이 농업토지를 건설부지로 리용하거나 큰물로 류실, 매몰된 농업토지를 원상복구, 대토복구하지 않거나 자의대로 지목을 변경시키는것과 같은 허풍행위

특히 김정은 위원장의 강도 높은 농업부문 '허풍'에 대한 비판은 여타 산업
부문에서는 발견할 수 없는 특별한 사례로, 식량생산 관련 통계의 절실함이 드
러난 것이었다. 경제 분야의 통계관리 상태를 보여주는 사례로는 내각이 제7차
당대회를 준비하면서 정리한 것으로 알려진 "국가경제전략(2016~2020년)"에서
드러난다. '중앙통계국이 파악하고 있는 석탄, 금속 및 비금속 생산단위가 각각
11%와 22%'에 불과하다는 것이었다.[21] 제8차 당대회에 이어 소집된 당 중앙위
원회 제8기 제2차 전원회의에서 농업부문 '허풍'비판과 「허풍방지법」 제정까지
농업부문 통계관리는 국가적 정책과제로 추진되었다.

2021년 7월 제정한 「단위특수화, 본위주의반대법」은 농업용 토지를 건설부
지 등으로 전용을 금지하는 농지보호 규정을 담고 있다. 즉 "농업토지를 건설부
지로 리용하고 토지를 다른 단위에 망탕 떼주는 등 건설, 토지리용질서위반행위
(제16조)"를 금지하고, 추가로 "특수의 간판밑에 농업토지에서 사금채취를 하
거나 국가의 승인없이 농업토지를 건설부지로 리용하거나 토지를 다른 단위에
망탕 떼주거나 지목을 변경시키는것과 같은 행위"에 대해서는 "형법의 토지비법
리용죄 또는 부동산을 비법적으로 넘겨준죄, 직권람용죄를 규제한 조문을 적용
하여 로동단련형 또는 유기로동교화형"으로 처벌할 것을 규정했다(제38조).

표 4-6 북한 지도부의 '허풍' 비난 주요 사례

일정		주요 내용
제8기 제2차 전원회의	2021.2.12	- 알곡생산목표를 주관적으로 높이 세워놓아 계획단계에서 부터 **관료주의와 허풍**을 피할수 없게 - 농업부문의 허풍을 없애고 농촌리당사업 개선
김정은, 결론 제1차 시,군당 책임비서강습회	2021.3.5	- **농업부문에 뿌리깊이 배겨있는 허풍**을 없애기 위한 투쟁을 강도높이 벌려야
김덕훈 평안남도 현지료해	2021.3.16	- **농업지도일군들이 형식주의와 허풍치기** 철저히 근절

일정		주요 내용
김덕훈 황해남도 현지료해	2021.4.18	- **농업지도일군들이 허풍치기**, 형식주의와 같은 낡은 사업태 도를 철저히 극복
김정은, 시정연설 최고인민회의 제14기 제5차 회의	2021.9.30	- **농업부문에서 허풍을 뿌리뽑기** 위한 투쟁을 강하게 벌릴데 대하여
제8기 제4차 전원회의	2022.1.1	- **농업부문의 고질적인 허풍**을 없앨데 대하여 지적
김정은, 서한 농근맹 제9차 대회	2022.1.27	- **알곡을 부정처리하고 허풍**을 치거나 국가가 보장해준 영농 물자들을 밀매하는 행위
최고인민회의 제14기 제6차 회의 내각사업보고	2022.2.8	- 모든 단위들이 인민경제계획을 순별, 월별, 분기별로 무조 건 수행하는 강한 규률을 세우며 **허풍을 철저히 뿌리뽑고**

2. 강화된 양곡 수매제도: 량정법 개정

최근 개정된 「량정법」이 북한 농업정책을 흔들고 있다. 최고인민회의 상임
위원회 정령 제548호(2021.3.)로 개정된 「량정법」 조항 중 가장 논쟁적인 부분은
기관, 기업소 등이 자체적으로 운영해온 "부업지, 원료기지, 실습지 등에서 생
산된 양곡"을 국가가 우선 수매(제14조)하도록 개정한 것이다. 기존에는 부업지
등에서 생산한 양곡은 기관, 기업소 자체로 용도별로 소비하고 나머지를 양정
기관에 수매해 왔다. 기관 기업소의 부업지에서 생산되는 (국가)계획 외 식량 및
부산물의 생산규모가 상당할 것으로 추정되는데, 생산량 대부분이 자체 소비와
시장유통 등 비공식 영역에서 실현되었던 관행이 법 개정 이후에는 불법적인
거래가 된 것이다.

법 개정 결과 국가수매 영향으로 양곡생산 기관기업소의 수입이 감소했다.
일반적으로 국가가 운영하는 양정사업소의 수매가격은 시장가격에 비해 낮을
수밖에 없고, 따라서 기관, 기업소의 수입도 줄어든 것이다. 또한 시장에 공급

하는 양곡이 줄어들었다. 계획외 생산물 전체가 시장을 통해 유통되던 구조에서 국가양곡판매소와 시장이 서로 경쟁하면서 유통량을 분할하는 구조로 바뀐 것이다.

한편, 수매방법도 국가의무수매계획과 별도로 계약수매계획(제12조)을 추가했다. 국가양정사업소와 기관, 기업소 등이 계약을 통해 국가양정기관이 수매하도록 개정되었다. 의무수매계획이 엄격하게 적용되고, 계약수매 역시 강화된 것이다.

표 4-7 수매계획과 수매 우선순위 변경: 량정법

신 법 (2021 개정)	구 법 (2015 개정)
제12조 (량곡수매계획의 작성과 수행) **의무수매계획**은 토지와 관개용수, 전력리용몫, **국가가 투자한 영농물자리용몫 같은것에 해당한 량곡량을 수매하는것으로 세워 년초에 농업지도기관에 시달하여야 한다. 이 경우 시달한 의무수매계획은 변경시킬수 없다.** **계약수매계획**은 총알곡생산계획 가운데서 의무수매계획과 농장들이 자체소비할 량곡 같은것을 고려하여 세운다. 농업지도기관과 량곡생산기관, 기업소, 단체는 **량곡수매계획을 어김없이 수행**하여야 한다.	제12조 (량곡수매계획의 작성) 국가 량곡의무수매계획은 토지사용료와 관개사용료, 전기사용료, 지원로력비, 국가에서 보장해준 영농물자값 같은것에 해당한 알곡량을 수매하는 것으로 세워야 한다.
제14조 (량곡수매대상) 부업지, 원료기지, 실습지 같은데서 생산한 량곡은 **국가계획에 따라 수매하게 된 량곡을 먼저 수매한 다음 나머지 량곡으로 용도별계획과 정해진 기준에 따라 소비**하여야 한다.	제14조 (량곡수매대상) 부업지, 원료기지, 실습지 같은데서 생산한 량곡은 용도별계획과 정해진 기준에 따르는 소비량을 내놓고 나머지를 량정기관에 수매시켜야 한다.

양곡의 가공도 국가가 일원적인 권한을 갖도록 법규를 개정했다. 이러한 조치의 결과는 가공과정을 통해 국가적으로 총 양곡생산량과 유통과정을 관리, 감독할 수 있는 법적 근거가 확보된 것이다. 또 다른 측면에서는 양곡가공의 국가 일원화 조치가 가공설비, 전력공급 등 양곡가공의 효율적인 관리를 통해 수

확후 손실을 감축할 수 있는 긍정적인 효과도 기대할 수 있게 되었다.

표 4-8 가공권한과 국가 보장 강화: 량정법

신 법 (2021 개정)	구 법 (2015 개정)
<신설> 제30조 (량곡가공기업소) **국가의 량정체계밖에서 량곡을 가공하는 행위를 할수 없다.**	
제34조 (가공부산물회수) 량곡을 가공하는 기관, 기업소, 단체는 량곡가공과정에 나오는 쌀겨, 강냉이눈을 비롯한 부산물을 모두 회수하여야 한다.	제34조 (가공부산물회수) 량곡을 가공하는 기관, 기업소, 단체는 량곡가공과정에 나오는 쌀겨, 강냉이눈을 비롯한 부산물을 모두 회수하여야 한다. <u>그러나 따로 정해진 기관, 기업소, 단체는 강냉이눈을 회수하지 않을 수 있다.</u>
제36조 (가공설비생산기지) 농업지도기관과 해당 기관은 량곡가공설비, 부속품생산수리기지를 튼튼히 꾸리고 생산을 정상화하여야 한다. **국가계획기관과 해당 기관은 량곡가공설비, 부속품생산에 필요한 자재를 계획대로 보장**하여야 한다.	제36조 (가공설비생산기지) 중앙량정지도기관과 농업지도기관, 해당 기관은 량곡가공설비, 부속품생산수리기지를 튼튼히 꾸려야 한다.
제37조 (가공전력보장) **국가계획기관과 전력공급기관은 량곡가공에 필요한 전력을 영농용에 포함시켜 가공용으로 따로 계획화하여 보장**하여야 한다.	제37조 (가공전력보장) 전력공급기관은 량곡가공에 필요한 전력을 수요대로 보장하여야 한다.

개정법은 양정사업 전반에 대한 국가의 감독통제 권한을 보다 구체화하고 있는데, 수매, 보관, 가공, 공급, 소비에 이르기까지 양정사업을 전반적으로 관리할 것을 주문하고 있다. 특히 양곡유통과정에서 '비법적으로 유용'된 양곡에 대해서는 해당 기관이 회수토록 명문하고 있으며, 수매, 보관, 가공, 공급 등 전반적인 양곡관리 과정에서 발생할 수 있는 불법적인 사례를 구체적으로 적시하고 행정적 책임을 강화하고 있다.

표 4-9 관리 및 감독통제 강화: 량정법

신 법 (2021 개정)	구 법 (2015 개정)
제54조 (량정사업에 대한 감독통제) 농업지도기관과 해당 감독통제기관은 기관, 기업소, 단체와 공민이 **량곡생산과 수매실적을 허위보고하거나 비법처리하는것을 비롯하여 량곡의 생산과 수매, 보관, 가공, 공급, 소비에서 위법현상이 나타나지 않도록 엄격히 감독통제**하여야 한다.	제54조 (량정사업에 대한 감독통제) 량정지도기관과 해당 감독통제기관은 기관, 기업소, 단체와 공민이 량정사업질서를 엄격히 지키도록 감독통제사업을 강화하여야 한다.
제55조 (손해보상, 몰수, 회수 및 이관) 량곡을 가지고 암거래 또는 밀주행위를 하였을 경우에는 몰수하고 **비법처리 또는 류용, 랑비된 량곡과 소비과정에 남은 량곡은 회수하며 그 가운데서 국가량곡수매분과 국가량곡공급분에 해당한 량곡은 농업지도기관에, 그밖의 량곡은 해당 기관에 넘긴다.**	제55조 (손해보상, 몰수) 량곡을 가지고 암거래 또는 밀주행위를 하였을 경우에는 몰수한다.
제56조 (행정적책임) 다음의 경우에는 책임있는 자에게 **경고, 엄중경고처벌 또는 3개월이하의 무보수로동, 로동교양처벌**을 준다. 1. 량곡을 국가량정체계안에서 류통시키지 않았을 경우 2. 시달된 국가량곡의무수매계획을 수행하지 못하였거나 변경시켰을 경우 3. 생산한 량곡을 농업지도기관에 등록하지 않았거나 량곡생산과 의무수매실적을 해당 기관에 정확히 보고하지 않았을 경우 4. 수매하는 량곡을 정확히 계량하지 않았거나 잡질률과 물기률을 정해진 기준대로 보장하지 않았을 경우 5. 량곡보관을 정한대로 하지 않아 부패변질시켰거나 량곡경비체계를 바로 세우지 않아 화재, 분실, 도난 같은 사건사고를 일으켰을 경우 6. 량곡의 포장용기에 대한 보관관리와 회수리용을 바로하지 않아 량곡수매사업에 지장을 주었을 경우 7. 국가의 량정체계밖에서 량곡을 가공하였거나 량곡의 가공실적을 루락시켰을 경우	제56조 (행정적 또는 형사적책임) 이 법을 어겨 량정사업과 인민생활에 엄중한 결과를 일으킨 기관, 기업소, 단체의 책임있는 일군과 개별적공민에게는 정상에 따라 <u>행정적 또는 형사적책임</u>을 지운다.

신 법 (2021 개정)	구 법 (2015 개정)
9. 량곡수송조건을 구실로 공급받은 량곡을 팔아 버렸을 경우 앞항 1~9호의 행위가 엄중한 경우에는 3개월이상 의 무보수로동, 로동교양처벌 또는 강직, 해임, 철직 처벌을 준다.	

3. 량정법 개정 전후

국가 양정체계의 구조를 흔든 「량정법」 개정은 여타 법률의 개정 과정과는 사뭇 다르다. 북한의 법률이 해당 정책을 현장에서 시행하고 결과를 반영해 왔다면, 「량정법」은 법률을 우선 개정하고, 양정시스템을 정비하는 이례적인 과정을 밟았다. 2021년 3월 「량정법」을 개정하고, 내각총리 김덕훈의 양정부문(량정사업소, 량곡판매소, 식량공급소 등) 현지점검이 2021년 7월 시작되었으며,[22] 김정은 위원장은 ▲ 최고인민회의 제14기 제5차 회의 시정연설(2021.9.30.),[23] ▲ 제2차 건설부문일군대강습회 서한(2022.2.9.)에서 '시, 군 량정사업소건설 및 현대화 추진'을 주문했다. '국가량곡전매제'라는 명칭으로 양정사업의 변화를 예고한 것이다.

양정행정의 변화는 2022년 하반기 가을 추수철부터 본격적으로 진행되었다. 추수현장에서 곡물 유출을 강력하게 통제하고, 그 결과 국가수준의 정확한 곡물생산 통계를 확보하는 것이었다. 2022년 가을 농장의 수확현장에서 발생하는 식량 유출문제에 대한 관리감독이 엄격해지면서 농촌지원에 동원된 주민들의 불만도 증가했다. 대북 언론매체에 따르면 농촌지원에 동원되는 사람들을 위한 식량은 해당 인민위원회(70%)와 협동농장(30%)이 부담해왔는데, 2022년에는 식량지원이 부실했다는 것이다.[24]

9월 중순 삼지연군의 한 농장에 동원된 노동자 4명이, 캐던 감자를 훔쳐서 산에 들어가 구워 먹다가 걸려서 4명 모두 3개월의 무보수 노동 처벌이 부과되는 사건이 있었다. 삼지연에 동원 다녀온 사람에게 들으니, '작년 농촌동원에서는 간식으로 감자를 삶아주기도 했는데, 올해는 농장이 아무것도 음식을 주지 않고 일만 시키고, 마치 농촌 감옥인 것 같았다.'고 반발했다. 동원자의 불만이 강하다.

또한 농촌에서 식량이 유출되지 않도록 감독을 강화했다는데, 농촌 지원을 마친 사람들이 현장을 떠날 때 소지품 검사를 실시하면서 불만이 증폭되었다.

감자 한 개라도 소지품 검사에서 발견되면, 그 10배를 동원자가 소속된 조직에 변상시키는 엄격한 방식이다. 그뿐만 아니라, 반출하려 한 자는 6개월 이상 무보수 노동을 부과한다고 위협하고 있다.

예년과는 달라진 추수현장의 식량유출 감독 강화현상은 보다 정확한 곡물 생산량 통계 확보와 식량공급체계를 구축하기 위한 조치로 보인다. 국가 단위의 식량관리 규모가 파악될 경우, 대외여건과 기후변화 등 외부변수를 고려해 식량관리의 안정성을 높일 수 있다. 즉, 북한 당국 입장에서 대북제재 장기화를 상수(常數)로 놓고 보면, 내부 자원을 효율적으로 관리하는 것은 국가의 사활이 걸린 문제이기 때문이다.

북한 당국은 "인민들의 식량문제, 소비품문제를 결정적으로 해결하자면 농사를 안전하게 짓고 생산성을 높이며 알곡생산구조를 바꾸고 량곡수매와 식량공급사업을 개선하는것이 대단히 중요하다."라고 강조해왔다.[25] 또한 '피부에 와닿는 식량문제'를 안정적으로 풀어내는 게 국가의 성과를 보여줄 가장 좋은 방법이기 때문이다.

한편, 노동신문 2022년 9월 28일 사설은 추수과정의 국가적 지원과 함께 감독기능을 강화한다면, "올해 농사는 당의 의도대로 빛나게 결속"됨으로써 식량증산을 기대했는데, 이유는 "▲ 농장들이 국가로부터 대부를 받고 상환하지 못한 자금을 모두 면제할데 대한 특혜조치도 취해주고, ▲ 비료와 농약을 비롯한 영농물자들을 제때에 원만히 보장하기 위한 대책도 세워주었으며, ▲ 서해곡창 황해남도에 새로 만든 수천대의 농기계를 공급하는 등 재정 및 물자 지원이 '원만하게 보장'했다."라는 것이다.[26] 그러나 당국의 기대와 달리 2022년 계획된 식량생산량을 달성하지 못한 것으로 보인다.

수매제도 개정, 식량증산 실패 등의 영향은 즉시 시장가격에 반영되었다. 시장 곡물가격이 상승한 것이다. 가격 상승과 관련된 변수 몇 가지를 추정하면, 2022년 5월 코로나19 발생에 따른 지역 간 이동통제 강화, 사재기, 상인들의 저항, 기관기업소의 식량 은닉, 국제식량가격 동조화 현상 등을 꼽을 수 있다.

지역 간 이동 통제가 강화되면서 시장의 유통질서에 교란이 발생했고, 그 결과로 식량가격이 상승하고, 부분적으로는 지역 간 가격편차도 발생했다.[27] 사재기 가능성도 있는데, 2022년 저조한 작황에 따라 중국이나 외부 지원이 없으면 백미가 1만 원까지 오를지도 모른다는 소문이 유포되었다.[28] 상인들의 저항도 추정할 수 있는데, 양곡판매소가 저렴한 가격에 식량을 판매하고 있지만 정해진 물량이 소진된 후에는 오히려 시장 가격 상승으로 이어졌기 때문이다.[29]

기관, 기업소의 식량 은닉 가능성도 고려할 수 있는데, 「량정법」 개정으로 부업지, 실습지 등에서 생산된 식량을 국가에 우선 수매해야 하기 때문에 시장과의 가격차이를 고려해 은닉할 가능성도 있으며, 식량이 은닉될 경우 시장에서는 물량이 부족하고, 양곡판매소의 판매물량도 동시에 줄어들기 때문이다. 시장에 공급되는 식량의 종류는 ▲ 농민들의 수확후 분배몫, ▲ 농장의 자체기금 조성몫의 시장 도매, ▲ 농장 간부나 군대 등 기관으로부터 부정으로 빼돌린 곡물, ▲ 수입산 유입[30] 그리고 ▲ 기관기업소의 부업지 생산 곡물 등이다.

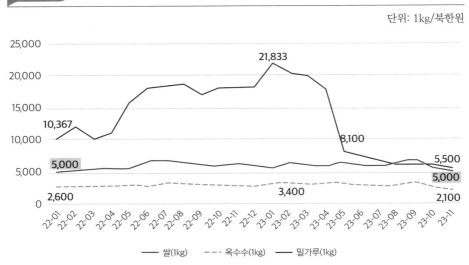

그림 4-5 시장 쌀/옥수수/밀가루가격: 2022.1-2023.11

단위: 1kg/북한원

* 자료: 신의주, 평성, 청진시장 월말 가격.

마지막으로 국제가격 동조화현상도 무시할 수 없는 원인으로 추정해 볼 수 있는데, 코로나19 팬데믹과 러시아－우크라이나전쟁의 영향으로 글로벌 곡물가격이 상승하는 상황에서 북한 시장도 영향을 받았을 가능성이 고려될 수 있다. 최근 북중무역이 재개되면서 원/달러 환율이 코로나19 팬데믹 이전 수준인 8,000원으로, 위안화가 1,200원선으로 즉시 복귀하는 현상을 보면 북한 시장의 대외경제에 대한 민감도가 매우 높기 때문이다.

한편, 양정정책의 변화에 따라 수혜를 보는 주민들이 등장했는데, "(2022년) 하반기 시장에서 대체로 백미는 6,000원, 옥수수는 3,000원에 팔렸지만, 량곡판매소에서는 백미 4,200원, 옥수수 2,200원의 고정가격(약 70%)"으로 "월 1회, 1인당 5kg 정도를 세대 단위로 판매"[31]하면서 노동자들이 수혜를 입고 "시장가격보다 훨씬 싼 값에 식량을 공급받은 노동자 가족들은 너무 반갑고 좋아 펄쩍 뛰었다"라는 것이다.[32]

바야흐로 국가(계획)가 시장과 경쟁하는 상황이 연출되었고, 2023년 2월 현

재까지 북한 당국은 시장과의 경쟁을 포기할 생각은 없어 보인다.[33]

그림 4-6 글로벌 곡물가격 동향

단위: 달러/톤

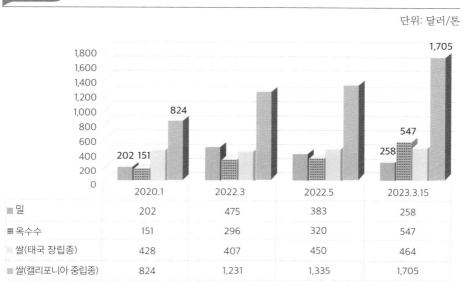

	2020.1	2022.3	2022.5	2023.3.15
■ 밀	202	475	383	258
▦ 옥수수	151	296	320	547
▨ 쌀(태국 장립종)	428	407	450	464
■ 쌀(캘리포니아 중립종)	824	1,231	1,335	1,705

* 자료: 한국농촌경제연구원, 해외곡물시장정보, 쌀: International Grains Council, FOB. 밀/옥수수: 시카고선물거래소(CBOT).
* 주: 2020년 1월부터 최근까지 옥수수 362%, 쌀(중립종) 207%, 밀 127% 상승(검색일: 2024년 3월 15일).

Ⅳ 결론: 자율성 vs. 정부개입, 농업정책 전망

최근의 농업법제 변화는 크게 두 가지 방향과 한 가지 목표를 향하고 있다. 생산주체인 농장의 자율경영 권한을 확대하는 동시에 농자재 등 정부의 공급 능력을 확대하고, 양곡유통과정에 국가가 시장과 경쟁 또는 개입하는 양상이 전개되고 있다. 물론 한 가지 목표는 식량증산과 안정적인 양곡관리다. 농장책임관리제, 수확후 손실 절감 등 생산주체의 자율성과 책임성을 강화해 실질적인 식량증산효과를 유도하고, 국가통계관리, 양곡유통관리를 강화해 안정적으로 식량수급을 관리하고자 하는 정책이 법률에 반영된 것이다.

농업 관련 법제의 대폭적인 개정을 통한 생산주체의 자율성 강화조치는 기존의 식량증산정책과 함께 실질적인 증산효과에 드라이브를 걸 수 있다는 점에서 긍정적인 효과를 기대할 수 있다. 특히 농장의 기업적 운영에 따른 증산의욕, 수확후 손실 감축을 위한 제도적 조치, 식량생산과 관리의 선순환이라는 기대효과는 농업정책의 새로운 변화로 평가할 수 있다.

반면에 국가 수매제도 강화, 즉 부업지, 원료기지, 실습지 등에서 생산되는 기관/기업소의 계획외 양곡생산분에 대한 국가관리 강화조치는 생산자와 계획외 생산된 양곡이 유통되는 시장에 부정적인 신호로 작용할 가능성이 높다. 2017년 글로벌 대북제재 강화 이후 식량 및 비료 등 농자재 수입 감소에도 불구하고 식량난으로 이어지지 않은 주요 원인이 민간의 계획외 생산과 시장 유통에 힘입은 바가 크다. 기존의 농업 인프라에 대한 국가의 지원과 농장 및 식량생산 주체인 생산자들의 시장활동의 자율성이 상호시너지 효과를 극대화하면서 나타난 결과로 평가할 수 있다.

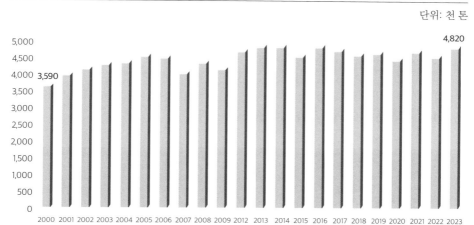

그림 4-7　북한 식량생산량 추정 추이

단위: 천 톤

* 자료: 농촌진흥청 보도자료. 각 년도.

　한편, 북한의 식량생산량은 더디지만 꾸준히 증가하고 있다. 고난의 행군을 갓 벗어난 2000년을 기점으로 2023년까지 농촌진흥청이 추정한 식량작물 생산량은 지속적으로 증가했다. 2000년 이후 2023년까지 34% 증가한 것이다.[34]

　농업이 산업적 측면에서는 생산주기가 매우 길고, 기후, 토양, 농자재 등 복잡한 생산변수가 개입한다는 점에서 단기적인 성장을 기대하기 어렵다. 지난 20여 년의 식량생산 통계가 의미하는 바는 지속적인 정책적 관심과 재정투입의 결과로 해석해야 할 것이다.

　2023년 북한은 농업부문에 기록적인 재정투입을 예고했다. 2022년 식량생산계획 실패가 직접적인 원인으로 추정할 수 있지만, 김정은 시대 농업정책인 농장책임제관리제(2014년 5.30조치, 우리식경제관리방법) 시행 10주년을 맞아 농업정책 평가와 점검이라는 측면도 고려되었을 가능성이 높다.

　그렇다고 농업예산 증액이 특별한 사례는 아니다. 특별한 계기에 발생하면 부문별 예산을 대폭 증액한 사례가 다수 발견되기 때문이다. 2014년 체육부문, 2016년 기본건설부문, 2017년 보건부문의 예산을 증액한 사례가 2023년에는 농업부문에 반영된 결과일 수도 있다.

그럼에도 불구하고, 식량증산은 정책과 재정의 지속성, 예측가능성을 요구하는 대표적인 산업이라는 점에서 북한 당국의 재정안정성 확보가 최우선 과제임에 틀림이 없다.

표 4-10　김정은 시대 예산지출 계획 증가율

단위: %

	증가율	인민경제(투자)							인민시책(지출)				
		농업	수산	경공업	기간공업	과학기술	기본건설	산림	교육	보건	사회보장	체육	문학예술
2012	10.1	9.4			12.1	10.9	12.2		9.2	8.9	7.0	6.9	6.8
2013	5.9	5.1			7.2	6.7	5.8		6.8	5.4	3.7	6.1	2.2
2014	6.5	5.1		5.2		3.6	4.3		5.6	2.2	1.4	17.1	1.3
2015	5.5	4.2	6.8	5.1		5.0	8.7	9.6	6.3	4.1		6.9	6.2
2016	5.6	4.3	6.9	4.8		5.2	13.7	7.5	8.1	3.8		4.1	7.4
2017	5.4	4.4	6.8	4.5		8.5	2.6	7.2	9.1	13.3		6.3	4.6
2018	5.1	5.5				7.3	4.9		5.9	6.0		5.1	3.0
2019	5.3	5.7				8.7	6.6		5.5	5.8		4.5	4.1
2020	6.0	7.2				9.5			5.1	7.4		4.3	5.8
2021	1.1	0.9				1.6			3.5	2.5		1.6	2.7
2022	1.1	2.0				0.7			2.6	0.7		0.8	
2023	1.0	14.7		1.0		0.7	0.3		0.7	0.4		0.1	0.3
2024	3.4	0.1				9.5	0.5		6.0	5.5		5.0	5.0

* 출처: 북한 최고인민회의 발표 자료 각 년도.
* 2014년 체육: 평양청춘체육촌 건설, 종목별경기장과 체육인 숙소 서산호텔 건설 등.
* 2016년 건설: 백두산영웅청년 3호발전소 건설, 류경안과병원 등 15개 건축물 건설 등.
* 2017년 보건: 평양치과위생용품공장 건설, 제약공업 현대화 등.
* 2023년 농업: 식량증산, 농촌건설 예산증액.
* 2024년 재정계획: ▲ 인민경제사업비 0.4% 증액, ▲ 과학기술 별도 분리, ▲ 비상방역 전년 동일.

1 김정은 체제 등장 이후 북한은 농업 관련 법제를 새롭게 제정하거나 개정하고 있습니다. 북한이 농업법제를 보완하는 이유가 무엇일까요?

2 최근 북한은 밀 농사 확대정책을 추진하고 있습니다. 기존의 쌀과 옥수수 증산정책에서 밀 재배면적을 확대하는 이유가 무엇일까요?

3 북한은 「허풍방지법」이라는 특이한 이름의 법을 제정했습니다. 농업을 비롯해서 경제현장에서 발생하는 허풍현상이 어떤 것들이 있는지 논의해 봅시다.

4 기후변화, 전쟁 등 식량안보를 위협하는 일들이 빈번하게 발생하고 있습니다. 우리나라의 식량안보를 위해 우선 집중해야 할 정책으로는 무엇이 있을까요?

5 남북한 농업협력이 가능하다면 어떤 분야에서 협력이 가능할지 토론해 봅시다.

참고문헌

1. 국내 및 북한 문헌

국가정보원, 『북한법령집』, 서울: 국가정보원, 2022.

권태진, "북한의 비료 수급 동향과 시사점", 『KREI 북한농업동향』 제8권 제1호, 한국농촌경제
　　연구원, 2006.

김일한, "글로벌 기후변화와 북한의 농업정책 대응: 밀농사 확대정책을 중심으로", 『경계연구』
　　제2집 제2호, 신한대학교 탈분단경계문화연구원, 2023.

김일한, "최근 북한의 식량문제 평가와 전망", 『제8차 당 대회 이후 북한경제 현실과 전망』 제
　　2023권 제5호, 한반도포커스 경남대학교 극동문제연구소, 2023.

김일한, "북한의 만성화된 식량위기론과 농업정책 재검토", 북한연구학회 2022년 동계학술회
　　의 자료집, 2022.

리성영, "현시기 농업부문에서 알곡생산구조를 바꾸는데서 나서는 중요문제", 『사회과학원학
　　보』 2022년 제1호, 2022.

이찬우, "북한 제8차 당 대회 평가 및 전망", 경남대 극동문제연구소 제68차 통일전략포럼 자
　　료집, 2021.

한국농촌경제연구원, 『북한농업동향』 서울: 한국농촌경제연구원, 각 년도.

한국농촌경제연구원, 해외곡물시장정보, www.krei.re.kr:18181/.

2. 해외문헌

FAO, The Democratic People's Republic of Korea Outlook for Food Supply and Demand
　　in 2015/16 (November/October).

FAO/WFP, Special Report – FAO/WFP Crop and Food Supply Assessment Mission to the
　　Democratic People's Republic of Korea, 2003.

Jonas Jägermeyr…, Climate impacts on global agriculture emerge earlier in new generation
　　of climate and crop models, *NATURE FOOD* Vol.2, November 2021.

The Government of DPRK, 『Voluntary National Review on the Implementation of the 2030
　　Agenda for the Sustainable Development』 June 2021.

3. 언론기사 및 인터넷 자료

asiapress.com, 2023. 1. 8.; 2022. 12. 13.; 2022. 9. 23.

Dailynk.com, 2023. 3. 8.; 2023. 3. 3.; 2022. 10. 19.

로동신문 2023. 5. 7.; 2023. 3. 10.; 2022. 12. 13.; 2022. 9. 28.; 2022. 9. 23.; 2021. 9. 30.; 2019. 12. 30.

조선중앙통신 2023. 3. 2.

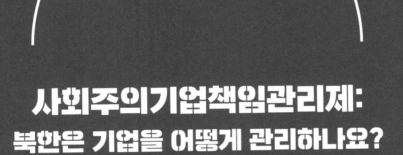

사회주의기업책임관리제:
북한은 기업을 어떻게 관리하나요?

황주희

사회주의기업책임관리제:
북한은 기업을 어떻게 관리하나요?

북한의 기업관리와 법[1]

Ⅰ 북한은 기업을 어떻게 관리하나요?

북한의 경제는 사회주의 소유제도에 기초한 계획경제 체제이다. 사회주의 소유제도는 토지, 원료, 공장(생산용 건물), 기계(생산용 도구), 교통, 통신 등 생산에 필요한 모든 수단이 국가적으로 또는 집단적으로 소유되는 제도를 의미한다. 북한의 「헌법」(2019)은 "생산수단은 국가와 사회협동단체가 소유한다(제20조)" 라고 명시하고 있으며, 국가의 소유 자체가 전체 인민의 소유(제21조)라고 규정하고 있다.

이에 따라서 북한에서는 생산수단의 하나인 기업 역시, 중요 공장과 기업의 경우 국가의 소유로, 중소공장과 기업의 경우 사회협동단체 소유로 분류된다. 북한은 기업을 기업소라고 지칭하는데, 전통적으로 북한의 기업은 북한 당국의 중앙집권적 계획에 의해 관리되었다. 그러나 1990년대 중반 북한이 심각한 경제난을 겪으면서 모든 기업을 계획적으로 관리할 수 없는 한계에 부딪혔다.

이러한 한계를 극복하고자 북한은 김정은 집권 이후 기업 관리 제도를 수정하였고 현재 주요한 경제지표를 제외하고 공장과 기업이 자체적으로 계획을 세우고 생산하는 것을 법적으로 허용하고 있다.

이러한 변화를 지칭하는 것이 2014년에 등장한 '사회주의기업책임관리제'라는 법이다. 이 제도는 기업의 실질적 경영 범위를 확대한 것으로 북한의 「기업소법」(2020)은 북한의 기업경영 질서와 기업에 허용된 경영권에 대한 구체적인 내용을 명시하고 있다.

Ⅱ 북한의 기업은 어떻게 경영하나요?

북한은 모든 경제활동은 법에 의해 담보할 것을 강조한다. 특히 경영활동을 보장하는데 필요한 법과 규정, 세칙 작성과 그 집행에 대한 감독과 통제를 중요하게 여긴다. 따라서 북한의 기업 경영과 관련된 법을 확인하는 것은 북한의 경제활동을 이해하는 데 필수적이다.

북한은 기업의 관리원칙을 「기업소법」에서 규정한다. 이 법은 2010년에 제정되었으나 기업소의 경영권이 명시된 것은 2014년 이후이다. 개정된 법에서 '사회주의기업책임관리제'가 기업소의 경영원칙(제4조)으로 등장하였고 관련하여 총 9가지의 경영권이 명시되었다. 이 법에서는 기업이 경영권을 가지고 자체적으로 계획, 생산, 판매 등을 할 것을 허용한다. 이때 기업은 북한 당국에서 운영하는 기업을 대상으로 한다(제10조).

기업소의 계획권(제31조)은 기업소가 현실적 계획을 수립하고 지표 분담과 주문계약 방법, 계획화 사업분담에 따라 계획을 수립하고 통계기관에 등록하고 실행하는 것과 기업소가 주문계약을 맺으면 자체로 계획하고 실행할 것을 명시한다. 기업소는 관행적으로 자체적으로 경영자금을 마련하기 위해서 계획 외 생산을 위한 계획을 수립하였는데, 이 같은 관행이 현재 계획권으로 반영되어 법제화되었다.

　기업소의 생산조직권(제32조)은 생산조직, 생산공정 형태를 기업소가 조직하는 권한을 말한다. 기업소의 관리기구와 노력조절권(제33조)은 기업소가 등록질서에 준수하여 근로자를 기업소 사이에서 주고받는 것, 자체 실정에 맞게 관리부서들을 통합, 정리하여 관리기구 정원수를 조절하는 것을 말한다. 기업소의 제품개발권(제34조)은 규격화, 표준화를 준수하여 새로운 기술로 새로운 제품 개발전략을 운영하고 생산하는 것을 의미한다. 북한은 관행적으로 계획 외 생산을 통해 자체적으로 자금을 마련하였는데, 이 과정에서 계획 외 생산을 수행해야 하는 조직을 구성해야 할 필요가 있었다. 따라서 기업소는 자체적으로 기업 내부의 조직을 변경하였고 공장의 명칭과 계획지표와 무관한 생산을 확대하였다. 이러한 생산을 위한 노동력을 따로 배치하는 일들이 모두 관행으로 진행되던 현상이다. 기업소의 품질관리권(제35조)은 선질후량의 원칙에 따라 자체적으로 품질관리 수준을 개선하는 사업을 말한다. 기업소에서는 계획 외 생산을 위해서 품질검사를 자체적으로 수행하고 이것을 생산실적으로 둔갑하는 관행이 있었다. 또한 계획 외 생산은 보통 시장에서 판매되어 자연스럽게 경쟁을 추구하였고 이러한 과정에서 품질관리가 주요하게 작용하였다. 이러한 관행은 현재 기업소의 품질관리권으로 법제화되었다.

　기업소의 인재관리권(제36조)은 기업소에서 자체로 기술자, 전문가, 기능공 등을 양성하는 권한을 말한다. 기업소는 관행적으로 계획 외 생산을 수행하였는데, 이 과정에서 관련 기술자, 전문가, 기능공이 필요한 경우 자체적으로 교육을 통해서 기술을 배양했다. 이것이 관행이었던 이유는 북한에서는 이러한 기술자, 전문가, 기능공의 숫자를 기업소마다 지정하여 배치하였기 때문에 지정된 성격의 기술자, 전문가, 기능공이 아니고서는 불법으로 분류되었기 때문이다.

기업소의 무역과 합영, 합작권(제37조)은 가능한 범위에서 기업소가 대외경제활동을 통해 생산에 필요한 원료, 자재, 설비를 자체로 해결하고 설비와 공장의 현대화, 수출품 생산을 위한 단위를 실정에 맞게 조직하는 것을 말한다. 북한의 기업소는 경영자금 확보를 위하여 가능한 경우 수출입을 진행하였는데, 이러한 관행이 현재 무역, 합영, 합작권으로 법제화되었다. 그러나 최근 북한의 코로나19로 인한 국경봉쇄로 법제화 이후의 관련 동향을 확인할 필요가 있다.

기업소의 재정관리권(제38조)은 기업소가 경영활동에 필요한 자금을 자체적으로 마련하고 이용하는 것을 말한다. 이때 기업소는 은행의 대부, 주민들의 자금을 이용할 수 있다. 기업소는 관행적으로 자체로 자본을 조달하여 기업소를 경영하였다. 보통 기업소의 건물, 차량을 임대하거나 돈주를 통해 돈을 빌리거나 8.3 입금[2]을 받는 형식을 취했다.

기업소 생산물의 가격제정 및 판매권(제39조)은 정해진 가격제정 원칙에 따라 가격을 자체로 정하고 기업소 지표로 생산한 생산물을 직접 거래하고 판매할 수 있는 권리를 말한다. 기업소는 관행적으로 계획 외 생산을 추진하였는데, 이 과정에서 계획으로 내려오는 단위 이외의 대상과 직접적으로 판매하거나, 주문계약을 통한 판매 혹은 돈주를 통한 위탁 판매 등으로 기업소의 매출을 올렸다.

현재 「기업소법」에 명시된 9가지 기업소의 경영권은 과거에 북한의 기업들이 기업 경영을 위해 암암리에 추진하던 관행들이 많은 부분 합법화된 것으로 확인된다.

표 5-1 북한 「기업소법」(2020)에 명시된 경영권

No	경영권	내용
1	계획권 (제31조)	- 객관적 조건과 가능성, 잠재력을 고려한 현실적인 계획 수립 - 수요가 높은 제품생산을 계획적으로 확대 - 수요기관, 기업소, 단체와 주문계약 체결 및 관련 계획수립 및 실행
2	생산조직 및 생산공정관리 (제32조)	- 생산조직을 합리적으로 구성 - 생산공정관리 조직 - 수요·공급 원칙에 따라 협동/전문화/결합화/대규모 생산조직 등 여러 가지 생산조직 형태를 구성
3	관리기구·로 력(노력) 조절 권(제33조)	- 노력(노동)자원을 합리적·효과적으로 이용 - 기술경제적 지표 갱신 - 종업원 기술기능 수준 제고, 국가 규정에 따른 기술기능급수 사정 - 표준관리기구와 비생산 노력배치 기준에 기초, 자체의 실정에 맞게 관 리 부서들을 통합·정리, 관리기구 정원수 설정 - 일꾼들의 직능, 책임, 한계 지정 - 기업소 간 고용 관계 발생 시 등록 질서 준수
4	제품개발권 (제34조)	- 국제 규격, 표준에 맞는 생산 확대 - 새로운 기술 및 제품개발 추진 및 관련 전문기술 개발단위 조직운영 - 필요한 설비, 자재, 자금을 수요에 맞게 보장
5	품질관리권 (제35조)	- 선질후량(先質後量)의 원칙에 따른 품질제고 전략 수립 및 집행 - 생산품에 대한 보증기간 설정, 품질관리체계 인증·개별적 제품에 대한 품질인증 사업 진행, 국가규격 준수 - 생산 제품의 형태, 색깔을 자체적으로 제정, 적용
6	인재관리권 (제36조)	- 인재의 교육 지원 - 공장대학, 공장고등기술전문학교, 통신 및 야간교육망 등 교육체계 수립 - 기술자·전문가·기능공 등 체계적 양성
7	무역과 합영·합작권 (제37조)	- 가능한 범위에서 대외경제활동 수행 - 생산에 필요한 원료, 자재, 설비를 자체적으로 해결 - 생산기술공정의 현대화 실현 - 수출품 생산을 위한 단위 조직 및 국제적으로 경쟁력 있는 제품생산

No	경영권	내용
8	재정관리권 (제38조)	- 경영자금을 주도적으로 마련·이용 - 자체적으로 마련한 자금(번 자금), 생산물을 경제계산 체계에 반영 - 기업의 재정관리세칙 마련 및 집행과 관련한 엄격한 규율 수립 - 생산계획수행정형, 재정관리정형, 일생산 및 개정총화 진행 및 공시 - 부족한 경영활동자금은 은행 대부, 주민유휴화폐(주민들이 축적하고 있는 화폐) 자금 이용
9	가격제정 권·판매권 (제39조)	- 가격제정권, 판매권으로 생산/물류/유통을 자체적으로 진행 - 주문계약 및 기업소 지표로 생산한 제품은 가격제정원칙에 따라, 구매자의 수요와 합의조건을 고려하여 기업소가 자체적으로 가격제정 및 판매 - 질이 낮아 반송되는 제품은 기업소가 책임

Ⅲ 북한 「기업소법」은 진화하고 있다.

북한은 사회주의기업책임관리제를 시행하는 과정에서 이룩된 성과와 경험을 일반화하고 규정을 개정하는 것이 기업의 실질적 성과와 이어진다고 인식한다. 따라서 「기업소법」의 개정 내용을 따라가면 북한의 기업관리의 흐름을 읽을 수 있다.

2020년 개정된 「기업소법」은 2015년 법과 비교했을 때 25개 조항에서 폭넓게 개정되었다. 그 특징을 종합하면 첫째, 2020년 개정법을 통해 '사회주의기업책임관리제' 경영 절차가 제도화되었다. 둘째, 모호한 내용이 더욱 구체적으로 개정되었다. 셋째, 전반적으로 기업소 관리에 있어서 과학화를 강조하고 있다.

첫째, 기업소 경영 절차의 제도화가 심화되었다. 「기업소법」에서 나타난 기업소 관리 기관은 통계기관, 은행기관, 사회안전기관, 사회주의기업책임관리제 실시위원회다. 통계기관은 기업소 등록증 발급과 변경(제16조, 제19조),

기업소의 계획 등록관리(제52조)를 진행하며 은행은 기업소의 돈자리(계좌) 관리(제16조), 경영활동 자금의 대부 업무(제38조), 로동(노동)보수자금[3] 등을 담당한다. 사회안전기관은 기업소의 등록, 변경과 관련된 업무를 진행한다(제15조, 제17조, 제19조). 사회주의기업책임관리제 실시위원회는 기업소의 사업 준칙과 관련된 업무를 수행한다(제25조).

기업소 경영에 있어서 제도화는 기업소의 업무를 보다 명확하게 구분한 것에서 나타난다. 「기업소법」에서 나타난 기업소의 경영 업무는 지표 분담, 주문계약, 계획화 사업 분담에 따른 계획 작성, 등록, 수행(제31조), 경제계산체계에 번자금과 생산물 반영, 자체 재정관리세칙 제정, 규율 준수(제38조), 재자원화 계획 수립(제45조), 자재공급 계획 수립(제46조), 생산계획 수행 정형, 재정관리 정형, 일생산 및 개정총화 수행 및 공시(제38조), 사회주의경쟁 총화 및 평가사업(제40조), 국가표준노동정량에 기초한 세부노동정량 작성 및 노동정량 제정기관에 등록, 사회주의적 노동보수제 실시(제48조), 전력 소비기준 준수, 전력 시설관리 질서 준수(제44조), 새 제품개발을 위한 전문기술 개발단위 조직운영(제34조), 과학기술보급실 운영(제36조), 재처리 기술공정 도입(제45조) 등이다. 전반적으로 개정 전보다 기업소의 역할이 보다 구체적으로 명시되었다. 이는 기업소에 부과된 자율성을 실질적으로 기업소 경영에 도입하면서 나타나는 현실적인 내용이 개정법에 반영된 것으로 볼 수 있다.

기업소 경영과 관련하여, 기업소는 자체적으로 많은 계획을 작성하게 된다. 이때 기업소의 계획권은 그 자체로 독자성을 가지는 것이 아니라 제한된 독자성 안에서의 자율로 볼 수 있다. 이는 「인민경제계획법」(2021)에서 보다 구체적으로 확인된다. 북한은 경제 자체를 생산수단의 사회주의적 소유에 기초한 자립경제이자 계획경제라고 정의한다(제3조). 인민경제계획은 기관, 기업소 단체에 적용되는데(제9조), 당의 노선과 정책에 입각하여 사회주의 경제법칙과 현실적 조건을 고려하여 과학성, 현실성, 동원성 등을 반영하여 경제사업에서 실리를 내는 것에 그 목적이 있다(제5조). 이때 기업소 등은 인민경제 계획작성에 필요한 노동정량, 물자 소비기준, 자금지출기준 등과 같은 계획기준을 정하고 해당 기관에 등록한다(제13조). 즉, 계획기준, 생산 및 경영실태, 과학기술 및 경제 발전추세, 자연 부원 상태, 인구수 등 인민계획 작성에 필요한 기초자료를 제공한다(제14조). 결국 기업소 자체의 계획권은 인민경제 계획을 완수한 이후에야 그 자율성을 가진다.

둘째, 모호한 내용이 보다 더 구체적으로 개정되었다. 기업소의 물질기술적 토대강화 원칙으로 경영관리의 개선을 보다 강조하였다(제5조). 기업소 사업의 지도와 관련해서는 기존의 국가 역할에서는 통일적 지도의 부분만 명시되었는데, 기업소의 전략적 관리를 추가하였다. 특히 기존에 기업소의 '창발성'이라는 모호한 표현을 '기업소가 생산과 경영활동을 원활하게 조직 진행하는 것'으로 대체하였다(제8조). 기업소의 경영전략, 기업전략의 작성에 있어서는 국가의 경제발전전략에 기초하여 과학적이며 합리적으로 수립해야 한다는 내용을 추가하였다(제30조). 기업소의 경영전략과 기업전략 역시 기업소의 독자적 영역이라기보다는 국가의 경제발전전략 안에서 제한된 독자성을 가진다. 「기업소법」은 기업 경영의 '목적 실현 방안'을 전망 목표 규정, 그 목적 실현의 총적방향과 근본 방도 확정 등으로 명시하였다(제30조).

셋째, 전반적으로 기업소 관리에 있어서 과학화를 강조하고 있다. 이는 북한이 자력갱생을 강조하면서 사회 전반적으로 과학의 역할을 제고하고 있는 것과 관련된다. 북한은 2021년 제8차 당대회에서 새로운 국가경제발전 5개년 계획을 결정하였는데, 여기서 과학기술 발전이 5개년 계획 성공을 위한 '중핵적인 과제, 최선의 방략'이라고 강조하였다. 북한은 기업경영에 있어서 특히 정보화를 강조한다. 이는 2020년 개정된 「기업소법」에서도 나타나는데, 경영활동의 원칙에서 정보화가 추가되었다. 경영정보화는 자원 분배, 기업 혁신 등을 최적화시켜주는 원천임과 동시에 기업에 대한 효율적 통제 수단으로 작용한다.

표 5-2   경영정보화 관련 북한의 주요 법률

『기업소법』 (2020)	제6조	국가는 기업소들에서…경영활동의 주체화, 현대화, 정보화, 과학화 수준을 끊임없이 높여나가도록 한다.
『사회주의상업법』 (2021)	제70조	**…상업경영활동을 정보화, 과학화할수 있는 물질기술적수단을 보장**하여야 한다
	제76조	중앙상업지도기관과 해당 기관, 기업소, 단체는 **전자상업체계를 구축, 리용**하며 모든 상품을 **상품등록정보체계에 의무적으로 등록하고 류통**시켜야 한다.
『시·군발전법』 (2021)	제62조	시, 군인민위원회는 **국가의 상업망배치원칙에 기초**하여…상업경영활동을 정보화, 과학화하여 인민들의 생활상편의를 원만히 보장하여야 한다.
『령수증⁴법』 (2021)	제17조	중앙재정지도기관은 **령수증관리사업의 정보화를 실현**하기 위한 년차별계획을 바로세우고 집행하여야 한다.
『상품식별 부호관리법』 (2021)	제1조	**…상품판매를 정보화**하고 위조상품의 류통을 막음으로써 사회주의상업을 발전시키고 사회경제적안정을 보장하는데 이바지한다.

이외에도 「기업소법」에서는 경영원칙에서 기업소를 노력절약형, 에네르기(에너지)절약형, 원가절약형, 부지절약형으로 전환할 것을 새롭게 추가하고(제4조), 경영활동의 정보화(제6조)를 추가하였다. 보다 구체적으로 제품개발, 품질관리, 인재 관리에 있어서도 과학기술의 역할을 강조하고 있다. 북한은 기업소에 제품개발권을 가지고 세계적인 발전추세와 규격화, 표준화의 요구에 맞게 생산 확대와 경영관리개선에 이바지하는 새 기술, 새 제품개발전략을 세우고 적극적으로 추진하여 과학기술과 생산이 일체화된 기업, 기술집약형 기업으로 전환할 것을 요구하고 있다. 더불어 기업소는 새 기술, 새 제품개발을 위한 전문기술 개발단위를 실정에 맞게 조직 운영하고 필요한 설비, 자재, 자금을 수요대로 보장하며 심의등록된 새 기술, 새 제품을 생산에 제때 도입할 것을 촉구하고 있다(제34조). 또한 기업소는 품질관리권을 바로 행사하여 선질후량의 원

칙에서 자체의 실정에 맞는 품질 제고 전략을 세우고 생산물의 질과 생산공정의 품질관리 수준을 끊임없이 개선하여야 할 것을 명확히 하였다(제35조). 인재관리와 관련해서는 전민과학기술인재화의 요구에 맞게 인재관리권을 바로 행사할 것을 촉구하면서 기술대학을 비롯한 해당 대학들에 보내 공부시키는 한편 공장대학과 원격교육망 같은, 일하면서 배우는 교육체계와 재교육체계를 통하여 쓸모있는 기술자, 전문가, 기능공들을 체계적으로 양성하여야 한다고 강조하고 있다(제36조). 기존의 공장고등기술전문학교, 통신 및 야간교육망이 원격교육망으로 대체되었다. 「기업소법」은 기술 관리에 있어서도 과학기술 성과의 교류와 공유를 통하여 최신성과들을 생산에 적극적으로 도입하여야 한다(제43조)고 명시하였다.

한편, 2015년 전력 이용 조항(제45조)이 2020년 동력관리(제44조) 조항과 합쳐졌다. 새 조항에서는 기업소의 연료 보관, 효율적 이용, 열설비에 대한 기술관리를 통한 연료 소비기준 절감, 열효율 향상, 자연열과 폐열의 효과적 이용을 명시하였으며, 전력 소비기준 준수 및 절감, 전력이용질서와 전력 시설관리 질서 준수를 요구하고 있다. 동시에 「기업소법」은 재자원화사업을 제45조에 신설하였다. 북한은 2020년에 재자원화법을 제정한 바 있다. 북한은 재자원화사업을 기업의 경영전략으로 삼고 있으며, 이를 경제적 실리와 사회적 실리를 높이는 방안이라고 선전하고 있다.[5] 「기업소법」에서는 재처리기술공정과 설비를 현대 과학기술의 성과와 환경보호의 요구에 맞게 갖추고 생산과정에 나오는 폐기폐설물과 수집한 생활오물을 제때 가공하여 새로운 생산자원으로 이용할 것을 명시하였다. 기업소의 자율성과 관련해서는 과학기술 부분이 가장 그 폭이 넓은 것으로 평가된다.

Ⅳ 북한 기업은 사장(지배인) 마음대로 경영할 수 있을까?

북한이 「기업소법」을 통해서 제시한 9가지 경영권대로 기업이 자체적으로 자유롭게 경영할 수 있을까? '사회주의기업책임관리제'는 「기업소법」에서 주요 경영권에 대한 자율성을 규정하고 「기업소법」 제5장에서 기업소 사업에 대한 지도통제를 간략하게 규정하고 있다. 이때 기업소 지도의 역할과 감독 통제의 역할이 구분된다. 기업소 사업에 대한 지도는 내각의 역할이며 해당 중앙기관, 도, 시, 군인민위원회가 한다(제53조). 내각과 해당 기관은 기업소가 경영권을 행사하는 데 필요한 규정, 세칙, 기업소의 필요조건 등을 보장한다(제54조). 감독통제는 해당 감독통제기관이 기업소의 경영활동이 사회주의 경제관리원칙에 부합하게 진행되는지 감독하고 통제한다. 이때 법을 어길 경우 기업소는 행정적, 형사적 책임을 진다(제57조). 여기서 말하는 감독통제기관은 검찰소로 볼 수 있다. 북한의 「헌법」(2019) 제156조에서는 검찰소의 역할 중 하나로 기업소의 법 준수 감시를 명시하고 있으며, 「검찰감시법」(2012)[6] 제8조는 "검사는 기관, 기업소, 단체에서 사회주의 경제관리 질서를 침해하는 현상을 비롯하여 국가의 법을 어기는 일이 없는가를 감시하여야 한다."라고 그 역할을 분명하게 밝히고 있다. 한편, 허풍방지사업과 관련해서는 검찰과 사회안전기관이 감독통제기능을 수행하고 있다(허풍방지법 제39조).

사회주의기업책임관리제의 9가지 경영권에 대한 통제 내용은 「기업소법」 외에서 보다 구체적으로 관찰된다. 「형법」(2022)은 북한 기업에 금지된 내용을 명시하고 형사처벌 조항을 명시하고 있다. 「인민경제계획법」은 2021년에 개정되었는데 2015년 기준 48개 조항에서 62개 조항까지 확대되었다. 감독통제와 관련된 조항은 2015년 3개 조항에서 2021년 7개 조항으로 확대되었으며 내용적인 면에서 대폭 개정되었다. 2022년에 제정된 허풍방지법에서도 기업에 대한 통제적 성격이 확인된다.

사회주의기업책임관리제의 통제적 성격의 특징은 첫째, 관련 사항이 「기업소법」 외에서 확인된다는 점이다. 둘째, 계획권에 대한 통제에 집중되어 있다. 셋째, 구체적 금액의 벌금형을 신설하여 금지된 행위를 처벌하고 있다.

첫째, 사회주의기업책임관리제의 경영권과 관련된 통제적 내용은 「기업소법」 외에서 확인된다. 특히 각각의 경영권과 관련된 법에서 통제된 사항을 구체적으로 명시한다. 따라서 사회주의기업책임관리제의 통제적 성격을 확인하기 위해서는 확인하고자 하는 경영권과 관련된 부문법을 확인해야 한다. 이는 기업소의 자율성이 「기업소법」 중심으로 명시된 것과 비교된다.

둘째, 계획권에 대한 통제가 다른 경영권보다 강조되고 있다. 북한의 법에서는 특히 계획권과 관련된 내용이 다른 경영권에 비해 큰 비중을 차지한다. 이는 계획권이 기업소 경영권에 있어서 가장 중요한 권리라는 것을 반증한다. 「인민경제계획법」(2021)은 허용되지 않은 사항과 벌금 적용에 대한 행위를 구분하고 있다. 형법에서는 계획권과 관련된 불법적인 행위에 '노동교화형'이라는 무거운 벌을 부과하고 있다.[7] 「허풍방지법」은 기업경영에 있어서 하지 말아야 할 행위를 정리하고 있다. 전반적으로 인민경제계획이 거짓보고 등으로 현실을 제대로 반영하지 못하는 현상, 인민경제계획 외에서 생산하는 행위, 허위통계보고 등이 공통적으로 나타나고 있는 것으로 확인된다. 결국 기업이 허용된 경영권을 행사하기 위해서는 부과된 인민계획 과제를 선차적으로 수행해야 한다.

표 5-3   기업소의 계획권 통제와 관련된 형법

경영권	법	내용
계획권	형법 (2022)	**제102조 (계획을 무책임하게 세운 죄)** 인민경제계획을 무책임하게 세워 인민경제의 계획적, 균형적발전에 지장을 준자는 로동단련형에 처한다. 인민경제계획을 무책임하게 세워 인민경제의 계획적, 균형적발전에 엄중한 지장을 준 경우에는 5년이하의 로동교화형에 처한다. **제103조 (계획미달죄)** 인민경제계획수행질서를 어겨 인민경제계획을 미달한자는 로동단련형에 처한다. 인민경제계획수행질서를 어겨 인민경제계획을 심히 미달한 경우에는 5년이하의 로동교화형에 처한다. **제104조 (계획수행정형거짓보고죄)** 인민경제계획수행정형을 거짓보고한자는 로동단련형에 처한다. 인민경제계획수행정형을 거짓보고한 행위가 엄중한 경우에는 5년이하의 로동교화형에 처한다. 정상이 무거운 경우에는 5년이상 10년이하의 로동교화형에 처한다. **제105조 (계약위반죄)** 계약을 어겨 계약단위에 대량의 재산적손실을 준자는 로동단련형에 처한다. 계약을 어겨 계약단위에 특대량의 재산적손실을 준 경우에는 3년이하의 로동교화형에 처한다. 정상이 무거운 경우에는 3년이상 8년이하의 로동교화형에 처한다. **제106조 (비법경영죄)** 경영활동을 비법적으로 한자는 로동단련형에 처한다. 경영활동을 비법적으로 한 행위가 엄중한 경우에는 5년이하의 로동교화형에 처한다. 정상이 무거운 경우에는 5년이상 10년이하의 로동교화형에 처한다.

계획권 다음으로 제품개발권과 품질관리권에 대한 통제도 구체적으로 나타난다. 특히 지적소유권에 대한 통제 부분을 법적으로 보장하는 것은 새로운 변화로 이는 북한 사회에서도 저작권, 특허권, 상표권, 공업도안권, 원산지명 등 지적소유권에 대한 중요도가 높아지고 있음을 보여준다.

표 5-4 기업소의 제품개발권, 품질관리권의 법적통제

경영권	법	내용
제품 개발권	형법 (2022)	**제139조 (지적소유권침해죄)** 저작권, 특허권, 상표권, 공업도안권, 원산지명권을 침해하여 엄중한 결과를 일으킨자는 로동단련형에 처한다. 저작권, 특허권, 상표권, 공업도안권, 원산지명권을 침해하여 특히 엄중한 결과를 일으킨 경우에는 5년이하의 로동교화형에 처한다.
	제품 생산 허가법 (2020)	**제40조 (생산, 출하의 중지, 벌금부과, 생산허가취소사유)** 생산허가를 받지 않고 허가대상제품을 생산하거나 생산허가증에 밝혀진대로 생산을 하지 않을 경우에는 해당 제품의 생산, 출하를 중지시키며 벌금을 물리거나 생산허가를 취소할수 있다.
품질 관리권	형법 (2022)	**제140조 (품질감독질서위반죄)** 품질감독질서를 어겨 대량의 불합격품이 합격품으로 출하되게 한자는 로동단련형에 처한다. 특대량의 불합격품이 합격품으로 출하되게 한 경우에는 3년이하의 로동교화형에 처한다. 정상이 무거운 경우에는 3년이상 8년이하의 로동교화형에 처한다.
	허풍 방지법 (2022)	**제9조 (품질보장에서의 허풍방지)** 기관, 기업소, 단체는 재자원화를 한다고 하면서 제품의 질을 무시하거나 검사를 받지 않은제품, 불합격품, 보관기일이 지난 제품, 가짜상품 또는 불량상품을 생산 및 공급, 판매, 봉사하여 나라의 경제발전에 지장을 주는것과 같은 허풍행위를 하지 말아야 한다.

셋째, 구체적인 금액의 벌금형을 부과하여 기업의 경영권을 통제하고 있다. 「인민경제계획법」은 제59조를 신설하여 기업소가 인민경제계획 수행에 있어서 계약을 제대로 이행하지 않아 수행에 차질을 빚은 경우, 기업소의 몫을 초과적으로 소비하거나 불법적으로 처분한 경우에는 50~150만 원의 벌금을 부과한다고 적시하고 있다. 이같이 구체적인 금액의 벌금형을 기업소에 부과하는 내용은 과거에는 없던 법 조항이다. 특히 150만 원의 경우 다른 법과 비교했을 때, 벌금형으로서는 가장 높은 금액인 것으로 확인된다. 이는 벌금형이 불법적 행위를 통제하는 데 효과적인 수단이라는 것을 단적으로 보여준다.

표 5-5 벌금을 통한 사회주의기업책임관리제의 경영권 통제

경영권	법	내용
계획권	인민경제계획법 (2021)	제59조 (벌금처벌) 다음의 경우에는 해당 기관, 기업소, 단체에 50만~150만원의 벌금을 물린다. 1. 인민경제계획수행을 위한 계약을 제때에 맺지않았거나 리행하지 않아 계획수행에 지장을 주었을 경우 2. 협동생산규률을 어겨 련관단위의 생산과 계획수행에 지장을 주었을 경우 3. 인민경제계획에 반영된 전력, 설비, 자재, 원료를 생산하여 수요자단위에 보장하지 않으면서 기업체몫을 초과소비하거나 비법처분하였을 경우
제품 개발권	제품생산허가법 (2020)	제40조 (생산, 출하의 중지, 벌금부과, 생산허가취소사유) 생산허가를 받지 않고 허가대상제품을 생산하거나 생산허가증에 밝혀진대로 생산을 하지 않을 경우에는 해당 제품의 생산, 출하를 중지시키며 벌금을 물리거나 생산허가를 취소할수 있다.
무역과 합영, 합작권	세관법 (2021)	제84조 (벌금) 다음과 같은 경우 기관, 기업소, 단체에는 10만~150만원, 공민에게는 1,000~5,000원의 벌금을 물린다. 1. 세관검사와 관련한 요구에 불응하여 세관검사사업에 지장을 주었을 경우 2. 관세, 선박톤세, 세관료금을 정해진 기일안으로 물지않을 경우 3. 세관통제구역에서 환경보호질서를 위반하였을 경우
재정 관리권	회계법 (2015)	제46조 (사업정지, 벌금부과, 손해보상) 회계를 잘못하여 경제적손실을 주었을 경우에는 사업을 정지시키고 **벌금을 물리거나 해당한 손해를 보상**시킨다.

북한의 '사회주의기업책임관리제'의 통제적 성격을 확인하기 위해서는 「기업소법」 이외의 법을 검토할 필요가 있다. 특히, 법이 개정되면서 통제적 내용이 점차적으로 구체화되고 있다. 즉 사회주의기업책임관리제에서 확대된 경영권에 대한 감독과 통제의 부분을 법으로 컨트롤하는 것으로 보인다.

결론

북한의 기업소 경영의 자율성은 법적으로 보장받고 있다. 북한이 '사회주의 기업책임관리제'라는 새로운 제도를 도입하는 과정에서 그 법이 보다 구체화되고 있다. 법을 통한 경제관리를 강조하는 경향으로 최근에 제정, 개정된 기업소의 통제적 성격과 관련된 법률은 '사회주의기업책임관리제'의 현실적용에 있어서 나타나는 불법적인 행위, 부작용 등의 현실을 반영한다. 북한의 법은 현실을 적용한 측면도 있지만, 이상적인 방향을 제시하는 성격도 동시에 내포하고 있다. 따라서 법안 내용 자체가 북한의 현실이라고 보기는 어렵지만, 「기업소법」은 '사회주의기업책임관리제'가 북한 사회에서 나아갈 방향을 보여준다.

1 북한 기업 경영, 남한과의 차이점은 무엇일까요?

2 북한 기업 경영의 한계는 무엇일까요?

3 남북이 협력 가능한 사업 아이템은 무엇이 있을까요?

참고문헌

국가정보원, 『북한법령집』, 서울: 국가정보원, 2022.

근로자 편, "상식 사회주의기업책임관리제", 『근로자』 제7호, 2015.

북한 외국물출판사, 『위대한 향도의 75년』, 평양: 북한외국물출판사, 2020.

양문수, "김정은 집권 이후 개정 법령을 통해 본 '우리식경제관리방법'", 『통일정책연구』 제6권 제2호, 2017.

이석기, "김정은 체제 이후 북한 경제정책과 변화 가능성", 『KDI 북한경제리뷰』 10월호, 2013.

이정철, "북한의 제8차 당대회: 대북 제재와 강행돌파의 총력전", 『북한 8차 당대회 평가와 전망』, 서울대학교 통일평화연구원 제76차 통일학 포럼 자료집.

이현경, "법학적 관행 이론 소묘", 『법철학연구』 제20권 제3호, 한국법철학회, 2017, p. 16.

장명봉 편, 『2015 최신 북한법령집』, 서울: 북한법연구회, 2015.

조선로동당출판사, 『대중 정치 용어 사전』, 평양: 조선로동당출판사, 1957.

최현규·변학문·강진규, 『북한 ICT 동향 조사 2020』, 서울: 한국과학기술정보연구원(KISTI), 2021.

홍민·차문석·김혁·황주희, 『평양의 도시정치와 공간구조』, 서울: 통일연구원, 2023.

황주희, "김정은 시대 북한의 사회주의기업책임관리제 연구: 경영관행의 제도화를 중심으로", 『통일정책연구』, 제32권 1호, 2023.

황주희, "김정은 시대 기업경영 질서 변화에 관한 연구: 법제도를 중심으로", 『한국보훈논총』 제23권 제1호, 2024.

대외경제와 무역:
북한은 국제사회와 무역을 하나요?

탁용달

CHAPTER 06

대외경제와 무역:
북한은 국제사회와 무역을 하나요?

북한의 대외경제 변화

I 서론

북한의 경제현실을 분석하고 전망하는 것은 북한경제 연구자들에게 상당히 어려운 과제이다. 북한은 경제 관련 통계자료를 일반적으로 공개하지 않고 있고, 일부 공개된 자료도 신뢰성에 상당한 문제가 있으며 공개된 자료 또한 국제적으로 통용되는 통계작성 방식을 준수하지 않는 경우가 대부분이다. 따라서 북한경제 연구에 상당한 제약이 있다. 다만 대외경제의 특성상 교역의 상대국이 존재하므로 자료 부족으로 인한 연구의 어려움이 다른 부분과 비교하여 상대적으로 덜한 편이다.

북한의 대외경제 변화를 분석하고 전망하는 과정에서는 몇 가지 현실적인 애로사항이 있다. 우선 대외경제 부문의 변화를 경험적으로 분석하기 위해서 시간의 변화에 따른 자료가 필수적이지만 이러한 자료가 부족하다. 또한 북한에 대한 국제사회의 경제제재로 인하여 불균형적인 무역구조를 보여주고 있어서 대외경제 변화를 종합적으로 분석하고 전망하기에는 어려움이 있다. 따라서 대부분의 연구자가 대외경제 부문의 통계나 데이터를 활용하기보다는 대외경제 관련 법과 제도의 변화에 주목하고 있다.

김정은 시대 북한의 대외경제 관련 법률과 제도의 변화는 이전 김정일 시대와는 눈에 띄게 변화했다. 김정은 집권 이후 경제부문에서의 자율성의 확대라는 기조하에서 기업의 경영 자율성을 확대하는 조치로 「기업소법」의 개정이 이뤄졌고, 대외경제 활성화를 위한 해외투자 유치를 위해서 「경제개발구법」을 개정하면서 우호적인 투자환경을 조성하기 위해 노력했다. 하지만 국제사회의 제재하에서 이러한 노력은 가시적 성과를 거두지 못하고 있다.

본 연구에서는 김정은 집권 이후 대외경제부문의 변화를 법률과 제도의 변화 관점에서 분석을 시도했다. 각 장별 주요 내용을 보면, 제2장에서는 김정은 시대 대외경제부문에 대한 인식의 변화를 살펴보았다. 제3장에서는 대외경제와 관련된 주요한 법률의 변화를 살펴보았다. 김정은 집권 이후 다양한 법률의 변화가 이뤄졌지만, 대외경제부문에서 주요하게 변화된 부분만을 제한적으로 살펴보았다. 제4장에서는 법률과 제도의 변화가 갖는 의미와 시사점을 분석했다.

Ⅱ 북한의 대외경제에 대한 인식의 변화

1. 김정은 출범 이전의 대외경제에 관한 인식

북한은 1960년대 이전까지 다른 사회주의 국가들과 마찬가지로 대외경제부문 특히 무역에 관해 부정적이고 소극적으로 인식하고 있었다. 북한의 대외경제부문에 대한 공식적인 인식은 한국전쟁시기로 거슬러 올라간다. 한국전쟁 직후 북한 당국은 전후복구 과정에서 사회주의 국가로부터 적극적인 원조가 필요함을 강조했다. 동시에 자본주의 국가와의 경제협력에 대해서는 부정적 인식을 보여주고 있다. 이러한 부정적 인식은 1970년대까지 지속해서 유지되고 있었다.

하지만 북한은 1979년 신년사를 통해 대외경제부문에 대한 인식의 변화를 보여주었다. 신년사에서 김일성은 비사회주의 국가들과의 무역확대 필요성을 강조했고, 대외경제부문의 경쟁력 강화가 주요한 국정운영의 목표로 제시되었다.[1] 1980년 신년사를 통해서는 무역의 다양화, 다각화 및 신용제일주의를 강조했고, 경제침체를 극복하는 방법으로 대외경제부문을 적극 활용할 것을 강조했다.[2] 이는 경제발전을 위해 대외경제부문의 경쟁력 강화가 주요한 부분임을 인식한 것이다. 하지만 이러한 북한 당국의 인식 변화에도 불구하고 1984년 대외채무불이행 선언으로 대외신용도가 떨어졌고 무역량도 급감하는 등의 어려움을 겪었다.

1990년대에도 대외경제부문의 역할을 강조하는 기조가 유지되었다. 특히 사회주의권 붕괴라는 대외환경의 급격한 변화에 맞춰 자본주의 국가와의 관계개선을 강조했다. 변화된 대외경제 환경에 맞춰 자본주의 시장에 적극적으로 진출할 것을 주문했다.[3] 사회주의 우호시장의 상실로 자본주의 국가와의 교역이 불가피했고 이 과정에서 수출을 강조했다. 이는 전통적인 사회주의 국가에서 수입을 강조했던 인식과는 큰 차이를 보여준 것이다.[4] 하지만 대외경제에 대한 부정적 인식이 지속되었지만 필요성을 강조하는 입장의 변화가 있었다.

2000년대 이후에는 북한 당국이 외국과의 무역을 하면서 경제적 비교우위의 개념을 강조하기 시작했다.[5] 대외경제와 관련한 자본주의적 제도 및 시스템에 대한 소개 및 정보제공을 확대하면서 사실상 대외경제부문이 과거 사회주의권 국가들에 한정된 특수한 영역에서 자본주의 국가들의 일반적인 대외경제활동과 동일한 것으로 인식이 변화했다.

표 6-1 북한의 대외경제 인식의 변화

구분 (시기)	대외경제 환경	대외경제 인식
1950~ 1960년	• 1950년대 전후복구를 위한 소련과 중국으로부터의 무상지원 • 1960년대는 중소갈등 심화로 무상원조 감소 및 일부 중단	• 대외경제에 대한 인식의 부재, 대외무역에 소극적 • 1960년대 사회주의 시장 우선, 자본주의 국가와의 교류 가능성 시사 - 대외무역 관계 재정립 필요성 인식
1970년대	• 사회주의 국가로부터 원조 급감 • 두 차례 오일쇼크로 수입원자재 가격상승, 무역역조 심화, 1976년 채무불이행상태	• 대외경제 특히 대외무역을 통해 국가경제발전을 모색하고자 하는 적극적 자세 - 사회주의 국가뿐 아니라 비사회주의 국가와의 교역 확대 필요성 강조
1980년대	• 북한경제 침체기 - 에너지 문제, 사회간접자본의 취약, 대외채무 문제 등	• 경제 침체 타개를 위해 무역을 국가의 핵심정책으로 제기 - 무역의 다양화, 다극화를 주장하고 무역에서의 신용제일주의를 강조 • 대외채무로 자본주의 국가와의 무역 확대에 한계를 인식 - 1980년대 중반 이후 사회주의 국가와의 교역을 강조, 개도국과의 남남협력 강조
1990년대	• 사회주의 체제전환으로 대외적 고립 심화 • 북한경제 및 대외경제부문은 상태악화: 고난의 행군(1995~1998)	• 대외경제 관계를 확대해야 한다는 경제적 필요성 인식 - 무역제일주의, 외자 도입과 수출증대 강조 - 자본주의 시장에 대담하게 진출하여 대외무역을 확대할 것을 촉구(자본주의 방식 무역 수용)
2000년대	• 경제난 극복을 위한 시장화 현상 묵인, 경제분야 개혁적 조치 실행	• 대외무역에 있어서 경제적 비교우위의 개념을 강조 • 대외경제와 관련한 자본주의적 제도 및 시스템에 대한 소개 및 정보제공 확대

출처: 탁용달, 「북한연구학회보」, (서울: 북한연구학회보, 2020). p. 135.

2. 김정은 시대 북한의 대외경제 인식

김정은 체제가 출범한 2012년 이후 북한의 대외경제 인식은 과거와는 달리 이중적 인식이 존재했다. 북한의 대표적인 경제이론서인 『경제연구』에는 대외 경제 관련한 논문의 양이 2배 이상 증가했고, 무역, 금융, 재정, 회계 등의 내용 에서 세무, 합영 및 합작, 보험, 환율 등에 이르기까지 주제가 확대되었다.[6] 특 징적인 것은 북한 당국이 대외경제에 대해서 '경쟁과 공존'의 공간으로 인식하 고 있다는 것이다. 그리고 대외경제부문이 북한 경제발전을 위해 적극적으로 활용되어야 한다고 주장하고 있다.

구체적으로 살펴보면, 『경제연구』에서는 "세계화" 현상에 대해서 다른 인식 을 보여주고 있다. 김정은 시대 이전에는 '제국주의 이데올로기 실천을 위한 지 배수단'으로 인식했지만, 김정은 집권 이후에는 "세계화"에 대한 적절한 대응 과 더불어 대외경제 관계를 어떻게 잘 활용하는 방법에 집중하고 있다.[7] 김정 은 시대 이후에는 "세계화" 현상을 '변화된 환경'으로 재인식하고 그 공간 속에 서 어떠한 경제발전 전략을 구사할 것인지에 대한 북한 내부의 고민을 하고 있 다고 평가할 수 있다.

또한, 김정은 집권 이후 내부의 경제적 어려움을 해결할 수 있는 자체적인 역량이 부족한 상황에서 외부자원의 유치나 국제사회 지원이 필요하다고 인식 하고 있다. 경제발전에 필요한 자체 역량의 부족을 과거 내부적인 동원의 강화 와 관리 효율화 등을 강조했던 것에서 대외경제 부문을 적극적으로 활용할 것 을 강조하는 것으로 변하고 있다.

대외경제사업과 관련해서 북한은 "나라의 경제를 활성화하고 인민 생활을 높이기 위하여, 변화된 환경과 현실적 요구에 맞게 대외경제사업을 확대 발전 시켜야 한다."라고 주장했다. 이를 위해 "수출증대를 통한 무역의 확대발전, 경 제, 과학기술협조사업을 적극적으로 전개해 나가겠다."라는 것을 강조하고 있다. 자립적 민족경제 건설이라고 해서 모든 재화를 자체로 개발 생산한다는 것이 아니므로, 자본주의 시장을 주 대상으로 해야 하는 현실적 조건에 맞게 사회주의 시장을 기본으로 하던 지난날의 무역방식을 우리식으로 새롭게 개선해 나간다는 것이다.[8]

하지만 무역에 대한 이중적 인식도 나타나고 있다. 외국과의 무역에서 경제적 실리와 정치적 이득을 동시에 얻어야 한다고 강조하고 있다. 이는 김정은 시대에 무역을 통해서 내부적인 경제적 어려움을 해결하는 것과 동시에 내부자원의 효율적 사용이 중요함을 강조하는 것이다. 즉, 수입에 대해서 '외화낭비 현상'이라고 비판하고 있으면서 수출을 강조하고 있고, 그 과정에서 '외국과의 경제적 종속'을 극복해야 할 과제로 제시하고 있다. 이는 대외무역에서 실리를 강조하는 기조는 지속해서 유지되고 있지만, 부분적으로 대외무역에서 정치적 실리를 강조하는 부분도 여전하다.

또한 무역에서 경제적 실리보다는 정치적 이득을 강조하는 자세가 필요하고 동시에 내부적으로 자본주의 요소가 침습하지 못하도록 해야 할 것을 강조하기도 한다.[9] 그리고 자본주의 국가와의 무역을 강조하는 경향이 강해졌다. 특히 자본주의 국가들에서 진행되는 다양한 형태의 상품거래방법에 대해 정확히 파악하고 능동적으로 활용할 것을 강조[10]하고 있다. 반면 대외무역에서 발생할 수 있는 무역 거래의 위험성과 대금결제 과정에서의 위험에 대한 보완책 마련을 강조하는 등의 모습을 확인할 수 있다. 무역거래에서 발생하는 환차익에 대한 지속적인 위험이나 경고를 지속하면서 지불위험을 강조하고 있거나,[11] 대외금융에 있어서 신용위험을 지적[12]하는 등의 변화를 보여주고 있다.

김정은 시대 주목할 만한 대외경제에 대한 인식 변화는 외국투자 유치를 위한 우호적 환경조성을 강조하고 있다는 것이다. 외국인 투자지역 내 세금 제도를 단순화하고, 일정 정도의 법인세 비용을 감면하는 등의 조처를 하고 있음을 강조하고 있다.[13] 구체적으로 특혜적인 부동산거래 제도에 대한 소개,[14] 특화된 경제특구 조성과 관련된 이슈,[15] 경제 개발구 내 외국인 투자기업에 대한 대부이율[16] 등과 관련된 이슈를 지속해서 제기하면서 북한 당국이 해외투자 유치와 관련된 환경조성에 얼마나 공을 들이는지를 확인할 수 있다.

3. 소결

김정은 체제 출범 이후 북한의 대외경제 인식은 첫째, 경제적 실리를 강조하기 시작했다. 경제적 실리는 대외경제가 이루어지는 공간을 '경쟁과 공존'의 공간으로 인식하고 있다는 것에서 확인할 수 있다. 둘째, 대외경제부문이 경제발전의 중요한 수단으로 인식하고 있다. 북한은 대외경제사업을 통해서 인민생활 향상과 더불어 자립적민족경제건설이라는 국가경제발전 목표를 실현할 수 있다고 강조하고 있다. 셋째, 무역에 대한 실리를 강조하고 있다. 정치적 명분이나 실리를 강조하는 기조는 여전하지만 무역활동을 통한 경제적 이득을 중요한 과제나 목표로 설정하고 있다는 것이다. 넷째, 외국투자를 위한 우호적 환경조성을 강조하고 있다는 것이다. 이는 다양한 세금제도와 경제개발구에 대한 관심 등으로 확인할 수 있다.

Ⅲ 김정은 시대 대외경제 변화: 법률 및 제도변화를 중심으로

1. 경제 관련 법률 제정 확대

김정은 정권 출범 이후 북한은 경제 분야 개혁 의지를 지속해서 보여주었다.[17] 북한 당국의 개혁 의지는 '우리식경제관리방법'과 '사회주의기업책임관리

제'라는 이름으로 외부에 공개되었다. 하지만 구체적인 추진과정 및 내용을 공개하지 않고 있어서 외부세계의 입장에서는 실태 파악이 어렵다. 따라서 북한 당국의 개혁의지를 확인하는 방법은 제도나 법률의 변화에 주목할 필요가 있다.

　김정은 시대에는 경제관련 법률의 제·개정이 빈번했다. 대표적인 경제관련 법률로는 「농장법」, 「기업소법」, 「무역법」, 「자재관리법」, 「중앙은행법」 등을 들 수 있다. 북한은 2014년 12월과 2015년 6월 「농장법」을 개정하여 포전담당 책임제와 현물분배 실시를 규정하고 있다. 또한, 2014년 11월과 2015년 5월에는 「기업소법」을 개정하여 기업소의 확대된 권한을 반영했고, 2015년 12월에는 「무역법」도 개정하여 무역회사가 아닌 기관, 기업소도 허가를 받으면 직접 교역을 하거나 무역허가권의 일종인 '와크'를 대여할 수 있는 제도를 마련했다.

　또한, 인민경제 전반에 영향력을 끼치는 「인민경제계획법」을 개정했다. 2015년 6월 개정으로 계획 작성의 과정에서 중앙지표의 자재공급계획은 국가계획이 수행하고 기타 지표의 자재공급계획은 개별단위가 작성하는 것으로 변경했다. 같은 해 개정된 「재정법」에는 중앙과 지방의 예산수입의 원천을 '순소득'에서 '순소득 또는 소득(원가를 제하기 이전의 판매수입)' 기준으로 국가납부금 납부방법을 변경했다.

　추가적으로 2015년 7월에는 「중앙은행법」을 개정하여 중앙은행의 임무로 종전 '기준 이자율 제정'에서 기준 환율 재정과 기준이자율 조정 임무를 추가하면서 인플레이션 억제 기능을 강화했으며, 같은 시기 「상업은행법」도 개정하여 상업은행의 신규업무로 은행카드 업무를 도입하였다.

표 6-2 　김정은 집권 이후 주요 경제법령 개정

농장법 개정 (2012-2015.6 등)	기업소법 개정 (2014.11/2015.5)	무역법 개정 (2012.4/2015.12)	자재관리법 개정 (2015.9)	중앙은행법 개정 (2015.7)
- 농장책임관리제 실시 - 분조관리제 內 포전담당제와 유상유벌제실시 - 농장지표 신설; 중앙지표 달성 전제하에 자체계획 가능 - 부업생산단위 자체 조직 가능 - 농장 지표 통해 획득 자금+농민 자금동원 재정 활용 가능 - 결산: 현물분배 기본으로 하되 현금분배 결합 - 국가수매 이후 남은 물량 농장 자율처분 가능 - 국가수매량납부 이후 남은 물량 기관기업소(시장 제외) 판매 가능 - 농장지표와 부업 생산물, 농장 자체가격 처분 가능	- '기업소 경영권' 개념 도입(기업에 下記권한 부여) - 기업소에 자체 계획 권한 부여(기업소지표) - 다양한 생산조직권 부여 - 관리기구 · 노력 조절권 부여 - 제품개발 · 품질관리 · 인재관리권 부여 - 무역 및 합영 · 합작권 부여 - 주동적인 재정관리권 부여 - 가격제정권 · 판매권 부여(기업소지표 제품 등에 국한) - 임금에 대한 기업의 책임 규정 - 기업의 유휴 부동산과 설비 임대가능	- 무역거래 주체; 무역회사→허가받은 기관·기업소 - 무역허가간소화 - 무역가격 결정; 중앙→중앙지표 외 물자는 거래당사자가 결정 - 무역계획: 국가적 전략지표 · 제한지표는 중앙. 기타 지표는 당사자가 금액상 계획 - 영업허가 철회; 1년→3년 수출 실적 없는 경우	- 자재공급방식; 계획→계획, 사회주의 물자교류시장, 주문과 계약 - 자재공급계획 작성 주체; 중앙지표 외 자재는 해당단위가 작성 - 계획 외 추가적 자재수요는 기관기업소 간 계약체결로 가능 - 자재대금 결제; '무현금 행표로 한다' 규정 삭제	- 중앙은행이사회를 '은행이사회'로 대체 - 중앙은행, 화폐발행에 앞선 화폐발행계획작성 의무화 - 중앙은행의 '화폐가치 안정'을 위한 금융기관과 화폐거래 추가 - 기준 환율 제정과 기준이자율 조정 임무 추가

인민경제계획법 개정 (2015.6)	재정법 개정 (2015.4)	상업은행법 개정 (2015.7)
- 계획 지표 분담; 중앙지표, 지방지표, 기업소지표 - 인민경제계획은 기업소지표와 맞물리되 주문계약 방법도 가능 - 기관 · 기업소 간 계약체결, 계획과 무관해도 가능	- 예산, 기본투자와 인민경제사업에 우선 지출 - 예산수입은 순소득과 '소득'을 원천으로 함 - 기본건설자금과 대보수자금원천; 예산外기업자체 예금 충당가능	- 상업은행 신규 업무로 은행카드 업무 도입 - 거래자는 한 은행에 다수계좌 개설 가능 - 부당계좌 개설 시 벌금 부과

출처: 양문수, "김정은 집권 이후 개정 법령을 통해 본 '우리식경제관리방법'", 『통일정책연구』 제26권 제2호 (2017), p. 84, 86-87, 89, 91-92, 94, 96, 98를 종합해 정리.

김정은 집권 이후 경제 분야 개혁 조치의 일환으로 경제관련 법률의 제정과 개정이 지속해서 이뤄지고 있고, 그 내용에 있어서도 개별기업소 및 사업단위의 자율성이 확대되는 방향으로 추진되고 있다. 이러한 변화는 우선 북한경제의 유연성이 확대되고 있는 것으로 해석이 가능하지만, 반대로 북한의 경제현실을 반영한 결과로 해석이 가능하다. 즉 북한 경제의 현실에서 기존의 제도와 법률을 지키기 어려운 현실을 고려하는 차원에서 법률의 제정과 개정이 이뤄졌다는 것이다.

2. 대외경제 관련 법률의 재개정

김정은 집권 이후 북한은 대외경제부문의 활성화라는 국가정책의 실현을 위해서 관련 법제들을 지속해서 정비하고 있다.[18] 특히 구체적인 변화를 보면, 무역활성화와 해외투자를 위한 법률을 개정했다. 대표적으로 「무역법」, 「세관법」 및 「경제개발구법」이다.[19] 또한, 기업소가 독립적으로 대외무역을 가능하게 하는 「기업소법」[20]을 전면적으로 개정했다. 이는 과거 중앙집권적인 무역집중화의 경향을 극복하고 무역과 관련한 권한을 이양하는 무역 분권화 조치를 뒷받침할 수 있는 제도적 기반을 구축했다고 평가할 수 있다.

특히 「기업소법」은 김정은 체제 등장 이후 2014년과 2015년 두 차례 개정이 이뤄졌다. 이 개정을 통해 '기업의 경영권' 개념을 도입했고, '무역과 합영·합작권' 조항을 신설하여 모든 기업소가 자체적으로 대외무역 및 합영·합작 사업을 추진할 수 있도록 하였다. 「무역법」 개정에 대한 평가는 상반되지만, 전체적으로 기업소의 경영 활동, 특히 무역활동에 대한 자율성을 확대한 조치로 평가받는다. 또한, 장기간의 경제제재하에서 기업소 경영에 필요한 원료, 자재, 설비 등을 자체적으로 해결해야 하는 관행이 있었고, 이러한 관행을 제도적으로 반영한 결과이기도 하다.

「무역법」 개정을 통해서 기업소 자체에서 무역계획을 수립할 수 있는 권한이 확대되었다. 2012년 4월 개정된 「무역법」 제3장에서 무역계획 수립과 작성방법에 대해서 해당 기업소가 무역계획 초안을 국가계획기관과 중앙무역지도기관에 제출하게 하는 조항을 신설했다.[21] 2015년 개정을 통해서 '무역거래를 할 수 있는 기관'을 기존에 '법에 따라 설립되고 영업허가를 받은 무역회사'에서 '중앙무역기관으로부터 영업허가를 받은 기관, 기업소'로 확대했다. 또한, 무역가격 결정에서 중앙계획지표를 제외하고는 해당 기업소가 할 수 있게 했고, 무역실적이 없는 경우 허가를 취소할 수 있는 기간을 기존 1년에서 3년으로 확대하는 등의 내용을 개정되었다. 「무역법」 개정을 통해 실질적인 무역 분권화 조치를 확대하는 제도적 기반을 구축한 것이다.

북한은 2013년 5월 「경제개발구법」을 제정했다. 북한 전역에 지정된 경제개발구 개발을 촉진하기 위한 기반을 조성하기 위해 제정된 법이다. 이 법은 경제개발구의 창설, 개발, 관리, 분쟁해결 등에 관한 규정을 포함함으로써 외국자본 유치 및 북한에서의 경제활동 보장을 위한 각종 특례사항을 반영하고 있다. 김정일 시대 경제개발구 업무를 총괄했던 국가경제개발총국을 위원회로 승격하고 조선경제개발협회를 조직하여 외국기업의 북한 진출에 필요한 정보 및 서비스를 제공하기 시작했다.[22] 하지만 구체적으로 어떠한 서비스를 제공하고 실적을 내고 있는지는 확인할 수 없다.

추가로, 외자유치 활성화를 위한 「무역화물검수법」(2012), 「국경통과지점관리법」(2014), 「외국인투자회계검증법」(2015) 등을 제정하기도 했다.[23] 북한의 법률 정비 이후에는 본격적인 경제개발구 개발 사업을 추진했다. 특히 2015년 신년사를 통해 "원산 – 금강산 국제관광지대를 비롯한 경제개발구사업을 적극 밀고 나가야 한다."[24]라고 강조하면서 경제특구 사업을 적극적으로 추진하고자 하는 의지를 보였다. 원산 – 금강산 국제관광지대 전략은 2015년 신년사에서 언급한 이후 지속해서 북한 당국이 강조했던 것으로 김정은 시대를 대표하는 경제특구 발전전략 중 하나이다.

또한, 「세관법」 개정을 통해 세관 전문가를 국가 차원에서 양성하고, 내각 산하에 '관세심의위원회' 설치 등을 추진하였다. 특히 외자 유치 확대를 위해 외국투자기업에 대한 소득세율을 25%에서 10%로 낮춰 우대하면서 소득세는 이윤이 발생한 해부터 3년간 면제해주거나 그 후 2년간은 50%를 감면하는 등의 세금 우대 정책을 추진했다.[25]

가. 무역법의 개정

김정은 시대 대외경제관련 특징 중 하나는 '우리식 경제관리방법'의 하나로 무역회사의 경영권 확대와 경제적 효율성 제고를 위한 무역 분권화 조치를 취했다. 이는 전통적인 사회주의 국가들에서 나타나는 무역 집중화를 해소하기 위해 무역허가권을 확대하고 무역 과정에서 발생한 이윤을 기업 스스로 처분할 수 있는 권한을 확대하는 조치이다. 무역 분권화는 무역회사 설립 요건을 완화하고 설립과 관련한 기준을 명확하게 제시함으로써 많은 수의 기업이 무역활동에 참여할 수 있는 토대를 구축했다.

「무역법」은 1997년 12월 10일 최고인민회의 상설회의 결정 제104호로 제정되었다.[26] 「무역법」 제·개정의 역사를 보면, 1997년 제정된 이후 8차례 개정을 통해 지금의 모습을 갖추었고 2012년과 2015년에는 전면적인 개정이 이루어졌다. 특히 2011년 이전에는 영업허가를 받은 무역회사만이 외국과 교역을 할 수 있었지만, 개정된 「무역법」에서는 중앙무역지도 기관으로부터 허가를 받은 기관, 기업소, 단체 등으로 그 범위가 대폭 확대됨으로써 무역에 대한 중앙의 권한이 대폭 이양됐다.[27]

세부적으로 보면, 「무역법」 개정 이전에는 무역 거래 주체가 무역회사로 제한되었지만, 「무역법」 개정 이후에는 허가받은 기관, 기업소, 단체 등으로 완화되었다. 무역 거래 허가요건 완화 및 허가절차 간소화 차원에서는 무역회사 설립 신청 이후 승인과 등록, 영업허가 획득이 필요했지만 개정된 「무역법」에서는 영업허가 신청만으로 가능하다. 무역상품에 대한 가격은 국가가 결정했지만, 국가계획기관이 계획한 현물지표의 무역가격은 중앙의 승인을 받고, 기타 지표의 무역상품 가격은 무역 거래 당사자가 결정할 수 있게 되었다. 영업허가 철회의 경우 과거 1년간 수출실적이 없을 때는 가능했지만 개정법에는 3년간으로 연장되었다.[28]

표 6-3 북한 무역법 개정 주요 내용(2012/2015년 개정)*

비고	종전 법령	2012/2015년 개정 법령
무역 거래의 주체 (무역 거래 당사자)	무역회사	허가를 받은 기관, 기업소, 단체
무역 거래 허가요건 완화 및 허가절차 간소화	무역회사의 설립 신청 이후 승인과 등록, 영업허가 획득 필요	영업허가 신청만으로 가능
무역가격 결정 권한의 분담	모든 가격을 중앙이 결정	국가계획기관이 계획화한 (현물) 지표의 무역가격은 중앙의 승인을 받음 기타 지표의 무역가격은 무역 거래 당사자가 결정
영업허가 철회	1년간 수출실적이 없을 때	3년간 수출실적이 없을 때
계획화시 지표의 분담	국가계획기관은 수출입총액과 같은 종합적 계획과 중요 물자의 지표만 밝혀 계획화	국가계획기관은 국가적인 전략지표와 제한지표만 찍어서 (현물지표로) 계획화함. 기타 지표는 수출입 액상으로 계획화함. 즉 무역 거래 당사자가 자율적으로 계획화함

* 북한의 「무역법」 개정 과정에서 2012년과 2015년 개정된 내용이 변화의 폭과 내용에 있어서 유의미한 시사점을 제공하므로 주요 분석대상으로 선정.
출처: 이석기 외, 『김정은 시대 북한 경제개혁 연구-우리식 경제관리방법을 중심으로』, 세종: 산업연구원, 2018, p. 176.

개정된 「무역법」에서 가장 주목해야 할 부분은 무역 거래 당사자가 확대되었다는 점이다. 해외 무역동반자와 무역을 할 수 있는 주체를 대폭 확대한 것이다. 북한의 대외무역은 철저한 허가제를 유지하고 있지만, 허가를 받을 수 있는 대상을 대폭 확대한 것이 눈에 띄는 부분이다. 무역회사 설립과 관련한 구체적인 기준은 김정은의 지시와 문건 등을 통해 확인할 수 있다. 2013년 3월 20일 김정은 지시에 따라 행해진 공장, 기업소들과 시, 군(구역)들에 무역 권한을 주는 기준을 제시했다.[29]

북한에서 무역회사 설립 기준은 금액으로 결정하거나 정책 목적에 부합하는 경우로 구분된다. 첫째, 수출품을 생산하는 기업이 해당된다. 이는 과거 수출품을 생산하더라도 무역회사를 통해서만 가능했던 것을 개선한 조치다. 둘째, 신제품 개발 후 2~3년 후부터 연간 50만 유로 이상의 수출이 예상되는 곳과 시장개척을 통해 향후 50만 유로 이상의 매출이 예상되는 기업소이다. 셋째, 연간 10만 유로의 외화벌이가 가능한 공장과 기업소이다. 넷째, 대외수출 실적은 없지만 연간 100만 유로 이상의 원료 및 자재를 수입하여 제품을 생산하는 기업이 그 대상이다. 다섯째, 지방 농토산물과 가공품을 수출하여 연간 30만 유로 이상의 외화를 벌 수 있는 기업이다.

무역회사 설립기준을 구체적으로 제시함으로써 무역회사 설립이 활발하게 이루어지고 있는지를 확인하기는 어렵지만, 과거와는 다르게 무역회사 인허가를 둘러싼 중앙정부와 당의 통제권이 약화하는 원인으로 작용할 수 있을 것이다. 과거 북한 당국은 무역회사 설립과 운영에 있어서 소위 '와크'라는 제도를 운용하면서 '와크' 권한을 이용하여 무역활동에 대한 개입을 극대화한 것이다. '와크' 권한을 악용하여 임대 등을 통해 불법적이고 음성적인 재산축적이 가능한 경우도 있었지만 무역회사 인허가 기준을 구체화·세분화했고, 이는 북한 당국의 정책 재량 범위가 제한되면서 실질적인 무역 분권화를 진전시키는 결과를 가져올 수 있었다.

무역회사들의 경영권 확대 차원에서 '무역계획화사업'에 대한 권한을 확대한 것이다. 과거 국가계획위원회가 모든 수출입지표를 계획했던 것을 현재 국가적인 전략지표와 제한지표만 현물지표로 계획, 기타 지표들은 수출액만으로 계획, 이에 따라 지표별 계획화 사업은 기업체들에서 현실적 가능성과 구체적 실정에 맞게 자체적으로 할 수 있게 만들었다.[30]

수출과 수입계획을 작성하는 단계에서 핵심적이고 중요한 것들은 중앙정부가 나머지 중요하지 않거나 중요도가 낮은 품목이나 지표들은 무역회사가 자체적으로 작성하게 한 것이다. 이는 기업소나 무역회사의 수출입가격을 결정할 수 있는 권한을 일부 갖게 되는 것으로 구체화한 것이다.

무역회사 경영과정에서 발생하는 이익에 대한 국가납부의무와 관련된 제도도 개선되었다. 종전에는 기업체들과 무역회사들이 '국가외화의무납부금'을 실적과 관계없이 '외화수입총액계획'이라고 하는 국가목표에 따라 기계적으로 납부비율을 적용했다. 하지만 변경된 대외무역 기준에 따르면 '외화수입총액'에서 정책납부금을 우선 내고 순소득을 일정한 비율에 따라 국가 배당과 기업체 및 무역회사들에서 사용할 수 있도록 분배하는 것으로 변경한 것이다.[31] 무역회사가 실적에 따라 외화를 국가에 납부하게 함으로써 성과에 따른 합리적인 경영을 가능케 하는 구조를 형성함을 의미한다.

나. 경제개발구법 개정

북한은 2013년 5월 29일 「경제개발구법」을 제정하여 북한 전역에 걸쳐 경제특구를 확대했다. 2013년 3월 노동당 중앙위원회 전원회의에서 김정은이 "각 도에 자체의 실정에 맞는 경제개발구들을 내오고 특색있게 발전시켜야" 하며, "경제개발구들을 창설하기 위한 사업을 다그쳐 나가도록" 하겠다며 경제개발구 창설 사업을 추진하겠다는 뜻을 내비친 데에 이어 5월 「경제개발구법」을 제정하여 경제개발구 개발에 본격적으로 나서기 시작했다.[32] 이는 중앙정부가 아닌 지방정부 차원에서도 경제개발구 설치가 가능한 법적 토대가 만들어졌다.

김정은 시대의 경제개발구 정책은 과거와는 확연하게 구분된다. 우선 김정일 시대에는 한정된 지역을 중심으로 대외경제특구를 설치 운영하려는 소극적인 정책을 폈다. 하지만 김정은 집권 이후에는 북한의 모든 지역을 대상으로 외자를 유치하는 새로운 단계로 발전했다. 과거 점에서 현재는 선 개방으로 그 대상과 면적이 확대되었다.[33] 이는 과거 개방과 특혜제공의 보수적 운영을 벗어나 김정은 시대에는 복합개발, 국내 산업과의 연계성을 고려하는 계획을 수립하는 등의 변화를 보여주고 있다.

김정은 시대에 지속해서 대외경제특구 개발에 대한 의지는 공간문헌에서도 지속해서 확인할 수 있다. 최고인민회의 제13기 제4차 회의에서 대외경제 관계를 발전시키기 위한 여러 전략 가운데 "투자환경과 조건을 개선하여 합영·합작의 활성화와 외국의 선진기술을 도입하고, 경제발전구들에 유리한 투자환경과 조건을 보장하여 개발운영을 활성화"하자고 주장했다.[34] 또한, 관광활성화를 강조하고 있다.

북한 당국은 경제개발구 사업을 통일적으로 조직, 지도·관리하는 정부급 기관으로 대외경제성 경제개발지도국을 신설하고 각 도 인민위원회에 경제지대개발국을 설립했다.[35] 김일성종합대학, 인민경제대학, 원산경제대학 등에 경제지대개발 전문학과를 설치하기도 했다.[36] 경제개발구에서 북한 내 사업 활동 제약을 해소하는 차원에서 외국인 기업의 단독참여를 확대했고, 개인 및 기업 간의 합영·합작을 허용하는 등의 변화 의지를 보여주고 있다.

경제개발구 설치는 전국에 걸쳐 활발하게 이루어졌다. 2013년 11월 각 도에는 압록강 경제개발구, 만포경제개발구, 위원공업개발구, 신평관광개발구 등 경제개발구 13개가 설치되었으며, 신의주 특수경제지대가 설치되었다. 이어 2014년 7월에는 평양시, 황해남도, 남포시, 평안남도, 평안북도 등에 6개의 경제개발구가 추가 설치되었다. 2021년 기준 북한의 경제개발구는 총 28개에 이르고 있다.

하지만 북한 당국의 이러한 노력에도 불구하고 2016년 국제사회의 대북제재로 경제개발구 개발은 요원한 상황이다. 특히 외국 체류 북한노동자의 제한 조치 등으로 외화유입 경로가 차단되었고, 개발구 투자기업을 유치하기도 어려운 상황이다. 2022년 이후에는 코로나19 확산으로 국경봉쇄가 이뤄졌고 현재까지 코로나 이전 수준으로의 회복도 이뤄지지 못하고 있는 상황이다. 따라서 경제개발구 사업을 구체화시켜 추진시키기보다는 관련 인력의 양성, 제도의 보완 등에 주력할 수밖에 없는 상황이다.[37]

다. 외국인 투자 법제 개정과 대외무역 인프라 구축

대표적인 외국인 투자 법제는 「합영법」과 「합작법」이다. 「합영법」은 1984년 9월 최고인민회의 상임위원회 결정 제10호로 채택되었고, 2014년 10월 8일 개정되었다. 개정된 「합영법」은 합영의 금지, 제한대상을 규정하는 조문(제4조)을 신설했다. 이 규정은 "환경보호 초과하는 대상, 자연 부원을 수출하는 대상, 경제 기술적으로 뒤떨어진 대상, 경제적 실리가 적은 대상, 식당, 상점 같은 봉사업대상의 합영은 금지 또한 제한한다."라고 명시하고 있다. 「합작법」은 2014년 수정 되었다. 「합영법」의 합영 금지 대상을 합작사업에도 동시에 적용했고(제4조 신설), 제12조에 생산활동에 필요한 물자를 수입하거나 생산한 제품을 수출할 때 관세를 부과하지 않는 내용을 포함하고 있다. 그리고 생산제품을 공화국(북한)에 판매할 때는 관세를 부과한다고 관세 규정을 명확히 하였다.[38]

김정은 집권 이후 외국인 투자유치 관련 법제도 정비도 눈에 띄는 부분이다. 외국인 투자 관련 법들을 수정·보완하고, 28개국과 쌍무적인 투자 장려 및 보호에 관한 협정을 체결했고, 13개국과는 이중과제 방지협정을 체결하기도 했다. 또한, 국제적으로 통용되는 BOT(Build-Operate Transfer) 방식 등을 도입할 수 있다는 의사를 밝힘으로써 외국인 투자 유치를 위한 다양한 제도의 운

용, 관련 규정과 세칙을 정비하는 등의 변화를 보여주었다.[39]

북한 당국은 대외경제부문 활성화를 위한 무역과 투자유치 등을 위한 법률과 제도적 정비에 노력을 기울였고, 실질적인 관련 법규정 재개정을 이끄는 등의 실천력을 보여주기도 했다. 하지만 이러한 북한 당국의 의지와는 다르게 북한의 대외경제부문을 둘러싼 우호적인 환경조성에 실패함으로써 대외경제부문 활성화 노력이 구체적인 실적 개선으로까지 이어지지 못했다.

김정은 시대 대외무역과 관련하여 주목할 부분은 대외무역 인프라 구축 노력을 지속하고 있다는 점이다. 김정은은 2013년 내각지시를 통해 "무역회사는 사업을 위해서는 무역성에서 구축한 <새별>에 가입하여야 한다."[40]라고 강조하였다. 김정은 집권 이후 무역업을 영위하고자 하는 회사는 당국에서 마련한 <새별>이라는 네트워크에 참여하여 세계적인 무역 흐름을 확인하고, 그 수준에 걸맞은 수출품을 생산할 것을 주문했다. <새별>은 과거 무역성 산하 조선무역경제연구소 부설 무역정보안내소에 만든 것으로 <새별>망에 가입한 무역회사들에게 공산품 등에 관한 국제표준 정보 등을 제공하기 위해 구축한 것이다.[41] 과거 북한 당국이 만들어놓은 인프라를 수년 후에 다시 사용할 것을 강조하는 것은 이례적인 것으로 북한 당국이 무역부문 인프라 확충과 활용에 대한 의지를 확인할 수 있는 부분이다.

또한, 김정은 시대에는 "지방에 새롭게 만들어진 무역회사 등이 국제통신을 이용할 수 있는 환경이 만들어질 때까지 도 소재지에 있는 무역회사들이 국제통신 수단을 이용하게 하며 필요한 경우 도 무역관리국의 대외사업 담당 일군들이 국제통신 대리봉사를 해주게 되었다."라면서[42] 무역회사를 운영하기 위한 최소한의 통신수단과 방안을 중앙단위에서 지원할 것을 강조하였다. 북한 전역에 통신 인프라 구축의 어려움 속에서도 인프라 구축 이전까지 중앙의 지원과 역할이 필요함을 역설했다. 추가로 새롭게 만들어진 무역회사들이 가격협상, 수출입계약 등을 원만하게 처리할 수 있도록 성과 중앙기관들이 책임을 지고 도와줄 것을 강조하였다.[43] 이는 김정은 시대 이전에는 무역성과 제고를 위해 일군들의 헌신성과 노력만을 강조했었지만 김정은 집권 이후에는 무역 활동에 필수적인 인프라 구축의 필요성을 강조하고 인프라 구축 이전까지 중앙단위의 역할에 대해 구체적으로 제시하는 등의 변화를 보여주었다.

 IV   김정은 시대 대외경제의 특징과 문제점

1. 대외경제 발전과 내부동학

김정은 집권 이후 북한은 2013년 3월 31일 노동당 중앙위원회 전원회의를 통해 '경제·핵 병진노선'을 제시했다.[44] 김정은 시대 새로운 국가전략노선으로, 정치·군사적 측면에서 '사실상의 핵보유국' 지위를 명시화하고 경제적 측면에서 '핵무력 완성'과 '경제개발'을 동시에 추진해야 하는 상황에서 제시된 노선이었다. 이는 과거 정치·군사적 목적 달성을 위해서 경제부문이 희생되었던 군사경제 병진전략과 유사한 개념이다.

이러한 전략노선하에서 핵개발 완성 이후에 2018년 '사회주의 경제건설 총력집중노선'을 채택했다. 정치강국과 군사강국을 실현했다고 주장하면서 경제강국 건설에 국가적 역량을 집중하겠다는 것으로 국가정책 기조의 변화를 선언한 것이라 평가할 수 있다. '사회주의경제건설 총력집중 노선'으로의 전환을 선언한 북한은 단기적으로 '생산의 정상화'를 추구하고 장기적으로 '경제의 주체화, 현대화, 정보화, 과학화'를 지향하고 있다. 이를 실현하려는 추진방안으로 '경제사업 우선', '경제발전의 국가적 자원 총동원', '과학기술발전' 등을 강조하고 있다.[45]

하지만 최근 북한의 한반도에서의 '두개의 국가'선언은 1991년 남북기본합의서 체제하에서 유지되었던 한반도 질서에 대한 근본적인 변화를 시도하고 있다는 점에서 과거와는 다른 접근과 인식이 필요하다. 북한은 군사적 강국 건설이 완성되었고, 경제강국 건설을 위한 노력에 매진할 것을 이야기했지만, 한반도 상황에서는 남한을 더 이상의 교류와 협력의 대상으로 인정하지 않겠다는 선언을 한 것이다. 이는 대외경제 부문에서의 남한과의 협력과 교류의 가능성을 배제하겠다는 선언과 다름없다. 따라서 북한의 대외경제부문에 대한 변화를 고려할 때 남북교류와 협력의 가능성은 당분간 고려하지 않아야 하는 상황인 것이다.

이러한 김정은 시대의 국가전략의 급격한 변화가 북한의 대외경제부문까지 확대되지는 않았지만, 대외경제부문의 중요성은 한층 강화되었다. 김정은 시대에는 침체에 빠진 경제 분야를 재건하는 데 있어서 대외경제부문의 역할은 대단히 중요한 영역이다. 하지만 역설적으로 북한의 핵무력 완성과 장거리 미사일 발사 등으로 인한 국제사회의 경제제재는 최고 수준이다. 따라서 대외경제부문의 활성화를 위한 전제조건은 대북제재 완화이고 그를 위해서는 한반도의 비핵화와 관련한 의미 있는 진전이 담보되어야 하는 상황이다.

2. 대외경제부문 법률변화의 특징

김정은 시대 대외경제 관련 법률의 제정과 개정 과정을 보면, 일정한 방향성을 갖고 제정과 개정이 이뤄져야 하는데 그렇게 추진되지 못했다. 우선, 북한의 개정된 「헌법」에서 대외경제부문의 역할을 구체적으로 규정하는 내용이 반영되어야 하는데 그렇게 하지 못했다. 그리고 외국인 투자 관련 법률체계도 부분적인 개정이 이뤄졌지만 현실적으로 체감할 수 있는 수준은 아니다. 현재 추상적인 법규, 행정 제재수단 및 행사법규의 부족, 법보다 재량에 의한 집행 등을 방지하기 위한 정비 조치가 필요하다.

세부 법률변화의 특징을 살펴보면, 「무역법」 및 「경제개발구법」의 제·개정이 제한적인 조치에 불과하다. 「무역법」의 개정을 통해 무역회사 설립요건의 간소화, 무역업 진입에 대한 장벽을 일정 정도 제거했다는 측면에서 긍정적인 역할을 기대할 수 있지만, 「무역법」과 관련된 대외무역법제 전반에 대한 동시 개정은 이뤄지지 않았다. 대표적으로 「가공무역법」, 「라선경제무역지대법」과 하위법령인 「가공무역규정」, 「중계무역규정」 등은 김정일 시대 개정된 이후 변화를 확인할 수 없다. 또한, 외국인 투자장려와 인센티브 규정을 「외국인투자법」에 적시하여야 한다.

또한, 북한은 대외경제부문 발전에 대한 의지가 크지만 법제적 대응은 부족하다. 당국은 은행을 통해서 무역발전의 중추적 역할을 주문하고 있지만 고품질의 금융서비스 제공을 위한 무역결제법제를 마련해야 하는 과제가 있다. 특히 전자무역이 확대되는 환경에서 전자서명, 전자계약, 전자문서 등에 대한 국제표준 제정에 적극 참여하면서 북한의 국내법도 이에 걸맞는 수준까지 정비가 필요하다. 추가적으로 지적재산권 보호 및 초국적 물류와 같은 분야에서 국제협력을 강화할 수 있는 법제 대응이 필요하다.

추가적으로, 김정은 시대 대외경제부문 법제 변화 중에서 2019년 3월 27일 가입한 『국제물품매매계약에 관한 국제연합 협약(CISG)』[46]에 90번째 회원국으로 가입했고, 이 협약이 북한에서 2020년 4월 1일 발효된 것이다. 따라서 CISG 협약 가입과 발효의 실제적 효과 등은 추후 검증이 필요한 부분이기는 하지만, 북한이 국제사회의 상사계약과 관련한 국제표준에 대한 준수 의지를 밝히고 있다는 측면에서 향후 이 부분에 대한 변화를 주목할 필요가 있다.

전반적으로 김정은 집권 이후 북한의 대외경제부문의 법제 변화를 현재까지 진행형이다. 「무역법」 일부 개정을 통해 분권화 조치를 추진하고 있지만 제반 법제의 개정이나 변화된 대외환경을 고려한 추가적인 입법이 이뤄지지 않고 있고, 이미 추진되었던 개혁적 방향으로의 법 개정이 후퇴하는 흐름도 나타난다.

3. 대외경제부문의 문제점

김정은 시대 대외경제부문의 문제점은 대외경제에 대한 모순적 태도가 있다는 것이다. 2016년 제7차 당대회에서 "대외경제관계의 확대발전을 강조하였으며, 이를 위한 실천과제로 무역구조 개선, 합영, 합작을 통한 선진기술 도입, 경제개발구 발전 및 관광 활성화" 등을 제시했다. 하지만 중국에 대한 의존도가 심해진 상황을 극복하고 자체적인 생산능력을 강화하기 위해 국산화와 자력갱생, 자강력 등을 강조하면서 원료, 자재, 설비 등에 대한 수입을 통제하는 등의 이중적 행보를 보인다.

또한, 합병 및 합작에 있어서 주체적 입장을 강조하는 이중적인 인식을 지속하고 있다. 앞서 언급한 대외개방에 모순적인 태도가 아닌 적어도 대외경제부문에서 언급하지 않았던 '우리 자체의 힘', '자본주의적 경영방법이 사회주의관리 내부에 들어오지 못하게 하는 것', '비사회주의적현상을 반대하여' 등과 같은 과거의 표현들이 자주 등장하면서 훨씬 더 보수적인 태도로 선회한 것을 확인할 수 있다. 소위 합영·합작권을 행사하는 데 견지해야 할 원칙으로 제시한 것이다.[47]

김정은 시대 '보수적 입장'의 회귀 이유는 악화한 대외경제 환경으로 인한 자기 방어적 기제의 표현이라 볼 수 있다. 특히 합영·합작 과정에서 가장 중요하게 고려되는 요소는 이를 통해 수출할 수 있었거나, 최첨단 수준의 제품을 생산하거나, 우리에게 부족한 원료나 자재를 확보할 수 있는지를 고려하도록 하고 있다. 즉 합영·합작이라는 대외경제 관계에서의 중요한 권한을 특정한 집단이나 기업소의 이윤의 관점이 아닌 북한의 국가 경제 전반에 이득이 되는 방향으로 추진할 것을 강조하고 있다. 따라서 대외경제환경의 악화로 합영·합작 사업기회가 현저하게 감소한 상황에서 몇 안 되는 사업을 철저하게 국가 경제에 이바지하는 방향으로 사용할 것을 강조하는 것이다. 이는 결국 경제적 유인 보다는 정치적 필요나 목적에 의해서 합영·합작 사업을 진행할 것이며, 이는 결국 과거의 실패를 답습하게 될 가능성이 크다.

국제사회의 지속적인 대북제재하에서 경제개발구 및 관광객 유치와 같은 실질적인 대외경제부문의 활용전략을 구사하기 어려운 구조적인 문제를 가진 상황이다. 국제사회의 대북제재가 여전히 지속하고 있기 때문이며 외국과의 경제 관계 어려움이 지속할 것으로 판단하고 있는 것으로 보인다. 따라서 제재 상황에 효과적으로 대처하여 절대적으로 부족한 외화 부족 문제를 보완하고, 향후 제재 완화 내지는 해제될 가능성에 대비하기 위한 차원이라 볼 수 있다.

경제개발 특구 사업에 대한 전반적인 재검토가 요구되는 상황이다. 경제제재가 강화되고 있는 상황에서 경제개발 특구 사업을 추진하기에는 어려움이 존재한다. 특히 첨단기술 단지 육성과 같은 개발 특구 사업은 국제사회 제재 레짐 속에서 실현 가능성이 현저하게 낮은 상황이다. 따라서 농업이나 일차 산업 중심의 경제협력과 경제개발 특구 전략으로의 변경을 고민해 볼 필요가 있다.

김정은 시대 대외경제 분야는 전체적으로 구체적인 성과를 거두지 못했다. 김정은 집권 이후 과거 김정일 시대 추진했던 북·중 경제협력 사업은 북·중 간의 미묘한 정치 갈등과 국제사회의 대북제재 국면에서 성과를 거두지 못했다. 또한 의욕적으로 추진하고자 했던 경제개발구 사업의 경우에도 국제사회의 대북제재로 사실상 개점휴업 상태이다.

결론

V

북한은 무역제일주의 아래에서 무역의 다각화, 다양화를 강조하고 있다. 그 과정에서 대외무역을 확대하고 그 역할을 높여 경제발전과 주민들의 생활향상 을 이끄는 토대 마련에 초점이 맞추어져 있다. 이는 과거와는 다르게 대외무역 의 중요성을 강조하는 것으로 나타나고 있고 이러한 기조는 강화될 것으로 예 상된다.

김정은 시대 대외경제정책의 변화는 '우리식 경제관리방법'의 적용이 대외 경제부문에도 적용되고 있다는 점이다. 이러한 적용은 실제로 「무역법」의 전면 적인 개정과 무역의 분권화 등을 위한 실제적인 법령 개정이 이뤄진 것에서 확 인할 수 있다. 특히, 과거와는 달리 경제정책 추진의 보조적 역할에 불과했던 대외경제부문의 위상이 높아졌다. 이러한 높아진 위상에 걸맞은 대외경제 인 프라를 구축하는 등의 자구 노력이 지속되고 있다.

「무역법」 개정을 통해서 대외경제부문의 활력을 도모하고자 했다. 「무역법」 은 무역분권화 조치라 평가할 정도로 개혁적 요소를 상당부분 반영했다. 하지 만 현실적으로 대외경제부문 특히 무역부문에서의 실적 부진으로 가시적인 성 과를 거두지 못하고 있다.

2020년 북한은 신년사를 통해 북한의 기본적인 국가전략을 '정면돌파전'으 로 규정했다. 또한, 미국과의 장기적인 대립을 준비하면서 조미 대결에서 '자력 갱생'을 강조하면서, 자력갱생을 통해 제재를 돌파하겠다는 의지를 대내외에 천명했다. 북한의 자력갱생 강조는 기존의 국제사회 대북제재에 적극적으로 참여하지 않고 있는 국가들과의 협력 강화를 추진할 것으로 예상할 수 있다.[48] 특히 중국 및 러시아와의 경제협력이 강화될 것이고, 구체적으로 건설 관련 부 문에서의 역량 집중이 예상되며, 경제 인프라 구축을 위한 협력 과정에서 중국의 투자를 유치하려는 노력을 지속할 것으로 전망할 수 있다. 또한, 제재 국면 아래에서도 중국과 러시아 국경을 중심으로 한 비법무역 등에 북한 당국이 직간접적으로 참여할 것이다.

하지만 북한의 대외경제부문에서 특히 무역부문에서의 고질적인 문제점인 중국 일변도의 상품교역 구조의 개선이 시급하고, 특히 1차 상품 위주의 수출과 2차 상품 위주의 수입으로 인한 무역수지 적자 기조의 심화 등은 시급히 개선되어야 할 과제이다. 또한 북한의 핵실험과 장거리 미사일 발사로 인한 국제사회의 대북제재로 인해 북한의 대외경제부문의 역할이 축소되고 있다. 하지만 북한 당국의 정책적 요구와 역할 부여는 계속되고 있다. 따라서 국제사회의 대북제재 문제를 해결하기 위한 노력이 선행되어야 할 필요가 있다.

다행인 것은 심화한 경제제재 국면에서 상품 수출에서 과거 1차 상품 위주, 제재대상 품목의 수출이 금지된 상황임에도 불구하고 새로운 임가공 형태의 수출영역을 발굴하는 등의 노력은 지속했다. 즉 국제사회의 대북제재 지속으로 대외경제부문의 어려움은 가중될 것으로 전망되지만, 국제사회의 대북제재라는 큰 틀 속에서도 부분적인 제재의 빈틈(Loophole)을 찾아 일정 정도의 실적을 낼 가능성이 존재한다.[49]

제재 국면에서 대외경제 활성화라는 이중적인 상황이 지속될 수는 없다. 따라서 북한이 대외경제부문의 중요성과 역할을 지금보다 더 크게 인식한다고 한다면 대외경제부문의 활성화를 저해하는 요소들을 제거하고자 노력할 수 있다. 이는 북한이 처한 다양한 외부환경의 변화와 위협에 대해 대처하는 방식의 변화를 기대할 수 있게 하는 부분이기도 하다.

1 북한이 국제사회와의 무역거래에서 우선적으로 적용하는 법률은 무엇인가요?

2 북한의 무역법에서는 무역거래를 할 수 있는 대상에 대해서 구체적으로 명시하고 있는데, 주요한 내용은 무엇인가요?

3 북한의 대외경제부문의 활성화를 위해서 북한이 자체적으로 추진해야 할 것들은 무엇이 있는지 토론해 봅시다.

참고문헌

1. 국문 단행본

국가정보원,『북한법령집』下, 서울: 국가정보원, 2020.

김일성,『김일성저작집 44』, 평양: 조선로동당출판사, 1996.

박승일,『북한의 외국인투자 법제 분석과 전망』, 세종: 법제연구원, 2020.

이석기 외,『2016년도 북한경제 종합평가 및 2017년 전망』, 세종: 산업연구원, 2017.

이석기 외,『김정은 시대 북한 경제개혁 연구-우리식 경제관리방법을 중심으로』, 세종: 산업연구원, 2018.

정영철,『김정은 시대 북한의 변화』, 서울: 도서출판 선인, 2020, p. 90.

2. 국문 논문

강용룡, "경제개발구들에 유리한 투자환경과 조건을 보장하기 위한 특혜적인 부동산거래 제도의 실시",『경제연구』2017년 1호, pp. 51-52.

김수성, "투자유치를 위한 세금제도수립에서 나서는 몇 가지 문제",『경제연구』2011년 3호, p. 51.

김정, "경제개발구의 외국투자기업들에 대한 대부리자률제정에서 나서는 몇가지 문제",『경제연구』2017년 4호, pp. 56-57.

김정훈, "수출무역에서 지불화폐의 합리적선택을 통한 지불위험의 해소",『경제연구』2011년 4호, p. 48.

김철준, "우리 식으로 대외무역을 확대발전시킬 데 대한 위대한 령도자 김정일동지의 경제사상",『경제연구』2013년 1호.

류주형, "경제개발구에서 지역별특색을 살려나가기 위한 중요문제",『경제연구』2017년 3호, pp. 48-49.

박진명, "국제상품거래소에서의 현물거래방법",『경제연구』2011년 4호, p. 46.

최광호, "대외무역에서 혁명적 원칙, 사회주의원칙을 지키면서 실리를 보장하기 위한 방도",『경제연구』루계 제154호, 2012, pp. 38-39.

최성혁, "대외금융거래에서 신용위험과 그 평가방법",『경제연구』2015년 2호, p. 56.

탁용달, "1990년대 이후 북한 무역의 비교우위에 관한 연구", 동국대학교 북한학과 박사학위
   논문, 2014, p. 36.

3. 기타

조선신보, "신년공동사설", 1994; 1997.

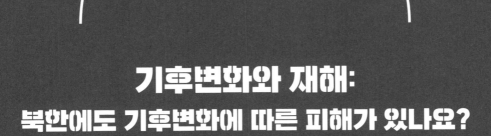

기후변화와 재해:
북한에도 기후변화에 따른 피해가 있나요?

허정필 · 이창희

기후변화와 재해:
북한에도 기후변화에 따른 피해가 있나요?

I 북한의 기후변화와 재해

1. 북한 지역에도 기후변화가 있나요?

가. 북한의 기후변화 문제

한반도의 기후변화는 전 세계 평균보다도 빠르게 진행되고 있으며, 북한은 남한에 비해 더 빠른 속도로 기후변화가 진행되고 있다. 지구의 평균기온은 지난 133년간 0.85℃ 증가했는데, 한반도의 기온은 지난 30년간(1981~2010년) 연평균 1.2℃ 상승했다. 북한의 연평균 기온상승 경향은 0.45℃/10년으로 남한의 0.36℃/10년보다 1.3배나 빠르다.[1]

또한 북한의 강수 특성을 분석한 자료에 따르면 북한은 강수량이 증가하는 경향과 동시에 강수 일수가 감소하는 특징, 즉 강우 강도가 증가하는 특징을 나타내고 있다. 이는 홍수뿐만 아니라 가뭄에도 취약해질 수 있는 강수 특성이다.[2]

이처럼 기후변화가 빠르게 진행되고 있음에도 북한은 기후변화 대응에서도 취약한 나라로 꼽힌다. 2021년 10월 18개 정보기관을 총괄하는 미국의 국가정보국(DNI)이 판별한 기후변화대응 취약 우려국 11개 국가 중에 북한이 꼽힌다.[3] 국가정보국(DNI)은 보고서를 통해 기후변화가 "자연재해 증가, 난민 유입 그리고 물과 식량과 같은 기본 자원에 대한 갈등을 촉발한다는 점에서 국가안보에 긴급하고도 중대한 위협"이라고 규정하고 이들 나라들이 기후변화 대응력을 갖추는 것이 중요하다고 봤다.[4] 북한은 기후변화에 산림황폐화 문제가 더해져 자연재해에 더욱 취약한 상황이다. 북한 당국은 이와 같은 문제점들을 인식하고 기후변화 대응에 나서고 있다.

나. 글로벌 기후변화와 북한의 기후위기 인식

지구온난화 및 기후변화에 대한 전문 연구기관인 '기후변화에 관한 정부간 협의체(IPCC)'에 따르면 온실가스 배출이 계속됨에 따라 지구온난화 현상이 심화되고, 이로 인한 전 지구 평균기온이 상승하여 자연재해(폭염, 한파, 산불 등)의 발생빈도가 지속적으로 증가하고 있다(환경부, 2022).

최근 2021년 영국 글래스고에서 개최된 제26차 유엔기후변화협약 당사국총회(COP26)에서 전 세계 국가는 온실가스 감축과 탈탄소 투자에 관한 선언을 발표하는 등 전 지구적인 기후변화 대응 노력에 집중하고 있다. 특히 개도국의 기후변화 적응에 대한 지원 강화와 지구온난화 억제 목표 달성을 위한 감축 목표의 추가 상향, 석탄 및 화석연료 의존도 축소, 기후재원 확대 등의 주요 의제에 대하여 참여국 모두 합의하였다(대외경제연구원, 2021). 북한도 최일 주영 북한 대사와 수행원들이 대표단으로 참석하였다.[5]

한반도의 기후변화도 심각한 상황에 직면했다. 박선엽·이수경(2019, 65-81)의 연구에 따르면, 최근 한반도의 여름과 겨울 간의 기온 차이가 현저히 감소하고, 식물의 개엽 시기가 앞당겨지며, 몬순의 패턴이 변화하는 등 지역적 기후변화의 추세에 따라 계절의 시작과 지속 기간, 최난일이나 최한일과 같은 극한 사상의 발생도 시·공간적으로 변화하고 있다. 이외에도 한반도 기후변화로 인한 우리나라 사계절과 24절기도 변화가 나타났다. 1912년부터 2020년까지 우리나라 기후변화 추세분석 결과(정책브리핑, 2021)에 따르면, "과거 30년 대비 최근 30년 여름은 20일 길어지고, 겨울은 22일 짧아졌으며, 봄과 여름 시작일이 각각 17일, 11일 빨라졌다."라고 설명하고 있다.

그림 7-1 한반도 기후변화와 24절기의 변화

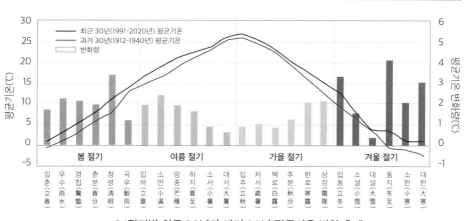

< 24절기별 최근 30년과 과거 30년 평균기온 변화 추세 >

출처: 기상청(2021: 4).

이 같은 한반도 기후변화에 따라 북한의 기후변화 인식도 변화가 나타났다. 김일성 사망 이후 1997년 6월부터 8월 사이에 북한 전역에 1,052~1,473mm 비가 집중적으로 내렸으며,[6] 높은 강수량으로 인하여 북한 농작물의 피해와 사회기반시설의 피해, 북한 주민의 생명 피해 등의 다양한 재해가 발생했다. 이 같은 대규모 자연재해를 경험한 이후 북한은 기후변화에 대한 높은 관심을 갖기 시작하였다. 김정은 집권 이후 거의 해마다 태풍, 장마, 가뭄 등 자연재해가 발생하자 김정은 위원장은 몇 차례 기후변화와 관련된 언급을 하였는데, 특히 "불리한 자연기후속에서 농업생산에서 혁신을 일으켜 …(『로동신문』, 2014.01.01)", "세계적으로 재해성기상현상이 우심해지고 있고 우리나라에도 그 위험이 닥쳐들고있는 상황이며, 가뭄과 홍수 등과 자연재해에 끄떡없게 만들어야(『로동신문』, 2021.09.02)" 함을 강조했다.

표 7-1 '지구온난화' 관련 북한 『로동신문』 기사 보도 동향(1989-2020)

구분	김일성	김정일	김정은	총계
기간	1989-1993	1994-2011(18년)	2012-2022(11년)	1989-2022
기사 등장 빈도	10	100	162	272

출처: 『로동신문』, (1945-2022).

북한은 2021년 7월 13일 유엔 경제사회이사회(Economic and Social Council, ECOSOC) 산하의 고위급 정치 포럼(High-Level Political Forum, HLPF)에서 진행하는 자발적 국가리뷰(Voluntary National Review, VNR)에 참여하여 '지속가능한 발전을 위한 2030 의제(the 2030 Agenda for Sustainable Development, 이하 2030 의제)' 이행 상황을 보고하였다.[7] 북한은 VNR을 통해 북한이 기후변화로 인하여 농업 생산량 감소, 농업 기반 파괴, 토지와 물자원의 저하와 같은 부정적인 영향에 노출되어 있음을 밝혔다. 그리고 기후변화로 인한 재해의 영향을 감소시키기 위해 유엔기후변화협약(UNFCCC)과 파리협정 등의 국제규약을 준수하고 있다고 언급했다(VNR, 40-41).

북한은 이미 1994년 12월 유엔기후변화협약에 가입했으며, 2005년 4월에는 기후변화협약 교토의정서를 비준한 바 있다. 김정은 시대에 접어들어 기후변화에 대한 북한의 관심은 2016년 파리기후변화협정 비준, 2018년 5월 람사르협약 가입 등으로 표현됐다. 2019년 9월에는 유엔(UN)에 제출한 서신을 통해 "북한 정부는 인류의 미래와 직결된 기후변화라는 전 세계적인 문제에 대해 진지하게 접근하고 있으며, 이를 위한 국제적 노력에 적극적으로 참여하고 있다."라고 밝힘으로써 국제사회에 관심과 의지를 표명했다.[8]

표 7-2 '기후변화' 관련 북한의 국제 기구 가입 동향

연도	주요 가입 내용
1994	12월 유엔기후변화협약(UNFCCC) 가입
2005	4월 기후변화협약 교토의정서 비준
2016	8월 파리기후변화협정 가입
2018	5월 나선과 문덕 습지를 람사르 습지로 지정, 170번째 람사르 협약 가입국가

2. 기후변화로 인한 재해 피해가 있나요?

가. 글로벌 기후변화로 인한 북한의 기후 변화

기상청의 『북한기상 30년보(1991~2020)』에 따르면 북한 27개 지점의 평균기온 평년값은 지난 30년(1981~2010년) 8.5℃에서 최근 30년(1991~2020년) 8.9℃로 0.4℃ 상승하였다. 최고기온과 최저기온 평년값도 지난 30년 14.1℃, 3.7℃에서 최근 30년 14.5℃, 4.0℃로 각각 0.4℃, 0.3℃ 상승하였다. 한편 27개 지점의 연 강수량 평년값은 지난 30년 919.7㎜에서 최근 30년 912.0㎜로 7.7㎜ 감소한 것으로 나타났다.

표 7-3 기후변화로 인한 북한 계절별 기온과 강수량 변화

북한 계절별 최저기온의 기후평년값 비교(단위:℃, 27개 지점 평균)				
구분	봄	여름	가을	겨울
1991-2020년(A)	3.1	17.7	5.5	-10.4
1981-2010년(B)	2.8	17.3	5.2	-10.7
차이(A-B)	0.3	0.4	0.3	0.3

북한 계절별 강수량의 기후평년값 비교(단위:mm, 27개 지점 평균)				
구분	봄	여름	가을	겨울
1991-2020년(A)	143.5	543.2	180.9	44.5
1981-2010년(B)	148.6	542.7	181.9	46.4
차이(A-B)	-5.1	0.5	-1	-1.9

북한 월별 강수량의 기후평년값 비교(단위:mm, 27개 지점 평균)												
구분	1	2	3	4	5	6	7	8	9	10	11	12
1991-2020년(A)	10.9	15.5	21.9	44.2	77.3	99.2	236.8	207.2	92.9	47.4	40.6	18.1
1981-2010년(B)	13.4	15.3	25.3	46.8	76.5	105.3	238.3	199.2	99.6	44.7	37.6	17.7
차이(A-B)	-2.5	0.2	-3.4	-2.6	0.8	-6.1	-1.5	8	-6.7	2.7	3	0.4

자료: 기상청 편, 『북한기상 30년보(1991-2020)』, 2022, pp. 25-27.

한편, 기후변화는 북한 지역별 강수량에도 변화를 가져왔다. <표 7-3>은 김정은 집권기에 이상 기온으로 다른 지역보다 강수량 변화가 큰 지역에 대한 자료이다. 강원도 고성군, 평강군, 원산시, 평안남도 양덕군, 황해북도 신계군 등은 2012년부터 2022년까지 가뭄과 장마를 반복하면서 연평균 강수량이 지속적으로 증가하고 있다.

표 7-4　김정은 시대 지역별 강수량 변화

(단위: mm)

지역		2012	2013	2014	2015	2016	2017	2018	2019	2020	2021	2022	평균
강원	장전	1,338.3	1,359.7	1,256.0	2,208.7	1,687.8	1,303.3	1,534.3	1,242.9	2,916.4	1,644.0	1,876.8	1669.8
강원	원산	1,614.8	1,454.3	665.7	1,227.7	1,614.6	1,764.0	1,426.4	921.6	2,483.9	1,391.2	1,711.8	1479.6
평북	구성	1,558.4	2,161.2	1,202.3	1,058.8	1,331.6	932.0	1,205.1	875.2	2,254.3	1,147.1	1,922.1	1422.6
강원	평강	1,331.4	1,881.4	628.6	1,365.3	1,505.2	1,341.1	1,569.7	780.8	1,938.3	1,222.0	1,931.6	1408.7

자강	희천	1,378.6	1,932.6	821.1	1,411.4	1,001.8	928.0	1,043.5	1,079.0	1,845.4	1,486.0	1,663.4	1326.4
평남	양덕	1,379.3	1,871.8	577.9	1,440.7	1,209.9	1,186.4	1,057.5	903.7	1,790.0	1,120.2	1,797.2	1303.1
평남	안주	1,364.1	1,833.6	696.4	1,057.5	1,307.2	675.2	1,114.6	818.0	2,363.9	1,455.0	1,366.5	1277.5
황북	신계	1,497.1	1,370.4	459.0	1,516.6	989.5	1,138.9	823.0	894.5	1,992.3	1,061.6	1,539.8	1207.5
평북	수풍	1,211.6	1,238.3	780.2	1,140.9	1,055.7	821.5	1,702.6	713.4	1,225.7	1,243.7	1,551.4	1153.2

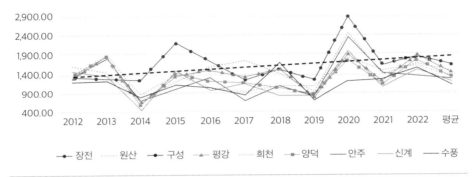

자료: 통계청, 〈https://kosis.kr〉 (검색일: 2024년 8월 22일).

계절별 기온과 강수량 변화는 북한의 수해 피해 정도와 식량 생산에도 영향을 미쳤다. 김일성 사망 이후 1994년부터 1997년까지 북한에 심각한 기상이변 현상이 나타났는데, 특히 1994년 높은 강수량과 1995년부터 1997년까지 낮은 강수량으로 인해 심각한 수해와 가뭄 피해가 발생했다. 그 결과 1995년 북한은 '고난의 행군'을 선포하는 등 심각한 식량난을 경험했다. 그리고 2005년부터 2008년, 2014년부터 2016년, 2019년부터 2021년까지 연 강수량 변화와 수해 피해로 북한은 전 세계적 기후변화 현상에 대해 국제공조의 필요성을 실감했다.

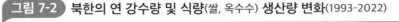

그림 7-2 북한의 연 강수량 및 식량(쌀, 옥수수) 생산량 변화(1993-2022)

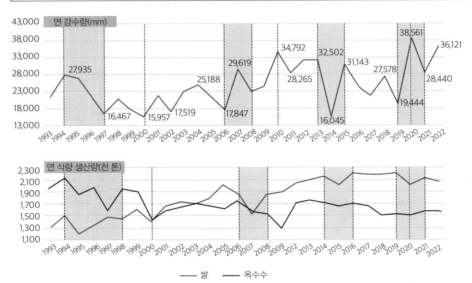

나. 글로벌 기후변화로 인한 김정은 시대 재해

김정은 집권 이후 2023년까지 북한에서는 다양한 자연재해가 발생했다.[10] 첫째, 태풍에 의한 피해이다. 2012년부터 2023년 7월까지 북한 지역에 직간접적으로 영향을 미친 태풍은 10개이다. 이 중 2012년 15호 태풍 볼라벤(Bolaven)과 2019년 13호 태풍 링링, 2020년 8호 태풍 바비, 9호 태풍 마이삭은 북한 지역에 상당한 피해를 주었다. 둘째, 2015년, 2016년, 2020년 장마로 인한 큰 수해가 발생했다.[11] 셋째, 거의 매년 가뭄 현상이 나타나고 있다. 특히 2014년, 2015년, 2017년, 2018년, 2019년, 2021년에는 심각한 가뭄 현상과 고온 현상으로 인하여 많은 농작물에 피해를 입었다.

김정은 시대 들어와 함경남북도, 황해남북도 지역에 재해가 집중되었다. 두 지역 모두 태풍과 장마로 인한 피해가 많았으며, 황해남북도는 가뭄으로 인한 피해가 특히 많았다. 북한의 1년 재해는 보통 1월부터 6월까지 극심한 가뭄 현상이 나타난다. 그리고 7월부터 9월 사이에 태풍과 장마로 인한 2차 피해로 홍수, 산사태, 살림집, 시설물 붕괴 등의 기반시설 손실이 발생한다. 9월부터 10월 사이 반복된 태풍 등 재해로 인하여 작물 피해와 식량 부족 현상이 나타난다.

표 7-5 김정은 시기 북한 자연재해 발생 현황, 연도별(2012-2023)[12]

발생빈도(건)

구분		2012	2013	2014	2015	2016	2017	2018	2019	2020	2021	2022	2023	계
자연재해	태풍	1		1		1			1	1		2	1	8
	홍수				1								1	2
	호우, 큰물	1			2	1				3	1	5		13
	강풍			1		1				1		2		5
	해일			1	1					1				3
	가뭄			1	1		1		1		1	2		7
	지진 3.5 이상					1			2	1				4
	한파	1												1
	붕괴, 낙석	1												1
총계		4	0	4	5	4	1	0	4	7	2	11	2	44

자료: 강택구 외, 『통일 대비 북한지역 자연재해 대응을 위한 자료구축과 남북협력 방안 연구(Ⅰ)』, 세종: 한국환경정책·평가연구원, 2016, pp. 26-28; 『로동신문』, 2012.1.1.-2023.12.31; 『DAILY NK』, 2012.1.1.-2023.12.31; 『연합뉴스 북한포털』, 2012.1.1.-2023.7.31의 주요 재해 발생현황 자료 참조.

최근 2023년 북한 재해 관련 주요 핵심 키워드는 이상기후와 국토관리사업 예방 철저, 재해와 농사 등으로 나타나고 있다. 이 같은 주요 핵심 키워드 빈도 분석을 통해 북한 당국이 재해와 식량문제를 결합하여 매우 중요하게 생각하고 있다는 것을 유추할 수 있다.

표 7-6　북한 재해 관련 주요 핵심 키워드 동향

구분	2023	로동신문	조선중앙통신	조선의 오늘	메아리	평양타임즈	총계
재해 대처와 농업(농사)	224	48	96	33	38	9	224
이상기후	131	26	55	22	23	5	131
관개시설(정비보강, 완비)	51	7	15	12	15	2	51
국토관리사업	45	14	16	8	7		45
예보, 예견의 과학성, 정확성	43	7	23	7	6		43
발전소(전력생산)	36	9	11	7	9		36
엘니뇨 대처	32	9	12	6	4	1	32
황주긴등물길공사	29	2	12	7	8		29
산림(복구, 치산치수)	27	14	7	3	3		27
산불	25	8	9	4	3	1	25
피해 방지	22	7	8	6	1		22
(재해 대비) 현지료해	20		20				20
생활용수보장	11	2	4	3	1	1	11
전국재해관리 과학기술발표회	10		6	2	2		10
산림병해충(예방, 방역)	8		4		1	3	8
중앙질병예방통제소 건설	2	1	1				2
자동수문관측장치 개발	1			1			1
총계	717	154	299	121	121	22	717

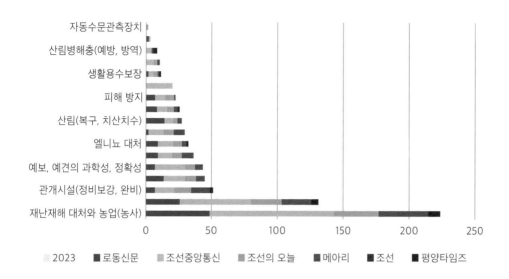

Ⅱ 김정은 시대 글로벌 기후변화에 따른 재해 관련 법 제정 및 변화

1. 북한도 재해 관련 법이 있나요?

가. 재해 개념의 확립

김정은 집권 이후 북한은 재해관리체계의 일원화를 위해 「재해방지 및 구조, 복구법」을 제정하고 재해를 다음과 같이 규정하였다. 재해란 "큰물, 폭우, 태풍, 해일, 지진, 화산활동 같은 재해성 자연현상이나 그 밖의 요인으로부터 발생하는 인명피해, 농경지의 침수, 산사태, 건물, 시설물의 붕괴, 전력, 교통, 운수, 통신, 상하수도망체계의 마비, 환경의 오염, 전염병의 전파 같은 각종 피해"라고 규정하고 있다(국가정보원, 2020).

북한에서 자연재해 관련 주요 개념은 다음과 같다. 큰물은 "큰비가 내려서

강이나 개울에 넘쳐흐르는 많은 물", 폭우는 "억수로 쏟아지는 비"이다. 태풍은 "보통 한시간에 20~40㎞의 속도로 부는 아주 센 바람"으로 "태풍이 불면 큰 나무가 넘어지거나 가지가 꺾어지고 바다에서 큰 물결이 일며 비도 많이 퍼붓는다. 우리 나라에는 필리핀이나 타이완(대만) 동쪽바다우에서 일어나는 열대성 저기압에 의하여 생기는 태풍이 7월부터 9월까지 사이에 해마다 두세번 영향을 준다."라고 설명한다. 해일은 "바다의 물결가운데서 제일 큰 물결 또는 그런 물결이 일어나는 것"이며, "폭풍이나 태풍, 바다지진, 바다밑에서의 화산폭발 등으로 일어난다. 제일 큰 해일은 물결높이가 80m까지 이른 것이 있다. 심한 경우에는 육지에까지 무서운 힘으로 밀려나와 큰 손실을 끼치는 수가 있다."라고 제시한다. 지진은 "땅이 갑자기 흔들리며 움직이는 것"으로 "땅이 흔들리는 현상은 큰 별찌가 떨어졌을 때, 폭포가 쏟아질 때, 화산이 터질 때, 땅속 깊은 곳까지 급격한 지각운동이 생길 때 일어난다."라고 서술한다. 화산활동(화산분출)은 "화산에서 뜨거운 돌물이 뿜어나오는 것"이다(허정필, 2022: 301-302).

북한은 자연재해 외 재해를 "그밖의 요인으로부터 발생하는 인명피해, 농경지의 침수, 산사태, 건물 시설물의 붕괴, 전력, 교통, 운수, 통신, 상하수도망체계의 마비, 환경의 오염, 전염병의 전파 같은 피해"로 규정하고 있다(국가정보원, 2020). 따라서 본서에서는 인명피해, 농경지의 침수, 산사태, 건물 시설물의 붕괴, 전력, 교통, 운수, 통신, 상하수도망체계의 마비, 환경의 오염을 사회 관련 재해로, 전염병의 전파 같은 피해를 보건 관련 재해로 조작적 정의하고 설명한다.

나. 재해 관련 법 제정: 「적십자회법」에서 「재해방지 및 구조, 복구법」으로

김정은 집권 초기 재해관리는 집권 이전 2007년에 제정된 「적십자회법」을 중심으로 관리체계가 작동되었다. 김정은 집권 이후 초기 재해관리는 "상반기 국토관리사업을 통한 연간 재해예방계획 수립 → 7월, 8월 자연재해 관련 대응 및 복구 → 적십자회 긴급구호능력 제고 독려 → 재해 예방을 위한 재해예측 시스템 과학화 진행" 순으로 추진되었다.

표 7-7 김정은 집권 초기 북한 재해 관련 법:「적십자회법」

구분	주요 내용(2007년 1월 10일 최고인민회의 상임위원회 정령 제2113호로 채택)
제1조 사명	적십자회법은 적십자사업에서 제도와 질서를 엄격히 세워 각종 질병과 재난으로부터 인민들의 생명재산을 보호하고 그들의 건강과 복리를 증진시키는데 이바지한다
제8조 임무	1. 큰물(홍수), 태풍, 해일 같은 각종 재난에 대처하기 위한 준비사업을 하며 피해자의 생명을 구원하고 생활을 안착시키며 피해후과를 가시기 위한 활동을 한다. 2. 인민들의 건강복리를 증진시키고 전염병을 비롯한 각종 질병을 예방하기 위한 구급의료 봉사활동, 보건위생선전사업을 진행하며 국가보건기관의 사업을 협조한다. 3. 전시에는 상병자들에게 의료상방조를 제공하며 인민들에 대한 보호 구호사업을 한다.

출처: 국가정보원, 2020, pp. 728-730.

그러나 2012년 9월 15호 태풍 볼라벤으로 북한 내 검덕지구에 막대한 피해가 발생했으며,[13] 막대한 재해 피해 복구를 위해 북한 적십자회의 긴급구호가 투입되었다(『로동신문』, 2012.11.22). 그럼에도 불구하고 자연재해 피해 관리체계의 한계가 나타나자, 김정은 위원장은 2012년 12월 "자연재해정도, 알곡예상수확고 등을 예상하고 기상예보와 자원탐사 등에 필요한 자료들을 수집하기 위한 지구관측위성 '광명성−3호'(『로동신문』, 2012.12.12)"를 시험발사하였다.

또한 2014년 5월 평양 평천구역 내 아파트 건설 현장에서 붕괴사고가 발생하여 대규모 인명 및 재산 피해가 발생했다. 북한은 이례적으로 당시 사고를 『조선중앙통신』을 통해 보도하였고, 재발 방지를 위한 대책 강구를 지시하였다. 이후 김정은 위원장은 북한 재해관리체계의 통일적 관리를 확립하기 위하여 2014년 6월 27일 최고인민회의 상임위원회 정령 제76호로「재해방지 및 구조, 복구법」을 새롭게 제정하였다(국가정보원, 2020: 223−235).「재해방지 및 구

조, 복구법」은 기존 흩어진 다양한 재해 관련 법을 일원화한 것으로 재해의 '예
방－대응－복구'체계를 통해 재해 관련 신속 대응을 강조하고 있다.

표 7-8 「재해방지 및 구조, 복구법」 제정

구분	주요 내용(2014년 6월 27일 최고인민회의 상임위원회 정령 제76호로 채택)
제1조 사명	조선민주주의인민공화국 재해방지 및 구조, 복구법은 재해방지 및 구조 복구사업에서 제도와 질서를 엄격히 세워 인민들의 생명안전과 국가 및 사회협동단체, 공민의 재산을 보호하는데 이바지한다.
제2조 용어의 정의	이 법에서 재해란 큰물, 폭우, 태풍, 해일, 지진, 화산활동 같은 재해성자연현상이나 그밖의 요인으로부터 발생하는 인명피해, 농경지의 침수, 산사태, 건물 시설물의 붕괴, 전력, 교통, 운수, 통신, 상하수도망체계의 마비, 환경의 오염, 전염병의 전파 같은 피해를 말한다.
제4조 방지사업의 기본원칙	재해위험대상을 빠짐없이 장악하고 방지대책을 미리 세우는 것은 재해방지사업의 기본요구이다. 국가는 재해방지사업에 대한 투자를 체계적으로 늘이고 각종 재해에 대한 경보체계를 더욱 완비하여 재해를 미리 막거나 피해를 최대로 줄이도록 한다.
제5조 구조 및 복구	국가는 재해발생시 충분한 력량과 수단을 긴급동원하여 즉시적이며 효과적인 구조와 복구를 진행하도록 한다.

출처: 국가정보원, 2020, pp. 223-235.

북한에는 재해대응을 위해서 「재해방지 및 구조, 복구법」 외에 세부적으로
기상 관련 「기상법」, 지진·화산피해 관련 「지진·화산피해 방지 및 구조법」과
「소방법」, 농경지 침수 및 산사태 관련 「농업법」, 「농장법」, 「토지법」이 있다. 그
리고 수해 방지를 위한 「하천법」, 「물자원법」, 「산림법」, 「갑문법」, 「수로법」, 「원
림법」과 환경 관리를 위한 「환경보호법」, 「국토환경보호단속법」, 「환경영양평가
법」, 「대기오염방지법」, 재해 보상 관련 「보험법」이 있다.

그리고 2014년 「재해방지 및 구조, 복구법」 채택 이후 기존 「적십자회법」은
2021년 10월 수정보충되어 그 기능 중 '긴급 구호 활동에서의 협동과 우선권

보장, 국제인도주의 관련 사업' 등이 주로 강조되어 실행되고 있다.

이외에도 북한은 국토·환경보호 관련하여 「간석지법」, 「갑문법」, 「공원·유원지관리법」, 「국토환경보호단속법」, 「대기오염방지법」, 「대동강오염방지법」, 「도로법」, 「바다오염방지법」, 「방사성오염방지법」, 「유용동물보호법」, 「자연보호구법」, 「지진·화산피해방지 및 구조법」, 「토지법」, 「폐기폐설물취급법」, 「환경영향평가법」, 「재생에네르기법」, 「건설법」, 「건설감독법」 등의 체계를 갖추고 있다.

2020년 코로나19 팬데믹 이후 북한은 보건 관리를 위해 「전염병예방법」을 수정보충하고 「비상방역법」을 새롭게 제정하여 체계를 확립하였다.

다. 재해 관련 조직체계 확립

북한은 「재해방지 및 구조, 복구법」 제정 이후 2015년 국가비상재해위원회(『조선중앙통신』, 2015.07.13)를 창설하여 국제회의, 인접국가와 협력(상호협조 양해각서 조인), 적십자와 협력, 국가재해위험감소 전략계획수립, 태풍 대비, 재해성 기후 대비 등의 국가 재해관리를 추진하고 있다.[14]

그림 7-3 「재해방지 및 구조, 복구법」 자연재해 관련 조직체계

출처: 국가정보원, 2020 참조하여 저자 작성.

물론 북한은 2014년 「재해방지 및 구조, 복구법」을 통해 국가비상설재해대책위원회와 국가계획위원회의 임무를 규정하고 있다. 2015년부터 재해 관련 조직도 내 국가계획위원회는 재해 관련 종합적인 지원을 담당하고 실무는 국가비상재해위원회가 진행하고 있다. 그럼에도 불구하고, 2015년 국가비상재해위원회 창설 배경은 국내외 재해 관련 계획 및 대응의 보완을 위해서이다.

2. 2020년 대규모 수해 이후 재해 관련 법은 어떻게 변화했나요?

2020년에 발생한 대규모 수해를 비롯하여 코로나19 상황을 겪으면서 북한 당국은 주민의 생명과 재산을 보호하기 위해 다각적으로 노력하였다. 이는 법과 정책의 정비, 재해 관련 조직체계 세분화 및 책임 주체의 명확화, 자연재해

관리체계 계획화, 과학화 등 세계적 흐름에 발맞추기 위한 노력으로 구체화되었다.

김정은 시대 북한은 2014년 6월 제정된「재해방지 및 구조, 복구법」을 2017년 6월, 2020년 4월, 11월 등 세 차례에 걸쳐 개정하였다. 개정법은 크게 2020년 이전에 비해 재해의 대상과 범주를 확대하고 재해의 등급을 세분화하여 관리체계를 구체화는 내용을 담고 있다. 재해 관리체계에 비상 상황과 위기 대응을 추가하면서 재해관리체계 수준을 격상하고 선제적이며 능동적인 재해관리를 강조하고 있다.

그림 7-4 김정은 시대 재해 관련 법 변화

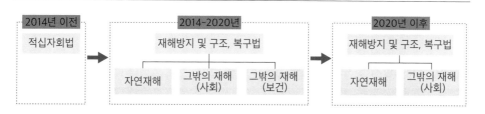

자료: 저자 작성.

개정법의 세부 특징은 다음과 같다. 첫째, 재해의 개념을 확대하고 주민의 생명과 재산을 보장하기 위해 신속한 대응을 강조했다. 둘째, 재해 예방 '계획' 수립에서 재해 예방 '전략' 수립으로 그 위상이 격상되었다. 재해 예방 전략 수립에서는 총괄 목표, 단계별 목표, 실행방도 등 재해 예방 전략이 구체적으로 수립되어야 한다고 강조했다. 셋째, 관측 및 경보 시스템의 정확화, 과학화 및 예측 보고의 체계화를 추진했다. 1차 관측 기관인 기상 및 지진 관측기관에서 먼저 관측한 후에 중앙재해관리사업지도기관에 구체적인 재해 예상안을 보고하도록 했다. 넷째, 재해물자 관리에서 비상재해물자 관리로 물자관리 상황을 격상시켰다. 특히 재해 발생 상황을 비상재해 발생 상황으로 격상시켜, 비상재해물자 조달에 생활필수품까지 추가하면서 재해물자 관리의 범위를 확대하였다. 다섯째, 재해 발생 시 구조 복구 시스템과 관련해서 기존 협력 수준에서 명령에 의한 동원으로 그 관리 위상이 격상되었다. 기존에는 재해 발생 시 각 부처와 협력하여 재해 복구를 진행했다면, 개정법에서는 국가비상설재해방지대책위원회가 필요시 각 부처의 역량과 수단을 동원할 수 있게 하였다. 여섯째, 지도 통제를 구체화하였다. 재해 관련 총괄 지도통제는 내각 총리가 지도하며, 내각의 지도에 따라 중앙재해관리사업지도기관과 지방인민위원회가 재해를 총괄 관리하는 것으로 체계화하였다. 일곱째, 재해관리 관련 행정적 책임이 구체화되었다. 2020년 이전에는 재해 관련 큰 틀에서 행정적 책임을 추궁했다면, 2020년 이후부터 준비 미숙으로 인한 피해에 대해 엄격한 행정적 책임을 강화했다.

표 7-9 「재해방지 및 구조, 복구법」 주요 내용 변화

구분	2020년 법령집	2022년 법령집	변화
개념	재해란 큰물, 폭우, 태풍, 해일, 지진, 화산활동 같은 재해성자연현상이나 그밖의 요인으로부터 발생하는 인명피해, 농경지의 침수, 산사태, 건물 시설물의 붕괴, 전력, 교통, 운수, 통신, 상하수도망체계의 마비, 환경의 오염, 전염병의 전파 같은 피해를 말한다.	재해란 큰물, 폭우, 가물, 태풍, 해일, 지진, 화산 등 재해성자연현상이나 그밖의 요인으로부터 **인민의 생명안전과 국가 및 사회협동단체, 공민의 재산에 끼치는 엄중한 피해**를 말한다.	재해의 대상과 범주 확대
등급	재해는 그 형태와 세기, 피해정도 피해범위에 따라 특급재해, 1급, 2급, 3급재해로 구분한다. 재해의 등급기준을 정하는 사업은 국가비상설재해방지대책위원회가 한다.	재해성자연현상이나 그밖의 요인으로 발생하는 **피해의 범위와 규모에 따라** 재해를 특급재해, 1급, 2급, 3급재해로 구분한다. 재해의 등급 기준 명확히 제시.	재해의 등급 구분 명확
사명	법은 재해방지 및 구조, 복구사업에서 …	법은 재해방지, **비상재해위기대응,** 재해구조, 복구사업에서 …	비상상황과 위기대응강조

비상 재해 위기 대응	없음	- 신설: 비상재해위기대응은 재해성자연현상이나 그밖의 요인으로 하여 재해위험이 조성되었을 경우 국가의 안전과 인민의 생명안전, 국가와 사회협동단체, 공민의 재산을 보호하기 위하여 취하는 **선제적이며 능동적인 대응사업**	비상재해위기대응 신설을 통해 재해 개념의 확대
예방 (방지) 계획	- 재해방지계획 작성 - 전국적인 재해방지계획과 지역별재해방지계획, 부문별재해방지계획 같은 것으로 나누어 과학성, 동원성, 통일성을 보장할수 있게 작성하여야 한다. - 거시적 재해 방지계획 수립	- **재해방지전략 작성** - **중앙재해관리사업지도기관은** 국가의 재해방지 및 구조, 복구정책에 기초하여 재해방지, 재해위기대응, 재해구조 및 복구를 위한 **총적목표와 단계별목표, 실행방도를 밝힌 국가재해방지전략을 작성**하여야 한다. - **미시적 재해 방지전략 수립**(재해위험대상의 장악 및 퇴치, 물관리에서의 기능성확보, 재해방지사업조건의 보장 등)	재해 예방 계획 작성에서 예방전략 작성으로 보다 구체적이며 높은 수준의 재해방지대책전략 수립
관측/ 경보	- 기상관측기관, 지진관측기관은 큰물, 폭우, 태풍, 우박, 황사, 산불, 산사태, 해일, 한파, 지진, 화산활동 같은 재해성자연현상이 예견될 경우 제때에 재해예보 또는 재해경보를 내리는것과 함께 **해당 지역의 재해방지사업기관과 인민보안기관에 통보**	- 기상수문기관, 지진관측기관은 재해성자연현상이 예견될 경우 제때에 그에 대한 예보 또는 경보를 내며 **중앙재해관리사업지도기관에 통보. 이 경우 재해성자연현상의 류형과 세기, 특성 등을 구체적으로 표명**	재해의 예측 보고에 대하여 구체적인 보고와 체계 확립
재해 물자	- **4장 재해방지물자**의 조성과 공급 - 재해방지물자는 재해방지를 위한 사전대책과 재해구조, 복구사업에 긴급히 동원리용하기위하여 국가가 따로 마련하는 물자. - 재해방지물자에는 세멘트, 강재, 연유, 통나무, 식량, 의약품, 피복, 전동기, 뽑프 같은각종 물자와 설비, 자금 등이 속한다.	- **6장 비상재해물자**의 조성과 공급 - **비상재해물자는 비상재해위기대응**, 재해구조 및 복구사업에 긴급히 동원리용하기 위하여 국가가 따로 마련하는 물자. - 비상재해물자에는 세멘트, 강재, 연유, **판유리**, 통나무, 전동기, 뽑프, 전선류 등의 설비와 물자, 식량과 의약품, **침구류, 화식기재**, 피복 등 **생활필수품**이 속한다.	- 재해물자에서 비상재해물자로 상황 자체가 격상 - 재해물자가 생활필수품까지 확대, 비상재해물자의 범위 확대

구조 복구	- 재해구조와 복구에 동원되는 기관, 기업소, 단체는 해당 긴급구조 및 복구련합지휘부의 통일적인 지휘에 따라 분담받은 재해구조, 복구임무를 수행하면서 서로 긴밀히 협조하여야 한다.	**국가비상설재해방지대책위원회는 필요에 따라** 1급 또는 2급, 3급재해발생시 재해구조 및 복구사업에 다른 도(직할시), 시(구역), 군이나 기관, 기업소, 단체의 력량과 수단을 **동원시킬수 있다.**	- 구조 복구시, 국가비상설재해방지대책위 필요에 따라 각 부서와 협력이 아닌 인력 동원 가능
지도 통제	국가는 재해대책사업전반에 대한 지도체계를 바로세우고 감독통제를 강화하도록 한다.	- 재해방지 및 구조, 복구사업에 대한 지도는 **내각의 통일적인 지도 밑에 중앙재해관리사업지도기관과 지방인민위원회가 한다.**	- 지도체계의 구체화
행정 책임	- 거시적 행정 책임	- 미시적 행정 책임(주민들의 생명피해, 중간관료의 폐해 등) 강화	- 주민들의 생명과 관료들의 폐해에 대해 지적 및 책임 강화

자료: 국가정보원, 2020; 2022 참조하여 저자 작성.

이외에도 「재해방지 및 구조, 복구법」 외 재해 관련 다양한 법을 현실에 맞게 제·개정하였다. 특히 「기상수문법」과 「사회보험 및 사회보장법」, 「건설감독법」, 「건설설계법」 등을 신설하였다. 아울러 농경지 관리를 위한 「농업법」과 「농장법」, 재해 복구와 보상을 위한 「보험법」, 수해방지를 위한 「하천법」, 「물자원법」, 「산림법」, 「수로법」, 「원림법」 등을 개정하였다. 한편 「적십자회법」 개정을 통해 재해 관리에 있어 인도주의적 기능을 강화하였다.

한편 북한 당국은 자연·사회·보건 재해 관련 '예방 ─ 대응 ─ 복구' 관리체계에서 자연재해 중심으로 법의 대상을 더욱 명확히 하였다. 기존에 논의되었던 사회 및 보건 관련 재해 법 조항들은 「건설법」, 「건설감독법」, 「전염병예방법」, 「비상방역법」, 「수입물자소독법」, 「의료감정법」 각 분야 전문 법 등으로 주요 논의가 이동되면서 자연재해 차원에서 「재해방지 및 구조, 복구법」의 선택과 집중이 나타났다.

표 7-10 김정은 시대 북한의 재해 관련 법 일부개정(수정보충) **변화**(2012-2022)

구분	법명	제정	수정	구분	법명	제정	수정
총괄	재해방지 및 구조, 복구법	2014	2017 2020.4 2020.11	수해 방지	하천법	2002	2004 2013
기상	기상법	2005			물자원법	1997	1999 2019 2020
	기상수문법	2018	2020				
지진 및 화산피해	지진, 화산피해 방지 및 구조법	2011			산림법	1992	1999.2 1999.9 2001 2005 2008.4 2008.8 2009.8 2012.3 2013.3 2013.7 2014.6 2015.3 2021.8
	소방법	2005	2011 2020				
농경지침수 산사태	농업법	1998	2002 2009 2020				
	농장법	2009	2012 2013 2014 2015 2020.2 2020.7 2021.3 2021.11				
	토지법	1977	1999		갑문법	2001	
보건	전염병예방법	1997	1998 2005 2014 2015 2019 2020.3 2020.8		수로법	2004	2020
					원림법	2010	2013
	금연법	2020		환경	환경 보호법	1986	1999 2000 2005 2011.3 2011.8 2013 2014 2019 2021
	비상방역법	2020	2020.11 2021.2 2021.10				
	수입물자소독법	2021	2021.5				
	의료감정법	2022					
보상	보험법	1995	1999 2002 2005 2008 2015		재생에네 르기법	2013	
	사회보험 및 사회보장법	2021					

건설감독	건설감독법	2014	2016 2020	국토환경 보호단속법	1998	2000 2005
	건설법	1993	2014 2016 2017.3 2017.8 2018 2019.2 2019.6 2019.9 2020.3 2020.10 2021	환경영향 평가법	2005	2007 2016 2020
				대기오염 방지법	2008	2013 2014 2021
	건설설계법	2021		구호	적십자회법	2007	2021

출처: 국가정보원, 2020; 2022 참조하여 저자 작성.

III 김정은 시대 글로벌 기후변화에 따른 재해 관리체계 변화

1. 기후변화와 재해 예방을 위한 행정이 있나요?

가. 치산치수 정책 추진

치산치수 정책은 김일성 시대 산림과 농업 관리를 위해 제시되었던 주요 정책이다. 그러나 김정일 시대 1990년대 후반 고난의 행군시기와 재해를 경험하면서 생존을 위해 무분별한 산림 훼손이 발생하였으며, 치산치수 정책의 강조보다는 국토관리사업을 통한 강하천 정비, 사방야계공사 등이 강조되었다.[15]

김정은 시대에 들어와 북한은 여러 차례 자연재해를 경험하면서 김일성 시대의 치산치수 정책을 다시 전면에 내세우고 국토관리사업을 추진하고 있다. 2021년 제8차 당대회에서 '자연재해를 미리 막는 문제'로 치산치수전망계획 (2021-2030)이 제시되었다. 주요 내용으로 첫째, 산림을 비롯한 생태환경의 전

반적인 실태를 조사하고 파악하며 계절별, 연도별 변화상태에 대한 분석결과
에 따라 정확하고 기민하게 대응할 것, 둘째, 국토환경보호와 관련한 법 규범과
세칙들을 바로 제정하고 엄격히 시행할 것, 셋째, 치산치수사업에 주력하여 자
연재해에 대비할 것, 넷째, 도로건설과 관리에 계속 관심을 기울일 것, 다섯째,
국가적으로 '동서해안 건설'을 대규모로 실시하여 주민들의 생명안전과 국토를
보호할 것 등이 있다.[16]

표 7-11 김정은 시대의 치산치수 정책

구분	주요 내용
당의 구상	- 2021년부터 치산치수전망계획과 단계별계획을 구체적으로 세우고 강력히 집행함으로써 자연의 재앙으로부터 국토와 주민의 생명재산을 최대한 지키기 위한 목표 과제를 제시 - 치산치수사업 성공여부는 당정책을 대하는 관점과 입장 문제
산림조성 및 복구	- 나무심기 독려 및 관리 철저, 나무의 생존률 제고 - 수종이 좋은 나무를 많이 심고 잣, 밤, 돌배, 단나무를 비롯한 산열매림을 대대적으로 조성 - 적지적수, 적기적수의 원칙에 따라 침엽수와 활엽수를 적절히 배합, 수목관리 철저 및 과학기술 도입 - 현대적인 양묘장 건설, 나무모생산의 과학화, 공업화, 집약화 실현[17] - 경제림, 보호림, 풍치림 등 산림을 대대적으로 조성하고 보호 - 태풍피해를 이겨낼수 있도록 적지에 바람막이숲을 과학적으로 조성 - 산림건설 총계획에 기초하여 적지적수의 원칙에서 구체적인 계획에 따라 산림 조성[18] - 모든 부문에서 목재 소비를 줄이기 위한 사업 계획 확장
산림보호	- 산불과 병해충에 의한 피해를 비롯한 여러 가지 요인 검토 후 산림보호 및 토지보호, 생태환경보호, 경제보호 - 산불감시체계와 병해충예방체계 수립 철저 및 대응체계 확립 - 땔나무림조성사업 관리 철저 및 산림토지, 생태환경 파괴 위법현상 통제 - 산사태 감시기술에 의거하여 위험개소 확인

강하천 관리	- 강하천정리와 사방야계공사 중요 - 제방을 쌓으며 물길 건설, 강바닥에 쌓이는 흙모래와 자갈을 일상적으로 파내어 수로 정비 - 강 상류와 강안 급경사지들에서 흙, 모래가 씻겨 내려오지 못하게 하며 산사태 예방 철저 - 갑문과 저수지건설, 강바닥파기와 제방쌓기 등을 통한 강하천정리와 수력구조물보수 - 사방야계공사에 필요한 시멘트와 철강재를 우선적으로 보장 - 사방야계공사를 진행하여 산과 개울에서 빗물에 흙모래가 씻겨내려 땅이 패이고 강하천바닥이 높아지며 농경지가 못쓰게 되는 것 예방 - 도, 시, 군들에서 사방야계공사를 진행하는 단위들에 물질기술적토대 지원 - 사방야계공사 시 토양생물공학기술과 같은 선진 공법 도입
위험지역 관리	- 위험지대 주민들과 산업시설들을 안전지대로 이설하기 위한 단계별, 연차별 계획 수립 - 해안방조제를 비롯한 여러가지 보호시설물을 만년대계로 견고하게 건설 - 해일과 태풍으로부터 주민지역들과 농경지들을 보호할수 있도록 영구적인 해안구조물들을 질적으로 보강하기 위한 연구와 설계를 진행하고 연차별계획에 따라 건설
사상교양 사업	- 각급 당 및 근로단체조직들에서는 국토관리사업에로 전체 일군들과 근로자들의 관심을 제고하기 위한 사상교양사업을 강화하여 그들이 이 사업이 자기자신과 후대들을 위한 일이라는 관점을 지니고 분발하도록 교육 - 산림과학자들과 수리공학자들 양성 - 치산치수사업은 전군중적운동으로 확장

자료: 「로동신문」 2012.1.1.-2023.7.31.

또한 자연재해 예방 및 대응, 복구를 위해 최우선적으로 산림의 조성 및 복구·산림보호·강하천관리·위험지역 관리 등을 강조하고 있으며, 치산치수전망계획 이외에도 산림조성전망계획, 임농복합경영전략, 산림복구사업, 사방야계사업, 저수능력 강화사업, 과학기술 강화사업, 국가 재해관리체계 강화 사업 등의 중요성을 강조하고 있다.

표 7-12 자연재해 예방을 위한 주요 국가 계획

구분	사업 계획
제도화 사업	- 환경보호법 수정보충(제36조 치산치수) 2021년 6월 - 치산치수전망계획(2021-2030년 추정) - 산림조성전망계획(2015-2024년) - 림농복합경영전략(2014-2023년)
산림복구사업	- 산림건설총계획 - 양묘장 나무모 생산의 과학화, 공업화, 집약화 - 방풍림 조성 및 키큰나무 밀식조림 - 수림화, 원림화 - 산림의존도 감소: 땔감문제 해결, 목재소비 절감사업
사방야계사업	- 강하천 정비사업: 강바닥 준설, 물길직선화, 제방장석쌓기 - 호안림 조성 - 강하천보호시설물 보수 관리 - 방조제 등 영구적 해안구조물 건설 관리
저수능력 강화사업	- 저수지 저수능력 조성 - 대규모, 중소형 저수지 축성 - 양수동력설비 관리
과학기술 강화사업	- 기상수문국 중앙기상예보대의 홍수예보 체계 강화 - 주, 월별 기상조건 예보 콤퓨터화상망체계와 지령지휘체계 보강 - 산사태감시기술
국가 재해관리체계 강화사업	- 국가비상재해위원회의 통일적 지휘체계 강화 - 국토환경보호, 도시경영부문의 피해예상지역 관리 강화 - 채취공업, 수력발전, 철도운수 등 산업별 대응체계 강화

자료: 김일한, "선군에서 인민으로, 국가정상화 전략 평가와 전망", 경남대학교 극동문제연구소 국제학술
회의, 2021, p. 99.

나. 재해 예방 강조를 위한 조직체계 변화

개정된 「재해방지 및 구조, 복구법」에서의 재해관리 조직도를 보면, 이전에
비해 관리 주체가 명확해졌음을 알 수 있다. 특히 재해 규모에 따라 분류한 특
급재해, 1급재해, 2급재해, 3급재해와 각급 재해 분류에 따른 책임 주체도 내각
총리부터 각급 위원회, 성, 기관의 장을 배치하여 재해관리 체계를 확립하고자

했다. 그리고 국가비상설재해방지대책위원회는 내각총리를 위원장으로 하고 위원회, 성을 비롯한 중앙기관, 인민무력기관, 국가보위기관, 인민보안기관, 검찰기관, 근로단체의 책임일꾼들로 구성하여 조직의 위상을 제고하였다. 나아가 재해 관련 다양한 법들과의 관계에서 「재해방지 및 구조, 복구법」을 가장 최상위 법으로 규정하여 법의 위상을 제고하였다.

　개정된 「재해방지 및 구조, 복구법」의 위상이 제고되면서 주요 핵심 관료들의 역할도 증대되었다. 특히, 국가비상설재해방지대책위원회 위원장인 김덕훈(내각총리, 당정치국 상무위원, 국무위원회 부위원장)과 최룡해(국무위원회 제1부위원장, 당정치국 상무위원)의 재해 위험요소 현장 방문 빈도수가 증가하였다. 특히 김덕훈은 2020년 8월 19일부터 재해 현장 방문을 처음으로 진행했으며, 매달 수차례 주요 재해 위험지역을 방문하여 재해예방을 강조하고 있다. 이처럼 내각 총리의 재해 현장 방문 빈도수 증가는 2020년에 개정된 「재해방지 및 구조, 복구법」의 영향으로 보인다. 내각 총리가 재해 총괄 책임자로서 반복되는 재해 최소화를 위한 현장 중심의 책임자 활동을 수행하고 있는 것으로 해석할 수 있다.

표 7-13 「재해방지 및 구조, 복구법」 조직체계 변화

구분	2020년 법령집	2022년 법령집	변화
조직	- 국가비상설재해방지대책위원회가 전국적인 재해방지 및 구조, 복구 사업 통일적 조직 및 관리 - 책임 주체 불명확	- 국가비상설재해방지대책위원회와 도(직할시), 시(구역), 군비상설재해방지대책위원회, 부문비상설재해방지대책위원회 조직 - 국가비상설재해방지대책위원회는 내각총리를 위원장으로 하고 위원회, 성을 비롯한 중앙기관, 인민무력기관, 국가보위기관, 인민보안기관, 검찰기관, 근로단체의 책임일군들로 구성	국가비상설재해방지대책위원회 체계 확립 및 책임 주체 명확
법의 위상	다른 법과의 관계 관련 설명 없음	- 다른 법과의 관계 신설 - 규모가 대단히 크고 후과가 엄중한 피해에 대처한 구조, 복구질서는 이 법에 따를 것 명시	재해방지 및 구조, 복구법이 심각한 재해 관련 최상위 법임을 명시

자료: 국가정보원, 2020; 2022 참조하여 저자 작성.

표 7-14 자연재해 관련 김정은, 최룡해, 김덕훈의 재해 현장방문 동향

빈도(수)

구분	2020	2021	2022	~ 2023.7
김정은	7	-	3	-
최룡해	4	5	6	4
김덕훈	14	36	40	19

* 자료: 「조선중앙통신」 2020.1.1.-2023.7.31. 김정은의 현지지도, 최룡해 및 김덕훈의 재해 관련 현지료해 현황.
** 김덕훈은 2020년 8월 19일부터 재해현장 현지료해 시작, 그전에는 박봉주 또는 김재룡이 재해 현장 현지료해하였음.

이외에도 재해 최소화를 위해 김정은은 2022년 9월 6일 '국가재해방지사업총화회의'를 개최하여 주요 관료들을 대상으로 주민의 생명안전 보장과 경제 손실 예방을 위한 '재해방지능력' 제고를 강조하였다.[19] 그리고 관리자들의 현장방문 점검을 통해 재해 최소화를 강조하였다. 한편 2023년 8월 강원도 오계리 일대와 평안북도 안석간석지 일대에 재해가 발생했다. 피해가 2020년과 같이 크지 않았음에도 불구하고 이례적으로 김정은은 재해 현장을 방문하여 "이를 계기로 다시 한번 자연재해방지능력을 갖추기 위한 국가적인 사업체계에 경종"[20]을 언급하고 관료의 무책임성을 지적하였다. 이 같은 김정은의 지적은 2020년 대규모 재해 이후 3년이 지난 현재 자칫 나태해질 수 있는 관료들의 관심을 다시 집중시키기 위한 목적으로 해석할 수 있다.

2. 북한은 재해 최소화를 위해 어떤 노력을 하나요?

가. 연간 자연재해 관리체계 수립

김정은 집권 이후 북한의 자연재해 관리체계는 1월에 계획 및 전략을 수립하고 2월에 국가비상설재해방지대책위원회를 소집하여 재해 관리체계를 점검

하고 주요 지시 사항을 전달하는 형태로 이루어졌다. 계획 및 전략이 수립되면 최고인민회의에서 '예방－대응－복구'를 위한 예산을 책정한다.

시기별 자연재해 관리체계는 다음과 같다. 대체로 5월까지 반복적으로 지속되는 북한 지역의 가뭄 현상을 예방하기 위하여 수시로 모내기 철, 가뭄대비 현장 점검 회의를 진행하며, 내각 총리가 현지 방문을 병행한다. 6월부터는 7월부터 9월까지 예상되는 홍수, 태풍, 강풍 등 자연재해를 예방하기 위한 '피해막이사업'을 추진하고 주요 물길공사, 제방공사, 다리, 철로 등을 보수한다. 아울러 자연재해 최소화를 위한 대책을 마련하고 비상행동계획을 구체화한다. 8월부터 9월까지 발생한 주요 자연재해에 대해 '장마철 피해막이사업', '재해성 이상기후 대처' 등을 통해 대응한다. 10월부터는 자연재해 이후 복구를 위한 '관개체계 정비보강 사업'을 실시하고 11월에는 국토관리사업을 통해 자연재해 현황을 결산한다.

표 7-15   김정은 시대 북한의 연간 자연재해 관리체계(2012-2022)

구분	주요 계획 및 전략
1월	- 각지에서 국토관리사업 추진(자연재해 예방을 위한 계획 수립)
2월	- 국가비상설재해방지대책위원회소집(자연재해 관리체계 점검, 지시 전달) - 최고인민회의 개최 및 국가예산 확정(재해 관련 예산 확정)
5월	- 모내기 철, 가뭄 대비 현장 점검 회의(내각 총리 현장 방문) - 가뭄대비 비상재해위기대응지휘조직 점검 및 주요 지시 전달(자연재해, 가뭄 대비 관리 철저 지시)
6월	- 자연재해(홍수, 태풍, 강풍 등) 대비 피해막이사업추진
7월	- 재해성 이상기후에 대처한 방역 대책 점검, 장마철 피해 최소화를 위한 대책 마련, 기후변화에 대응한 방역능력 보강, 비상행동계획 구체화
8월	- 장마철 피해막이사업, 자연재해 최소화 대책 강구
9월	- 재해성이상기후 대처

10월	- 관개체계 정비보강 사업
11월	- 국토관리사업 결산

자료: 『로동신문』, 2012-2022 참조하여 저자 작성.

이처럼 북한 당국은 연간 자연재해 관리를 다음과 같이 체계화하기 위해 노력하고 있다. 첫째, 내각 총리 책임 아래 재해관리의 '예방―대응―복구' 과정을 실천한다. 둘째, 내각 총리부터 도·시·군, 부문 책임일꾼까지 유기적으로 재해관리가 이루어질 수 있도록 체계를 갖추어 나가고 있다.

나. 재해관리의 세계화, 과학화 시도

유엔은 재난(disaster)을 "노출(exposure), 취약성(vulnerability) 및 수용 능력(capacity)의 조건과 결부된 위험한 사고로 인해 사람이나 물질, 경제적, 환경적 손실 및 영향 중 하나 이상을 초래하는 모든 지역 사회 또는 사회 기능의 심각한 중단"으로 정의[21]하고 있다. 유엔은 2000년 이후 효고 행동강령과 센다이 프레임워크를 통해 재해위험 감소를 위한 표준 전략을 전 세계에 제시하고 있다.[22]

이와 같은 세계적 흐름에 따라 북한 당국도 선진국들의 자연 재해관리를 학습하고 활용하기 위해 재해관리의 세계화·과학화를 선언하고 2021년 7월 VNR(Voluntary National Review, 자발적국가검토보고서, 북한의 재해위험 감소전략)을 UN 경제사회이사회 산하의 고위급 정치 포럼에 제시하였다.[23]

그림 7-5 김정은 시대 VNR과 국가재해위험경감 전략

재해위험감소전략

1. 시스템 통치를 통해 재해위험 예방
2. 재해대응력, 회복력을 높여 사회경제발전
3. 주민 생명 보장과 재산 피해 최소화

① 국가재해관리기구체계와 긴급대응제도 완비
② 전인민적인 재해위험과 대응 인식 제고
③ 재해관리 과학기술개발
④ 자금과 물자보장능력 강화
⑤ 재해기금 창설 등의 계획

첫 단계 목표

- 2022년까지 지역 재해위험감소계획 체계 확립 및 기초자료 DB 구축
- 장애자, 노인, 어린이, 임산부들에 대한 재해자료 DB를 구축

2030년까지

- **(주택 및 식수 해결)** 2021-2025년, 5개년 계획, 평양에 5만 채 주택 건설
- **(교통 시스템 개선)** 2021년 "연해 및 강하천운수법" 제정을 통해 북한의 교통인프라의 현대화, 정보화, 과학화 전쟁
- **(국가문화유산 관리)** 유네스코 세계유산에 등재한 주요 국가문화유산과 유적지의 보존, 보호, 관리 체계 확립
- **(환경 오염 방지)** 하수처리장 현대화와 가정용 폐수 여과시스템, 재자원화로 환경오염방지
- **(지역 특성에 맞는 지역산업 발전)** 각 지역 행정, 기후, 산업 등의 특성에 따라 지역 산업 발전

* 북한은 VNR을 통해 2022년까지 지역 재해위험감소계획 체계를 확립하고 기초자료 DB를 구축하겠다고 하였으나, 주요 자료를 대외적으로 공개하지는 않았다.

　북한은 국가재해위험경감 전략과 VNR을 통해 "재해위험감소계획 체계 확립과 기초자료 DB구축, 취약계층(장애자, 농인, 어린이, 임산부)을 위한 건물 신축 및 개축 등"의 자연재해 최소화를 위한 목표를 제시했다.[24] 그러나 2024년 현재까지 주요 변화를 표명하지 않고 있다.

　한편 2014년 6월, 김정은은 기상수문국을 방문하여 기상 오보의 문제점을 지적하고 기상예보의 단기, 중기, 장기 정확성과 기상관측의 과학화 필요성을 제기하였다.[25] 이후 기상수문국의 현대화, 과학화가 진행되었으며, 전국기상수문의 과학기술 발표회,[26] 우주과학기술토론회,[27] 기상관측의 현대화, 과학화[28] 등을 통해 기상예보의 정확성을 제고하기 위해 노력하고 있다.[29]

　이외에도 북한은 자연재해 경감을 위한 '국가통합재해관리정보체계'를 개발하여 자연재해 예보체계의 과학화, 정보화를 실현했다고 보도하고 있다.[30] 또한 '큰물재해관리정보체계 개발도입'을 통해 저수지 유역의 강수 상황에 따른

수위 변화와 '큰물(홍수)량'을 사전에 예측할 수 있는 정보체계를 개발했다고 보도하고 있다.[31]

북한 당국은 2016년 2월 광명성-4호 발사 성공 이후 지구 관측 위성을 통해 대기와 해양, 육지의 기후변화과정을 연구 및 예측하는 연구를 진행하고 있다고 언급하면서, 지리정보체계기술과 위성원격조사기술을 바탕으로 기상의 단기, 중기, 장기 예보와 태풍 및 황사예보, 대기오염 예보, 농업기상예보, 산불 피해방지예보 등의 다양성과 정확성을 확보했다고 주장한다. 뿐만 아니라 '날씨 2.0'이라는 휴대폰 앱을 통해 15분 간격으로 실시간 날씨 정보를 제공하고 있다고 선전하고 있다.

IV 나오며

김정은은 집권 이후 북한 주민의 일상생활 환경 개선에 집중했다. 특히, 2012년 1월 1일 북한 신년사를 통해 '사회주의문명국 건설' 목표를 제시하고 북한 사회 모든 분야의 발전을 도모했다. 그 과정에서 예상하지 못한 전 세계적 기후변화로 인한 주요 자연재해가 발생했으며, 김정은은 주민의 생명과 재산 보호를 위한 재해 '예방-대응-복구' 관리 시스템을 체계적으로 구축하는 데 다양한 노력을 기울이는 중이다. 북한 당국이 정비한 자연재해 관리체계의 특징은 다음과 같다.

첫째, 주요 수해 피해 지역은 복구 과정을 통해 환경 개선이 이루어졌다. 2020년 대규모 수해 피해 발생지역인 황해북도 은파·금천군, 강원도 김화군, 함경남도 단천시 검덕지구는 김정은이 재해 최소화를 강조한 지역으로 이후 복구 과정을 통해 '본보기 도시'로 선전될 만큼 환경이 개선되었다.

둘째, 복잡한 재해 관리체계를「재해방지 및 구조, 복구법」을 통해 일원화하였다. 과거 김정일 집권 시기 재해관리는「적십자법」을 통해 복구나 지원을 관리하고 예방과 대응은「기상법」,「하천법」,「산림법」 등을 통해 관리하면서 관리주체가 모두 달랐다. 이와 같은 복잡한 관리체계를 일원화하고 신속한 재해관리를 위해 북한은 2014년「재해방지 및 구조, 복구법」을 제정하여 재해 관리를 체계화하기 위해 노력했다.

셋째, 재해 관리체계 제고를 위한 다양한 정책 도입이다. 북한 당국은 구체적이면서도 과학적인 재해의 '예방－대응－복구' 체계를 구축하기 위해 김일성 시대의 치산치수 정책을 다시 전면에 내세우고 '산림조성－복구－보호' 정책을 추진했으며, 국토관리사업을 통해 재해 취약지구를 보완하였다. 그리고 센다이 프레임워크 등 국제사회의 재해 시스템을 도입하여 '국가재해위험경감전략'을 추진 중이다.[32] 이외에도 과학기술과 ICT 기술을 도입하여 재해예방을 강조하고 있다.

넷째, 2020년 대규모 수해 피해 이후 자연재해 관리체계의 전면 개정을 통해 관료 책임제를 도입했다. 2020년 북한은 UN의 대북제재, 코로나19 팬데믹, 수해피해의 3중고를 경험하면서 통치시스템에 부정적 영향을 끼쳤다. 이러한 상황에서 김정은은 '인민대중제일주의'를 전면에 내세우고 북한 주민의 생명과 재산보호를 위해 집중하기 시작했다.[33] 그리고 2014년에 제정한「재해방지 및 구조, 복구법」의 문제점인 재해 총괄책임자의 권한 부족을 보완하기 위해 재해 총괄책임자로 내각 총리를 임명하고 관료들에게 주민을 중심으로 할 것을 당부했다. 나아가 김정은은 주요 수해 피해 현장을 방문하여 신속한 수해 피해 복구를 위해 노력을 기울이라고 강조했다.

그럼에도 불구하고 지금까지 다양한 부분에서 한계가 있는 것으로 판단된다. 김정은은 제7차, 제8차 당대회를 통해 국가발전계획을 수립하고 전 세계 속 고립된 국가가 아닌 세계화된 북한으로 도약하고자 시도했다. 그러나 '2019

년 제2차 북미하노이회담'이 노딜로 종료되면서 북한은 다시 고립된 국가, 자력갱생 국가로 회귀하였다. 이러한 상황 속에서 효과적인 재해관리를 위한 자원배분이 어려울 수 있다.

그러나 거듭되는 자연재해 속에서는 북한의 재해 관리체계는 민심을 얻기 위한 김정은의 통치전략 중 하나로 중요하게 활용되고 있다. 그 결과 북한 주민의 생활환경이 이전보다 개선되는 효과를 가져다 주었다. 이로써 자연재해에 대한 체계적 관리와 자원 투입이 여전히 부족하지만 과거보다는 자연재해 관리 및 대응방식이 개선되고 있다고 볼 수 있다.

1 글로벌 기후변화에 따른 북한의 기후변화가 어떻게 진행되고 있나요?

2 북한의 재해 관련 주요 법은 무엇이며, 재해 예방을 위해 어떤 법들을 제정하고 있는지 논의하세요.

3 김정은 시대 북한 주민의 생명과 재산을 위해 북한은 어떤 재해 관리체계를 구축하고 있는지 논의하세요.

참고문헌

1. 단행본 및 논문·보고서

강택구 외, 『통일 대비 북한지역 자연재해 대응을 위한 자료구축과 남북협력 방안 연구(Ⅰ)』, 세종: 한국환경정책·평가연구원, 2016.

국가정보원 편, 『2020 북한법령집 下』, 서울: 국가정보원, 2021.

국가정보원 편, 『2022 북한법령집 下』, 서울: 국가정보원, 2022.

국립재난안전연구원 편, 『재난 위험도 평가 및 대응 기반기술 구축(Ⅳ)』 국립재난안전연구원, 2017.

국립재난안전연구원 편, 『한반도 재난대응 기술 연계 모듈 개발(Ⅰ)』 국립재난안전연구원, 2014.

김영근, "동아시아 재해 거버넌스: 인간의 안전보장과 생명정치의 기원", 『일본연구』 Vol.37, 2022, pp. 348-349.

김영근, "재해 리질리언스: 포스트 위험사회의 안전지수", 『일본연구』 Vol.29, 2018, pp. 334-340.

김영근, "코로나19 재해 거버넌스에 관한 한일 비교분석", 『아시아연구』 Vol.23 No.2, 2020, pp. 48-49.

김호홍·김일기, 『김정은 시대 신안보 정책과 남북한 협력 방향』, 서울: 국가안보전략연구원, 2020.

남성욱·채수란, "로동신문을 통해 본 북한의 보건안보 대응태세-COVID-19 보도를 중심으로", 『통일전략』 Vol.21 No.1, 2021.

박재훈, "북한의 기상법제에 관한 검토", 『외국법제정보』 제1호, 한국법제연구원, 2019.

박정원·오형근, "남북한의 재난·재해법제 비교 분석", 『국민법 리뷰』 제30권 제2호(통권 제57호), 2017.

송인호·최귀일, "북한의 재난관리 법제에 대한 고찰", 『경희법학』 Vol.54 No.2, 2019.

Alessio Caverzan and George Solomos, "Review on resilience in literature and standards for critical built-infrastructure", JRC science and policy report, 2014, pp.1-46.

LH토지주택연구원 편, 『북한 건설 개발 동향』, 대전: LH토지주택연구원, 2022.

이근영, "자연재해에 따른 북한 당 조직 변화", 한국행정학회 학술발표논문집 Vol.2013, 2013.

이우성·류민우, "북한 기상기술력 평가와 남북한 기상협력의 효과에 관한 연구", 『현대북한연구』 제12권 제3호, 2009.

임예준·이규창, "북한 재난협력 방안과 과제", 『KINU 연구총서』 17-16, 2017.

정영은·채정호, "역경 극복의 새로운 개념, 리질리언스(Resilience)의 평가 척도", 『신경정신의학』 Vol.49 No.1, 2010.

최갑수, "한국 민주주의의 위기 진단과 해법", 『뉴 래디컬 리뷰』 43, 2010.

최영진, "코로나시기 동북아접경지대에 북한노동자의 고용위협-체류와 송환", 『평화학연구』 Vol.22 No.4, 2021.

최은주, "코로나-19의 장기화와 북한의 대응, 그리고 남북보건의료협력의 시사점", 『정세와 정책』 통권 332호, 2020.

허정필, "김정은 시대 북한의 재해관리 체계 지속과 변화 연구", 『한국과 국제사회』 Vol.6. No.4, 2022, pp. 309-316.

허정필, 『신진연구자가 본 김정은 체제』, 서울: 경남대학교 극동문제연구소, 2023.

황수환, "자연재해 대응 관련 북한의 정책과 법·조직 체계", 『입법과 정책』 Vol.9 No.3, 2017.

2. 언론기사

로동신문, "대규모큰물피해가 발생한 검덕지구에서", 2012. 9. 7.

로동신문, "행복의 창조자", 2012. 11. 22.

로동신문, "경애하는 김 정 은원수님께서 위성관제종합지휘소를 찾으시고 인공지구위성 《광명성 - 3》호 2호기의 발사과정을 관찰하시였다", 2012. 12. 14.

로동신문, "우리 당건설에서 획기적인 전환의 계기로 될 조선로동당 제4차 세포비서대회", 2013. 1. 28.

로동신문, "조선로동당 제7차대회에서 한 당중앙위원회 사업총화보고 김정은", 2016. 5. 8.

로동신문, "참다운 인민의 나라, 사회주의조국의 휘황한 앞길을 밝힌 강령적지침", 2019. 1. 2.

로동신문, "치산치수사업을 힘있게 벌려 조국강산을 살기 좋은 인민의 락원으로 꾸리자", 2020. 11. 4.

로동신문, "우리 당과 조국력사에 특기할 당 제8차대회를 높은 정치적열의와 빛나는 로력적 성과로 맞이하자: 영광의 대회를 향하여 힘차게 앞으로!", 2020. 12. 21.

로동신문, "조선로동당 제8차대회에서 하신 경애하는 김정은동지의 보고에 대하여", 2021. 1. 9.

조선중앙통신, "경애하는 김정은동지께서 조선인민군 6월8일 농장에 새로 건설한 남새온실을 현지지도하시였다", 2014. 12. 26.

조선중앙통신, "조선에서 세계인구의 날을 계기로 다양한 사업 진행", 2015. 7. 13.

조선중앙통신, "2019년~2030년 국가재해위험감소전략실현을 위한 노력", 2020. 3. 20.

기후위기와 생태환경:
북한은 기후위기에
어떻게 대응할까요?

오삼언

CHAPTER 08

기후위기와 생태환경:
북한은 기후위기에 어떻게 대응할까요?

Ⅰ 기후위기는 남과 북을 구분하지 않는다

1. 산림황폐화와 자연재해의 '악순환'

가. 북한 산림황폐화가 심각한 이유는 무엇일까?

북한의 산림면적은 906만ha로 국토 면적의 73.6%이다.[1] 2020년 기준 FAO 통계에 따르면 OECD 국가 38개국 중 국토 면적 대비 산림 비율이 60%가 넘는 국가는 5개 국가이며, 산림 비율이 가장 높은 나라는 73.74%를 차지하는 핀란드다. 우리나라는 OECD 국가 중 네 번째로 산림 비율이 높은 나라로 64.52%이다.[2] 북한은 농경지 중에 경사도가 10° 이상이 되는 토지도 41%에 달한다.[3] 이처럼 북한은 산림 비율이 높으면서도 산림황폐화가 심각한 상황인데, 2018년 우리나라 국립산림과학원에서 위성영상을 분석한 결과에 따르면 산림황폐지 면적은 약 262만 ha이며 산림면적 대비 황폐화율은 28%에 이른다.

> **그림 8-1** 산사태 이전 북한 나선시(왼쪽, 2013)와 산사태 이후 모습(오른쪽, 2015)

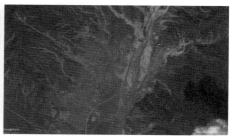

상류 지역 산림이 훼손되면서 하류의 하천이 범람하게 되고, 이는 농경지 매몰 등의 사태를 일으켜 식량 생산을 저하시키는 악순환 구조로 정착한다(구글어스 위성영상 사진).

나. '자연과의 전쟁'을 선포한 북한

국토 면적 대비 산림 비율이 73.6%에 이르면서도 산림황폐화가 심각한 현실은 자연재해 피해가 커지는 결과로 이어졌다. 북한의 자연재해가 이른바 1990년대 '고난의 행군' 시절에 그치지 않고 최근까지 지속되는 이유다. 세계 50대 자연재해(피해액 기준)로 기록되고 있는 1995년 호우뿐만 아니라 2000년대에도 북한의 홍수 피해는 끊이지 않고 있다. 2020년 여름철에는 전국 평균 강수량이 852.3㎜로 평년 대비 146.1%를 기록하기도 했다.

산림이 황폐해지면 산림의 중요 기능인 물의 저장능력이 떨어지면서 홍수뿐만 아니라 가뭄 피해도 커진다. 태풍이 발생하면 산사태 피해도 증가한다. 상류 지역의 산림 훼손으로 하류의 하천이 범람하는 때에는 농경지, 도로, 공장 등이 손상된다. 북한의 산림황폐화는 외화벌이를 위한 과도한 벌채, 식량을 해결하기 위한 산지 개간 농사, 에너지 충원을 위한 땔감 채취 등으로 빚어졌는데, 산림황폐화가 도리어 자연재해와 경제난을 심화하는 악순환이 만들어진 것이다. '경제난→산림황폐화→자연재해→경제난'의 악순환은 북한이 산림복구를 중심으로 기후위기 대응에 나서게 된 주요 배경이다.[4]

그림 8-2 북한의 산림황폐화와 자연재해 상관관계

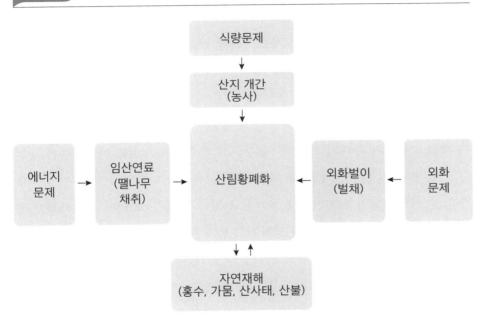

1990년대 중반부터 줄곧 제기돼 온 산림황폐화 문제에 본격적으로 대응에 나선 것은 김정은 시대에 들어서다.[5] 2015년 김정은 위원장은 "산림문제를 놓고는 더 이상 물러설 길이 없다."라는 강한 의지를 밝히면서 산림녹화에 대해 '자연과의 전쟁'으로 규정짓고 산림녹화사업을 '산림복구전투'로 명명했다. 산림복구사업을 '전투'라는 군사용어로 사용할 만큼 산림복구를 해야 한다는 절박성과 당위성을 표현한 것이라고 볼 수 있다.[6]

2. 산림황폐화에 기후위기까지 '엎친 데 덮친 격'

가. 북한의 기후위기, 어느 정도일까?

한반도의 기후위기는 전 세계 평균보다 빠르다. 지구의 평균기온은 지난 133년간 0.85℃ 증가했는데, 한반도의 기온은 지난 30년간(1981~2010년) 연평균 1.2℃ 상승했다. 그런데 북한은 우리나라에 비해 기후위기 속도가 더 빠르다. 북한의 연평균 기온상승 경향은 0.45℃/10년으로 남한의 0.36℃/10년보다 1.3 배 빠르다.[7]

한반도 강수량은 전반적으로 조금씩 증가하고 있으나, 강우강도는 증가하여 재해성 강우가 확대되고 있다. 북한 역시 기후위기로 인한 이상기후를 경험하고 있다. 특히 겨울철 한파와 여름철 폭염 현상이 나타나고 있으며, 홍수와 가뭄 등 자연재해의 발생빈도가 높아지고 있다. 북한은 2013년 국제사회에 제출한 국가보고서에서 '겨울철이 짧아지고 봄과 여름철은 길어졌다.', '평양의 경우 2000년대의 봄이 1930년대보다 24일, 1990년대보다는 6일 빨리 왔으며 여름은 각각 10일과 6일 빨리 왔다.'고 밝히고 있다. 실제로 북한의 겨울철은 27일 줄어든 반면, 여름과 봄철은 각각 16일과 12일 늘어났다.

한편 북한은 1994년 12월 유엔기후변화협약에 가입한 이후 2005년 4월에는 교토의정서를 비준하였으며, 2016년에는 신기후 체제인 파리기후변화협정에 가입했다.

나. 북한의 기후위기 자가진단 '취약'

북한은 스스로 기후위기 대응에 대해 '취약'하다고 진단하고 있다. 2016년 북한은 유엔(UN)에 제출한 문서를 통해 스스로가 "산림 및 토지 황폐화 문제에 직면해있으며 이로 인해 기후위기, 기상이변에 대해 더욱 취약해지고 있다." 라며 해결책으로 산림복구를 진행 중이라고 밝힌 바 있다.[8] 미국의 정보기관은 북한의 기후위기 대응력에 강한 우려를 나타내기도 했다. 2021년 10월 18개 정보기관을 총괄하는 미국의 국가정보국(DNI)은 기후위기대응 취약 우려국 11개 국가 중 하나로 북한을 꼽았다.[9] 국가정보국(DNI)은 보고서를 통해 기후위기가 "자연재해 증가, 난민 유입 그리고 물과 식량과 같은 기본 자원에 대한 갈등을 촉발한다는 점에서 국가안보에 긴급하고도 중대한 위협"이라고 규정하고 11개 나라들이 기후위기 대응력을 갖추는 것이 중요하다고 밝히기도 했다.[10] 2013년 북한이 스스로 진단한 분야별 기후위기 영향은 다음과 같다(표 8−2).

표 8-1 2013년 북한이 밝힌 분야별 기후위기 영향

구분	주요 영향
수자원	• 수자원은 점차 감소해 과거 30년(1971~2000년) 대비 15% 감소 • 1990년대 1인당 수자원은 1950년 대비 3.4배 감소 • 기온 상승으로 인한 수온 상승과 수자원의 계절적 변동성으로 인해 수질 악화
농업	• 지구온난화로 인해 적산온도 및 적산온도의 지속시간이 점진적으로 증가 • 기후위기로 인한 일조량 감소 현상으로 인해 농업 생산에 부정적 영향 초래 • 사과를 포함한 고온에서 재배할 수 없는 과수의 생산지역은 감소 예상
해안지역	• 해안지역의 해수면 상승으로 인한 침수 피해지역 증가. 바닷물 침투로 담수 오염 피해 • 향후 100년간 해수면은 약 0.67m에서 0.89m 높아질 것으로 예상. 방재시설 없이는 동해안 및 서해안 해안선이 각각 67~89m, 670~890m 후퇴할 것으로 예상
인간 건강	• 기후위기로 홍수, 태풍 및 고온으로 인한 피해자 증가 예상. 또한 콜레라, 말라리아 등 고온으로 인한 질병 피해 증가 예상

북한은 2021년 유엔에 제출한 보고서[11]에 스스로 "극심한 기후위기가 잦은 나라"라며 "지난 10년 동안 보통 한 가지 이상의 자연재해가 해마다 발생했다."라고 밝혔다. 또한 "1990~2020년 사이 홍수, 태풍 같은 자연재해가 자주 발생했으며 가장 많은 사망자는 홍수, 가장 많은 희생자는 가뭄과 홍수, 가장 큰 재

산상 피해는 홍수와 태풍에 의해 발생했다."라고 밝혔다. 북한의 자연재해 피해는 스스로 밝힌 것처럼 심각한 상황이다. 북한의 피해 수치를 계산해보면 2015년 99.1명, 2016년 522.8명, 2018년 150.8명, 2020년 126.8명이다.

그림 8-3 인구 10만 명당 재해로 인한 사망 및 실종자 수(인구 10만 명 대비 비율)

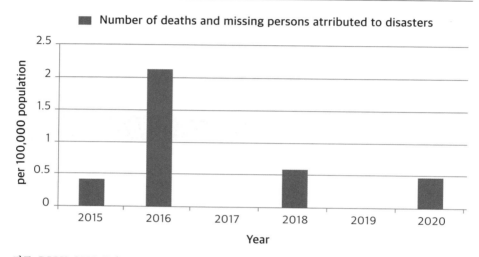

자료: DPRK. 2021. Voluntary National Review on the Implementation of 2030 Agenda. p.40.

Ⅱ 기후위기 관련 북한의 법 변화

1. 김정은 시대 개정 법안은 무엇일까?

가. 환경보호, 에너지, 산림 분야 법안

기후위기 대응에 나서는 북한의 행보는 관련 정책 및 법 제·개정으로 이어졌다. 북한의 기후위기 관련 법규의 범주를 특정하기 위해 북한이 2016년 유엔

(UN)에 제출한 보고서를 살펴보면 환경보호, 에너지, 산림 등 3가지 분야를 확인할 수 있다.[12] 북한은 이 보고서에 "기후위기 관련 내용으로 환경보호법을 보완하고 환경영향평가법을 새롭게 제정하여 기후위기 대응을 위한 법적, 정책적 틀을 구축했다."라고 서술한 뒤 "환경보호, 에너지, 산림 등 3가지 분야의 법과 정책이 기후위기 대응을 뒷받침할 것"이라고 밝히고 있다.[13] 북한이 보고서에서 밝힌 법규는「환경보호법」,「산림법」등 19개 법이다. 북한이 밝힌 19개 관련 법규를 정리하면 <표 8-2>와 같다.

표 8-2 2016년 북한이 INDC보고서를 통해 밝힌 기후위기 대응을 위한 관련 법

분야	관련 법
환경보호	환경보호법, 환경영향평가법, 대기오염방지법, 폐기물 처리법, 하수도법
에너지	에네르기관리법, 석탄법, 전력법, 주민연료법, 중소형발전소법, 연유법, 재생에네르기법
산림	산림법, 토지법, 국토계획법, 원림녹화법, 자연보호구법
기타	과학기술법, 도시경영법

자료: Intended Nationally Determined Contribution of Democratic People's Republic of Korea, September 2016.

나. 생태환경 관련 법안은 38개?

기후위기 대응을 포함하여 북한의 생태환경 관련 법안은 38개라고 할 수 있으며, 이 중 김정은 위원장 집권 이후 제정법은 8개, 개정법은 22개다. 위에서 살펴본 것처럼 북한의 기후위기 대응 법안 분류를 참조하여 정리해보면 <표 8-3>과 같다.

표 8-3 북한의 생태환경 관련 법 제·개정 추진 상황[14]

분야	관련 법	제·개정 상황	구성
환경보호 (총 14개)	환경보호법	1986. 4. 9. 채택 2021. 6. 17. 수정보충	5장 78조
	환경영향평가법	2005. 11. 9. 채택 2020. 7. 26. 수정보충	5장 33조
	자재관리법	2010. 11. 25. 채택 2015. 9. 9. 수정보충	4장 37조
	대기오염방지법	2012. 7. 11. 채택 2020. 7. 26. 수정보충	5장 46조
	방사성오염방지법	2011. 8. 29. 채택	6장 50조
	기업소법	2010. 11. 11. 채택 2020. 11. 4. 수정보충	5장 57조
	대동강오염방지법	2008. 9. 23. 채택 2021. 10. 26. 수정보충	5장 57조
	독성물질취급법	2015. 10. 8. 채택 2020. 7. 26. 수정보충	5장 51조
	재자원화법	2020. 4. 12. 채택	4장 46조
	바다오염방지법	1997. 10. 22. 채택 2020. 7. 26. 수정보충	6장 60조
	페기페설물취급법	2007. 4. 26. 채택 2020. 7. 26. 수정보충	4장 40조
	하수도법	2009. 12. 10. 채택	5장 43조
	국토환경보호단속법	1998. 5. 27. 채택 2005. 12. 13. 수정보충	22조
	보통강오염방지법	2021. 10. 29. 채택	6장 58조
산림 (총 8개)	산림법 주요 개정	1992. 12. 11. 채택 2021. 8. 24. 수정보충	6장 66조
	원림법	2010. 11. 25. 채택 2013. 7. 24. 수정보충	4장 37조

	원림녹화법	2022. 9. 7. 채택	미확인
	공원, 유원지관리법	2013. 5. 29. 채택	5장 48조
	자연보호구법	2009. 11. 25. 채택 2013. 7. 24. 수정보충	5장 43조
	토지법	1977. 4. 29. 채택 1999. 6. 16. 수정	6장 80조
	국토계획법	2002. 3. 27. 채택 2004. 10. 26. 수정보충	5장 41조
	유용동물보호법	1998. 11. 26. 채택 2006. 2. 1. 수정보충	27조
에너지 (총 7개)	재생에네르기법	2013. 5. 29. 채택	6장 46조
	에네르기관리법	1998. 2. 4 채택 1998. 12. 3. 수정	4장 47조
	석탄법	2009. 1. 7. 채택 2021. 9. 14. 수정보충	6장 80조
	전력법	1995. 12. 20. 채택 2021. 10. 26. 수정보충	9장 92조
	주민연료법	1998. 12. 18. 채택 2020. 5. 20. 수정보충	5장 44조
	중소형발전소법	2007. 4. 11. 채택	5장 49조
	연유법	2007. 1. 10. 채택	6장 61조
자연재해 (총 5개)	하천법	2002. 11. 27. 채택 2013. 7. 24. 수정보충	5장 39조
	지진, 화산 피해방지 및 구조법	2011. 8. 29. 채택 2011. 12. 21. 수정	6장 52조
	재해방지 및 구조, 복구법	2014. 6. 27. 채택 2020. 11. 26. 수정보충	7장 62조
	소방법	2005. 2. 24. 채택 2020. 5. 20. 수정보충	5장 63조
	기상법	2005. 11. 9. 채택	5장 40조

기타 (총 4개)	과학기술법	1988. 12. 15. 채택 2013. 10. 23. 수정보충	8장 82조
	도시경영법	1992. 1. 29. 채택 2015. 1. 7. 수정보충	7장 63조
	축산법	2006. 1. 12. 채택 2015. 6. 10. 수정보충	5장 55조
	농장법	2009. 12. 10. 채택 2021. 11. 15. 수정보충	4장 73조

2. 생태환경 관련 법 간략 보기

가. 새로 제정된 법의 의미

(1) 2020년 제정된 재자원화법

「재자원화법」은 2020년 최고인민회의 제14기 제3차 회의에서 채택됐다. 「재자원화법」의 제정은 재자원화를 독려하는 차원이 아니라, 법적 강제를 하는 단계라는 점을 보여주는 조치다. 「재자원화법」은 재자원화사업에서 제도와 질서를 엄격히 세워 인민경제의 지속적 발전과 생태환경을 보호하는 데 이바지하는 것을 사명으로 제정됐다. '「재자원화법」의 기본, 재자원화계획, 페기페설물 및 생활오물의 관리, 재자원화사업에 대한 지도통제' 등의 4개 장과 46개 조문으로 구성돼있다.

(2) 2013년 제정된 재생에네르기법

「재생에네르기법」은 2013년 최고인민회의 상임위원회 정령 제3193호로 채택됐다. 북한에서 재생에네르기는 '태양열 및 빛, 풍력, 지열, 생물질, 해양에네르기 같은 환경에 영향을 주지 않으면서도 재생가능한 에네르기'를 뜻한다. 북한은 '재생에네르기의 개발과 리용을 장려하고 재생에네르기산업을 활성화하여 경제를 지속적으로 발전시키고 인민생활을 높이며 국토환경을 보호하는 데 이바지'하기 위해 법을 제정했다고 밝히고 있다.

나. 개정법의 핵심은 처벌?

(1) 2014년 큰 폭으로 개정된 환경보호법

2014년 「환경보호법」 개정에서는 6개 조문이 신설되었는데, 특히 제48조와 제50조 조문에서 큰 변화를 읽을 수 있다. 먼저 제48조는 '건설대상의 환경영향평가' 조항으로 환경보호기관이 정하는 건설 대상에 환경평가의무를 규정했다. 환경영향평가가 북한 사회에서 현실이 되고 있음을 보여준다고 볼 수 있다. 또한 제50조에 '환경보호기금과 오염물질배출보상료'를 신설했는데, "기관, 기업소, 단체는 정해진 데 따라 소득의 일부를 환경보호기금으로 계획화하여 자기 단위의 환경보호사업에 리용하여야 한다."라고 명시하고 "산업폐수, 폐기물, 폐가스, 먼지 같은 환경오염물질을 내보내는 기관, 기업소, 단체는 배출량에 따르는 오염물질배출보상료를 납부하여야 한다."라고 규정했다. 즉, 우리나라 배출부과금과 유사한 제도를 도입한 것으로 제48조와 함께 상당한 의미를 갖는 개정이라고 할 수 있다.[15]

(2) 2015년 산림복구전투와 맞물려 개정된 산림법

「산림법」은 산림복구전투가 시작된 2015년 3월에 상당 부분의 개정이 이뤄졌다. 「산림법」은 1992년 12월 제정된 이후 2021년 8월까지 모두 12차례 개정됐는데, 2015년 당시 산림훼손을 금지하는 내용이 추가됐다는 점에서 의미를 짚을 수 있다. 제25조 '산림구역에서의 금지사항'에서 금지행위를 자세히 규정하는 내용을 추가했으며, 제47조 '행정적 책임'에 대해서도 행위별 처벌규정을 추가하는 등 산림조성 등에서 규율과 질서를 더욱 엄격하게 했다.

(3) 단어 하나가 추가된 자연보호구법 개정

2013년 개정된 「자연보호구법」은 단어 하나가 추가됐으나 자연보호구 정책이 강화되는 신호탄이라고 분석할 수 있다.[16] 2013년 개정된 「자연보호구법」에는 2009년에 표기돼 있지 않았던 '생물권보호구'가 자연보호구에 포함돼있다. 생물권보호구는 유네스코의 MAB(인간과 생물권 계획)에 따라 지정된 보호구역인 '생물권보전지역'의 북한 표현이다. 「자연보호구법」이 개정된 이후인 2014년과 2018년에 칠보산과 금강산이 각각 유네스코 생물권보전지역으로 지정됐다.[17] 2019년부터 유용동물보호구가 확대되는 등 자연보호구가 확대되는 추세다.

Ⅲ 북한의 기후위기 관련 국제사회 대응

1. 북한의 온실가스 감축 목표는 얼마일까?

북한의 산림복구전투가 시작된 해인 2015년 12월 파리 기후변화협약 당사국총회(COP21)에 참석한 북한 리수용 외무상은 "앞으로 10년 이내에 온실가스 배출량을 1990년 수준에 비해 37.4%를 줄이겠다."라는 감축 목표를 발표했다. 이는 "향후 10년간 63억 그루의 나무를 심겠다."라는 장담에서 출발한 것이다.

2016년 북한은 파리협정에 가입하면서 제시한 자발적 국가감축목표(INDC, Intended Nationally Determined Contribution)를 통해서는 2030년까지 배출전망치(BAU, Business as usual) 대비 8%를 감축하겠다고 밝혔다. 온실가스 배출량을 감축하기 위한 방안으로는 양묘장 현대화와 조림기술 도입, 임농복합경영 등을 제시하는 등 산림정책에 근거해 주요 방안들을 제시하기도 했다.[18]

2019년에는 김성 유엔(UN) 주재 대사 명의로 된 서신을 제출하면서 앞서 제시한 온실가스 감축 목표보다 상향된 안을 제시했다. 배출전망치 대비 16.4%를 감축하겠다고 밝힌 것이다. 북한은 이를 위해 2024년까지 '산림복구전투 추진', '조력·풍력·원자력 등 다양한 에너지 자원 발굴 및 활용', '지속가능한 농업경영 도입' 등을 이행 계획으로 밝혔다. 또한 국제사회의 지원이 있을 경우 52%를 감축하겠다는 상향된 안을 제시했다. 북한이 그동안 국제기구에 제시한 온실가스 감축 목표는 다음과 같다(표 8-4).

표 8-4 국제기구에 제시한 북한의 온실가스 감축 목표 변화[19]

시기별 제출 현황	북한의 자발적 국가 감축 목표
COP 고위급 세션(2015)	10년 이내 배출량 37.4% 감축 (10년 동안 167만ha에 63억 본 조림 및 재조림)
UN총회 파리기후협약 (2016)	배출전망치 대비 8%, 국제지원시 40% 감축
UN 제출 서신, 북한 NDC(2019)	배출전망치 대비 16.4%, 국제지원시 52% 감축
SDGs 자발적국가보고서(2021)	배출전망치 대비 15.63%(3,600만 톤), 국제지원시 50.35%(1억 5,700만 톤)

2. 1990년에 비해 온실가스 배출량이 줄어든 북한

북한은 2012년 국가보고서에서 자국의 온실가스 배출량이 2000년 65,714GgCO2e로 1990년에 비해 66%가 감소했다고 밝힌 바 있다. 온실가스 배출량이 줄어든 배경에 대해서는 1990년대 사회주의 국가들의 시장 붕괴, 계속되는 심각한 자연재해, 외부 경제압박과 봉쇄로 인해 국가 경제가 쇠퇴한 점으로 꼽았다. 북한은 4년 뒤인 2016년에 '국제사회의 지원이 기후위기 적응에 한계를 겪고 있는 개발도상국 중 하나인 북한이 재정 자원, 역량 강화 및 기술 이전 측면에서 적응 조치를 이행하는 데 큰 도움이 될 것'이라며 국제사회의 지원을 요청한 바 있다.

북한은 2022년 11월 이집트에서 열린 제27차 기후변화협약 당사국총회(COP27)에서 발표한 정부 대표단 기조연설을 통해 "환경보호법, 재생에네르기법, 산림법, 에네르기관리법 등 기후위기에 대응하기 위한 법률 체계를 보다 완벽하게 만들고 있으며 국가의 생태계 보호 및 증진을 위한 종합적인 장기녹색성장계획을 수립하고 있다."라고 소개했다. 또한 "2015년부터 2024년까지 63억 그루를 조림하여 200만ha의 숲을 조성하는 사업을 적극적으로 추진하고 있다."라고 밝혔다.

북한은 국제사회에 산림복구를 위한 자체 노력과 성과를 피력하고 있다. 북한이 기후위기 대응이라는 이슈에 적극적인 관심과 자신감을 피력하는 배경이기도 하다.[20]

1 김정은 위원장 집권 이후 개정된 생태환경 관련 법안의 개정 시기와 내용 등을 살펴보고 의미를 짚어봅시다.

2 기후위기와 관련된 남과 북의 대표적인 법안들을 선정, 비교해보고 공통점과 차이점에 대해 논의해 봅시다.

3 북한이 기후위기 대응에 나서게 된 이유를 대내외 정치경제적 측면 등 다방면에서 살펴본다면 어떻게 볼 수 있을까요?

4 북한의 온실가스 배출량은 선진국과 비교했을 때 현저히 낮을 텐데 북한의 온실가스 감축 목표와 계획은 다른 나라와 비교했을 때 어느 정도 규모이며 어떤 차이가 있을까요?

5 기후위기에 대응하기 위해 남과 북이 무엇을 협력할 수 있을지 다양한 분야에서 생각해봅시다.

참고문헌

1. 국내 문헌

명수정, "북한의 환경 현황", 『KDI 북한경제리뷰』, 한국개발연구원, 2018.

오삼언, "김정은 집권 이후 '생태환경정치'의 출현", 『북한연구학회보』 제28권 제1호, 2024.

오삼언·김은희, "김정은 시대 산림복구 성과와 양상 분석", 『북한연구학회보』 제25권 제2호, 2021.

오삼언·김은희, "북한 임농복합경영의 사회경제적 함의와 남북 산림협력방향", 『북한학연구』 제16권 제2호, 2020.

오삼언·박소영, "김정은 집권 이후 자연보호구 정책의 특징", 『통일정책연구』 제32권 제2호, 2023.

오삼언·박소영, "북한의 자연재해와 기후위기 대응전략", 『현대북한연구』 제25권 제3호, 2022.

최형순 외, "기후위기와 남북산림협력", 『국제산림정책토픽』 제111호, 2022.

한상운, 『북한 환경상태조사 및 남북 환경협력사업 개발 연구: 북한 환경법제 입법동향 및 DB 구축』, 한국환경정책·평가연구원, 2020.

2. 국외 문헌

DPRK, "Voluntary National Review on the Implementation of 2030 Agenda", 2021.

FRA platform (https://fra-data.fao.org.)

Intended Nationally Determined Contribution of Democratic People's Republic of Korea. September 2016.

ONDI, "Climate Change and International Responses Increasing Challenges to US National Security Through 2040", 2021.

Sam Un Oh·Eun-Hee Kim·Kyoung-Min Kim·Myung-Kil, "A Study on the Application of Successful Forest Greening Experience for Forest and Landscape Restoration: A Comparative Study of Two Koreas", Sustainability Vol.2020. No.12, winter 2020.

Sam Un Oh·So Young Park, "Implications of North Korean Forest Policy and "Golden Mountain Strategy"", Pacific Focus 381, 2023.

Strategic Framework for cooperation between the UN and the DPRK, 2017~2021.

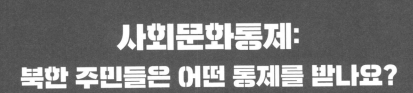

사회문화통제:
북한 주민들은 어떤 통제를 받나요?

정원희

CHAPTER 09

사회문화통제:
북한 주민들은 어떤 통제를 받나요?

I 북한의 사회변화와 통제

    1990년대 이후 북한에서 다양한 일탈행위들이 발생하면서 사회문화적 측면에서 변화가 나타났다. 소련과 동구권 사회주의 국가들이 붕괴되자 북한은 생필품 구입을 위해 국제시장에 나설 수 밖에 없게 되었고, 전 세계적으로 사회주의 이념이 퇴조하면서 북한 사회 내부에도 외부 문화와 정보의 유입이 활성화되었다. 이로 인해 주민들이 기존의 사회적 규범과 다른 가치관과 생활양식을 경험하게 되면서 기존에 있던 이념적 통일성에 균열이 생기기 시작했고 비(非)사회주의적인 일탈 현상이 증가하게 된 것이다.

    북한은 기본적으로 법보다 당에 의한 정치사상교양 및 조직생활을 통해 체제를 유지해왔다. 사회주의 계획경제체제에서 주민들의 생계는 전적으로 국가에 의해 결정되었고, 당에 의한 정치적 통제는 사회질서를 유지하는 데 법적 통제보다 훨씬 효율적이었다. 그러나 1990년대 극심한 경제난 이후 북한의 국가경제가 파산하고 주민들의 사적 경제활동이 확대되면서 당적 통제를 통해 국가질서를 유지하기가 어려워졌다. 이러한 새로운 환경 속에서 북한 당국은 당적 통제뿐 아니라 법적 통제를 주민통제를 위한 주요한 수단으로 이용하고 자 노력하고 있다.

본 장에서는 김정은 시대 북한의 변화와 이에 대응하는 사회문화적 통제 기 제를 법적 측면에서 살펴본다. 새로운 환경 속에서 북한 주민들의 다양한 일탈 행위 중에서 특히 외부문화 유입과 관련된 부분을 중점적으로 다룬다.

Ⅱ 사회문화 통제 관련 새로운 법 소개

1. 북한 주민들은 어떻게 통제를 받나요?

2000년대 이후 북한의 전반적인 통제 수준이 높아졌다. 2000년대 중반 개 정된 「형법」과 2004년 제정된 「행정처벌법」의 조항을 통해 확인할 수 있다. 2009년 개정 「형법」에서 국방관리질서를 침해한 범죄에 대한 처벌 수위가 높 아졌고 벌금형을 추가하여 반국가 및 반민족범죄 위반자에게 적용되도록 하 였다. 2015년에는 '비법적 국제통신죄'가 신설되었는데, 이는 탈북자 가족들을 비롯하여 한국 지인의 연락을 받아 북한에 돈을 보내거나 다양한 외부 정보를 주고받는 행위를 말한다(형법 제261조). 즉, 다른 나라에 있는 사람과 통화를 하 는 행위 자체가 노동단련형이나 노동교화형에 처할 수 있는 범죄에 해당하는 것이다. 김정은 시대에 들어 형법의 처벌 수위가 훨씬 더 높아졌는데, 단순하 게 「형법」의 처벌 조문 개수만 보아도 알 수 있다. 2015년 7월 22일 개정 「형법」 에서는 241개 처벌 조문을 두고 있던 것에 비하여 2022년 「형법」(2022.5.17. 개정) 은 269개의 처벌 조문을 두고 있다. 「행정처벌법」의 경우도 마찬가지다. 2008년 개정된 「행정처벌법」에서는 174개이던 처벌조항(2008.5.20.)이 2011년에 들어 195

개(2011.10.16.), 2016년에 296개(2016.12.22.), 2020년에는 307개(2020.12.18.)로 늘어났다.[1]

2004년 개정 「형법」에서 외부문화를 규제하는 조항이 신설되었다. 그 이전까지는 외국의 문물을 보고 들었더라도 별도의 처벌조항이 마련되어 있지는 않았다. 2015년 개정 형법을 보면 '퇴폐적인' 문화를 반입, 유포하거나 그러한 행위를 따라할 경우, 적대방송이나 외부 콘텐츠를 수집, 보관, 유포할 경우에 대한 처벌조항이 강화되었다. 여기서 '퇴폐적이고 색정적이며 추잡한 내용'은 한국의 '자본주의 날라리풍 문화'를 우회적으로 지칭한 것이며 적대방송 및 인쇄물, 유인물 역시 주로 한국의 매체를 말한다. 2015년 개정된 북한 「형법」에서 외부문화 유입과 관련된 조항을 보면 다음과 같다(<표 9-1> 참고).

표 9-1 외부문화 유입 관련 형법 조항 변화

2004년 형법	2015년 형법
제193조 (퇴폐적인 문화반입, 류포죄) 퇴폐적이고 색정적이며 추잡한 내용을 반영한 음악, 춤, 그림, 사진, 도서, 록화물과 유연성자기원판, 씨디-롬 같은 기억매체를 허가 없이 다른 나라에서 들여왔거나 만들었거나 류포한 자는 2년 이하의 로동단련형에 처한다. 정상이 무거운 경우에는 4년 이하의 로동교화형에 처한다.	제183조 (퇴폐적인 문화반입, 류포죄) 퇴폐적이고 색정적이며 추잡한 내용을 반영한 그림, 사진, 도서, 노래, 영화 같은 것을 허가 없이 다른 나라에서 들여왔거나 만들었거나 류포하였거나 비법적으로 보관하고 있은 자는 1년 이하의 로동단련형에 처한다. 여러 번 또는 대량을 반입, 제작, 류포, 보관한 경우에는 5년 이하의 로동교화형에 처한다. 정상이 무거운 경우에는 5년 이상 10년 이하의 로동교화형에 처한다.
제194조 (퇴폐적인 행위를 한 죄) 퇴폐적이고 색정적이며 추잡한 내용을 반영한 음악, 춤, 그림, 사진, 도서, 록화물과 씨디-롬 같은 기억매체를 여러 번 보았거나 들었거나 그러한 행위를 한 자는 2년 이하의 로동단련형에 처한다. 정상이 무거운 경우에는 5년 이하의 로동교화형에 처한다.	제184조 (퇴폐적인 행위를 한 죄) 퇴폐적이고 색정적이고 추잡한 내용을 반영한 그림, 사진, 도서, 노래, 영화 같은 것을 보았거나 들었거나 재현한 자는 1년 이하의 로동단련형에 처한다. 앞 항의 행위를 상습적으로 한 자는 5년 이하의 로동교화형에 처한다. 정상이 무거운 경우에는 5년 이상 10년 이하의 로동교화형에 처한다.

제195조 (적대방송청취, 인쇄물, 유인물, 수집, 보관, 류포죄) 반국가목적이 없이 공화국을 반대하는 방송을 체계적으로 들었거나 삐라, 사진, 록화물, 인쇄물, 유인물을 수집, 보관하였거나 류포한 자는 2년 이하의 로동단련형에 처한다. 정상이 무거운 경우에는 5년 이하의 로동교화형에 처한다.	제185조 (적대방송청취, 적지물 수집, 보관, 류포죄) 반국가목적이 없이 적들의 방송을 들었거나 적지물을 수집, 보관하였거나 류포한 자는 1년 이하의 로동단련형에 처한다. 앞 항의 행위를 여러 번 하였거나 대량의 적지물을 수집, 보관, 류포한 경우에는 5년 이하의 로동교화형에 처한다. 정상이 무거운 경우에는 5년 이상 10년 이하의 로동교화형에 처한다,

2. 김정은 시대 새롭게 제정된 법은 어떤 것들이 있나요?

김정은 시대에 들어 새로운 개별법 제정을 통하여 비사회주의·반사회주의적 현상에 대한 단속과 처벌이 대폭 확대되었다. 형법, 행정처벌법 등 기존의 법적제재가 강화되었을 뿐 아니라 2020년 코로나19 상황을 전후로 「반동사상문화배격법」(2020), 「청년교양보장법」(2021), 「평양문화어보호법」(2023), 「군중신고법」(2019) 등 신규 개별법들이 제정되면서 사상, 문화적인 통제 수준이 더 높아진 것이다.

가. 반동사상문화배격법

2020년 12월 4일 최고인민회의 상임위원회 제14기 제12차 전원회의에서 「반동사상문화배격법」이 채택되었다. 외부 문화는 물론 종교와 자본주의적 생활방식 등 북한 당국의 공식 이념과 맞지 않은 행동이나 현상들에 대해 통제하려는 것이다. 이 법은 한국의 드라마나 영화를 시청하는 것을 비롯해 외부의 대중문화에 대한 금지 및 처벌조항을 담고 있다. 2020년 6월 19일 김정은의 비준방침에 따라 '괴뢰들의 말투를 본따거나 흉내내는 쓰레기들을 철저히 소탕해버리기 위한 대책과 관련한 제의서'가 북한 전역에 배포되었고, 그 후 청년동맹

조직을 비롯해 한류 문화에 익숙해진 주민들의 생활 문제가 크게 지적되었다. 북한 정권이 「반동사상문화배격법」을 제정한 것은 역으로 남한의 대중문화를 비롯한 비사회주의적·반사회주의적 문화가 북한 내부적으로 널리 유행하고 있음을 보여준다.

「반동사상문화배격법」은 총 4개의 장, 41개의 조항으로 구성되어 있으며, 2020년 제정된 후 2022년 8월 19일 최고인민회의 명령 제1028호로 수정·보충되었다. "반동적인 사상문화, 반사회주의 사상문화의 류입, 류포 행위를 막기 위한 투쟁을 힘있게 벌려 우리의 사상진지, 혁명진지, 계급진지를 강화하는 데 이바지"하기 위한 사명을 갖는다고 명시하고 있다. 여기서 반동적, 반사회주의적인 사상문화는 한국의 대중문화를 비롯하여 영화, 드라마, 뉴스, 음악, 도서, 사진 등 외부의 콘텐츠를 말한다. 북한 정권은 반동사상 문화를 사회주의 제도를 붕괴시키려는 적대국들의 사상문화적 침투라고 여기며, 국가의 모든 부분, 단위에서 제도와 질서를 엄격하게 세워 반동적인 출판선전물들이 유입되거나 주민들이 시청하고 유포하는 등의 행위를 확고하게 차단하고자 한다. 이 법은 강한 처벌조항을 담고 있어 북한 주민들의 표현의 자유와 알권리(정보접근권)를 차단하는 것으로 국제사회로부터 강한 비판을 받고 있다.

나. 청년교양보장법

북한에서는 특히 청년세대에 대한 비사회주의·반사회주의 현상을 통제하고 있다. 「청년교양법」은 외부문화에 물들기 쉬운 청년들을 대상으로 이들의 사상과 표현의 자유를 단속하며 청년의 가정교육까지 의무화하고 있다. 북한 청년세대는 1980~90년대, 2000년대 초반에 태어난 20~30대로 '고난의 행군' 이후 성장 시기를 거치면서 시장 경제와 자본주의 문물에 익숙하며 기존의 정치사상보다는 경제, 문화 등에 많은 관심을 보이는 세대다. 이들은 1990년대 경제난 이후 배급이 중단되면서 국가로부터 혜택을 받지 못하고 성장했기 때문에 정권에 대한 충성심이 이전 세대보다 상대적으로 낮은 것으로 평가된다.

「청년교양보장법」은 2021년 9월 29일 최고인민회의 법령 제11호로 채택되었으며 총 5개의 장, 45개의 조로 구성된다. 북한 사회에서 청년들의 임무와 역할을 강조하면서 청년들의 가정교육까지 의무화하고 있다.

제1장에서는 「청년교양보장법」의 사명과 원칙 등을 다루며, 제2장에서 사회주의 건설투쟁을 위한 청년들의 지위와 임무, 제3장에서는 김정은 시대 청년중시정책에 따라 국가가 청년들을 위한 학습 및 생활조건을 보장하는 내용을 담고 있다. 제4장에서는 학교, 가정, 사회에서 청년들에 대한 교양사업을 강화하도록 하는 조항들이 담겨 있다. 특히 제34조(비도덕적은 현상에 대한 투쟁)에서는 모든 단체, 인민이 "청년들이 길거리와 공공장소에서 비도덕적이며 비문화적으로 행동하는 현상이 나타나는 경우 외면하거나 묵과하지 말고 즉시에 투쟁을 벌려 그들이 사회적인 비난과 압력 속에 배겨나지 못하게 하여야 한다."라고 명시한다. 또한 부모들을 대상으로 하여 자녀교양을 바로하지 않아 문제가 발생할 경우 주민총회 등 각종 회의나 모임에서 이들을 비판하고 각성시키도록 해야 한다고 명시한다(제34조).

다. 평양문화어보호법

「평양문화어보호법」은 2023년 1월 18일 최고인민회의 법령 제19호로 채택되었으며 총 5개의 장, 65개의 조항으로 구성된다. 이 법은 앞서 다룬 「반동사상문화배격법」의 제24조(괴뢰말과 글, 창법사용 금지)에 근거하여 '괴뢰말투(한국말투)'가 북한 주민들 사이에서 유행하는 현상을 통제하기 위함이다. 이밖에 북한 당국은 비규범적 언어요소를 배격하며 평양문화어를 보호하고자 하는 취지에서 이 법을 제정했다고 밝히고 있다. 북한이 이러한 법령을 채택한 것은 그만큼 북한 사회에 한국식 말투가 광범위하게 퍼져 있음을 의미한다고 볼 수 있다.

북한에서는 1948년부터 독자적인 표준어 제정 작업이 이루어졌고, 1960년대 중반 김일성의 담화『조선어를 발전시키기 위한 몇가지 문제』(1964.1.), 『조선어의 민족적 특성을 옳게 실려나갈데 대하여』(1966.5.)가 발표된 것을 기점으로 하여 북한에서 '문화어' 개념이 형성되었다. 1966년 김일성의 교시에서는 사대주의, 일본제국주의, 남한의 언어를 비판하면서 북한식 '순수 우리말'을 쓸 것으로 강조했고, 남한에서는 외래어의 영향으로 언어의 민족적 특성이 사라졌다고 비판하였다. 이때부터 북한은 민족어의 순수성을 강조하면서 북한의 혁명수도인 평양의 말을 근간으로 한 평양문화어의 혁명적 역할을 강조해왔다.

「평양문화어보호법」에서 '평양문화어'란 "우리의 고유한 민족어를 현시대의 요구에 맞게 발전시킨 가장 순수하고 우수한 언어로서 우리나라 국어인 조선어의 기준"이다. 반면 '괴뢰말'이란 "어휘, 문법, 억양 등이 서양화, 일본화, 한자화되어 조선어의 근본을 완전히 상실한 잡탕말로서 세상에 없는 너절하고 역스러운 쓰레기말"이라고 규정한다(제2조 제1호, 제2호). '비규범적 언어요소'란 국가에서 승인되지 않은 외래어와 일본어, 한자를 비롯하여 평양문화어 규범에 맞지 않는 언어요소를 말한다(제2조 제3호). 평양문화어를 보호하고 적극 살려나가는 것은 북한의 사상, 제도, 문화를 고수하기 위한 중요한 사업이라고 강조하며 주민들의 언어생활영역에 있는 한국 말투를 없애는 것을 주된 목적으로 삼고 전 사회적인 투쟁과 법적처벌을 강화해나갈 것을 주문하고 있다.

북한에서 한국 말투를 사용하게 되면 무죄추정이나 책임능력 등 일체의 형사절차법상 보호를 받지 못하며 그 자체로 범죄 행위가 된다. 한국 말투를 퍼뜨리는 자에 대해서는 "그가 누구이든 경중을 따지지 않고 극형에 이르기까지 엄한 법적제재를 가하도록 한다."라고 명시하고 있다(제6조).

라. 군중신고법

2019년 4월 28일 최고인민회의 상임위원회 정령 제19호로 「군중신고법」이 제정되었다. 대북전단(삐라)을 비롯하여 외부 정보와 문화의 유입을 차단하는

데 주민들끼리 서로 감시하도록 하는 것이다. 이 법에 따르면 군중신고체계를 확립하는 것은 '반사회주의적 현상과의 투쟁을 전 인민적으로 벌려나가기 위한 근본담보(제3조)'라며 범죄 및 위법 행위에 대하여 법기관에 제때에 신고하는 것을 기관, 기업소, 단체와 공민의 법적 의무로 천명하고 있다(제4조).

「군중신고법」에서는 북한 주민들끼리 이웃이나 친구 등 주변 사람의 범죄 및 위법행위를 보았을 때 신고하는 것이 '적법적인 행위'이자 기관, 기업소, 단체, 공민의 '신성한 법적 의무'라고 명시한다. 기관, 기업소, 단체(리(읍, 로동자구, 동) 사무소, 인민반, 학교 포함)와 공민들이 주변 사람들의 범죄, 위법 행위를 보았을 때 각급의 사회안전, 검찰, 보위기관에 신고하도록 되어 있다. 신고 대상 범죄 및 위법행위는 반국가·반민족 범죄 행위, 당·국가 및 군사비밀 탐지·누설, 부정부패 행위, 외부정보·문화 유입·유포 행위, 불량행위, 강력범죄, 마약범죄 등 광범위하다(제15조). 특히 유언비어를 퍼뜨리거나 적대방송을 시청, 적지물을 보관, 이용, 유포하는 경우, 외부로부터 콘텐츠를 들여오거나 제작, 복사, 보관, 유포, 시청하는 행위 등을 포함한다(제15조).

2018년 1월 내각 제안서에 따르면 "우리 식이 아닌 옷차림, 머리단장을 하거나 이색적이고 비문화적인 생활양식, 장사행위를 비롯한 각이한 형태의 비사회주의적 현상과의 투쟁"을 언급하며 모든 단위에서 자위경비체계와 함께 군중신고체계를 철저히 세울 것을 강조한다. 공장, 기업소, 학교 등에서 종업원이나 직원, 학생들이 이색적인 옷차림을 하거나 비공식적인 행위를 하는 것을 지적하면서 사회주의 문명국에 맞는 생활양식을 요구하고 있다. 즉 북한에서 「군중신고법」은 각종 비사회주의적 행위를 모두 신고대상으로 삼고 주민 간 감시체계를 통하여 규제를 강화하려는 취지다. 2022년 9월 17일에는 사회안전성에서 전 인민적 군중신고체계를 철저히 세워 사회 체제를 혼란시키려는 행위를 막아야 한다는 지시문이 각 지역 안전부에 하달되기도 하였다.

신고를 잘하여 공로를 세운 사람들에 대한 정치적·물질적 평가도 규율하고 있다(제6조). 신고자의 경우 접수기관의 책임일군협의회에서 건당 심의하여 해당기관에 제의한 후 공로를 평가받게 되는데, 그에 따라 해당기관에서 참관이나 견학, 답사를 조직하거나 훈장, 메달, 상금, 상품 등이 수여된다(제31조).

「군중신고법」에서는 위법행위를 알고도 신고하지 않거나 거짓신고를 한 경우, 신고를 묵살한 경우 등 행정적 책임에 대해 그 사유를 구체적으로 열거하고 있다. 그러나 형사적 책임에 관해서는 명시되어 있지 않다.

Ⅲ   '사회주의 문화'와 '반동사상 문화'

북한은 집단주의적 이념을 우선시하는 사회주의 국가이다. 북한에서 '사회주의 문화'는 전체 인민의 의식을 개조하여 사회주의 건설을 완성하기 위한 수단으로 여겨진다. 모든 사람이 자연과 사회에 대한 지식을 토대로 문화기술적 수준을 높여나감으로써 사회주의 건설자가 되도록 만들고자 하며, 이를 북한에서는 '문화혁명'이라고 부른다. 문화혁명을 잘 수행하기 위해서는 사회주의적 민족문화를 발전시켜 나가야 하며, 제국주의와 자본주의로부터의 문화적 침투를 막아내야 하는 것이다.

북한 「헌법」에 따르면 사회주의 문화란 "근로자들의 창조적 능력을 높이며 건전한 문화정서적 수요를 충족시키는데 이바지(제39조)"하는 것이다. 따라서 국가는 문화혁명을 철저히 수행함으로써 모든 사람을 자연과 사회에 대한 깊은 지식과 높은 문화기술수준을 가진 사회주의 건설자로 만들어야 하며(제40조), "제국주의의 문화적 침투를 배격하며 주체성의 원칙과 역사주의 원칙, 과학성의 원칙에서 민족문화유산을 보호하고 사회주의 현실에 맞게 계승발전(제41조)"해야 한다.

또한 북한에서는 기본적으로 미국을 위시한 '제국주의자'들이 자신들 내부에 부르주아적 반동문화를 침투시키기 위한 심리전(psychological warfare)을 벌이고 있다고 인식한다. 사회주의 내부에 이러한 불건전한 문화적 요소들을 모두 없앰으로써 사회주의적 민족문화건설 추진을 법적으로 담보하여야 한다고 주장한다.

북한에서 '반동사상 문화'란 "인민대중의 혁명적인 사상의식, 계급의식을 마비시키고 사회를 변질 타락시키는 괴뢰 출판물을 비롯한 적대 세력들의 썩어 빠진 사상문화와 우리식이 아닌 온갖 불건전하고 이색적인 사상문화(반동사상문화배격법 제2조)"이다. 조선노동당 규약에 따라 조선노동당의 사상과 배치되는 자본주의 사상, 봉건유교 사상, 수정주의, 교조주의, 사대주의 등 기회주의적 사상 조류를 포함하여 반대, 배격해야할 사상인 것이다.[2]

반동사상 문화는 '비사회주의'와 '반사회주의' 현상을 포함하는 의미다. '비(非)사회주의'는 사회주의가 아닌 것, 즉 사회주의 도덕과 원칙에서 벗어나는 것으로, 자본주의 사상이나 한류를 비롯한 외부문화를 말한다. '반(反)사회주의'는 개념상 사회주의를 의식적으로 반대하는 것, 즉 체제전복과 같은 반국가적인 것을 의미한다. 김정은 시대에 들어 '비사회주의, 반사회주의'를 통칭하여 일컫는 경우가 늘어났다. 개인들의 일탈행위나 당 관료들의 부정부패를 포함해 사회주의 생활양식에서 어긋나는 각종 현상을 비난하려는 취지다. 북한식 표현으로 '비사회주의, 반사회주의'는 "사회주의 제도의 영상을 흐리게 하고 우리 제도를 좀먹는 불량행위"이자 "사람들의 정신을 치식시키고 사회를 변질 타락시키는 온갖 불건전하고 이색적인 현상들"이다. 최근 북한에서 한류 드라마, 영화, 음악 등을 접하는 주민들이 늘어나면서 외부문화를 즐기는 행위는 대표적인 비사회주의, 반사회주의적 현상으로 지적되고 있다.

특히 북한 사회에 퍼져나가는 한류(韓流, Korean Wave) 열풍이 체제 유지에 대한 중대한 위협요인으로 작용하고 있다. 한류란 한국 드라마와 영화, 가요를 접하게 된 주민들이 여기에 매료되는 것뿐 아니라 한국 사람의 옷차림이나 머리 모양, 말투, 창법까지 따라 하는 등 한국에서 유행하는 것들이 북한에서도 대중화되는 것을 말한다. 탈북민을 대상으로 한 조사 결과에 따르면 북한 주민들이 한류의 접촉 비율이 높을수록 주체사상에 대한 자부심이 줄어들고 정치의식이 약화된다.[3] 외부세계의 정보와 문화는 북한 주민들에게 요구되어 온 정권에 대한 맹목적인 충성이나 사회동원과 같은 전통적 역할에 대한 의문을 갖게 만들기 때문이다.

Ⅳ 한류의 확산

1. 북한에서 한류는 어떻게 확산되나요?

「반동사상문화배격법」 제3장에서는 주민들이 반동사상문화를 시청하거나 유포하는 것을 금지하는 내용이 담겨 있다. 여기서 제시된 외부 문화 콘텐츠가 시청, 유포되는 경로를 보면, 컴퓨터나 보조기억매체(USB, SD카드, CD, DVD 등)(제16조), TV나 라디오(제17조), 복사기나 인쇄기(제18조), 휴대폰(제19조), 전단지나 습득물(제20조), 법기관이나 해당 기관들에서 압수된 선전물(제22조) 등이 있다.

한국의 그림이나 상표 등을 담아 식당, 가게 등에서 서비스를 제공하는 행위(제21조), 성인물을 시청하거나 재현 또는 미신을 설교하는 출판선전물을 시청하거나 유포하는 행위(제23조), 기관이나 기업소, 단체 등에서 한국의 글이나 말투로 통보문을 주고받는 행위(제24조)도 금지하고 있다. 주민들이 단속을 피해 한국 드라마, 영화 등 영상물을 몰래 시청하는 것뿐만 아니라 한국의 그림, 상표 등에 대한 인기가 높아지면서 식당이나 가게, 상점 등의 영업에 자주 활용되는 것으로 보인다. 2017년 9월 조직지도부가 제안한 김정은 비준문건에 따르면 주민들의 급양봉사망(대형식당)이나 상점들에서 각종 광고와 그림들을 임의로 붙여놓거나 다른 나라의 음악이 나오는 완구를 판매하는 현상들이 나타나고 있음이 지적되기도 하였다.

또한 국가적으로 승인되지 않는 외국의 자료나 비공개 출판물, 비법적으로 제작한 출판물 역시 시청하거나 타인에게 유포하는 것을 금지(제25조)하며, 자녀들이 불순출판물을 시청하거나 유포하는 행위를 하지 않도록 부모의 가정교양 및 통제를 의무화하는 조항(제26조)도 포함되어 있다.

북한에서 유통되는 조선중앙TV, 룡남산TV, 만수대TV 등 공식 매체들은 채널이 한정적이며 프로그램의 개수와 장르 또한 다양하지 않다. 북한의 매체는 모두 북한 당국에 의해 운영되며 체제선전을 위한 진부한 내용이 대부분이다. 따라서 이러한 매체들에 대한 북한 주민들의 수요와 만족도는 높지 않은 것으로 보인다.

현재 북한에서는 한국 드라마, 영화 등 불법으로 여겨지는 콘텐츠들이 활발하게 유통되고 있다. 2022년 KISDI의 북한이탈 주민 조사 결과에 따르면 다수의 응답자들이 북한에서 불법 미디어를 시청한 경험이 있으며, 이러한 불법 미디어의 유통은 상호 간 신뢰를 기반으로 이루어진다.[4] 북한에서 불법미디어는 경제적인 요소를 기반으로 공식 거래를 하기보다는 아는 사람끼리 암암리에 공유되는 경우가 더 많다는 뜻이다. 첫째, 중국이나 유럽 등 유학을 다녀온 친구로부터 얻는 경우, 둘째, 고위급 간부들의 집에 있는 것을 받아보는 경우, 셋째, 인맥을 활용하여 중국 등 국경 지역에서 USB를 이용해 콘텐츠를 담아오는 경우, 넷째, 한류 통제의 대표적인 기구인 109상무(109그루빠)와 같이 단속하는 사람들과의 인맥을 통해 얻어보는 경우 등이다.

「반동사상문화배격법」 제2장에서는 반동사상 문화가 유입되는 경로를 차단하기 위한 조항들이 규정되어 있다. 국경을 통한 유입(제9조), 출판선전물의 유입(제10조), 외국 대표단 초청, 영접, 면담 등과 같은 대외활동을 통한 외국인으로부터의 유입(제11조), TV, 라디오, 인터넷 등 전파를 통한 유입(제12조), 전단지를 통한 유입(제13조) 등이 명시되어 있다.

2. 북한 주민들은 한류를 접하면 어떤 처벌을 받나요?

「반동사상문화배격법」이 채택되기 이전에도 「형법」, 「행정처벌법」 등에서 처벌규정이 마련되어 있었다. 「반동사상문화배격법」 위반 행위는 형법 제62조(반국가 선전, 선동죄)의 "반국가목적으로 선전, 선동행위를 한 자는 5년 이하의 노동교화형에 처한다. 정상이 무거운 경우 5년 이상 10년 이하의 노동교화형에 처한다."라는 규정에 따라 반국가범죄로 처벌이 가능하였다. 「행정처벌법」에도 형법에 규정된 퇴폐적인 문화나 적대방송, 적지물 관련 범죄에 대해 노동교양처벌에 처하도록 규정하고 있다. 그러나 「형법」, 「행정처벌법」 등에 의한 규제 대상은 해당 문화 콘텐츠의 내용이 퇴폐적이거나 색정적인 것, 적대방송 또는 적지물로 한정하여 명시된 반면, 「반동사상문화배격법」에서는 남한, 미국, 일본의 영화나 녹화물, 편집물, 도서, 노래, 그림, 사진 등을 그 내용과 무관하게 모두 규제 대상으로 명시하였다.

「반동사상문화배격법」 제4장에는 위반행위 적발 시 인민들의 법적 책임에 관한 조항들이 명시되어 있다. 먼저, '괴뢰사상문화전파죄'는 한국의 영화나 녹화물, 편집물, 도서, 노래, 그림, 사진 등을 보았거나 들었거나 보관했을 경우도 포함한다. 이때엔 5년 이상 10년 이하의 노동교화형, 정상이 무거운 경우엔 10년 이상 노동교화형에 처한다. 특히 한국의 영화, 편집물 도서를 직접 유입하거나 유포한 경우엔 무기노동교화형에 처할 수 있게 된다(제27조).[5]

'적대국 사상문화전파죄'는 미국, 일본 등 북한에 적대적인 국가들의 영화나 녹화물 등을 보았거나 들었거나 보관하는 경우 혹은 유입, 유포하는 경우다. 이때엔 최대 10년 이상의 노동교화형에 처한다. 만일 다량의 적대국 사상문화와 관련된 것들을 많은 사람에게 유포하거나 집단적으로 시청, 열람하도록 조직하거나 조장한 경우에는 무기노동교화형 또는 사형까지 처할 수 있다(제28조).

성인물이나 미신을 설교하는 것들을 보거나 보관했을 경우에도 최대 10년 이상의 노동교화형에 처하며, 이러한 것들을 직접 만들거나 유입, 유포한 경우에는 무기 노동교화형에 처하도록 되어 있다. 많은 양을 유입, 유포했거나 집단적으로 열람했을 경우에는 사형에 처하도록 명시하고 있다(제29조 성녹화물, 색정 및 미신전파죄).

이 밖에 사회주의 사상문화나 생활양식에 배치되거나 불순한 문화와 관련된 것들을 다룰 경우 '이색적인 사상문화 전파죄(제30조)' 또는 '불순문화 전파죄(제31조)'에 해당한다. 한국식으로 말하거나 글을 쓰거나 노래를 부르거나 인쇄물을 만들 경우에도 '괴뢰문화 재현죄(제32조)'에 해당하며, 이러한 행위를 보고도 신고하지 않을 경우엔 '불신고죄(제34조)'에 해당하여 노동단련형에 처한다.

불순한 의도가 없더라도 국가적으로 상영이 중지되거나 국가가 승인하지 않은 영상물, 인쇄물 등을 유포하는 경우에도 처벌을 받으며(제35조), 위법행위를 저지른 단체에 대한 벌금형이나 폐업, 일군들의 강직, 해임, 철직 처벌도 명시되어 있다(제36조 – 제40조).

3. 북한에서 한류는 누가 단속하나요?

북한에서 비사회주의 현상을 단속하는 전담 기구로는 '82연합지휘부'가 있다. 2020년 12월 「반동사상문화배격법」 제정 후 2021년 2월 당 중앙위 제8기 제2

차 전원회의에서 김정은의 지시로 '비사회주의 집중소탕 연합지휘부'가 창설되었으며, 동년 6월 당 중앙위 제8기 제3차 전원회의 결정에 따라 '82연합지휘부'로 명칭을 변경하였다. 회의 결정서에서는 중앙 82연합지휘부의 통일적인 지휘체계에 따라 내각과 근로단체 중앙위원회, 법 기관들이 함께 협의하여 전 사회적으로 반사회주의, 비사회주의와의 투쟁을 촉구하고 있다.

82연합지휘부는 이전부터 자본주의 사상과 외부 정보, 한류 확산을 차단하기 위해 존재하던 109상무, 1.14상무 등 다양한 단속 그루빠(그룹)를 통합하여 만들어진 조직이다. 북한에서 한류통제의 기구로 잘 알려진 대표적인 기구는 '109상무'이다. 109상무는 '외색 자본주의 사상을 척결하라'는 김정일의 교시 날짜(10.9)를 이름으로 따서 만들어진 것으로 알려져 있다. 주로 국가안전보위부(현 국가보위성), 인민보안성(현 사회안전성), 검찰 등에서 차출된 요원들로 구성되며 DVD · USB · 라디오 · 출판물 · 중국산 휴대전화 등에 대한 포괄적인 단속 권한을 갖고 있었다. 82연합지휘부의 경우 구성원 가운데 컴퓨터 기술력을 갖춘 엔지니어들이 포함되었다. 이들은 살림집을 들이닥치거나 거리에 나온 주민들을 불시 검열해 USB 등 저장장치나 컴퓨터, 휴대전화에서 로그인기록을 조사한다고 한다. 주민들의 콘텐츠 접속 방법이 점점 어려워지고 있다는 뜻이다. 또한 각 도마다 연합지휘부가 있으며 시, 군에 산하조직인 단속 그루빠가 있다. 82연합지휘부와 단속 그루빠는 당 위원회 선전부, 보위부, 안전부, 검찰소 등에서 파견된 성원으로 구성되어 있으며, 책임자는 해당 지역 당 위원회 선전부 부부장인 것으로 알려져 있다.

청년문화 변화

1. 북한 청년들에게 금지된 행위들은 무엇인가요?

김정은 시대에 들어 사회 전반에서 청년들의 지위와 역할을 강조하면서 청년들을 대상으로 한 사상교양학습과 통제의 수준이 더욱 높아졌다. 2011년 12월 김정은이 20대의 어린 나이로 지도자의 자리에 오르게 되자 자신과 동일한 연령대인 청년조직을 앞세워 이들의 결집을 유도했다. 김정은 시대 출범 전에 있었던 중동의 재스민 혁명과 같은 사건들을 미루어 청년들이 주축이 되어 사회변화를 요구했던 것이 그 배경으로 작용했을 수 있다. 어느 시대, 국가에서든 마찬가지로 청년계층은 체제 유지 및 통제의 중요한 세력으로 여겨진다. 북한에서도 청년세대는 미래와 국가의 운명을 결정지으며 '혁명의 교량자이자 후비대'로서 선도적인 역할을 해야 한다고 강조한다. 북한에서 청년교양의 목표는 청년들을 김정은 시대 통치이념인 '김일성-김정일주의 정수분자'로 만드는 것이며 청년들이 '잡사상에 오염되지 않도록' 교양사업을 강화하는 것이다.

「청년교양보장법」제5장 제41조에서는 북한 청년들에게 금지된 사항을 다음과 같이 구체적으로 명시하고 있다.

제5장 제41조 (청년들이 하지 말아야 할 사항)

1. 살인, 강도, 강간을 비롯한 강력범죄행위
2. 성불량행위, 음탕한 행위, 매음행위, 도박행위
3. 종교와 미신행위
4. 불순출판선전물을 류입, 제작, 복사, 보관, 류포, 시청하는 행위
5. 마약을 제조, 밀매, 보관, 사용하는 행위
6. 훔치기, 빼앗기, 속여가지기, 횡령행위를 비롯하여 국가 및 개인재산을 략취하는 행위
7. 구타, 폭행, 패싸움을 비롯한 사회공동생활질서를 문란시키는 행위
8. 끼리끼리 밀려다니거나 패를 뭇는 행위

9. 가정사정과 신병을 구실로 군사복무를 거부하거나 군사복무를 하지 않을 목적으로 조혼, 신체검사와 생활평정을 부당하게 받거나 자기 몸에 상처를 내거나 도주하는것과 같은 군사복무동원을 기피 하거나 성실히 참가하지 않는 행위
10. 무직건달을 부리거나 조직생활에서 리탈되어 떠돌아다니는 행위
11. 우리 나라 노래를 외곡하여 부르거나 우리식이 아닌 춤을 추는 행위
12. 우리 식이 아닌 이색적인 말투로 대화를 하거나 글을 쓰는 행위
13. 리혼, 조혼을 하거나 사실혼생활을 하는 행위
14. 우리 식이 아닌 이색적인 옷차림과 몸단장, 결혼식을 하면서 사회의 건전한 분위기를 흐려 놓는 행위
15. 저속하고 몰상식하게 행동하여 사회의 안정과 질서확립에 저애를 주는 행위
16. 그밖에 공화국법에 저촉되는 행위

청년들의 금지 행위로는 살인, 강도, 강간, 매음, 도박, 마약, 폭행 행위 등뿐만 아니라 종교와 미신을 믿는 행위, 한국 영화, 드라마 등 '불순출판선전물'을 유입, 유포, 시청하는 행위까지 포함된다. 또한 청년들끼리 몰려다니면서 무리를 조성하는 것 자체도 금지되며 한국의 노래나 춤, 말투를 따라 하는 행위, 한국식으로 옷을 입거나 이색적인 방식으로 결혼식을 하는 행위, 이혼이나 조혼, 사실혼을 하는 행위도 법적으로 금지된다. 2017년 11월 조직지도부의 제의서에 따르면 북한 주민들 사이 결혼식에서 사회를 보며 '비도덕적인 말로 사람들을 웃기거나 우리식이 아닌 춤까지 추는' 것을 지적하고 '사회적으로 결혼식을 하는 풍조가 점점 별나게 되어가고' 있다고 비판하며 당과 근로단체에서 이에 대한 교양사업을 강화해나갈 것을 촉구하고 있다.

2. 북한에서도 연애할 때 '오빠'라고 부르나요?

한국 대중문화의 영향으로 북한 청년층 사이 한국 말투를 사용하는 것이 유행하고 있다. 한국 드라마와 영화 등 한류 콘텐츠가 확산되면서 북한에서 젊은층을 중심으로 암암리에 서울 말씨와 영어식 표현이 널리 사용되는 것으로 전

해진다. 이를테면 '남친(남자친구)', '쪽팔린다(창피하다)'라는 표현이나, 북한에서 일상적으로 사용하는 '동무'나 '동지' 대신에 '오빠'라는 호칭을 사용하는 것도 금지된다. 일터에서 '지배인 동지' 대신 '지배인님'과 같이 '님'을 붙여서 부르는 것도 허용되지 않는다. 북한 내부 문건에 따르면 휴대폰으로 메시지를 주고받을 때, 개인의 컴퓨터나 수첩, 학습장 등에서 한국 말투가 사용되는 경우들이 빈번하게 적발되고 있다고 지적한다.

당의 지도를 받는 공적 활동영역인 청년동맹조직에서도 한국의 말투를 따라 하거나 흉내를 내는 경우가 많아졌다. 청년동맹에서 진행하는 생활총화학습이나 공식 통보문에서까지 한국 말투가 종종 사용되고 있는 것으로 보인다. 청년 동맹원들 중에 유학이나 실습, 과학연구, 노력파견 등의 이유로 해외에 다녀온 사람들이 늘어나면서 이들의 영향이 큰 것으로 보인다. 이에 「평양문화어보호법」에서는 "혈육관계가 아닌 청춘남녀들 사이에 '오빠'라고 부르거나 직무 뒤에 '님'을 붙여부르는 것과 같이 괴뢰식 부름말을 본따는 행위를 하지 말아야 한다. 소년단 시절까지는 '오빠'라는 부름말을 쓸 수 있으나 청년동맹원이 된 다음부터는 '동무', '동지'라는 부름말만을 써야 한다(제2절 19조)."라고 명시한다.

청년들뿐만 아니라 군대를 비롯한 사회 전반에서 한국 대중문화의 영향이 큰 것으로 보인다. 2018년 초 북한 내부문건에 따르면 "지금 인민군대와 사회의 적지않은 사람들속에서 '돌아가도 되겠지 말입니다.', '제대군인이지 말입니다.'와 같은 '~지 말입니다.' 형의 비규범적인 입말들이 성행"하고 있는 현상을 지적하기도 하였다. "~지 말입니다."와 같은 말투는 2016년 방영한 한국 드라마 '태양의 후예'에서 주인공 송중기가 쓰면서 유행했던 표현이다. 현재 한국 군대에서도 쓰이지 않는 독특한 옛 군인 말투가 당시 드라마로 인해 성행했는데, 이것이 북한에도 전해진 것으로 보인다.

또한 한국식 어휘표현, 억양, 한국식 서체, 철자법 등을 따라하거나 한국식으로 이름이나 별명을 짓는 것도 금지된다. 이러한 한국 말투가 포함된 편집물,

그림, 족자(서예장식) 같은 것을 제작하거나 유포해서도 안 된다(제24조).

「평양문화어보호법」에 따르면 북한의 모든 공민들은 한국의 출판선전물이나 한국의 말 또는 서체로 표기된 물건을 유입, 유포하는 것을 차단하며 한국말이 내부에 퍼질 수 있는 모든 요소와 공간을 찾아 제거해야 한다(제7조). 북한 사회 내부에 한국말이 유포되는 것을 원점에서부터 차단하자는 것인데, 이를 위해서는 국경에서의 검사, 경비근무 강화(제8조), 적지물에 대한 공중감시 및 수색 강화(제9조), 강하천, 바다에 대한 감시 및 오물처리(제10조), 대외 경제활동에서 차단(제11조), 해외 출장, 여행객에 대한 통제(제12호) 등을 제시하고 있다. 이를 미루어 국경 지역을 오가며 장사행위를 하는 도중 유입되거나 공중을 통해 유입된 대북전단, 해외 출장이나 방문 등을 통해 유입되고 있음을 유추할 수 있다.

또한 이 법에서는 전파시설과 인터넷 사용에서의 감독과 통제를 강화할 것을 명시한다(제14조 – 제15조). 북한 주민들 사이 휴대폰으로 통화를 하거나 문자를 주고받을 때에도 한국 말투를 사용하는 현상이 빈번하게 나타나는 것으로 보인다. 이에 북한 당국은 기관, 기업소, 단체 등에서 컴퓨터와 휴대폰 등 전자매체를 수시로 검열하고, 군중신고체계를 통해 사람들이 한국의 영상이나 방송을 몰래 시청하는 현상을 모두 적발하여 처벌해야 한다고 강조하고 있다.

Ⅵ 결론

북한 정권은 사상교양을 통해 주민들의 생각을 통제하고자 할 뿐 아니라 법적인 단속과 처벌이 가능하도록 함으로써 물리적 통제를 행사한다. 특히 김정은 시기에 들어 한류를 비롯한 외부 문화 유입을 차단하기 위해 북한 당국은 새로운 법규들을 연이어 제정하며 통제를 더욱 강화하고 있다. 나아가 김정은 시대에 들어 「금수산태양궁전법」(2013), 「혁명사적사업법」(2021) 등을 제정함으로써 백두혈통의 정통성을 법제화하고 혁명업적을 계승, 발전시킬 대상으로 김일성, 김정일과 함께 김정은을 명시함으로써 김정은 개인 우상화를 법적으로 정당화하고 있다.

이에 국제사회는 북한 인권 개선을 위한 핵심적 요인으로 북한 내 정보 유입의 중요성을 강조하며 관련 활동을 확대해나가고 있다. 미국의 「북한인권법」에는 북한 내·외부로의 자유로운 정보 유통 촉진을 법의 목적 가운데 하나로 제시하며 북한 내 라디오 방송 시간 확대, 라디오 등 방송 기구의 북한 반입을 위한 예산 지원, 대북 방송 민간단체 자금 지원 등에 관한 내용이 담겨있다. 2021년 이른바 '오토 웜비어법'도 북한 당, 국가에 연루된 외국인 자산동결, 비자무효화 등을 비롯해 북한 내 정보자유 증진 및 검열, 감시에 대한 대응을 주된 내용으로 한다.

현재 북한에서는 '반동사상'이라 여겨지는 문화들이 지속적으로 유행하는 것으로 보인다. 이는 북한 당국으로 하여금 주민들에 대한 당의 물리적 통제와 사상교양 수준을 더 높이게 만들 뿐 아니라 인식적 차원에서 체제 유지를 위해 필요한 논리들을 더 강하게 끊임없이 반복하도록 만든다. 김정은 시대에 새롭게 제정된 법규들을 보면, 북한의 통제 메커니즘은 주민들을 억압하기에 충분한 크기의 힘과 자원을 보유하고 있는 것처럼 보일 수 있다. 리사 베딘(Lisa Wedeen)의 표현대로 "정권은 자신들이 필요한 성과가 더 부조리할수록 더 많은 시간을 들여 대부분 사람들이 복종하도록 만들 수 있다는 것을 더 분명하게 보여주려고 하기"[6] 때문일 수 있다.

갈수록 심화되는 북한 주민들의 '이색적인' 현상들은 북한 정권의 입장에서 항상 불안하고 위험한 요인이다. 그러나 현재 변화하는 북한 사회환경과 더불어 주민들이 점차 새로운 영역에서 다원적인 문화와 가치들을 추구해나갈 때 기존의 권력 이념의 틀이 바뀌게 될 가능성은 무시할 수 없을 것이다.

1 사회문화 통제를 위한 새로운 법들이 실제 북한에서 유행하는 외부문화를 차단하는 데 얼마나 효과적일까요?

2 북한에서 특히 청년층을 단속하고 통제하려는 이유는 무엇인가요?

3 앞으로 북한 사회에 더 많은 정보가 유입되면 어떠한 일들이 벌어질까요?

참고문헌

김병로,『김정은 정권 10년, 북한주민 통일의식』, 서울: 서울대학교 통일평화연구원, 2021.

Wedeen, Lisa, *Ambiguities of Domination: Politics, Rhetoric, and Symbols in Contemporary Syria,* Chicago: University of Chicago Press, 1999.

이규창, "김정은 시대 북한의 사회통제 및 처벌 실태는?",『통일연구원』세부보고서 2023-1, 2023.

임동민 외, "2022년 북한 방송통신 이용실태 조사 사업결과보고서",『정책연구』22-35, 정보통신정책연구원, 2022.

조선로동당 규약, 2021.

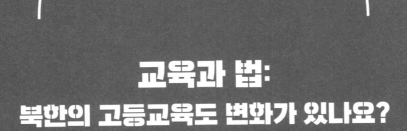

교육과 법:
북한의 고등교육도 변화가 있나요?

엄현숙

CHAPTER 10

교육과 법:
북한의 고등교육도 변화가 있나요?

Ⅰ 현안과 배경

컴퓨터와 정보통신기술의 발달로 촉발된 정보화 사회는 지식이 폭증하는 사회이다. 이 시대에는 누가 더 많은 정보를 사람의 뇌에 저장해 둘 수 있는지가 그리 중요하지 않다. 정보의 저장이라고 하는 정보공학의 초보적 능력은 컴퓨터가 대행해 주기 때문이다. 그렇다면 현대 사회에 가장 필요한 능력은 무엇인가? 바로 스스로 생활 속의 문제를 진단하고 그 문제의 해결에 적절한 정보를 수집하고 구조화하여 활용할 수 있는 능력이다. 즉 정보의 효율적 활용 능력과 정보기기 조작능력이 중요하다.[1]

북한 역시 경제 및 기술 발전 단계에서 아무 제약 없이 모방할 수 있는 지식과 기술이 넘쳐나는 세상에 살고 있다. 이에 선진기술을 흡수할 수 있는 능력이 보다 중요하다. 많은 정보를 습득하고 기억하는 능력과 이를 더 잘 이용할수 있는 능력이 추구되는 이유이다. 김정은 시대 북한은 세계적 추세에 맞게 '능력교육'을 추구하고 인재에 대한 해석도 새로이 하고 있다. 특히 발전된 정보기술 수단이 교육에 널리 도입되면서 교원의 교수능력에 대한 관심도 같이 높아지고 있다.

북한에서 과학기술 발전은 자립노선의 경제적 기반을 강화하여 추가적인 성장을 이끌어 낼 수 있으며, 대외관계 악화에 따른 장기간 제재 등에 대처하기 위해서도 중요하고도 당면한 과제가 된다. 이는 2023년 6월에 있었던 당 중앙위원회 제8기 제8차 전원회의를 통해서도 잘 알 수 있다. 북한은 "자립, 자력으로 국가부흥과 번영의 앞길을 확신성 있게 열어나가자면 모든 부문, 모든 분야에서 과학기술발전을 핵심전략으로 틀어쥐고 여기에 주되는 힘을 넣어야"한다고 강조하고 있다.[2] 이에 김정은 시대 과학기술정책은 의무교육 확대와 고등교육체계 정비, 공장단위의 과학기술교육 강화 등으로 나타난다.

2012년 북한은 조선민주주의인민공화국 최고인민회의 제12기 제6차 회의에서 '전반적 12년제 의무교육'을 실시함에 대한 법령을 채택하였다. 이 법령에 따라 북한은 2014년 4월 1일부터 '전반적 12년제 의무교육'의 단계적 실시에 들어갔으며, 2017년 전면 실시되었다. 12년제 의무교육제도의 변화는 중등일반교육 수준 향상에 목적이 있었다. 불과 몇 년 전까지만 해도 북한에서 중등교육은 대학으로 이어지는 '계속교육기관' 성격의 남한과 달리, 의무교육의 '마무리'이자 '최종 교육'에 해당하였다. 영재형 학생을 위한 제1중학교를 제외하고 모든 학교에서 동일한 일반기초지식교육을 제공하고 있기 때문이다.

하지만 2013년 11월 지식경제를 국정 핵심 지표로 천명한 후 북한의 고등교육도 달라진다. 북한의 지식경제는 '21세기 지식기반 사회', '정보화 사회' 등과 유사한 개념이다.[3] 북한은 기존 엘리트 교육 외에도 중등일반교육 수준의 노동자 모두를 지식 인재로 만들어야 하는 전환기적 국면을 맞이한 것이다. 이를 위해 가장 먼저 단행한 것이 바로 기존 교육제도에 대한 개혁이라고 할 수 있다. 이후 대학 간, 학교 간, 교수 간, 학생 간 경쟁 체제를 강화하는 추세에 있다.

Ⅱ 북한의 고등교육과 법 제도

1. 고등교육법

북한은 1990년대에 들어서면서부터 시대적·교육적 변화에 대한 대응책을 마련하는 과정에 체계적으로 교육 법제를 정비했다. 특히 경제난을 타개하고 이른바 '강성국가' 건설에 필요한 새로운 일군을 양성하기 위한 정책적 전환을 시도할 때마다 이를 법적으로 뒷받침하는 작업을 병행했다. 교육은 "나라의 흥망과 민족의 장래 운명을 결정하는 중요한 사업"[4]임을 강조하는 북한에서 법은 "교육사업에서 제도와 질서를 엄격히"[5] 규제하는 것 중 하나이기 때문이다.

우선, 북한에서 교육 정책의 방향을 명시적으로 제시하고 있는 것은 1999년 채택한 이후 2005년 1차 수정, 2007년 2차 수정, 2013년 3차 수정,[6] 2015년 4차 수정[7]된 「교육법」이다.[8] 「교육법」이 제정되기 이전 교육 정책의 시행은 「사회주의 헌법」(1972),[9] 「어린이 보육교양법」(1976)[10]에 의해 보장되었다. 1977년 김일성에 의하여 '사회주의 교육에 관한 테제(이하 테제)'[11]가 발표된 후에는 '테제'가 곧 법화되었다. 이에 1999년 채택된 「교육법」은 변화 발전된 사회관계를 법률적으로 규제하여야 할 필요성에 따른 것이라고 볼 수 있다.[12] 「고등교육법」 역시 북한의 교육 법제정비 연장선상에 있으며, 2011년 12월 14일 최고인민회의 상임위원회 정령 제2036호로 채택된 후 2015년 수정[13]되었다. 「보통교육법」과 마찬가지로 「고등교육법」의 채택은 법의 대상을 고등교육으로 특정화한 것이다.

북한의 「고등교육법」은 모두 7개 장 68조로 되어 있다. 장별로 살펴보면 제1장 「고등교육법」의 기본, 제2장 고등교육의 실시, 제3장 고등교육기관의 조직, 제4장 고등교육일군과 학생, 제5장 교수교양 및 과학연구사업의 조직, 제6장 고등교육사업의 조건보장, 제7장 고등교육사업에 대한 지도통제이다. 이 법에 따르면 북한은 고등교육과 고등교육체계를 구분한다. 북한의「고등교육법」제 11조에 따르면 고등교육은 대학교육을 의미한다. 이 대학교육에는 본과교육, 박사원 교육, 과학연구원 교육이 속한다. 또한 고등교육체계에 학업을 전문으로 하는 고등교육체계와 일하면서 배우는 고등교육체계가 있다. 일하면서 배우는 고등교육체계에는 공장대학, 농장대학, 어장대학 그리고 사이버대학(원격대학)이 있다.

북한에서 고등교육체계는 "전문분야의 높은 지식을 소유한 과학기술인재를 양성하는 체계, 민족간부를 양성하는 교육체계"[14]이다. 이 법의 사명은 고등교육기관의 교육운영, 교수 교양, 과학연구사업에서 제도와 질서를 엄격히 세워 유능한 과학자, 기술자, 전문가를 많이 키워내는 것이다.

「고등교육법」은 앞서 언급한「교육법」을 기반으로 하고 변화된 교육적 요청을 부각하여 제정된 법이다. 당시의 변화된 교육적 요청은 과학기술지식과 창조력을 갖춘 유능한 과학자, 기술자, 전문가를 더 많이 키워내는 것으로 중등교육 단계의 영재교육을 고등교육 단계로 연결하는 것에 있었다. 이를 위해 김정일은 "대학들에서 수재학교를 졸업한 우수한 학생들을 선발하여 수재학급 또는 수재반을 따로 조직하고 박사원단계까지 련결시켜 뛰어난 과학기술인재를 양성하는 대학수재교육체계를 세워야"[15] 한다고 지적한 바 있다. 그리고 이러한 지적은「고등교육법」에 명시되었는데, 제5장 교수 교양 및 과학연구사업의 조직, 제42조(수재교육) "고등교육기관은 기초과학부문과 전문부문의 특출한 인재를 양성하기 위하여 천성적으로 뛰어난 소질과 재능을 가진 학생들을 선발하여 수재교육을 줄 수 있다. 수재교육은 수재반 또는 수재학급을 따로 조직하여 준다."[16]라고 명기되었다. 이는 북한에서 "김일성의 '교시'가 입법의 지도원리이자 초헌법적 법원이 되어" 왔듯이 고등교육과 관련된 김정일의 '말씀'이 "입법의 지도원리이자 초헌법적 법원으로 형성"[17]되는 전형적인 사례이다. 그뿐만 아니라 북한이 교육 법제에 대한 체계적인 정비를 통하여 현실과 법 규범의 일치를 보여주는 것이다.

김정은 시대는 김정일 시대 시작된 중등교육에서의 영재교육체계를 토대로 고등교육에서 국가발전에 필요한 인재 양성을 목적으로 한다. 나아가 김정은 시대 북한은 대학을 단 시일에 국제적 추세에 맞는 고등교육 기관으로 성장시키려 한다. 대표적인 고등교육 정책은 ① 지식경제 추진과 대학교육발전전략 수립, ② 연구중심대학과 '일류급대학' 육성, ③ 대학원 확대와 대학의 연구기능 강화, ④ 종합대학 육성 및 조정, ⑤ 전문대학의 승격과 개편, ⑥ 학과 통폐합 및 증설, ⑦ 교육과정 개편 및 교육방법 개선, ⑧ 원격교육 확대,[18] ⑨ 2015년 고등교육 개혁의 출발로 된 학사－석사－박사의 학위체계 도입[19] 등이다.

2. 북한의 대학과 진학률

북한에서 종합대학을 포함한 중앙급 대학 그리고 일련의 특수 대학은 권력의 핵심을 양성한다. 지방급 대학 및 단과대학은 지방에 필요한 전문 관리자를 육성한다. 이를 두고 '권력 엘리트'와 '전문 관리자' 양성의 이원화된 체계라고 부르기도 한다. 여기에 일하면서 배우는 대학이라는 대중 교육적 성격을 지닌 기관도 존재한다. 이에, 전자는 엘리트 교육의 성격을, 후자는 대중교육의 성격을 지녔다고 볼 수 있다. 2020년 김정은 시대 공식 매체에 노출된 대학 271개를 분석한 자료에 의하여 북한의 대학을 급별, 유형별, 계열별 지역별로 나누면 다음의 <표 10－1>과 같이 분류할 수 있다.[20]

표 10-1　북한의 대학 분류체계

급	중앙대학 / 지방대학
유형별	종합대학 / 부문별 대학 / 직업기술대학 / 공장대학(농장대학, 어장대학)
계열별	공학 / 농수산 / 교육 / 의학 / 예체능 / 사회과학 / 자연과학 / 인문과학 / 종합
지역별	평양시 / 평안남도 / 평안북도 / 황해남도 / 황해북도 / 함경남도 / 함경북도 / 강원도 / 자강도 / 양강도 / 남포시 / 개성시 / 나선시

자료: 조정아·이춘근·엄현숙, 『'지식경제시대' 북한의 대학과 대학교육』, 서울: 통일연구원, 2020, p. 74.

중앙대학은 37개로 전체 대학의 약 14%를 차지한다. 종합대학은 김일성종합대학, 김책공업종합대학, 고려성균관, 리과대학, 평양의학대학 등 5개이며, 이에 전체 종합대학의 비율은 매우 작다. 리과대학과 평양의학대학은 김정은시대 들어 종합대학 지위를 부여받은 것이다. 전체 대학의 19%에 해당하는 대학이 평양에 집중되어 있다.[21] 대학의 교육과정은 정치교육,[22] 일반 기초(일반, 기초과학), 전공기초, 전공의 4가지로 구분되어 있다. 대개 학년별로 이수해야 할 교과가 정해져 있고 두세 과목을 제외한 모든 교과가 필수이다. 대학별 전공에 따라 학부에 세부학과로 나뉘어 있으며, 각각의 전공별 강좌에 교수진이 포함되어 있다. 모든 대학 강의는 교과 중심이며 기본적으로 학년제였으나 최근 들어 일부는 학점제로 전환[23]하고, 선택과목[24]을 포함시키는 등의 변화를 보이고 있다. 2024년 새 학년도에 이러한 경험에 토대하여 완전 학점제를 도입하는 대학, 학부가 늘어났다고 북한은 주장한다.[25]

하지만 북한 주민 대부분의 학력은 중등교육 수준에 머물러 있다. 고등교육기관으로 진학하는 비율 역시 남한보다 현저히 낮다. 북한의 2008년도의 취학률은 11년 의무교육 기간에는 거의 100%에 달하였으나, 고등교육기관(당시 직업기술학교, 전문학교, 대학교 등)으로 진학하는 비율은 17세 36.8%, 18세 27.7%, 19세 20.6%, 20세 14.9%, 21세 10.0%로 나타났다. 이에 북한에서 고급중학교(고등학교) 졸업생의 4년제 이상 대학 진학률은 15% 미만, 직업기술학교나 전문학교, 4년제 이상 대학에 취학하는 모두를 포함했을 때 취학률은 19%라고 할 수 있다. 2008년 당시 남한의 대학 진학률은 83.3%이었던 것을 생각할 때 남북한 간 대학 진학률에 현격한 차이를 발견할 수 있다. UNESCO의 2018년 북한 고등교육 등록률은 26.8%(남성 35.2%, 여성 18.1%)이었다.[26] 이에 고등교육 등록률이 10년간 7.8% p 높아진 것을 확인할 수 있다.

북한은 1980년대 말부터 대학에 가서 공부할 것을 지망하는 사람은 누구나 다 입학시험을 치게 하는 방법",[27] 즉 실력본위에 기초한다고 공식적으로 언급한 바 있다. 하지만 기본적으로 "수령과 당에 충실하고 학과실력이 우수한 학생들을 기본으로 선발"[28]하는 질서가 우선된다. 여기에 모든 학비를 국가가 부담하는 제도로 인해 교육에 대한 국가의 부담이 가중된다.[29] 더불어 나라의 긴장한 노력사정이 풀리지 않는다면 대학생 수는 증가하기 어려운 구조이다. 기본적으로 3년제, 4년제 대학으로의 진학 비율이 낮다는 점에서 일반 고급중학교 학생들 경우 가능성이 더욱 희박하다고 할 수 있다.

III 북한의 원격교육법과 사이버교육

1. 원격교육법

북한 당국은 교육 환경 변화에 민감하게 반응할 뿐만 아니라 이러한 변화를 주도하고 있다. 그 사례로 2020년 코로나19(COVID-19)발 온라인 교육으로의 패러다임 변화 국면에 「원격교육법」[30] 제정을 들 수 있다.

2016년 5월 노동당 제7차 대회 사업총화 보고에서 김정은은 '전반적 12년제 의무교육' 실시와 '원격교육체계 확립'을 정보산업시대의 요구를 따른 것으로 평가했다. 북한은 모든 근로자를 현대과학기술을 소유한 지식형 근로자로 만들기 위한 전민과학기술인재화 실현에서 원격교육이 갖는 의의를 설명한다. 북한에서 원격교육체계는 일하면서 배우는 학습체계이다. 이는 앞선 「고등교육법」 제8조에 따른 것으로 학업을 전문으로 하는 고등교육체계와 일하면서 배우는 고등교육체계 중 하나로 원격교육체계는 중등일반 교육을 받은 공민 중 이미 노동현장에서 일하고 있는 노동자, 농민, 또는 이미 고등교육을 받은 지식인 등을 대상으로 하는 평생교육체계이다. 북한은 2023년 5월 20일 기준 전국적으로 13만 1천여 명의 근로자들이 원격교육체계에 망라되어 공부하고 있으며,[31] 2023년 한 해 5천여 명이 입학하였다고 밝혔다.[32]

「원격교육법」은 2020년 4월 12일 최고인민회의 법령 제5호로 채택되었다. 이 법은 모두 6개 장 51조로 구성되었다. 장별로 살펴보면, 제1장 원격교육법의 기본, 제2장 원격교육체계의 수립, 제3장 학생모집, 제4장 원격교육강령 작성과 집행, 제5장 원격교육을 위한 조건보장, 제6장 원격교육에 대한 지도통제이다. 「원격교육법」에 의하면 원격교육은 종합대학과 부문별 대학에서 원격교육학부를 통하여 실시된다. 원격교육과정을 이수한 학생에게는 졸업증서를 수여하며, 이를 받은 대상은 현장체험기간을 거쳐 자격시험에 응시할 수 있다.

이 법에 따른 특징은 첫째, 학생 모집은 희망하는 모든 공민이 그 대상이 되나 동법 제18조에 따르면 그들에 대한 추천은 기관, 기업소, 단체가 한다고 명시함으로써 국가 및 기관 주도의 성격을 띤다. 이에 「원격교육법」은 국가발전과 현대화를 빠른 시일에 끌어올리기 위한 당국 차원의 관심을 보여준다는 점에서 교육 소외 계층에 대한 교육기회의 확대라고 보기 어렵다.

둘째, 원격교육이 동법에 의해 기관, 기업소의 추천을 토대로 이루어지는 만큼 해당 근로자들은 기본적으로 자기의 현재 직종에 맞는 대학 및 학과를 선택하게 된다. 이에 원격교육을 받을 수 있는 공민들이 공업부문, 농업부문, 교육부문 등 관련 분야 중앙 및 지방의 연계대학을 선택할 수 있다. 동법 제24조에 따르면 원격교육을 받는 학생은 재학기간 다른 대학이나 학과로 전학, 전과할 수 있다. 하지만 그 경우 소속 단위에서 전학 또는 전과의뢰서를 받아 대학에 제출하고 승인을 받아야 하는 등의 절차를 거쳐야 하므로 특별한 이유가 없이는 불가능하다.

셋째, 원격교육은 임의의 장소에서 할 수 있으나 국가망에 연결된 컴퓨터및 휴대용 정보통신수단을 이용해야 한다. 이는 동법 제37조로 국가망에 연결된 기기 및 수단을 이용해야 한다는 점에서 원격교육은 과학기술전당, 기관, 기업소 또는 지역 내 도서관과 미래원 등을 통해서만 받을 수 있다. 이에 제45조는 인민위원회, 해당 기관, 기업소, 단체가 그 조건을 마련해 줄 것을 명시하고있다. 이는 북한의 「콤퓨터망관리법」을 통해서도 확인할 수 있다. 이 법은 북한의 폐쇄적인 내부망과 주민들에 대한 정보 통제를 필요로 하는 사회적 특성을보여준다.[33] 법 조항에 의하면 컴퓨터망 관리에 대한 지도 및 통제는 국가에 의해 이루어진다. 나아가 비밀에 속하거나 불건전한 자료는 주고받을 수 없다고법은 명시하였다.[34] 북한의 사이버 공간은 정보 접근을 거부하거나 통제할 대상으로서 제한적 기능을 갖기 때문이다.

국가로부터 승인받은 범위에서의 컴퓨터망 봉사는 기관, 기업소, 단체를 통해 사회, 경제, 문화, 과학기술발전에 이바지할 수 있는 정보자료를 보급하는형태로 이루어진다. 북한은 지역과 이용 범위에 따라 컴퓨터망을 네 개로 분류하였는데, 전국망, 지역망, 부문망, 국부망이 그것이다. 아래에 북한의 컴퓨터망 보안 및 관리와 관련된 「조선민주주의인민공화국 콤퓨터망관리법」 조항을인용하였다.

"제8조 (콤퓨터망의 분류)
컴퓨터는 지역적 범위와 리용범위에 따라 다음과 같이 나눈다.
1. 전국적인 범위에서 정보통신을 보장하는 컴퓨터전국망
2. 도, 시, 군별로 단위를 구성하고 정보통신을 보장하는 컴퓨터지역망
3. 인민경제부문별로 단위를 구성하고 정보통신을 보장하는 컴퓨터부문망
4. 기관, 기업소, 단체별로 단위를 구성하고 정보통신을 보장하는 컴퓨터국부망"[35]

관련 법 조항에 의하면, 정보봉사는 해당 기관, 기업소, 단체를 단위로 이루어지며, 정보를 수집하거나 이용하기 위하여 공민, 즉 개인은 이 단위를 통해서만 가능하다. 개인의 경우도 컴퓨터망에 가입할 수 있으나, 15일간의 심의를 필요로 하는 신청기관에 신청을 해야 한다. 신청 문건에는 이름, 주소, 소속 관계, 망 가입 종류, 선로이용 조건, 망 영역 이름, 컴퓨터와 기타 정보통신 설비 등록 정형, 전자증명서 소지 정형 등을 구체적으로 밝혀야 한다. 전자증명서는 컴퓨터와 기타 정보통신 설비를 등록한 경우 전자인증기관에서 발급된다.

"제24조 (콤퓨터망정보봉사의 기본요구)
컴퓨터망정보봉사는 기관, 기업소, 단체와 공민이 컴퓨터망을 통하여 필요한 정보자료를 수집, 교환, 리용할 수 잇게 하는 중요한 사업이다. 해당 기관, 기업소, 단체는 정보산업시대의 요구에 맞게 컴퓨터망을 통한 정보봉사활동을 적극 벌려나가야 한다."[36]

이처럼 북한에서 원격교육은 ① 희망하는 공민에 한하여 누구나 가능하지 않으며, ② 기관, 기업소, 단체장의 추천과 ③ 해당 기관 정보기술 인프라를 이용해야 하고, ④ 그 시간도 기관, 기업소, 단체장의 승인을 필요로 한다는 점에서 학습자 주도의 교육이라 하기 어렵다.

2. 북한의 사이버교육

김정은 시대 10년을 마주하는 현재까지도 북한의 주민은 누구나 다 간부 양성을 목적으로 하는 고등교육을 받을 필요가 없다. 절대다수는 중등교육만 받아도 공장이나 농장에서 일할 수 있다. 이는 '노동자의 나라', '누구나 일하는 나라'를 표방하는 북한이기 때문에 자연스러운 현상이다. 2014년 12년제 의무교육을 시행할 때까지도 북한 사회는 열심히 일하는 것이 중요한 사회이다.

하지만 현시대는 전 지구적으로도 최고 수준의 교육을 받은 사람들을 원하는 시대이다. 21세기 정보산업시대에 맞게 북한에서는 원격교육이라는 새로운 형태의 교육체계인 사이버대학이 운영되고 모든 교육단위들이 국내 컴퓨터망에 가입하였다. 북한의 도, 시, 군 교육국과 대학, 각 급 학교, 유치원들은 화상회의 체계를 도입하였다. 이를 통해 북한은 원활한 사이버 업무 환경 조성을 위한 기반 마련에 집중하고 있다.[37] 이에 북한은 원격교육의 다면화로 교육체계와 교육제도 전반에 변화를 보이고 있다.[38]

특히 북한의 변화는 코로나19라는 재난 상황과 맞물려 고등교육 수요자들의 선택을 다양하게 만들었다. 세계적으로도 오프라인 전유물이었던 고등교육 영역은 지식경제시대 성장과 발전이라는 역동성에 힘입어 보편 고등교육체계로의 전환을 준비하고 있다. 북한 역시 전 인민의 지식 노동자화를 목표로 정하고 물리적 거리에 구애받지 않으면서 멀리 떨어져 있는 곳에서도 중앙대학의 강의를 시청할 수 있는 사이버 강의와 화상회의의 장점을 최대한 활용하고 있다.

그러한 인식에는 ① "수재 몇 명으로는 지식경제강국 건설에 필요되는 인재 수요를 원만히 충당할 수 없"으며, ② 정보통신기술(ICT)의 급속한 발달로 "모두가 현대 과학기술을 배워야"[39] 한다는 절박함이다. 이 인식의 바탕에는 북한의 경제가 "산업 고도화와 첨단기술산업 중심의 지식경제로 이동하는 과도기

특성을 보이면서 과학기술의 중요성과 역할이 크게 증가"[40]한 것에서 비롯된다. 이로서 정규 교육체계의 틀에서 교육과 학습을 제한하던 북한은 '고등교육의 대중화' 전략으로 방향을 전환하기에 이르렀고 현재는 대학 수준에서 원격교육을 제공할 수 있는 사이버대학이 장려된다.[41] 그리고 이 사이버교육은 간부양성이 목적이 아닌 과학기술인재 양성이 목적을 두고 있다.

문제는 북한이 기술 발전과 혁신을 과학자, 전문가의 영역이 아닌 생산 현장 모든 사람이 이끌어 낼 수 있다고 보고 있다는 점이다. 그것은 북한 내 모든 공장, 기업소, 단체에 '과학기술 보급실'을 운영하고 원격대학에 등록한 학생 외에도 현장의 모든 노동자들이 국가가 보급하는 자료를 공부하도록 요구하는 것에서 알 수 있다. 즉 북한은 전 국민을 과학기술인재로 만들 수 있는 이상적인 지름길로 사이버교육을 활용하고 있는 것이다. 북한이 보건대 사이버교육은 고등교육의 확대와 평생학습의 기회를 제공하기 좋다. 사이버교육은 각 분야 전문가 집단의 직무 훈련까지 가능하게 함으로 사실상 전 국민 교육 시대를 열었다고 할 수 있다. 김정은 시대 사이버교육은 지방의 교수자, 학습자가 평양에 있는 주요 대학에 가지 않고도 언제든지 필요한 강의를 수강할 수 있는 언택트 메커니즘을 경험하게 만들었다. 이에 북한에서 사이버교육은 중앙과 지방의 격차 해소에 훌륭한 대안으로 떠오르고 있는 것도 사실이다.[42]

하지만 앞서도 언급되었다시피 원격교육체계 내지는 사이버교육은 기본적으로 이미 직장을 가진 성인에 대한 교육을 전제로 한다. 이는 아래의 그림을 통해서도 확인된다.

그림 10-1 북한의 원격교육체계

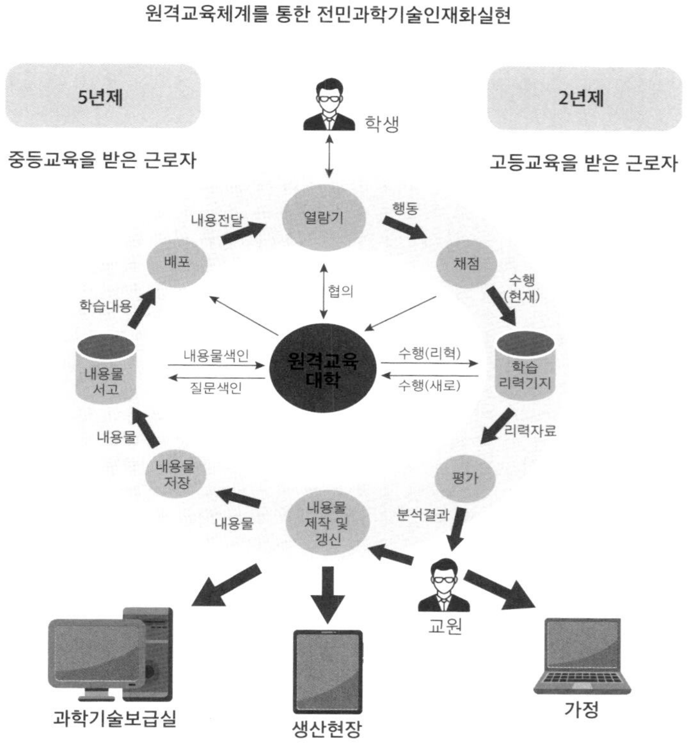

원격교육체계를 통한 전민과학기술인재화실현

자료: 조정아·이춘근·엄현숙, 「'지식경제시대' 북한의 대학과 고등교육」, 통일연구원, 2020, p. 131.

북한의 경우 사실상 이직이 자유롭지 못하며, 국가가 정해준 일자리에서 평생 근로하게 된다. 이로써 공장, 기업소에 다니는 근로자에게 필요한 강의는 이른바 "현장에서 애로 되는 과학기술적 문제들에 대한 질문"이거나, 꼭 학습해야 할 자료, "안내강의와 자료들에 대한 열람을 위주"의 수동적 학습 그 이상도 이하도 아니다. 이는 일부 종업원 속에서 횟수를 채우거나 취미에 맞는 과학기술 자료를 보는 등 일련의 편향들[43]로 지적되고 있는 것을 통해서도 알 수 있다.

IV 북한 고등교육의 미래

북한은 "발전된 나라들의 교육수준을 따라서는 것"을 북한식 사회주의 승리를 위한 전진이자 미래의 담보로 보고 있다.[44] 실제로 김정은 시기 이루어진 교육개혁은 '세계적 추세', 즉 글로벌 스텐더드에 부합하고 지식경제시대, 정보화시대로의 변화에 대응하는 방향에서 추진되고 있기 때문이다.[45]

하지만 2022년 9월 시정연설은 지금의 교육이 실천능력을 갖춘 쓸모 있는 인재들을 키워내는 데 지향되지 못하고 있음을 지적하고 있었다. 시정연설에 의하면, 지금까지 교육 그 자체를 위한 교육, 점수평가를 위한 교육에 국한되어 국가발전에 도움을 주지 못했다. 특히 12년제 의무교육 10년 차에도 여전히 교육적으로 만족할 만한 수준에 이르지 못하고 있는 점은 북한 당국의 고민을 깊게 한다.[46] 이로써 국가적 수준에서 고등교육의 변화를 가져오려는 여러 개혁적 조치가 실제 대학의 혁신으로 이어지지 못하고 있음을 확인할 수 있다.

김정은 시대 북한이 국제사회의 경쟁력을 가지려면 한국과 같이 대량의 전문지식을 갖춘 인재, 고등교육을 이수한 전문 근로자를 양성하는 방향에서 고등교육체계를 정비해야 할 것이다. 물론 당 간부 양성 정책과 북한의 전반적 산업기반이 바뀌어야만 가능하다. 이에 오늘날 북한의 변화를 가장 저해하고 있는 것이 바로 현재의 지배 체제이며 대학의 교육체계라고 할 수 있다. 현 지배 체제가 복잡한 경제발전에 적합한 교육 환경을 만들어내고 제공하는 데 장애가 되고 있음을 그들도 잘 알고 있을 것이다.

2장에서도 언급되었지만, 기본적으로 3년제, 4년제 대학으로의 진학 비율이 낮다는 점에서 북한은 여전히 엘리트 교육체계라고 할 수 있다. 이는 김정은 시대 들어 지속적으로 수요자 중심교육을 지향한다고 하였으나 여전히 공급자 중심에 머물러 있음을 의미한다.[47] 더욱이 북한은 4년제 이상 고등교육기관으로 진학하는 비율이 15% 미만[48]에서 26.8%[49]로 당국차원에서는 고등교육의 대중화라고 표방하나 <표 10-2>의 고등교육체계 모델의 기준에 따르면 엘리트형의 경직된 과정을 운영하고 있다는 것을 알 수 있다.

표 10-2 북한의 고등교육체계 모델

구분	엘리트형	대중화형	보편화형
재학생 비율	15%까지	15-50%	50% 이상
고등교육 기회	소수자의 특권	상대적 다수의 권리	만인의 의무
육성 대상	지배계급	전문가, 사회지도층	전 국민
교과과정	경직	유연	비구조적
학생 유형	동일 연령층	다양화, 휴학증가	성인 재학생 급증
기관 특성	동질성 (국립대학주도)	다양성 (사립대학주도)	극도의 다양성 (성인대학주도)
규모	2,000-3,000명	수만 명	무제한

자료: 키타무라 가즈유키, 김도수 역, 『고등교육의 혁신』, 서울: 교육과학사, 1995, pp. 33-34.

여기에 북한의 경우 모든 학비를 국가가 부담하는 국립대학 체제라는 제도적 한계로 인해 교육에 대한 국가의 부담이 가중된다. 대학생 수를 억제하고 상대적으로 경비가 적게 드는 의무교육과 직장인 대상 대중교육 다시 말하여 일하면서 배우는 교육체계를 확대한 이유이다.[50] 1977년 발표된 '사회주의교육에 관한 테제'에도 일하면서 배우는 교육체계의 장점을 ① 현직 노동자에게 교육의 기회를 주는 것이자 ② 현직에서 필요한 지식과 기술을 습득하는 데 목표가 있으며, ③ 생산현장에서 이탈하지 않도록 하여 사회주의 건설에서 노력문제에 영향을 미치지 않도록 하는 것에 있음을 명시하고 있다는 점에서 고등교육기관의 확장에 한계를 보인다.

이에 교육받을 기회를 허용한 것만으로는 교육 평등 실현이 불가능하다는 사실을 우리는 북한의 고등교육과 '원격교육'에 대한 이해를 통해 다시금 확인할 수 있다. 이에 북한도 남한과 같이 누구나 원하면 고등교육 그 이상을 받는 사회가 될 수 있기를 기대한다.

1 김정은 시대 인재 양성 전략은 무엇인가요?

2 북한 대학의 특징은 무엇인가요?

3 사이버교육의 특징과 한계는 무엇인가요?

참고문헌

1. 단행본 및 논문·보고서

국가정보원,『북한법령집 下』, 서울: 국가정보원, 2022.

김계수·이춘근, "북한의 국가연구개발체계와 과학기술인력 양성체계", 세종: 과학기술정책연구원, 2001.

김영수,『대학입학원격시험체계구성과 운영에 대한 연구』, 평양: 김형직사범대학출판사, 2017.

김인식 외,『인간과 사회와 교육』, 서울: 교육과학사, 1998.

김정일, "학교교육사업을 개선강화하는데서 나서는 몇가지 문제",『김정일선집 11권』증보판, 평양: 조선로동당출판사, 2011.

김정일, "사회주의강성국가건설의 요구에 맞게 교육사업에서 혁명적 전환을 일으킬데 대하여: 조선로동당 중앙위원회 책임일군들과 한 담화(2008년 5월 7일)",『김정일선집 23권』증보판, 평양: 조선로동당출판사, 2014

리금송 외, "법이란 무엇인가",『사회주의도덕과 법(고급중학교 1학년용)』, 평양: 교육도서출판사, 2013

리영환,『조선교육사 5권』, 평양: 사회과학출판사, 1993.

박정원,『북한의 교육법제에 관한 연구』, 서울: 한국법제연구원, 2003.

법률출판사,『조선민주주의인민공화국 법전(대중용)』, 평양: 법률출판사, 2004.

법률출판사,『조선민주주의인민공화국 법전』증보판, 평양: 법률출판사, 2016.

법률출판사,『조선민주주의인민공화국 법전』, 평양: 법률출판사, 2012.

엄현숙, "2000년대 이후 교육법제 정비를 통한 북한 교육의 현황",『현대북한연구』제20권 제1호, 2017, pp. 96-129.

엄현숙, "김정은 시대 고등교육 정책 연구: 박사학위 제도를 중심으로",『국가안보와 전략』제19권 제4호, 2019, pp. 77-112.

엄현숙, "북한의 대학혁신 연구: 교수의 전문성을 중심으로",『현대북한연구』제26권 제2호, 2023, pp. 51-94.

엄현숙, "정보화시대 북한의 사이버 교육에 관한 연구: 남북한 사이버 교류협력을 위한 시론",

『국가안보와 전략』제20권 제3호, 2020, pp. 77-104.

UNESCO, Denocratic people's Republic of Korea Education and Literacy , 2018.

이춘근·김종선, "북한 김정은 시대의 과학기술정책 변화와 시사점", 『STEPI INSIGHT』제173
호, 2015.

정영순 외, 『통일대비 북한교과서에서의 교육이념 변화 연구』, 서울: 한국교육개발원, 2002.

조정아 외, 『북한 이공계 대학 교육과정 분석』, 서울: 통일연구원, 2007.

조정아·이춘근·엄현숙, 『'지식경제시대' 북한의 대학과 고등교육』, 서울: 통일연구원, 2020.

최은석, "북한의 사회주의 법제정의 합리화와 규범적 법문건의 입법기술", 『立法學研究』제8
집, 2011, pp. 77-106.

2. 언론기사 및 인터넷 자료

로동신문, "새 세기 교육혁명을 일으켜 우리나라를 교육의 나라, 인재강국으로 빛내이자",
2014. 9. 11.

로동신문, "기술인재육성, 여기에 증산의 지름길이 있다", 2019. 4. 24.

로동신문, "조선민주주의인민공화국 원격교육법을 채택함에 대하여", 2020. 4. 20.

로동신문, "조선민주주의인민공화국 최고인민회의 제14기 제7차 회의에서 하신 경애하는 김
정은동지의 시정연설", 2022. 9. 9.

로동신문, "올해 원격교육을 받는 근로자들이 5천여명 더 늘어났다", 2023. 5. 13.

로동신문, "원격교육과 지식형 근로자", 2023. 5. 20.

로동신문, "조선로동당 중앙위원회 제8기 제8차전원회의 확대회의에 관한 보도", 2023. 6. 19.

로동신문, "교육구조의 혁신을 지향하여", 2024. 4. 1.

조선신보, "전국적인 교육정보통신망을 형성", 2018. 11. 7.

조선신보, "조선에 대한 리해", 2020. 3. 6.

통계청 보도자료, http://kostat.go.kr/assist/synap/preview/skin/miri.html?fn=e14d₩
-f6300214231055214&rs=/assist/synap/preview (검색일: 2024년 1월 24일).

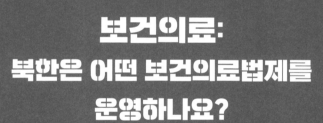

보건의료:
북한은 어떤 보건의료법제를
운영하나요?

박민주

CHAPTER 11

보건의료:
북한은 어떤 보건의료법제를 운영하나요?

북한의 보건의료

I 북한은 어떤 보건의료법제를 운영하나요?

북한의 보건의료제도는 일상적 질병의 예방과 치료, 공중보건과 개체위생, 위험물의 관리 및 통제, 전염병 예방 및 대응 등 총 4가지 부문으로 분류해 볼 수 있다. 1980년 제정된 「인민보건법」은 보건의료 부문의 가장 오래된 법률이자 가장 기본적인 원칙과 내용들을 포괄하는 총론적 성격을 지니고 있으며, 이후 각론적 법제들이 중요한 사건이나 시기별 필요에 따라 신설되고 기존 법률의 관련 조항이 수정보완되었다.

2022년 기준 북한의 보건의료 법률은 총 12건이다.[1] 「인민보건법」이 제정된 이후 1990년대 중후반 고난의 행군이 발생하면서 전염병 및 질환이 급증하고 전력 및 물자부족, 수해 등의 영향으로 의약품 및 식료품 관리, 개체 위생 증대 등의 필요에 따라 「의료법」, 「의약품 관리법」, 「전염예방법」, 「공중위생법」, 「식료품 위생법」과 같은 기본 보건의료 관련 법률을 대폭 제정하였다. 「의료법」은 의료인의 자격, 양성, 의무, 의료의 기본적 사항, 법률 위반에 대한 조치 등의 내용을 담고 있다. 「의약품 관리법」은 의약품의 유통, 생산, 수출입, 품질관리, 의약품 생산자 및 판매자의 자격 관련 조항 등을 담고 있다.

2000년대 초중반에는 시장이 공식화되면서 마약, 약초, 담배 등의 유통이 잦아졌다. 따라서 「마약관리법」, 「약초법」, 「담배통제법」 등이 제정되어 시장에서의 관련 상품 생산, 유통, 수입 및 수출, 품질관리 등에 관한 규칙과 체계를 마련하였다. 「마약관리법」은 비공인, 비의료 목적의 마약 투약을 금지하며 의료 목적의 마약 재배 및 가공, 독약 및 극약의 제한적 허용 등에 대한 조항들로 구성되어 있다. 「담배통제법」 역시 담배의 생산, 수출입, 광고 등을 규정하고 있다.

2020년대 초반 코로나19가 발생하면서 법제의 신설과 수정이 다각적으로 이뤄졌고 지난 시기보다 법제 마련이 빠르게 이뤄졌다. 「비상방역법」, 「수입물자소독법」이 새로 제정되었고 「담배통제법」을 확대한 「금연법」이 신설되고, 「전염병예방법」이 2차례에 걸쳐 개정되었다.

그림 11-1 **북한 보건의료 법률의 시계열별 신설 추이**

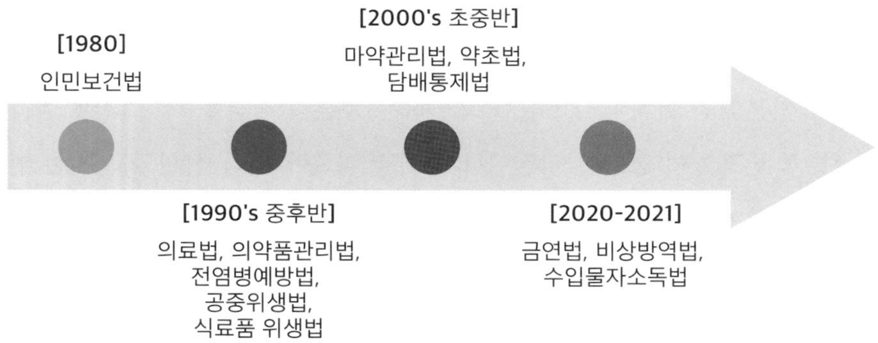

[1980]
인민보건법

[2000's 초중반]
마약관리법, 약초법,
담배통제법

[1990's 중후반]
의료법, 의약품관리법,
전염병예방법,
공중위생법,
식료품 위생법

[2020-2021]
금연법, 비상방역법,
수입물자소독법

표 11-1 북한 보건의료 법률의 제정, 개정

	2017년 기준	2020년 기준	2022년 기준
공중위생법(1998)	-	-	-
금연법(2020)		제정(2020)	-
담배통제법(2005)	-	-	-
마약관리법(2003)	-	-	-
비상방역법(2020)		제정(2020)	개정 3회 (2020, 2021, 2021)
수입물자소독법(2021)			제정 및 개정(2021)
식료품위생법(1998)	-	-	-
약초법(2004)	-	-	-
의료법(1997)	-	-	-
의약품관리법(1997)	-	-	-
인민보건법(1980)	-	-	-
전염병예방법(1997)	-	개정(2019)	개정 2회(2020, 2020)

　가장 많이 개정된 법률은 「전염병예방법」으로, 1997년 제정 이래 총 7회(1998, 2005, 2014, 2015, 2019, 2020년 2회) 개정되었다. 보건의료제도가 부족하고 전력과 원료 고갈 등으로 상하수도 시스템이 제대로 작동하지 않는 데다가 수해까지 잦았던 2000년대, 콜레라 및 티푸스 계열의 수인성 전염병, 결핵 및 말라리아 등의 감염 질환 등이 지속 발생했던 2010년대의 상황 속에서 전염병과 관련한 법제가 여러 차례 강화된 것으로 해석할 수 있다. 다만 상하수도, 화장실 등의 공중위생 및 보건 관련 법제는 아직 신설 및 개정된 바를 찾을 수 없는데, 북한의 법률 공포 시점이 일정 정도 제도의 시범 운영이 안착된 후에 이뤄지기 때문인 것으로 보인다. 2023년부터 북한 당국은 평양을 위시하여 상수도 관련 과

학기술전시회를 개최하고 관련 개선 사업을 진행하고 있다고 발표한 바 있어 추이를 지켜볼 필요가 있다.

Ⅱ 북한의 환자는 어떻게 치료를 받나요?

북한은 「인민보건법」에 따라 검사부터 수술과 치료, 입원 시 각종 물품과 식사까지 병원에서의 모든 공적 의료 서비스를 무료 제공하고, 약품은 국영 약국에서 저렴한 가격에 구매하는 "완전하고 전반적인 무상치료제"를 표방해왔다.

예방을 중요하게 여기는 "사회주의 의학"에 따라 모든 가구에는 "호 담당 의사"가 배치되어 일상적 보건을 관리하고 질병이나 상해가 발생하면 간단한 진료와 처치를 시행한 후, 상황에 따라 상급병원을 방문한다. 지역 단위로 북한의 동과 리급 병원은 우리의 1차, 시와 군병원은 2차, 도급 병원은 3차, 평양의 대형병원과 대학병원은 4차로 이해할 수 있다. 만약 암이 의심된다면 소견서를 들고 상급병원에서 정밀 검진을 받을 수 있다. 평양에는 대규모 안과, 치과 등의 특화 전문 병원이 있고 주요 시도에는 여성 및 출산 전문병원인 '산원'이 있어 질병에 해당하는 병원을 찾아간다. 도급 이상 병원에는 여러 진료과에 비교적 다양한 의료설비들이 갖춰져 있는데, 외부의 지원뿐만 아니라 북한 내부의 관련 연구기관이 생산한 의료장비도 하나씩 도입되고 있다.

북한은 전쟁 후부터 지금까지 민간요법을 중요하게 생각하여 그 효과성을 증명하고 활용해왔다.[2] 또한 우리의 한의학과 유사한, 생약과 침술 중심의 '고려의학'을 서양의학과 동등하게 취급해왔다. 합성 의약품보다는 천연 약재를 활용하여 비용을 줄이고, 북한 내부에 많은 원료로 의약품을 제조하려는 노력은 지금까지도 지속되고 있다.

그러나 배급제 중단 이후 보건의료인들의 생활과 병원 운영이 어려워지면서, 법적으로는 변함없이 무상의료제를 표방하지만 실제 일상에서는 현물이나 현금 등으로 진료에 대해 개인적으로 사례하는 경우가 많아졌다. 복용, 수술, 처치에 필요한 모든 의약품과 입원을 위한 각종 음식, 난방, 침구, 환자복 역시 환자 스스로 마련해야 한다. 따라서 당국의 지원이 있는 평양이나 대규모 병원을 제외하고는 "전반적 무상치료"라고 이야기하기 어려운 실정이다.

때문에 대다수 주민은 급체, 감기, 타박상, 두통, 피부질환 등의 일상적 경증은 민간요법을 활용하고, 필요에 따라 비의료인이나 퇴직 의료인을 찾아가 침과 주사를 맞고 수술을 받기도 한다. 또한 공식 약국을 찾아가 약사나 상주 의료인에게 복약지도를 받고 약을 구매하며, 공식 의약품 관리 및 유통체계에서 누락되었거나 중국에서 밀수한 약품, 비공식적으로 제조 및 합성된 약품 등을 비공식 시장에서 구매하는 일이 일반적이다.

Ⅲ 북한에서는 흡연이 자유로운가요?

북한은 사회문화적으로 담배와 친숙한데, 흡연은 남성의 권위와 남성적 문화를 상징할 정도로 남성 흡연이 당연하게 여겨져 왔다. 한때였지만, 1950년대에는 여성 노동자가 일터에서 흡연하는 장면이 '멋진' 모습으로 공공 잡지에 게재되기도 했다. 또한 시장화 이후에는 화폐 대신 "고양이 담배" 등의 담배가 현물로서 중요한 역할을 해왔다.

다만 시장화 이후 북한 당국은 상품으로서의 담배 관리와 학생 및 청소년 금연을 위해 2005년 「담배통제법」을 제정하였다. 담배와 관련한 일체의 행위들(생산, 판매, 흡연, 홍보 등)을 상세하게 규정한 것은 이 법이 최초였는데, 일각에서는 김정일 위원장이 금연을 시도하면서 이 법이 제정되었다고 하며 이후 2009, 2012, 2016년 3차례에 걸쳐 개정되었다.

「담배통제법」 제3조와 제4조는 금연 및 흡연율 감소를 위한 정책적 필요성을 명시하고 있으며 담배 포장에 담배의 해로움에 대한 경고문, 니코틴/타르/일산화탄소 함량 설명문을 잘 보이게 표기할 것(제12조), 담배에 사람의 흥미를 끄는 장식 및 표기를 하지 말 것(제13조), 담배는 지정 상점 및 매대에서만 판매하며 자동판매기를 설치할 수 없고 미성인과 학생에게는 판매하지 않음을 게시할 것(제22조), 미성인 및 학생 흡연 금지와 학부모 및 교육기관의 학생 및 미성인 통제(제24조, 제30조), 무연담배 및 전자담배의 수출입 금지(제25조), 공공장소/혁명사적지/어린이보육교양시설 및 교육시설/의료보건시설/사무실 및 실내 작업장/대중교통 및 정류소/산림보호구 및 동식물원/화재사고 발생가능 장소 등에서의 흡연 금지(제28조) 등을 명시하였다. 다만 「담배통제법」은 금연이 아니라 담배 생산, 수출입, 유통 등 상품으로서의 담배, 담배 산업 관리에 관한 내용이 주축을 이룬다. 이를 방증하듯, 여러 북한이탈 주민의 증언을 들어보면 별다른 규제는 없었다고 한다. 「담배통제법」 역시 지속 개정되었지만 금연에 대한 필요성과 흡연 규제 조항은 큰 진전을 보이지 않았다.

「금연법」은 코로나19 초기 흡연의 해로움이 전 세계적으로 부각되면서 2020년 11월 제정되었다. 「금연법」은 「담배통제법」과 겹치는 조항들을 다수 두나, 금연에 초점을 둔다는 점에서 큰 차이가 있다. 가령 「담배통제법」이 제1조에 "문화위생적인 생활환경을 마련"하는 정도로 법률의 의미를 해설한다면 「금연법」은 궁극적 목적이 "사회주의문명국건설", 곧 국가건설의 한 항목으로 제시된다. 또한 「금연법」에는 「담배통제법」에 없었던 국가금연전략 및 금연 계획 수립, 흡연율 조사, 과학연구, 금연 질서 위반에 대한 벌금 및 노동교양처벌 등에 관한 조항이 추가되었다. 외국인 또한 「금연법」의 제재 대상임을 명시한 것도 특징적이다. 이는 「비상방역법」을 제외하고는 여타 보건의료 법률이 외국인의 법적 의무에 대해 명시하지 않은 것과 다른 점이다.

「금연법」은 「담배통제법」과 유사 조항일지라도 표현에 있어서 금연을 더욱 강조하는 내용을 담고 있다. 가령 「담배통제법」이 제12조에 담배 포장에 "담배가 건강에 해롭다는 경고문" 표기를 의무화했던 정도였다면, 「금연법」에서는 제13조에 흡연실에 "담배를 피우는 사람이 무안을 당할 정도로 담배의 해독성을 처참하게 형상한 각종 건강위험경고그림을 게시하여야 한다."라는 조항을 추가하였다. 또한 "평양시를 비롯한 도, 시, 군소재지의 거리나 공공장소"에서의 흡연을 금지하고(제14조), 미성년자 및 학생 흡연 금지(제15조), 담배생산량 축소(제17조), "사람들의 흥미를 끌게하는 상표와 장식, 표기 같은 것"의 금지(제22조), 금연 질서 위반에 대한 기관, 기업소, 단체의 벌금처벌(제26조), 주민 노동교양 처벌(제27조) 등이 신설되었다.

특히 금연질서 위반에는 벌금부터 노동교양, 경고, 임금삭감, 영업중지 및 폐업 등 다양한 처벌이 가해지고 「담배통제법」보다 처벌이 구체화되었다. 기관, 기업소, 단체의 경우 흡연장소를 정해진대로 마련하지 않으면 벌금 10만 원, 담배 판매 광고 및 사람의 흥미를 끄는 장식 등을 했을 경우 10~50만 원이며, 미성년자와 학생에게 담배를 판매했을 때 150만 원으로 벌금 금액이 가장 높다. 다만 노동교화나 노동단련급 이상의 처벌까지 주지는 않고 벌금이 높은 편이나 법률의 강제성이 크다고 보기는 어렵다. 금연에 대한 정책적 의지가 강해졌으나 완전히 흡연을 금지시키는 정도는 아니며, 학생이나 미성년자에 대한 금연 규율만 한층 더 강화된 것으로 판단된다.

금연법 제정과 함께 금연 문화 확산에 대한 구체적 조치들도 발견되는데, 2020년 금연연구보급소가 인트라넷에 금연1.0 사이트를 개설하였고 흡연자에게 오프라인에서 니코틴함량을 측정해준 뒤 금연 교육, 금연 상담을 제공하고 있음을 '조선의 오늘' 등을 통해 파악할 수 있다. 또한 금연 영양알(보조제), 니코틴 반창고 등도 보급하고 있는 것으로 파악된다.

북한의 코로나 대응책은 어떤 내용인가요?

북한은 코로나19를 맞아 2020년 8월의「비상방역법」제정을 필두로 같은 해 기존의「전염병예방법」을 두 차례 개정하여 비상방역체계 및 제반 사항을 법률에 명시하였다. 또한 2021년 3월「수입물자소독법」을 제정하여 코로나19 이후의 포스트 코로나 시기에도 수입물자를 방역하도록 법제를 마련하였다.

「전염병예방법」이 전체 전염병을 포괄하는 법률이라면「비상방역법」은 1급, 특급, 초특급 등의 위급 비상방역에 관련한 법률이다. 이때, 비상방역의 등급은 다음 <표 11-2>와 같이 분류되며, 비상방역은 "전염병위기로 하여 국가의 안전과 인민의 생명안전, 사회경제생활에 커다란 위험이 조성될수 있거나 조성되었을 때 국가적으로 신속하고 강도높이 조직전개하는 선제적이며 능동적인 방역사업"으로 정의된다(비상방역법 제2조).

표 11-2 비상방역체계의 위급상황별 구분(비상방역법 제3조)

1급	악성전염병이 우리 나라에 들어올 가능성이 있어 국경통행과 동식물, 물자의 반입을 제한하거나 우리 나라에서 악성전염병이 발생하여 발생지역에 대한 인원, 동식물, 물자류동을 제한하면서 방역사업을 진행하여야 할 경우
특급	악성전염병이 우리 나라에 들어올수 있는 위험이 조성되어 국경을 봉쇄하거나 우리 나라에서 악성전염병이 발생하여 국내의 해당 지역을 봉쇄하고 방역사업을 진행하여야 할 경우
초특급	주변 나라나 지역에서 발생한 악성전염병이 우리 나라에 치명적이며 파괴적인 재앙을 초래할수 있는 위험이 조성되어 국경과 지상, 해상, 공중을 비롯한 모든 공간을 봉쇄하고 집체모임과 학업 등을 중지하거나 우리 나라에서 악성전염병이 발생하여 국내의 해당 지역과 린접지역을 완전봉쇄하고 전국적인 범위에서 보다 강도 높은 방역사업을 진행하여야 할 경우

1. 전염병예방법(개정)

코로나19 이전의 「전염병예방법」은 총 45개 조항이었으나,[3] 코로나19 이후 2020년 두 차례 대대적 개정을 거쳐 제53조로 확장되었고 세부 조항도 정비되었다. 관련한 변화는 다음과 같다.

첫째, 외부 유입 전염병에 대한 대응 조항이 대폭 강화되었다. 제3조와 제10조 등을 살펴보면 이전에는 자주 발생했던 티푸스류 등의 내부발 전염병에 초점을 두다가 2020년대 들어서는 코로나19를 의식한 듯 외부발 전염병도 명시하면서 해외로부터의 입국자에 대한 방역 검사를 받도록 규정을 신설하였다 (<표 11-3> 참조).

표 11-3   전염병예방법의 코로나19 전후 비교

	2017년 기준	2022년 기준
제3조	전염원을 적발, 격리하는 사업을 바로하는 것은 전염병예방에서 나서는 선차적 과업이다. 국가는 전염원의 적발, 격리에 큰 힘을 넣으며 전염병의 발생과 전파를 제때에 막도록 한다.	국가는 전염원의 적발, 격리에 선차적인 힘을 넣어 전염병의 발생과 전파를 제때에 막으며 <u>외부로부터 전염병의 류입을 막기 위하여 선제적이며 능동적인 방역조치를 신속하고 강도높이 취하도록 한다.</u>
제10조	(제10조) 전염병예방기관과 해당 기관은 역학조사, 검병 보균자조사체계를 세우고 위생 검열을 정상적으로 조직하며 전염병환자나 그와 함께 생활하는자, 보균자 인수공통성전염병을 앓고있는 동물을 제때에 조사 장악하여야 한다. 다른 나라에서 전염력이 강한 전염병이 발생하였을 경우에는 그 발생과 역학상황을 예리하게 감시하며 신속히 대처해나가야 한다.	<u>위생방역기관과 중앙대외사업지도기관, 중앙국경검역지도기관</u>을 비롯한 해당 기관은 다른 나라에서 전염력이 강한 전염병이 발생하였을 경우 그 발생과 역학상황을 예리하게 감시하며 그 자료를 중앙보건지도기관에 제때에 통보하여야 한다. 중앙보건지도기관은 다른 나라에서의 전염병전파상황을 예리하게 주시하면서 선제적인 방역조치를 취하여야 한다. 다른 나라에 갔다오는 대상은 에이즈를 비롯한 위험한 전염병과 관련한 검사를 받아야 한다. 이 경우 6개월이상 다른 나라에

(제16조) 세계적으로 전염력이 강하고 위험한 전염병이 발생하였을 경우에는 비상설 국가 비상방역위원회의 조치에 따라 다른 나라에 가는 대상을 극력 제한하며 다른 나라에서 들어오는 대상에 대하여서는 일정한 기간 해당 격리장소에 격리시키고 의학적 감시 대책을 세워야 한다. 우리 나라에 없는 위험한 전염병에 감염된자는 전염력이 없어질 때까지 일정한 지역에 차단시키고 철저한 격리대책을 세워야 한다	갔다오는 대상은 국경검역기관에서 1차검사를, 위생방역기관에서 2차검사를 받으며 그밖의 대상은 위생방역기관에서 검사를 받는다.

둘째, 비상설기관인 인민보건지도위원회, 에이즈통제위원회 등의 조직이 명시되고 관련자의 행정적 책임을 묻는 사례들이 구체화되었다. 가령, 처벌조항은 코로나19 이전만 하더라도 "이 법을 어겨 전염병예방사업에 엄중한 결과를 일으킨 기관, 기업소, 단체의 책임있는 일군과 개별적공민에게는 정상에 따라 행정적 또는 형사적책임을 지운다(제45조)"라는 한 문장을 두었다. 그러나 코로나19 이후에는 행정적 책임의 11개 사례를 열거하며(<표 11-4> 참조), 제52조와 형사적 책임을 명시한 제53조로 분리하는 등 법적 책임을 강화하였다. 특히 제52조의 11개 사례는 코로나19 방역 기간 동안 실제 발생한 사례들을 종합하여 관련 사항에 대한 책임을 법률에 반영한 것으로 생각된다. 법이 강화된 만큼 코로나19 초기 법에 반하는 현상들이 다양하고 또 잦았던 것이다.

표 11-4 코로나19 이후 전염병예방법 제52조상 행정적 책임의 강화

제52조 (행정적책임)
다음의 경우에는 책임있는 자에게 정상에 따라 행정적책임을 지운다.

1. 전염병환자, 의진자를 적발하기 위한 사업을 책임적으로 하지 않았거나 적발된 전염병환자, 의진자를 격리시키지 않은 경우
2. 전염병환자, 의진자의 적발, 전염병의 발생과 류입, 전파에 대한 보고와 통보를 하지 않았거나 거짓보고를 하였거나 뒤늦게 보고한 경우
3. 전염병환자, 의진자의 적발, 전염병의 발생과 류입, 전파에 대한 보고와 통보를 받고 그에 대하여 제때에 조사확인하지 않았거나 필요한 대책을 세우지 않은 경우
4. 전염병환자에 대한 치료를 책임적으로 하지 않았거나 병원내 감염통제와 담당구역내의 전염병예방사업을 하지 않은 경우
5. 전염병에 오염된 장소, 물품, 의료페기물에 대한 소독, 처리를 규정대로 하지 않은 경우
6. 의료기구를 규정대로 소독하지 않고 재사용한 경우
7. 국경과 전염병이 발생한 지역, 격리장소를 봉쇄하는 사업과 국경통행, 인원, 동식물, 물자의 류동을 차단 또는 제한하는 사업을 책임적으로 하지 않은 경우
8. 전염병예방사업에 필요한 조건을 책임적으로 보장하지 않은 경우
9. 전염병예방접종을 책임적으로 하지 않거나 예방접종에 정당한 리유없이 참가하지 않은 경우
10. 해상에서 오물, 오수처리를 규정대로 하지 않은 경우
11. 이 법 제44조에 규정된 의무를 리행하지 않았거나 제45조에 규정된 금지사항을 어긴 경우

셋째, 필요에 따라 조항의 분리와 통합이 이루어지고, "체질적 특성" 등의 다소 모호하거나 과학적으로 입증되지 않은 표현이 제거되면서 법률이 정비되었다. 가령, 2015년 개정 법률 제20조에는 "전염병 환자의 병상태와 체질적 특성에 맞게 치료계획"을 세운다고 하였는데, 동조항은 2020년 개정 법률 제17조에서 "전염병환자의 병상태에 맞게 치료계획"을 세우는 것으로 개정되었다. 이외에도 "전염성균"을 "병원성미생물"로 변경하는 등 용어의 적시성을 향상시켰다.

넷째, 제36조부터 제45조까지 10개 조항에 걸쳐 "비상방역"을 다룬 장이 추가되어 5장 체제에서 6장 체제로 확대되었다. 이는 「비상방역법」 제정에 따른 것인데, 「전염병예방법」에는 기본적인 비상방역체계에 관한 법률만 두고 구체적 내용은 「비상방역법」에 별도 명시하면서 「비상방역법」의 기본 골자(비상방역

의 정의, 등급구분, 관련 조직의 권한과 의무, 처벌 사항 등)만 필요에 따라 개정하는 것으로 파악된다. 「전염병예방법」의 최종 개정일자와 「비상방역법」의 신설일자는 2020년 8월 22일로 일치하며, 이후의 비상방역 관련 변동사항은 2021년 「비상방역법」에만 반영되었다.

2. 비상방역법(신설)

가. 비상방역법의 기본 구조 및 특성

「비상방역법」은 총 5장 70개 조항 체제로 구성되어 있으며, 2020년 8월 제정된 이후 동년 11월 26일, 2021년 2월 25일 및 10월 19일에 걸쳐 개정되었다. 이처럼 빠르게 여러 차례 법률이 개정된 것은 그만큼 코로나19 상황이 긴박하게 진행되었고 또 예기치 못했던 많은 사안이 발생했기 때문임을 의미한다. 동법의 장별 주요 조항 구성은 다음 <표 11-5>와 같다.

표 11-5 비상방역법의 장 및 조항 주요 구성

장	조항 내용
제1장 비상방역법의 기본	법의 사명, 비상방역의 정의, 비상방역 등급, 비상방역 관련 기본 원칙
제2장 전염병위기 대응을 위한 준비	국가 비상방역 전략 및 계획, 격리시설, 실행총화, 가술전습조직, 각종 훈련
제3장 국가비상방역 체계의 수립	체계 전환 및 선포, 중앙 및 지방 비상방역지휘부 조직 관련, 지휘부 사업조건보장, 지휘부 권한 및 임무, 세부 소조 임무, 정보 및 소독 관련 체계, 수입물자 반입 체계
제4장 전염병위기시 대응	봉쇄 및 차단, 환자 격리/치료/관리 제반 질서, 소독 및 물건/물자 관리, 주민 생활 보호, 자연환경 및 동물 접촉 통제, 보건의료 인력 보호, 공민 및 외국인의 의무, 운전사 및 승무원 임무, 최대비상체제, 비상방역 체계 해제

제5장 비상방역질서위반행위에 대한 법적책임	개인 및 기관/기업소/단체 대상 벌금처벌, 중지/폐업/몰수 처벌, 노동교양처벌, 간부 대상 처벌(경고-철직), 간부 대상 구금처벌, 집행 태만죄, 의무 태만죄, 조건보장태만죄, 봉쇄태만죄, 사업방해죄, 최대비상체제 시 범법의 가중처벌, 외국인 대상 법적제재
부칙	관계법률의 관계, 소급 부적용

「비상방역법」의 특성은 다음과 같다. 첫째, 전염병 상황별 대응체계/방법을 다음 <표 11-6>과 같이 단계별로 명시하면서 사법, 보안, 검찰, 검열 등의 무력 및 강제권을 가진 기관을 각급 인민보건지도위원회에 참여시킨다.

표 11-6 전염병 발생의 상황별 대응체계 및 방법

상시 및 전염병 발병 시			악성 및 특수 전염병 (1급, 특급)	초특급 비상방역
최우선 조치	전염 전파 방지	면역력 향상		
전염원 적발 및 격리	전염경로차단	예방접종	비상방역	최대비상방역

인민보건지도위원회는 중앙과 도(직할시), 시(구역), 군에 조직하며 중앙인민보건지도위원회 위원장은 내각총리, 보건사업과 관련된 위원회 및 성급 내각, 인민보안기관, 검찰기관, 검열기관, 근로단체의 간부들이 포함된다. 각 단위 인민보건지도위원회 역시 군의 책임자나 고급 간부를 위원장으로 하며 유관 기관 및 기업소, 인민보안기관, 검찰기관, 근로단체의 간부들이 포함된다. 이때 보안기관과 검찰기관 등의 사법, 경찰이 포함된다는 것이 특징이다.

특히 비상방역이 선포된 이후에는 중앙인민보건지도위원회에 인민무력기관, 조선인민군 총참모부, 국가보위기관, 중앙대외사업지도기관, 중앙무역지도기관, 중앙체신지도기관 등의 간부까지 포함함으로써 사실상 "비상방역지휘력량"의 강제력과 인력을 확충한다. 중앙인민보건지도위원회는 중앙비상방역지휘부를 조직하고 동 지휘부는 내각, 국방성, 조선인민군 총참모부, 중앙급 보위/검찰/사회안전/군수/특수단위, 국가계획기관, 중앙대외사업지도기관, 유관성, 중앙기관, 의료기관의 책임일군들을 포함한다. 방역에서 군대의 임무가 커진 만큼 봉쇄 및 검열 강화, 군의부문 인력 및 물자의 방역 투입이 전체 방역에서 큰 비중을 차지했을 것이다. 이는 군 외의 일반 보건의료부문체계가 상당히 취약할 가능성도 시사한다.

코로나19 기간 동안 군의(군의관)의 기여에 대해 2022년 8월 18일 북한 당국은 4.25문화회관에서 전국비상방역총화회의를 개최하고 "조선로동당 중앙 군사위원회 특별 명령을 높이 받들고 수도에 조성된 보건위기를 평정하기 위한 최대비상방역전에서 특출한 공을 세운 군의부문 전투원들"에게 표창 및 상을 수여하였다.[4] 표창 수여식에서 김정은 위원장은 "당중앙이 믿을 것은 인민군대 군의부문뿐"이었으며 "만점짜리 작전"이었다고 극찬하면서 "우리식의 야전치료방법"을 발전시키라고 강조하였다.[5]

둘째, 환자 및 의진자의 발견, 식별, 관리는 대대적이며 공개적으로 이루어진다. 전염병 확진자와 의심환자의 입원실이나 집 앞에는 이를 알리는 표시를 하여야 하며, 해외에서 6개월 이상 체류하고 귀국할 경우 에이즈 및 각종 전염병 검사를 1차로 국경검역기관에서, 2차로 위생방역기관에서 시행해야 한다. 전염병에 오염된 것으로 추정되는 물건은 소독해야 하며 전염병이 발생한 기관, 기업소, 단체는 운영과 영업이 정해진 기간까지 중지될 수 있다.

또한 중앙의 지도를 받아 지역 비상방역지휘부에서는 분과 및 기동소조 조직이 이루어진다. 소조는 무리지어 다니며 임무를 담당하는데 신속기동방역조(전염병 환자 및 의심환자를 방문하여 역학조사, 임상 진단, 역학조사 담당), 봉쇄조(전염병이 의심되는 사람이나 감염물질 주변을 봉쇄), 치료조(감염자를 격리병동 및 격리장소로 후송하며 감염자와 격리자들에 대한 치료)가 있고, 군경(조선인민군 총참모부와 국가보위기관, 사회안전기관)은 봉쇄와 차단 경비 등의 업무를 담당한다.

셋째, 평양의 경우 비상방역기간 출입이 "극력 제한"되며 경비와 집중단속이 강화된다. 북한은 최대비상방역체계가 가동된 2022년 5월에 평양을 봉쇄했다가 8월 10일 정상방역체계로 전환한 후, 겨울철 호흡기 질환자가 증가하자 2023년 1월 25일부터 5일간 다시 한번 "특별방역기간"을 설정하고 평양을 봉쇄하였다. 또한 1일 4회 체온을 측정하여 보고하고 증상이 나타나면 평양친선병원에 통보하고, 외교관들의 업무처리와 물품 주문은 전화와 북한 당국의 수거/배달을 활용하라고 하였다.

넷째, 외국인에게도 「비상방역법」이 적용되며, 교통수단 운전사와 승무원에게는 더 많은 책무가 부과된다. 동법은 비상방역 기간에 방북 중인 외국인 역시 당국의 비상방역조치에 "절대복종"할 의무를 갖는다고 명시하고 있다. 법률을 위반할 경우에는 외국인 역시 추방할 수 있다고 규정하고 있으며, 운전사와 승무원에게는 환기, 소독, 마스크 착용자만 탑승, 탑승객 손소독 및 체온측정, 의심환자 탑승 거부 등의 법적 임무를 수행해야 한다. 대중교통에서의 방역에 대해서는 접경지역 봉쇄와 더불어 코로나19 종결을 선언한 후에도 강조하였다.[6]

넷째, 비상방역질서위반에 대한 법적 처벌은 매우 상세하며 가볍게는 벌금부터 최고 사형까지 무겁다. 마스크 미착용자는 5,000원 이내의 벌금을 내야 한다. 방역규정을 어기고 다수가 모여 "술판, 먹자판을 벌리거나 유희, 오락 등을 하였을 경우"에도 1만 원 이상 5만 원 이하의 벌금을 물도록 한다. 또한 상품값을 급격하게 인상시키거나 대량 사재기하여 시장 가격을 올릴 때, 역학확인서를 위조했거나 밀매했을 때는 5만 원 이상 10만 원 이하의 벌금을 내야 한다. 벌금형의 도입은 2010년대 후반 이후 북한 법률에서 공통적으로 나타나는 특징이기도 한데, 이러한 벌금조치는 강력한 통제나 처벌보다는 다소 느슨하면서도 주민들이 상황에 맞게 개인 방역의 의무를 하도록 계도하는 정책적 의도로 해석된다.

나. 2021년 개정 전후 특성

「비상방역법」은 신설 후 얼마 지나지 않아 2021년 개정되었는데, 실제 방역 과정에서 발생한 사안들을 법률에 빠르게 반영한 것으로 생각된다. 개정 후의 특징은 다음과 같다.

첫째, 경한 법률 위반은 약화하면서 중한 위반에는 형량을 강화하였다. 승 인 없는 수입물자 반입의 형량은 노동단련형에서 5년 이하의 노동교화형으로 증량되었다. 최고 형량은 5~10년의 노동교화형이었다가 무기노동교화형 혹은 사형으로 확대되었다. 또한 비법적 사냥, 봉쇄구역에의 무단출입, 밀수 및 밀수 품 유포, 범법의 묵인 조장 및 조직 역시 법적 처벌 대상으로 명시되었다(<표 11-7> 참조).

표 11-7 　비상방역법의 개정 전후 비교

2020년 기준	2022년 기준
제8조 (비상방역기간 범죄 및 위법행위를 저지른자에 대한 처벌원칙) 국가는 비상방역기간에 방역규률과 질서를 어기거나 범죄 및 위법행위를 저지른 자에 대하여서는 전시와 같이 무겁게 보고 엄격한 행정적, 법적제재를 가하도록 한다	제9조 (비상방역기간 범죄 및 위법행위를 저지른자에 대한 처벌원칙) 국가는 비상방역기간에 방역규률과 질서를 어기거나 범죄 및 위법행위를 저지른 자에 대하여서는 전시와 같이 무겁게 보고 엄격한 행정적, 법적제재를 가하도록 한다. <u>그러나 이 법에 규제된 범죄를 저지르고 자수, 자백한자에 대하여서는 국가와 인민의 안전에 엄중한 결과를 초래한 경우를 제외하고 형법에 따라 관대히 용서하거나 형사책임을 가볍게 지운다.</u>
제69조 (비상방역사업방해죄) 비상방역사업과 관련한 정당한 요구에 반항하면서 구타, 폭행하였거나 검열 감독사업을 하지 못하게 하였거나 국가적인 격리장소에 격리된 대상을 밖으로 불러 내였거나 격리된 대상이 격리장소로 사람을 불러들였거나	제73조 (비상방역사업방해죄) 비상방역사업과 관련한 정당한 요구에 반항하면서 구타, 폭행하였거나 검열, 감독사업을 하지 못하게 하였거나 격폐된 격리장소에서 리탈하였거나 격리된 대상을 밖으로 불러내였거나 격리된 대상이 격리장소로 사람을

비상방역지휘부의 승인없이 수입물자를 끌어들이는 것 같은비상방역사업을 방해한자는 로동단련형에 처한다.

앞항의 행위를 여러번 하였거나 비상방역사업방해행위를 조직한자는 5년이하의 로동교화형에 처한다.

비상방역사업을 방해한 행위가 극히 엄중한 경우에는 5~10년이상 년이하의 로동교화형에 처한다.

불러들였거나 비법적으로 사냥을 하였거나 국가적인 봉쇄구역에 비법출입하는것 등을 비롯하여 비상방역사업을 방해하는 행위는 한자는 로동단련형에 처한다.

앞항의 행위를 여러번 하였거나 비법적으로 국경을 출입하였거나 승인없이 수입물자를 끌어들였거나 밀수행위를 하였거나 밀수품을 류포시켰거나 비상방역사업방해행위를 묵인조장, 조직한자는 5년이하의 로동교화형에 처한다.

I항, 2항의 행위로 비상방역사업에 커다란 혼란을 조성하였을 경우에는 5년이상 10년이하의 로동교화형에 처한다. 정상이 무거운 경우에는 10년이상의 로동교화형에 처한다.

비상방역사업방해행위의 정상이 극히 무거운 경우에는 무기로동교화형 또는 사형에 처한다.

둘째, (중앙)비상방역지휘부의 권한과 임무가 확대되었고(제26조), 이에 따라 기관, 기업소, 단체 등에게도 임시격리시설 완비(제16조), 지휘부 사업조건보장(제25조) 등의 지원 임무가 증가하였다. 또한 중앙비상방역지휘부에는 "비상방역사업에서 나타난 결함들에 대하여 제때에 경종을 울리고 적시적인 대책"을 세움으로써 기민하게 현안에 대응할 책임과 권한을 부여하였다. 이는 법률 개정에서 드러나듯 비상방역 상황에서 예기치 못했던 다양한 문제들이 발생하였으나 지휘부가 적시에 적절한 대응을 하지 못했음을 보여준다.

셋째, 특급, 1급, 2급, 3급으로 지역별 차등 봉쇄체계를 마련(제26조 제8항)하고 수입물자 반입 대상(제34조: 국가적인 중요대상건설, 현행생산, 인민생활에 절실히 필요한 설비, 원료, 자재, 방역물자, 의약품)을 구체화하였다. 이는 유병 현황에 따른 지역별 관리 조치로도 해석할 수 있지만, 우선 보호지역인 평양을 집중 관리하면서도 주민 생활을 위해서는 중국으로부터 물자가 수입되어야만 하기 때문에 동시에 두 가지 목표를 달성하기 위한 조치일 수도 있다.

넷째, 관련 책임을 맡은 조직 및 개인의 임무가 구체화되었고 업무상 태만에 대한 경계 조항 역시 강화되었다. 경비근무자들에게는 근무장소 이탈, 봉쇄 및 차단지역 비법 출입 등의 "근무 태공"에 대한 경고(제35조)가 언급되었다. 평양시 출입 관련 기관, 기업소, 단체, 공민에게도 확인서 발급 남발 및 위조사용 등을 하지 말도록(제45조) 내용이 추가되었다.

다섯째, "방역선전" 및 범법자 신고에 대한 내용이 추가되었다. 간략한 '위생선전(제51조)'에 대한 조항이 구체화되어 공세적 방역선전, 범법자 신고 독려, 범법자 신고자에 대한 선전 및 포상 등으로 확대되었다(제55조). 또한 조류, 야생동물 등과의 접촉이 문제시되면서 이를 금지하는 교양 및 통제 강화에 대한 언급도 등장하였다(제58조). 또한 비상방역질서 위반 및 묵인까지 신고하도록 하였다(제59조 제18항). 일련의 조치는 무조건적 봉쇄나 강제만으로는 주민 통제가 원활하지 않았기 때문에 주민 대상 선전사업, 신고 체제 등의 장치를 활용하여 나름대로 능동적인 방역 참여를 이끌어내려 하고 있음을 시사한다.

3. 수입물자소독법

「수입물자소독법」은 가장 최근인 2021년 3월 신설된 법률로서, 비상방역기간 여부와 상관없이(비상방역기간일 때는 정해진 기간, 비상방역기간이 아닌 경우 7 - 10일 정도 자연방치) 북한 외부에서 국경을 통해 반입되는 모든 물자에 자연방치 및 소독을 시행하겠다는 내용을 담고 있다. 코로나19 상황이 장기화되면서 북한 경제의 생명줄과 같은 북중무역이 어려워지자, 무조건 국경을 폐쇄할 수는 없다는 판단에서 이 법을 제정한 것이다. 또한 북한은 매년 수인성 전염병 등이 자주 유행해왔고 2010년대 이후 다양한 변형 인플루엔자가 발생하는 세계적 추세를 살펴보면서, 코로나19는 종료되더라도 언제든 다른 전염병이 발생할 수 있고 그에 대비하는 규정이 필요하다고 판단한 것으로 보인다.

「수입물자소독법」은 총 21개 조항으로 구성되어 있고 그 내용이 많지는 않으나, 소독에 관한 제반 사항을 구체적으로 명시하고 있다. 제3조에 따르면, 기업은 물론 국가 및 국제기구 대표부가 반입하는 외교용 물품까지도 소독의 대상으로 설정하고 있다. 또한 수입물자소독의 신청 절차, 시설 및 인력 자원, 소독확인서, 소독 시의 각종 유의 사항, 관련 법인격의 소독조건 보장의무, 소독요금, 소독사업에 대한 지도, 법률 위반에 대한 처벌도 명시하고 있다.

동법에서 특기할 사항은, 소독을 위한 수입물자소독신청 과정에서 해당 물자에 대한 구체적 내용이 수출입품검사검역기관을 거쳐 중앙무역지도기관에 신고된다는 점이다. 제7조에 따르면 물자의 종류와 수량, 종류에 따르는 물리화학적 성질 및 기술적조건, 포장상태 등이 적시되어야 한다. 신청서는 가격승인(수입물자) 전 혹은 반입승인(투자 및 기증 물자) 전에 제출되어야 하나, 승인을 받지 못한 경우 국경통과지점에서 제출해야 한다(제8조). 또한 중앙무역지도기관은 수출입품검사검역기관의 소독경유확인이 있을 때만 반입 승인을 낼 수 있다(제9조). 이러한 규제 및 관리 절차는 방역 관점에서는 필요할 수도 있는 것이다. 대상 물품에 따라 자연방치 및 소독 시의 생화학적 반응이 나타날 수 있기 때문이다. 다만 반입 주체가 별도의 소독요금을 지불해야 하고 또 소독 조건까지 마련해야 한다는 점, 까다로운 절차와 물자에 대한 상세한 처벌을 전제한다는 점, 게다가 비상방역이 종료된 이후에도 의무적으로 소독을 수행해야 한다는 점 등에서 방역 목적 이상의 수입통제 목적까지 내포하고 있는 측면이 존재한다.

향후 북한의 보건의료 법제는 어떻게 변화할까요?

코로나19를 경험하면서 북한은 보건의료부문 법률 체제 정비에 상당한 노력을 기울였다. 다른 보건의료 이슈와 달리 현안에 따라 법률의 신설과 개정을 기민하게 진척시킨 측면도 엿보인다. 담배를 상품으로 상정한 「담배통제법」이 아니라 흡연 자체를 금하도록 권하는 「금연법」을 제정한 것은 코로나19를 극복하기 위한 단기적 노력인 동시에 장기적으로 보건 수준을 향상시키려는 전략이라 생각된다. 또한 '교시, 방침' 등이 아니라 일반적 법치국가와 다름없이 성문법적으로 규칙을 명시하였다는 점에서, 중장기적 관점을 갖고 체계적으로 코로나19에 대응하려 했다고 판단된다.

다만, 법률처럼 주로 처벌과 규제 중심의 코로나19 대응방식에 있어서는 일정한 주민 반발이나 일선 방역 현장에서의 어려움이 문제시되었을 것으로도 추정된다. 가령 「비상방역법」의 2021년 개정에서 개별 주민의 불가피한 범법에 관해서는 가능한 선처하도록 조항을 추가하면서, 방역 관련 책임을 맡은 담당자들에게는 위반 시의 처벌을 강화하는 등의 변화가 이를 입증한다.

코로나19 시기에 도입된 거리두기, 손 씻기, 물자 소독 등 북한 사회에서는 새로운 개념과 관행이 보건의료 부문 법률에서 어떻게 자리잡을지 그 추이도 지켜볼 필요가 있다. 코로나19 직후 직접적 관련이 있는 '비상방역' 위주의 몇 개의 법률들은 신설 및 개정되었으나 일상적 보건의료 혹은 보건의료 전반을 다루는 「의료법」, 「공중위생법」, 「인민보건법」 등의 연계 법률에서는 아직까지 개정된 사항을 발견할 수 없기 때문이다. 관련 법률들이 얼마나 폭넓게 그리고 또 구체적으로 어떻게 개정될지에 따라 코로나19가 북한의 보건의료 체제, 관행, 의식, 법률 등에 어떠한 영향을 미쳤는지 보다 명확하게 판단할 수 있을 것이다.

1 북한의 금연법은 만연한 흡연문화를 얼마나 변화시킬 수 있을까요? 금연 정책에 따라 북한의 담배산업은 어떻게 변화할까요?

2 북한은 코로나19를 계기로 지속가능한 보건의료 환경 조성과 관련하여 어떠한 시사점을 얻었으며, 관련하여 향후 어떤 법제들을 신설하거나 어떻게 개선할까요?

3 북한의 보건의료 체제가 더 이상 '무상'으로 진행되기 어렵다면, 공식적으로나 법제적으로 '유료화'되는 시점은 언제일까요? 만일 공식적으로 의료 체제가 '유상'으로 전환된다면, 그에 따라 어떤 정치적, 사회적, 경제적 변화가 발생할지 토론해 봅시다.

참고문헌

국가정보원 편, 『2020 북한법령집 下』, 서울: 국가정보원, 2020.

국가정보원 편, 『2022 북한법령집 下』, 서울: 국가정보원, 2022.

노동신문, "사소한 방심과 해이도 허용될 수 없다", 2022. 8. 23.

박민주, "북한 주민의 일상의료 경험: 2000년대 이후 의료지형의 환경조건과 영역별 주민 실천을 중심으로", 『통일인문학』 93권, 인문학연구원, 2023, pp. 159-210.

이데일리, "김정은, '방역 공로' 군장병 불러 단체 촬영⋯노고 치하", 2022. 8. 21. https://www.edaily.co.kr/news/read?newsId=01266086632429616&mediaCodeNo=257&OutLnkChk=Y.

조선의 오늘, 2022년 8월 19일.

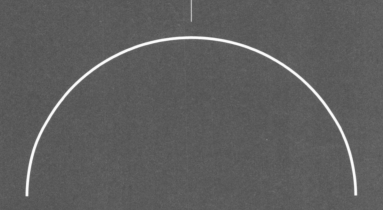

방송:
북한에도 방송 관련 법이 있나요?

하승희

CHAPTER 12

방송:
북한에도 방송 관련 법이 있나요?

북한의 방송

I 북한 방송은 어떻게 시작되었나요?

표준국어대사전에서 방송은 "라디오나 텔레비전 따위를 통하여 널리 듣고 볼 수 있도록 음성이나 영상을 전파로 내보내는 일"이라는 의미로, 북한에서도 라디오와 TV가 주요한 방송 매체로 활용되는 가운데 북한에서 방송은 주요한 선전의 수단으로 활용되고 있다. 김정일은 "방송이 생겨난 력사는 그리 오래지 않지만 오늘 방송은 인민들의 사상문화생활에서 한시도 없어서는 안될 중요한 수단으로 되고있습니다. 소식전달의 신속성과 대중을 선동하는 호소성, 전투성에 있어서 어느 선전수단도 방송을 따르지 못합니다."라며 선전 수단으로서 방송의 효과성과 중요성을 강조하였다.[1]

북한 방송은 1945년 10월 14일 조선중앙방송(당시 평양방송국) 창설로부터 시작한다. 해방 이후 국가건설시기 북한 당국은 선전 도구로서 방송의 효과성을 인식하고 방송기관 및 시설 장악과 방송체계 정비를 하기 시작했다. '평양방송'

은 '평양중앙방송', '북조선중앙방송', '조선중앙방송'으로 개칭되었고, 기관명
또한 평양방송국에서 평양중앙방송국, 북조선중앙방송국, 조선중앙방송위원
회로 개편되었다.[2] 북한의 TV방송은 1963년 3월 3일 개시된 이후 다양한 방송
채널이 생겨나기 시작했다. 1971년 4월 15일 개성TV방송, 1997년 2월 16일에
는 조선중앙방송위원회에서 운영하는 교육방송인 조선교육문화TV방송이 개
시되었고, 주로 교육, 문화 관련 지도자들의 업적 선전, 상식, 영화가 주로 편성
되었다. 1977년 9월 27일 개시한 만수대TV방송은 주요 정치행사를 실황녹화하
여 방영했다.

   북한에서 컬러TV가 주민들에게 확산되기 시작한 것은 1989년 7월 제13차
평양세계청년학생축전 행사가 개최된 때부터이다. TV보급과 함께 컬러TV 보
급이 확산되기 시작하면서 방송 프로그램 또한 다양하게 발전하기 시작했다.
그럼에도 북한 내 편성지침은 당의 주체사상과 지도자의 위대성, 체제우월성
을 선전하기 위함을 목적으로 하고 있다. 이에 북한 방송은 지도자를 중심으로
지도자의 교시를 인용하며 혁명 활동 내용과 지도자 현지 지도 등의 동정이 주
된 내용으로 고정되어 방송 내용의 대부분을 차지한다.

   지도자 중심의 방송 외에 북한 주민이 직접 참여하는 프로그램도 있다.
1980년대에는 대중적 공개방송 형식을 새롭게 도입한다. 프로그램 「전국근로
자들의 노래경연」은 방송과 대중을 가깝게 하려는 목적으로 제작된 프로그램
으로, 1986년 1차를 시작으로 현재까지 진행되고 있다. 이 프로그램은 군중문
화예술사업의 일환으로 시작되어 누구나 참여가 가능하며, 노동자, 농민, 사무
원, 대학생, 가정부인, 가족 총 6개 부류로 나누어 예선과 준결승을 거쳐 결승
까지 진행한다. 1년에 세 부류씩 2년에 걸쳐 진행되며 경연 과정은 조선중앙
TV 실황 녹화로 방영된다. 이외에도 1970년대 말부터 시작되었다가 1988년 본
격적으로 진행된 전국의 소학교와 중학교(당시) 학생 대상 지식경연프로그램인
「알아맞추기경연」도 진행되고 있다.

Ⅱ 방송 관련 법에는 어떤 것들이 있나요?

북한에서 방송 관련 법이 제정된 때는 2012년으로, 김정은 위원장 집권 첫 해에 관련 법이 제정되었다는 것은 그만큼 방송의 중요성이 높아지며 방송 분야에서 법체계의 필요성을 인식한 결과라고 할 수 있다. 실제로 2012년 김정은 시기부터 북한의 방송은 과거와는 다른 양상이 나타났다. 이 시기 방송 분야의 법 제정과 함께 방송에 대한 인식과 운영 방식의 변화가 있었음을 알 수 있다.

북한의 방송 관련 법은 2012년 12월 19일 채택된 「방송시설법」, 2015년 10월 8일 채택된 「방송법」이 있다. 가장 먼저 제정한 법은 「방송시설법」으로, 먼저 제1장 '「방송시설법」의 기본'은 총 7조로 구성되어 있다. 제1조에서는 「방송시설법」의 사명을 밝히고 있는데, 방송시설은 방송시설의 건설 및 보호, 관리운영에서 제도와 질서를 엄격히 세워 방송을 원만히 보장하는데 이바지"하는 것을 사명으로 한다고 설명한다. 여기서 방송은 "음성, 음향, 음악, 영상 등을 전파 또는 선로수단에 의거하여 송신하는 선전수단"을 뜻하며, 방송시설이란 "방송프로의 전송, 중계를 위한 방송기, 중계기, 선로, 전원설비 같은 것", 방송설비는 "방송프로를 보거나 듣기 위한 고성기, 라지오, TV 같은 것"으로 정의하였다.

표 12-1 헌법 중 북한의 방송 관련 법

법령 제명	채택일	정령	세부 구성
방송시설법	2012.12.19.	최고인민회의 상임위원회 정령 제2876호	제1장 방송시설법의 기본 제2장 방송시설의 건설 및 보호 제3장 방송시설의 관리운영 제4장 방송시설부문 사업에 대한 지도통제
방송법	2015.10.08.	최고인민회의 상임위원회 정령 제707호	제1장 방송법의 기본 제2장 방송기관 제3장 방송일군 제4장 방송편집물 제5장 방송기술사업 제6장 방송사업의 조건보장 제7장 방송사업에 대한 지도통제

출처: 국가정보원. 『북한법령집下』 서울: 국가정보원, 2022, pp. 535-548.

1. 방송시설법

과거 2000년대 남북방송교류 과정에서 당시 남한의 방송위원회는 디지털방송 편집, 송출장비, 2005년에는 디지털방송 중계차량을 지원하였고, 2000년대 후반에는 남북방송교류사업을 통해 ENG카메라와 발전차, 각종 비디오·오디오 믹서, 동시녹음장비 등을 지원한 것이 이후 조선중앙TV가 일부 최신 설비를 갖출 수 있는 계기가 되었다. 그럼에도 낙후하고 부족한 북한의 방송시설에 전면적인 변화를 가져오기에는 역부족이었다.

이러한 상황에서 북한 당국은 「방송시설법」 제정을 통해 방송시설의 현대화, 정보화, 과학화로 방송 시설 분야 수준을 향상시키고자 하였으며, 방송시설분야의 체계적인 투자도 강조했다. 이와 관련해 "최신과학기술의 성과를 적극 받아들이며 방송시설의 현대화, 정보화수준을 끊임없이 높이도록 한다(제5조)"라는 목표가 있으며, 방송시설운영에 있어서도 "방송시설운영을 과학화하기 위한 과학연구사업과 기술인재양성사업(제6조)"을 강조하고 있다. 이 외에도 방송 분야의 교류와 협조에 있어서도(제7조) 다른 나라와 국제기구들과의 교류와 협조를 발전시킨다는 목적을 강조하고 있다. 관리운영과 관련해서는 제3장과 제4장에서 방송시설의 정상적인 운영을 위한 체계적인 사항을 정립해 놓음으로써 원활한 방송프로그램을 제공하기 위한 시스템을 마련하고자 하였다.

북한에서 전력공급 문제는 중요한 사안인 가운데, 제26조에서는 "전력공업기관은 방송시설운영에 필요한 전력을 중단없이 의무적으로 보장해주어야 한다."라고 명시하고 있다. 전력공급에 있어 방송시설을 최우선으로 지정함에 따라 방송의 중요성을 가늠해볼 수 있다. 이 외에도 방송시설운영자에 대한 지침(제28조)이나, 방송시설의 점검과 보수에 대한 조항을 세부적으로 마련함에 따라 원활한 방송시설 운영을 강조하고 있으며, 방송시청요금(제33조) 관련 조항에서도 방송을 시청하는 기관, 기업소, 단체와 공민은 정해진 요금을 물어야 하며, 방송시청 요금을 정하는 사업은 국가가격제정기관이 정한다고 명시한 것과 같이 방송시청 부문에서 제도적 기반을 마련하려는 모습을 확인할 수 있었다. 이러한 모든 방송시설 부문의 사업은 제4장 '방송시설부문 사업에 대한 지도통제'에서 중앙 체신 지도기관이 감독, 통제한다는 내용에 따라 방송시설건설, 보호, 관리 운영에 따른 감독과 통제에 대한 역할과 책임을 명문화하고 있다.

2. 방송법

북한 「방송법」의 제1장 「방송법」의 기본에서 "방송사업에서 제도와 질서를 엄격히 세워 인민들을 사상문화적으로 교양하여 사회주의강성국가건설에 적극 참가하도록 하는데 이바지"한다는 사명을 밝히고 있다. 여기서 방송은 "말과 음악, 음향과 화면을 전파 또는 선로수단을 통하여 내보내는 방법으로 사회현실을 알려주는 보도선전 및 사상문화교양수단(제2조 방송의 정의와 구분)"이라고 밝히고 있으며, 방송에는 소리방송, TV방송, 인터넷방송으로 구분한다.

제3조에서 국가는 방송사업을 주체성의 원칙에 따라 '우리 식'대로 해나갈 것을 밝히며 방송사업에서의 주체성확립의 원칙을 강조한다. 제4조 방송사업에 대한 지도원칙에서는 방송을 "나라의 목소리이고 얼굴"이라고 강조한다. 방송사업에서 주체를 확립하는 의미로 "우리 방송의 성격을 순결하게 고수하고 방송의 사명과 역할을 원만히 수행하기 위한 근본방도"로 밝히고 있으며, 제5조에서는 방송일군의 양성원칙에 따라 "능력있는 방송일군들을 체계적으로 키워내도록 한다."라고 명시하면서 방송원의 양성에 대한 조항을 포함하며 방송인들의 교육을 강조하고 있다.

제6조 방송부문의 물질기술적토대강화원칙에서도 방송시설과 마찬가지로 방송설비와 기술을 과학화, 현대화, 정보화하기 위해 투자를 늘려야 한다고 명시하고 있다. 북한에서 방송시설과 방송의 과학화, 현대화, 정보화에 대한 요구는 북한 전 분야에서 국제사회의 표준 규범에 맞추려는 변화의 흐름과도 비슷한 양상이다. 김정은 시기에 해당 조항을 제정하면서 기술발전에 따른 변화를 강조한 것은 그만큼 과거 낙후된 방송 환경과 시설에 대한 변화의 필요성이 제기된 것이라고 볼 수 있다. 실제로 북한 방송 현장에서도 관련 법에 따라 현대화, 정보화, 과학화를 위한 가시적인 변화의 노력들이 나타나고 있다.

북한의 방송원들은 방송 진행 시 가상스튜디오를 활용하거나 크로마키 설치와 3차원 그래픽기술을 통해 자료화면과 방송 화면에서 보다 입체적이고 직관적으로 시각화하는 방식으로 변화하였다. 또한 터치스크린 등 다양한 기술을 활용하여 스튜디오 내 보도 방식에서 기술을 적극적으로 도입하면서 역동적인 스튜디오 환경을 강조하고 있다. 코로나19 이후에는 다양한 재난 환경에 대비해 원격기술을 적용하기 시작했다. 보도에서는 대형디지털화면 등 디지털화된 스튜디오 환경을 보여주거나 방송원의 이름을 드러내며 보도의 신뢰성을 강조한다.

다음은 현장을 강조한 '현지방송' 형식의 활용 증가이다. '현지방송'은 "기자가 의의있는 사건, 사실이 벌어지는 현지에서 직접 목격자가 되어 전하려고하는 대상의 내용을 실감있게 전하는 편집물"이라고 정의된다. 이러한 현지방송은 현지보도 형식과 비슷하지만 시간이 더 길고 음악을 더해 보도 형식보다 더 풍부한 특성을 갖고 있으며, 생산 및 건설현장, 정치행사 외 계기 시 사건과 사건을 생동감있게 전할 때 주로 활용한다. 신속성과 현장성을 통해 생동감있는 보도로 변화하고자 하였다고 볼 수 있다.

표 12-2 〈현지방송〉 연도별 보도 횟수

연도	2003	2004	2005	2006	2007	2008	2009	2010	2011	2012	2013
횟수	1	10	17	3	6	1	134	202	136	96	154
연도	2014	2015	2016	2017	2018	2019	2020	2021	2022	2023	2024
횟수	170	161	266	183	148	109	41	78	26	0	0

출처: 통일부 북한정보포털 TV프로그램 편성표 (검색일: 2024년 4월 19일)

2009년부터 '집중방송'이라는 새로운 형식의 프로그램이 만들어졌고, '특집' 형식의 프로그램이 외에도 '특파기자' 형식이 등장하며 빈도가 증가하고 있다. 이러한 지방, 현지 밀착 프로그램의 증가는 '증산 선전'이라는 주요한 목적을 달성하기 위한 것으로, 북한 당국이 경제 관련 정책적 이슈에 관심이 증대했음을 방증한다고 할 수 있다.

제2장 방송기관에서는 방송활동을 직접 진행하는 방송기관들을 다룬다. 먼저 제9조 방송기관의 구분에서는 방송기관을 "방송편집물제작과 송출을 위한 전문인원과 설비를 가지고 방송활동을 진행하는 기관"으로 정의하고, 중앙방송기관과 지방방송기관, 부문방송기관으로 구분하고 있다. 제10조에서는 방송기관의 조직에 대한 승인에 관련해 방송기관의 조직 승인은 국가가 진행하며, 승인을 받지 않은 기관, 기업소, 단체, 공민은 방송활동을 할 수 없도록 하였다. 제11조에서는 조선중앙방송위원회가 국가방송을 대표하는 중앙방송기관으로,

"파장별소리방송과 유선소리방송, 무선 및 유선TV방송, 인터네트방송을 직접 조직운영"하는 것을 밝히며 중앙방송기관의 역할을 명시하고 있다. 제12조에서는 지방방송기관으로 도(직할시)방송위원회를 명시하며 지역 방송의 조직원영과 도 안의 시, 군 방송사업의 지도에 대한 역할을 명시한다. 제14조 '구내 및 현장방송'에 따라, 기관, 기업소, 단체의 경우 상급기관의 승인이 있을 시 구내방송, 현장방송 진행이 가능하다.

제3장에서는 방송 현장의 근로자인 '방송일군'과 관련된 내용을 포함한다. 제16조 '방송일군양성 및 선발배치의 기본요구', 제17조 '방송일군의 구분', 제18조 '방송일군의 양성', 제19조 '방송일군의 단기양성', 제20조 '방송원후비선발', 제21조 '실무학습을 통한 자질향상', 제22조 '현실체험을 통한 자질향상', 제23조 '방송일군들의 자격급수사정', 제24조 '방송일군들에 대한 표창' 등으로, 방송현장에서 근무하는 사람들의 역할과 교육에 대해 자세히 명시하고 있다.

먼저 방송일군은 '방송사업의 직접적담당자'로 정의(제16조)한다. 방송일군에는 기자, 작가, 번역원, 교열원, 검열원 같은 집필부문에 종사하는 일군과 방송원, 연출가, 촬영가, 배우, 조명사, 화면편집원, 록음편집원, 미술가, 분장사, 의상사 같은 형상일군, 방송편집물제작과 송출에 필요한 설비관리운영 및 기술연구사업에 종사하는 기술일군 등이 있다(제17조). 이들은 제18조에 따라 집필, 형상, 기술 일군은 해당 대학들에서 양성한다고 명시하며, 전문일군의 경우 방송기관들에서 전습과정을 통해 양성한다고 되어있다.

제19조에서는 방송일군의 단기양성에 대해 설명하는데, 중앙방송기관은 방송일군강습소 운영을 통해 방송일군재교육, 방송원후비육성을 진행한다. 강습소에서는 집필, 형상, 기술일군들의 전문실무강습이 진행되고, 방송원후비육성을 위해 과외학생화술소조를 운영한다고 설명한다. 제20조 방송원후비선발과 관련해, 방송화술국가심의위원회 주최로 전국화술경연이 진행되는데, 여기에서 당선된 성원들과 화술전문대학교육을 받은 성원들이 일정기간 방송일군강

습소 재교육과정을 거쳐 중앙방송기관의 국가방송원을 선발하는 것을 기본으로 한다고 밝히고 있다.

전문일군들은 직종별로 정해진 자격급수를 사정받아야 하며(제23조 방송일군들의 자격급수사정), 방송사업에서 특출한 공로를 세운 방송기관의 전문일군들에게 명예칭호를 수여하거나 해당한 표창을 하도록 한다고 되어 있다(제24조 방송일군들에 대한 표창). 명예칭호는 "특출한 업적이나 위훈을 세운 개별적사람 또는 집단에 수여하는 표창의 한 형태", 즉 국가의 높은 평가를 반영한 제도로, 국가를 위해 특출한 위훈을 세웠거나 해당 부문에서 오랫동안 일하면서 업적을 남긴 사람 또는 집단에 수여된다. 명예칭호에는 인민칭호, 공훈칭호, 영웅칭호가 있으며 최고인민회의 상임위원회 정령으로 수여한다. 북한 방송 분야의 주요 공훈 및 인민칭호는 다음과 같다.

표 12-3 북한 방송 분야 주요 명예칭호

구분	칭호종별	제정날짜	수여대상
1	공훈방송원	1966.07.01.	방송선전부문에서 오래동안 일하면서 특출한 공훈을 세운 방송원들
2	공훈기자	1971.11.19.	출판보도부문에서 15년이상 일하면서 특출한 공훈을 세운 일군들
3	공훈통신공	1972.02.07.	통신공으로서 15년이상 일하면서 특출한 공훈을 세운 일군들
4	공훈방송기계공	1972.02.07.	방송기계공으로서 15년이상 일하면서 특출한 공훈을 세운 일군들
5	인민방송원	1966.07.01.	방송선전사업에서 특출한 공훈을 세워 인민들의 사랑과 존경을 받는 공훈방송원
6	인민기자	1971.11.19.	출판보도부문에서 15년이상 일하면서 특출한 공훈을 세운 일군
7	인민기술자	1984.02.10.	전문부문에서 20년이상 일하면서 특출한 공훈을 세운 공훈기술자

출처: 『조선대백과사전2』 평양: 백과사전출판사; 『조선대백과사전28』 평양: 백과사전출판사 재구성.

북한의 명예칭호 중 영웅칭호는 북한에서 가장 최고의 영예칭호이다. 영웅칭호는 1940년 7월 17일 제정되어 칭호와 함께 국기훈장 제1급, 금메달(마치와 낫), 최고인민회의 상임위원회 표창장이 수여된다. 이 칭호는 "영웅적위훈을 세운 것을 높이 평가하여 국가가 수여하는 최고의 영예칭호"로, 최고인민회의 상임위원회 정령으로 수여되며 공화국영웅칭호와 로력영웅칭호가 있다. 북한의 대표적인 방송원 리춘히는 2023년 4월 14일 공로에 따라 경루동 7호동 선물 살림집을 수여받고 김정은 위원장과 함께 평양 보통강 강안 다락식 주택구 준공식에 참여한 후 선물 살림집에 방문해 기념 촬영을 진행했다. 이후 리춘히는 책임방송원으로서의 공로를 인정받아 로력영웅칭호와 함께 금메달과 국기훈장 제1급을 수여받았다. 로력영웅칭호는 경제, 문화, 건설부무에서 주어지는 최고영예칭호로, 영웅칭호를 받은 사람은 "국가적으로나 사회적으로 높은 존경과 사랑, 대우를 받는다."라고 명시되어 있다. 이에 리춘히는 방송원으로서 특출한 공훈을 세우고 국가의 영예와 기여했음을 인정받았다고 할 수 있다.

제4장 방송편집물에서는 방송편집계획의 성격과 종류(제25조), 작성(제26조), 방송편집물제작의 기본원칙(제27조)과 기본요구(제28조), 원고집필과 형상편집(제29조), 제30조(방송화술형상), 제31조(방송편집물의 결재와 심의, 승인), 제32조(편집계획실행에 대한 평가), 제33조(편집물과 방송자료의 보관) 등으로 구성되었다. 먼저 방송편집계획은 방송활동의 기초이자 방송사업의 첫 과정으로 편집물제작계획, 관련 방송편성계획이 여기에 속한다고 정의한다(제25조). 방송편집계획도 정책적 요구를 반영해 과학성, 현실성에 따라 작성해야 하며(제26조), 방송편집물 제작에서도 '종자'에 따라 질과 속도를 담보할 것(제27조)을 강조한다. 방송편집물제작에서는 '사상성, 예술성, 문화성, 과학성, 진실성, 현실성'을 보장해야 하며 기밀 누설이 되지 않도록 할 것을 당부하고(제28조), 방송원고집필은 개별이나 공동 협력으로 진행할 수 있다고 설명한다(제29조).

『광명백과사전7: 교육, 어학, 출판보도』에서는 TV방송프로그램에 해당하는

TV방송편집물을 크게 보도편집물, 인반편집물, 문예편집물로 구분한다. 이러한 프로그램들은 대중적이고 종합적인 TV방송의 성격에 따라 수없이 많은 종류와 시대요구에 맞게 계속 새로운 종류들이 파생되고 있다고 설명한다. 국내에서 북한 자료는 과거 폐쇄적인 통제적 관리 위주에서 현재 국내 정치환경의 변화에 따라 개방적 방향으로 변화하면서 통일부 북한정보포털 홈페이지에서는 조선중앙TV의 프로그램 편성표를 제공하고 있다. 2024년 4월 8일(월) 기준 프로그램 편성표는 다음과 같다.

표 12-4   조선중앙방송 2024년 4월 8일(월) 프로그램 편성표

시간	방송순서
09:14	<련속참관기> 위대한 력사 빛나는 전통 -조선혁명박물관을 찾아서, 당사상사업의 새로운 전환을 마련하시여-
09:35	<소개편집물> 몸소 들어주신 녀성비행사들의 청
09:49	<련속참관기> 위인칭송의 고귀한 재보 -국제친선전람관을 찾아서(88)-
09:55	<소개편집물> 전화의 애국농민
09:59	<련속소개편집물> 영생하는 우리 당의 혁명전사들 -벽성군 서원협동농장 관리위원장이였던 안달수-
10:12	<집중방송> 올해 알곡생산목표를 무조건 점령하자
10:26	<세계상식> 새형의 로봇들(1)
10:38	<문답> 물과 인간생활 -인류를 위협하고있는 물위기-
10:47	<각지에서 풀판조성>
10:51	<소개편집물> 력사와 전통, 계승에 대한 이야기 -자력갱생의 창조물《붉은기》1호-
11:08	<소개편집물> 평남탄전의 애국탄부들 -개천지구탄광련합기업소 자강도공급탄광-
11:25	<특집> 청년교양의 위력한 거점으로 꾸려주시여
11:56	<소개편집물> 사회주의애국청년선구자

12:01	\<집중방송\> 경애하는 김정은동지께서 제시하신 지방공업발전정책을 철저히 관철하자!
12:15	\<조선예술영화\> 고향을 꽃피우는 청춘들 (2011.6.21. 방영)
13:30	\<TV기록편집물\> 농업생산의 근본적변현의 해 2023년
14:17	\<건강상식\> 시력보호와 안경(2)
14:26	\<집중방송\> 올해 알곡생산목표를 무조건 점령하자
14:37	\<소개편집물\> 송전선과 더불어 40여년 -라선시송배전부 지배인 사회주의애국공로자 리호균-
14:43	\<TV정론\> 새시대 천리마정신의 창조자들처럼
15:11	\<수필\> 군자리정신이 창조된 곳에서
15:25	\<사회문화상식\> 손전화기사용에서 알아야 할 점들(1)
15:28	\<소개편집물\> 행복탄부들이 잊지 못하는 우리 지배인 -덕천지구탄광련합기업소 형봉탄광 지배인이였던 김창웅-
15:53	\<수기\> 로동당원의 신념은 꺽지 못합니다 -중앙버섯연구소 연구사 교수 박사 한경화-
16:10	\<특집\> 농업생산의 과학화
17:00	보도
17:11	오늘호 중앙신문개관
17:21	\<아동방송시간\> 아동영화 : 령리한 너구리(59) -수림산에서 있은일-
17:37	\<자연상식\> 동물백과사전 -검은성성이-
17:41	\<척척박사\> 물고기의 생활습성 몇가지 -1. 물고기는 소리를 어떻게 들을가요?-
17:48	\<소개편집물\> 유희로 배우는 과학의 원리 -비밀편지-
17:56	\<TV정론\> 후대들을 사랑하라
18:23	\<련속소개편집물\> 기념사진이 전하는 사랑의 이야기(8)
18:34	\<특집\> 백두산지구 혁명전적지 -《갑무경비도로》-
18:57	\<수필\> 영원한 재부
19:08	\<특집\> 여러 단위 원림록화

19:12	<소개편집물> 최우수발명가 -평양의료기구기술사 사장 공훈기술자 박사 김인철-
19:19	<련속소개편집물> 위민헌신의 자욱 새겨진 곳에서 -중평온실농장-
19:28	<혁명일화> 우리의 것을 먼저 찾게 해야 한다시며
19:32	<련속음악편집물> 명곡에 실려오는 못잊을 이야기 -가요《사회주의 너를 사랑해》-
19:42	<집중방송> 지방공업혁명을 힘있게 벌려 사회주의의 전면적, 균형적발전을 더욱 가속화하자!
20:00	보도
20:24	<조선기록영화> 인민을 위한 령도의 나날에(6) (2020.3.8. 방영)
21:59	<건강상식> 건강에 좋은 물마시기방법
22:03	오늘의 보도중에서

출처: 통일부 북한정보포털 TV프로그램 편성표, 2024.4.8. https://nkinfo.unikorea.go.kr/nkp/tvPr-gr/view.do.

조선중앙TV의 방송편성에서는 사상성, 예술성, 문화성을 보장할 것을 강조한다. 북한에서 방송은 상업목적이 아니기 때문에 흥미 위주가 아닌 사상성을 강조하고, 예술성에서는 말과 음악, 음향효과를 잘 결합해 예술적으로 표현하는 것, 문화성은 나라의 발전상, 인민 문화수준, 정신도덕적 풍모를 직관적으로 선전하는 것이라고 설명한다. 방송편성표에는 기본방송편성표와 일방송순서표가 있는데, 위와 같은 일방송순서표는 일일 TV방송의 종목별 제목 형식, 순서, 시간 등을 하나의 흐름으로 편성한 방송진행시간표를 말한다. 이는 해당일 이전 완성하는 것을 원칙으로 하며 정책 관련 프로그램을 우선 편성하고, 해당 날짜 관련 계기성 프로그램을 편성한다. 시청률이 제일 높은 시간에는 정치적으로 중요한 프로그램, 대중성이 있는 인기 프로그램은 많은 사람들이 시청 가능한 시간에 편성한다고 밝히고 있다. 조선중앙TV의 편성은 최근까지도 지도자 우상화와 체제 우월성 선전 등의 내용은 고정적으로 유지하고 있다. 이러한 가운데 스포츠, 공연, 드라마, 영화 등의 오락적 요소가 증가하고 현장 방송의 증가, 외부 세계를 소개하는 프로그램이 증가한 것은 새로운 변화이기도 하다.

방송편집물에 대한 화술형상은 방송화술국가심의위원회 또는 부문심의위원회가 인증한 방송원, 양성방송원이 하는 것을 기본으로 하고, 방송화술은 문화어로 하며 외래어, 한자말, 우리 식이 아닌 말을 쓰지 말아야 한다고 명시되어 있다(제30조). 북한 당국은 2023년「평양문화어보호법」제정을 통해 '사회주의적언어생활'을 강조함에 따라, 방송편집물에서 방송원들의 화술 표현방식은 더욱 중요한 부분이 되고 있다. 방송화술형상은 편집물의 양상에 따라 방송원별로 전문화하도록 하면서, 콘텐츠 속성에 따른 전문방송원의 세부적 구분과 각 콘텐츠가 지닌 성격을 드러내고자 한다.

제31조 방송편집물의 결재와 심의, 승인 관련 방송편집물의 경우 편집단위 책임 일군들의 결재와 해당 기관 심의, 승인을 받게 되어 있으며, 결재와 심의, 승인절차를 거치지 않은 편집물과 인입물은 방송으로 내보낼 수 없다고 명시하였다. 방송기관은 방송으로 내보낸 방송편집물, 자료의 체계적 분류, 보관, 방송편집물과 자료의 삭제, 전달의 경우 정해진 절차를 지켜야 함을 명시한다(제33조). 이처럼 방송기관에서 제작하고 송출한 방송편집물 및 관련 자료들은 엄격하게 관리되고 있음을 알 수 있다.

제5장 제34조 '방송기술사업의 내용', 제35조 '방송설비의 관리운영 및 이용', 제36조 '방송기술연구', 제37조 '중계 및 전송보장', 제38조 '임의의 정황에 대처할수 있는 방송준비' 등으로 구성되어 있다. 먼저 방송기술사업은 "방송설비들에 대한 기술관리사업이며 방송기술을 현대화, 정보화하는 사업"으로 방송기관을 주축으로 방송설비의 관리운영과 방송기술의 발전을 강조하고 있다. 제36조 방송기술연구에서는 방송기관이 "현실발전의 요구에 맞게 새로운 방송기술을 끊임없이 연구도입하여야 한다."라고 강조하였다.

방송설비의 표준에 대해서는 제37조 '중계 및 전송보장'에서 방송중계 및 자료전송을 방송실현을 위한 필수적인 과정으로 보고, "방송을 중계하는 체신

기관, 기업소는 현행방송과 중앙과 각도 특파원실을 포함한 지방의 해 당한 장소들에서 방송전파를 신속히 중계 및 전송하기 위한 체계를 정연하게 세워 방송을 중단없이 높은 질적수준에서 보장하여야 한다."라고 설명했다. 이와 관련해 지방의 중계 관련, 해당 보도 내용의 현장성을 담보할 수 있는 중계 관련 내용을 조항으로 명시함에 따라 중계를 위한 기반 환경을 마련하는 것을 우선으로 하고 있으며, 이에 대한 실천 양상들이 보도에서 현장성을 강조하는 양상으로 나타났다. 특히 태풍, 홍수 등과 같은 재난 상황을 전하는 방송에서 중계를 통해 실시간 현장성을 강조한다.

제6장 방송사업의 조건보장의 제39조에서는 방송사업이 모든 기관, 기업소, 단체가 망라되는 중요한 사업으로, 애국심과 공민적 자각을 가지고 취재 및 사업조건을 원만히 보장해줄 것을 명시하며 방송의 중요성과 역할을 강조하고 있다. 제40조 방송출연자와 조건보장에서는 "방송에는 일군들과 어린이, 년로자, 장애자에 이르기까지 광범한 대중이 출연할 수 있다."라며, 출연기간은 '로력가동일수'로 계산한다고 명시한다. 가관, 기업소, 단체에 소속된 개별 방송출연자들의 방송출연 조건을 보장함으로써 방송 참여를 독려하고 있다. 제44조 방송사업에 필요한 전력, 설비, 자재보장에 따라, "국가계획기관과 전력보장기관, 재정은행기관, 해당 기관은 방송사업에 필요한 전력, 연유, 설비 자재, 자금 같은 것을 계획대로 보장하여야 한다."라고 설명한다. 이처럼 북한 당국은 방송사업에 필요한 조건과 환경을 지원함으로써 원활한 방송의 보장을 우선적으로 강조하고 있다. 이는 북한에서 방송이 국가의 주요한 수단이 되고있음을 말해준다.

제45조 '외국취재촬영단의 취재합의'에서는 다른 나라의 취재촬영단을 우리나라에 초청하는 기관, 기업소, 단체는 중앙방송기관의 사전합의를 받아야 하는데, 이 경우 합의문건에 필요한 내용들을 정확히 밝혀야 한다고 명시하고 있다. 제46조 '방송에 따른 료금지불'에서 "다른 나라 단체 또는 개인은 우리 나

라에서 취득한 화면 및 음성자료를 자기 나라 또는 다른 나라의 방송기관을 통하여 방송하는 경우 해당한 료금을 중앙방송기관에 지불하여야 한다."라며, 방송화면 및 자료 사용에 대한 요금체계를 명시하고 있다.

제7장 방송사업에 대한 지도통제에서는 제47조(방송사업에 대한 지도통제의 기본요구), 제48조(방송기관안의 질서확립), 제49조(방송사업에 대한 군중의견청취), 제50조(방송료금), 제51조(방송저작권의 보호), 제52조(방송기관에 대한 경비사업), 제53조(방송사업을 감독통제하는 기관), 제54조(행정적책임), 제55조(형사적책임)로 구성되어 있다. 제47조에 따라 방송사업에 대한 지도통제 강화는 방송의 기능과 역할 향상에서 필수적인 요구이며, 제49조(방송사업에 대한 군중의견청취)에 따라 중앙방송기관과 해당 기관은 방송사업에서 로농통신원들의 활동을 적극 장려하며 청취자, 시청자들의 의견을 정상적으로 받아들여 방송의 형식과 내용을 부단히 개선하여야 한다고 설명한다.

제50조 '방송료금'에서는 방송을 청취 또는 시청하였을 경우에는 정해진 요금을 물게 되어 있으며, 방송요금과 요금체계는 국가가격기관이 정한다. 방송저작권과 관련해 제51조(방송저작권의 보호)에서는 중앙방송기관 해당 기관 승인을 받고 해당 방송저작물 이용요금을 지불하여야만 국제기구나 다른 나라의 기관, 단체, 개인에게 넘겨줄 수 있다. 이러한 내용들은 북한 당국이 방송저작물에 대한 이슈를 인지함에 따라 법 조항 명시를 통해 체계적으로 대응하고자 한다는 것을 알 수 있다. 제53조(방송사업을 감독통제하는 기관)에 따라 방송사업의 감독통제는 중앙방송기관과 해당 감독통제기관을 주축으로 진행되어야 함을 명시하며 방송사업 관련 감독통제의 권한과 책임을 부여하고 있다.

Ⅲ 결론

북한 방송은 1945년 창설 이후 현재까지 대중 선전선동의 도구로서 지도자의 위대성과 체제우월성 선전을 목적으로 활용되고 있다. 방송 관련 법은 2012년 김정은 집권시기 제정되며 방송의 중요성과 법체계의 필요성을 인식하고 있음을 알 수 있다. 방송 관련 법 제정 이후 방송에 대한 인식과 운영 방식의 변화도 나타나기 시작했다.

북한의 방송 관련 법에는 2012년 12월 19일 채택된 「방송시설법」, 2015년 10월 8일 채택된 「방송법」이 있다. 이 두 법은 방송 시설과 방송에 대한 개념과 역할을 명확히 하고 관리 운영 및 감독에 대한 전반적인 내용을 담고 있다. 두 법은 공통적으로 현대화, 정보화, 과학화를 통해 전반적인 수준을 향상시키고자 하는 목표가 있다. 과거 낙후하고 부족한 시설 및 설비, 콘텐츠 등을 보강하고 정상적인 운영을 위해 법 제정을 통해 관련 사항들을 체계적으로 정립함으로써 원활한 방송프로그램을 제공하기 위한 시스템을 마련하고자 하였다고 볼 수 있다. 또한 북한에서 전력공급 문제는 중요한 사안인 가운데 전력공급에 있어 방송시설을 최우선으로 지정하였고, 방송시설운영자에 대한 지침이나 방송시설 점검과 보수 등에 대한 세부 사항에 대해 각 조항으로 언급하였다. 이 외에도 방송 시설 건설, 보호, 관리 운영에 따른 감독과 통제에 대한 역할과 책임을 명문화하고, 방송시청 요금 또한 명시하고 있어 방송시청 부분에서의 제도적 기반 마련과 함께 원활한 방송시설 운영을 위한 체계적인 시스템과 환경을 마련하려는 노력을 볼 수 있다.

북한에서 방송시설과 방송의 과학화, 현대화, 정보화에 대한 요구는 북한 전 분야에서 국제사회의 표준 규범에 맞추려는 변화의 흐름과도 비슷한 양상이다. 김정은 시기에 해당 조항을 제정하면서 기술발전에 따른 변화를 강조한 것은 그만큼 과거 낙후된 방송 환경과 시설에 대한 변화의 필요성이 제기된 것이라고 볼 수 있다. 실제로 북한 방송 현장에서도 관련 법에 따라 현대화, 정보화, 과학화를 위한 가시적인 변화의 노력들이 나타나고 있다.

조선중앙TV의 방송편성에서는 사상성, 예술성, 문화성을 보장할 것을 강조한다. 북한에서 방송은 상업목적이 아니기 때문에 흥미 위주가 아닌 사상성 중심으로 제작되고 있지만, 방송은 시청자들의 TV시청이 필수적인 만큼, TV시청을 유인하기 위해서라도 흥미성이나 새로운 기술 적용을 배제할 수 없다. 최근까지 조선중앙TV의 편성 또한 지도자 우상화와 체제 우월성 선전 등의 내용을 고정적으로 유지하며 편성의 지속성이 나타났으나, 스포츠, 공연, 드라마, 영화 등의 오락적 요소가 증가하고 현장 방송의 증가, 외부 세계를 소개하는 프로그램이 증가한 것은 새로운 변화이기도 하다. 선전이라는 북한 방송의 목적에 따라 젊은 세대들을 시청자로 유입하기 위해서는 북한 방송의 변화 또한 불가피했다. 기술 발전에 따른 시청자들의 감각 또한 함께 변화하면서 변화는 필수적 요소였다. 이처럼 북한의 방송은 김정은 집권시기 이후부터 방송 관련 법 제정을 통해 국제 표준에 맞춘 변화를 통해 전반적인 방송 포맷의 전환을 시도하고 있다.

1 북한 방송의 특수성과 관련된 현상에는 어떠한 것들이 있으며, 왜 이러한 현상이 나타날까요?

2 북한 방송이 국제사회와 보편화 되고 있는 현상에는 어떠한 것들이 있으며, 왜 이러한 특성이 나타날까요?

3 남한을 비롯한 국제사회가 북한과 방송 교류를 하기 위해서는 필요한 환경이나 전제조건에는 무엇이 있을까요?

참고문헌

국가정보원, 『북한법령집下』, 서울: 국가정보원, 2022.

김정일, 『김정일선집2』, 평양: 조선로동당출판사, 2009.

박우용, 『북한방송총람』, 서울: 커뮤니케이션북스, 2004.

백과사전출판사, 『조선대백과사전27』, 평양: 백과사전출판사, 2001.

백과사전출판사, 『조선대백과사전9』, 평양: 백과사전출판사, 1999.

이주철, "김정은 시대 북한 방송언론의 변화: 조선중앙TV를 중심으로", 『북한연구학회보』 제 18권 제2호, 북한연구학회, 2014.

조선백과사전편찬위원회, 『광명백과사전7:교육, 어학, 출판보도』, 평양: 백과사전출판사, 2011.

조선중앙통신, "우리 당의 인민대중제일주의리념과 주체건축의 비약적발전상이 응축된 평양 의 새 경관 경애하는 김정은동지께서보통강강안다락식주택구 준공식에 참석하시여 준공 테프를 끊으시였다", 2023. 4. 14.

통일부, 북한정보포털 TV프로그램 편성표.

하승희, "북한 프로그램 「전국근로자들의 노래경연」 연구", 『북한연구학회보』 제21권 제2호, 북 한연구학회, 2017.

여가와 관광:
북한 주민도 관광을 하나요?

김상원

여가와 관광:
북한 주민도 관광을 하나요?

Ⅰ 북한 주민도 관광을 하나요?

1. 북한에서 관광이란?

북한의 관광은 우리나라의 '즐거움을 위한 이동행위'인 관광과는 성격이 다르다. 북한은 최근까지 과거의 사회주의 국가처럼 관광을 정치와 사상교육의 일환으로 활용하고 유지해 왔다. 그 이유는 북한이 다른 사회주의 국가와 달리, 스탈린식 사회주의에서 벗어나 외세 의존을 배격하고 김일성과 김정일의 통치철학과 가르침을 따르고 숭상하는 주체사상에 기반을 두고 있었기 때문이다(Cho, 2003). 그러다 보니 북한에서 관광은 '외국인에 한한 것'이며, 용어도 관광 대신 '견학'이라는 단어를 사용한다. 최근까지 주민들이 견학·답사·참관의 방법을 통해 체제에 대한 자부심을 키우도록 우상화 교육을 실시하고, 외부 세계와의 교류와 문물을 통한 사상적 변화를 차단하고자 하였다. 북한 주민들은 열악한 교통사정으로 거주 지역 내 관광지를 이용하거나 단체의 경우 사상교양 위주의 백두산(김정일 고향집)이나 묘향산(국제친선관람관), 금강산(삼일포−김일성·김정숙 권총사격 장소)을 견학하는 것이 일반적이다(장영주, 2022: 198). 기타 출장, 친인척 관혼상제, 방학, 제대, 단체답사, 단체견학 등의 이유로 북한 주민의 국내이동이 이루어졌으며, 개인의 자유로운 여행은 허용되지 않으며 주로 직장단위별로 휴가를 즐긴다(통일부 북한정보포털). 이와 같은 사실은 북한 이탈자 대상 북한의 여가와 관광 연구에서도 증명된다. 북한 주민들은 관광이라고 하면 해외여행으로 이해하며, 북한 국내의 여행이나 관광은 단체로 가는 '답사'나 '견학'으로 이해한다고 한다(김성섭·한학진·이혜린, 2006: 388). 특히, 평양 이외의 지역에 거주하는 북한 주민들이 평양을 방문하기 위해서는 대학입학시험을 보거나 정치적인 목적의 대규모 집회에 참석할 필요가 있을 때 등 아주 특별한 경우 이외에는 평양을 방문할 수 없다고 한다. 전국에 걸쳐 100개 이상의 휴양소가 있지만, 이곳을 이용하기 위한 자격조건은 당에서 지위가 높은 사람으로 거의 제한이 되어 있는 실정이다. 심지어 휴가 기간에도 북한 주민들은 공공서비스와 군사훈련, 정치활동과 그 밖의 집단노동에 참여하는 것은 흔한 일이다(김성섭·한학진·이혜린, 2006: 387). 이동을 허가하는 증명서로는 출장증명서와 여행증명서가 있다. 출장증명서는 공적 용무를 위해 다른 곳으로 이동하는 경우에 발급되며 여행증명서는 관혼상제 등 사적 용무인 경우에 발급이 가능하다. 그런데 경제난 이후에는 장사를 목적으로 뇌물을 주고 여행증명서를 발급받는 현상이 늘어나고 있다. 또한 여행증명서를 발급받아 주요 도시에 숙박하며 최신 정보를 취득해 부를 축적하려는 주민들도 증가하고 있다(국립통일교육원, 2023: 246). 이러한 흐름은 최근 연구에서도 나타난다. 북한 주민의 국내관광이 시간이 흐를수록 관광의 순수목적에 가까워지고 있으며, 단체관광의 비중이 여전히 높으나 점차 개별 자유관광의 비중이 증가하고 있다. 그리고 일과 후 휴무일에는 '가사'로 소비하는 유형은 감소하고, '유흥, 취미활동'으로 소비하는 유형이 대폭 증가하였다. 북한 주민들의 관광에 대한 인식의 변화로 평소 일과 후 활동이나 관광을 주제로 대화 정도가 많아졌고, 일과 활동이나 관광을 즐길수 있는 시간적 여유도 증가하였다. 북한 사회에서 정기적인 휴가 계획을 세우고 관광 활동을 준비할 정도로 충분한 인식의 변화가 이루어지지는 않았으나 점진적으로 변화하고 있다. 또한, 북한 주민들은 친구, 동료 등 지인, 신문, TV 등 다양한 경로를 통해 관광지에 관한 정보를 획득하는 것도 변화된 모습이라 할 수 있다. 시간적, 경제적, 정신적 여유, 교통수단의 낙후, 감시와 통제 등 관광 활동을 저해하는 요인도 많은 개선이 이루어졌다. 국내관광을 위한 관광 인프라 등 공급의 변화이다. 관광유형과 목적이 변화하고 이동 교통수단이 증가하면서 기차보다는 접근성이 좋은 버스의 비중이 높아졌다. 숙박 형태에 있어서는 대기집과 같은 저렴하고 위생 상태가 좋으며 각종 편의시설을 갖춘 상업적 숙박시설이 활성화되었다. 이동에 필요한 여행증 발급도 크게 완화된 것으로 조사되었으나, 평양과 국경지대를 방문할 때는 여전히 제한적이었다(김현지, 2023: 76－77).

표 13-1 북한 내 관광의 정의

구분	내 용
조선말 사전(1962)	다른 지방이나 다른 나라의 풍경·상황 등을 구경하는 것
조선말대사전(1)(1992)	다른 지방이나 다른 나라의 자연풍경, 명승고적, 인민경제의 발전면모, 역사유적 등을 구경하는 것
조선대백과사전	자기가 사는 곳이나 나라를 떠나 희망하는 곳에 가서 자연풍경, 명승, 역사유물유적, 사적을 돌아보는 것
채재득(2015)	인식, 체험, 건강증진을 비롯한 문화정서적 목적을 기본으로 하여 일상환경을 벗어나 려행과 단기체류과정에 진행하는 사람들의 모든 활동과 그와 관련한 각종 현상과 관계의 총체

자료: 사회과학출판사, 1992: 511; 임을출·장동석·고계성, 2017: 15, 145; 장영주, 2022: 103 재인용; 채재득, 2015: 9; 정진영, 2021: 14 재인용; 김용현 외, 2022: 361.

표 13-2 북한의 관광목적과 관광대상

구분	외국인	북한 주민
목적	- 관광(구경, 공연관람)	- 답사·견학
관광지 및 관광대상	- 자연명승지(금강산, 묘향산, 칠보산, 백두산 등) - 건축물(주체사상탑, 개선문, 서해갑문 등)과 문예작품	- 도시, 기념비, - 명승지(백두산, 왕재산 등 전적지 등) - 고적유물, 문화유산 등

자료: 통일부 북한정보포털, https://nkinfo.unikorea.go.kr/nkp/pge/view.do. (검색일: 2024년 2월 12일).

표 13-3 자본주의-사회주의 체제 간 관광사업 차이

구분	자본주의	사회주의
목적	- 철저한 영리 목적 운영 - 극소수 부유층을 위한 '색정적, 퇴폐적, 엽기적' 관광 - 유흥장화된 관광지 - 돈벌이 수단	- 관광객 복리증진 도모 - 자주적, 창조적 물질문화 및 정서생활 충족
관리 운영	- 무계획적, 무정부적, 자연발생적 운영 - 관광시장과 관광객 확보를 위한 자본가들 간의 치열한 경쟁	- 당의 영도와 국가의 통일적 지도에 의한 계획적 관리 운영 - 사회주의 계획경제 방식 - 관광수요와 공급의 균형 우선
수입 분배	- 계급 간 착취관계 유지에 분배 - 기생적 수요충족에 분배 - 계층 간 부익부 빈익빈과 대립에 활용	- 국가발전과 주민 생활 향상에 분배
근본적 차이	- 생산수단의 사적 소유 - 개인주의	- 생산수단의 사회적 소유 - 집단주의

자료: 전영명, 2015: 65-66; 장영주, 2022: 106-107 재인용.

2. 북한에서 관광은 어떻게 할까요?

북한 주민들은 당국의 허가 없이 전국을 방문할 수 없다. 1960년대 말부터 다른 군(郡)으로 이동할 경우 별도의 '여행증명서'라는 허가서를 받아야 했다. 특히 평양직할시를 방문하려면 '특별증명서'를 발급받아야 하고, 국제여행의 자유도 매우 제한적이어서 최근까지도 최고 엘리트와 부유한 돈주(신흥 부유층)를 제외하고 관광목적으로 외국을 방문한다는 것은 불가능하다(장영주, 2022: 56).

이러한 현실이다 보니 관광을 사람들의 사상·문화정서적 욕구를 충족시키는 중요한 봉사사업의 한 부분으로 규정하고 있다. 관광업에 종사하는 단위로는 관광기관, 봉사기관, 관광지관리운영소 등이 있다. 북한에서 관광은 내국인과 외국인에 따라 관광목적과 관광대상이 다르다(통일부 북한정보포털). 또한 내국인과 외국인, 교포와 남한 주민의 북한 관광 관련 행정기구도 모두 다르다. 북한 주민의 국내관광은 노동당 선전부가 국제관광은 국가보위성 외사국, 외국인의 북한관광은 국가관광총국, 기타 교포와 남한 주민의 북한관광은 노동당 통일선전부 산하조직 ― 조선아시아태평양평화위원회, 민족화해협의회, 해외동포원호위원회가 각각 담당하고 있다.

그림 13-1 북한의 관광산업 관리기구체계

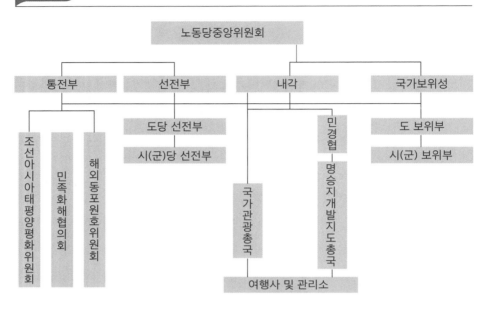

그림 13-2 북한관광의 구분

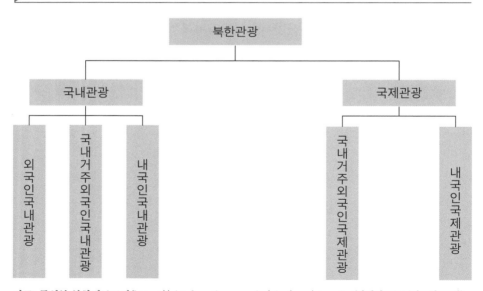

자료: 통일부 북한정보포털(https://nkinfo.unikorea.go.kr/nkp/pge/view.do. (검색일: 2024년 2월 12일).

표 13-4   북한 국가관광총국 부서와 담당업무

부서명	담당업무
관광안내처	관광 가이드 관리
관광선전처	관광 홍보물 등 제작, '관광선전통보사'의 모체
관광국제국	외국과의 관광계약 담당, 1990년대 '조직국'이란 명칭으로 변경
관광계획국	액상지표, 물적지표 등의 계획 수립
관광운수국	관광단 이동 등 관련 운송수단 관리
시장개발국	관광상품 개발 및 시장조사
지령처	관광단의 여행일정 안배
재정국	경리 등을 담당하는 후방 부서
간부국	인사 담당
무역국	관광사업에 필요한 대외물자 공급

주: 부서 단위인 '처'와 '국'에 어떤 차이가 있는지는 정확하지 않으며, 다만 시기에 따라 명칭이 바뀌었을 것으로 추측.
자료: 김한규, 2015: 41 재인용.

3. 북한의 관광은 변화하고 있는가?

북한 관광에 대한 전통적인 이해와 구분이 북한 내 시장화의 진전에 따라 점차 흐려지고 있다. 북한에도 구매력을 갖춘 소비층(일명 돈주), 즉 내국인을 상대로 한 관광이 늘어나고 있으며, 북한 당국이 내국인도 경영·경제적 관점에서 주요 관광소비층으로 인식하기 시작하였다(임을출 외, 2017: 15). 즉, 김정은 집권 이후, 북한은 주민 복지 차원의 관광시설 투자와 관광체험을 장려하고 있으며, 이를 통해 주민들의 긍정적 민심을 얻고자 한다(임을출 외, 2017: 20; 장영주, 2022: 198). 예를 들면 마식령 스키장 건설은 대내 관광 활성화를 위한 대표적인 사례로 평가된다. 이 스키장은 외국인은 물론 북한 주민도 함께 스키를 즐기고 있다(KBS 뉴스 2016.12.20; 임을출 외, 2017: 20 재인용).

2011년 김정은 집권 이후, 북한 관광은 눈부신 속도로 발전하고 있다. 할아버지 김일성, 아버지 김정일 시대와는 비교가 안 될 정도로 관광개발과 관광상품 개발이 매우 파격적이고 과감하다. 특히 2013년 5월 29일 경제개발구법 제정 이후, 관광산업 육성의 개발 속도는 과히 눈부실 정도이다. 김정은 시대의 관광특구에 이어 경제개발구(관광개발구와 관광을 포함한 다른 개발구)의 지정은 관광산업 육성에 관한 의지의 표명이기도 하다(남한은 관광진흥법상 관광지, 관광단지, 관광특구, 기타 경제특구 등으로 칭함).

기존 관광정책의 변화와 관광특구 신규 지정 등 적극적인 관광육성정책이 이루어지고 있다. 2013년 당 중앙위원회 전원회의가 김정은 시대 관광정책 방향설정의 중요한 분기점이 된 것이 확실하다. 이 회의에서 김정은은 원산지구와 칠보산지구 관광육성을 강조하였고, 최고인민회의 상임위원회는 정령을 통해 중앙급의 원산－금강산국제관광지대, 무봉국제관광특구를 지정하였다. 각 도는 지방 특색에 맞는 관광지구를 마련하기 시작하였고 호텔·도로·비행장을 새로 건설하거나 재건하고 있다. 국제사회 제재로 큰 차질을 빚고 있으나 관광지 개발과 관광 하부구조 건설에 외국자본 투자유치 시도가 계속되고 있다.

김정은 시대에는 문화·체육·비행기·건축·열차·자전거·등산·노동체험·실업·군사역사 관광 등 다양한 관광상품이 개발되었다. 혁명가극·교향악·교예공연을 관람하는 예술공연관람관광, 역사·민속관·미술박물관을 비롯한 박물관 참관 관광, 민족음식맛보기·민속풍습체험 등으로 묶어진 문화체험 관광 등도 새롭게 선보이고 있다(임을출 외, 2017: 25).

이 전원회의에서 나온 관광육성방침에 따라 관광전문가 양성을 위한 대학 설립과 관련대책들이 강구되기도 하였다. 2014년 4월 관광고등교육기관인 '평양관광대학'[1]이 문을 열었으며, 각도 사범대학에 관광학부가 개설되었다(임을출 외, 2017: 24).

표 13-5 김정은 체제 등장 전후부터 새로 선보인 관광상품

연도	관광상품명	주요 내용
2009	보트관광	대동강에서 보트를 타는 관광상품
2011	자전거투어	평양-남포 청년 영웅도로를 자전거로 이동
	골프관광	평양 골프장에서 진행된 아마추어 골프대회(루핀여행사)
	자동차관광	중-북 라선변경관광 자동차 이용 관광상품
	환형관광	북-중-러 3국 환형 관광상품
	주체사상관광	주체사상을 배우는 관광상품
2012	경제관광	남포 천리마제강소 등을 돌아보는 관광상품
	테마관광	김일성 주석 탄생 100주년 기념 관광상품
	골프관광	평양 아마추어 골프시합 관광상품(영파이어니어투어스)
	비행기관광	고려항공 보유 비행기 종류 관람 및 견학
2013	정치관광	군 관계자, 남북대치상황 및 핵문제 등 설명
	철도관광	철도이용 동해안지역 관광(원산·함흥·청진 등)
	베테랑투어	평양에서 무궤도전차와 전차 타고 도심 이동
	맥주관광	낙원백화점, 생맥주 양조장 등 견학
2014	새해맞이관광	불꽃놀이 참가, 가정집·양조장·미림승마구락부 방문
	노동체험관광	농민과 함께 모내기·김매기·과일수확 체험
	묘향산 캠핑	묘향산 트래킹 이후 숙박은 텐트 이용
	열차관광	관광전문열차 이용, 지역 도시 및 명승지 관광
	스키투어	마식령 스키장에서 스키 타기
	지하철관광	평양 지하철 2호선 첫 이용 관광상품
	프로레슬링관광	일본 안토니오 이노키 등 주최 국제프로레슬링대회
2015	북한팬미팅	북한 전통요리 관련 강연, 북한 여행 경험자 강연 등
	평양헬기투어	평양 상공 헬기 관광

2016	대동강맥주축제	대동강 유람선 무지개호에서 맥주축제
	에어쇼관광	원산국제공항에서 에어쇼 관람
	경비행기관광	북한이 자체 개발한 경비행기로 평양관광
2017	평양원산자전거	평양시내와 원산 해안가를 자전거로 이동
	동해 스쿠버다이빙	기차로 러시아 극동지역에서 동해로 이동 후 스쿠버다이빙
	평양도보관광	4박5일 일정의 평양 시내 도보관광
	가을철마라톤	매년 4월의 국제마라톤대회와 별개로 개최한 마라톤대회
2018	어학연수	평양김철주대학에서 1달 간 어학연수 및 유명지 관광
	해산물투어	북중 접경지역 북한 도시에서 해산물 취식 후 쇼핑
2019	낚시투어	일본의 유명 낚시꾼 모기 요이치 동반 낚시 체험

자료: 김한규, 2015: 170; 임을춘, 2017: 280; 허정필, 2022: 41을 참고로 필자 재구성.

표 13-6　북한 관광교육기관 연혁

연도	학과 및 교육내용	비고
1985	평양외국어학원 동시통역연구소 설립	
1987	상업대학 관광학과 신설	
1990년대	관광일꾼양성소: 안내, 통역, 접대, 요리사	전문인력 양성
1997	평양외국어대학, 장철구평양상업대학(요리 포함), 청진상업대학 등 관광 전공 강좌 개설 국가관광총국 부설 4년제 국제관광안내통역학교·관광서비스학교·평양요리전문학교(2년제) 개설	
2014	평양관광대학: 장철구평양상업대학 관광봉사학부의 관광안내학과와 평양관광학교가 모체 장철구평양상업대학의 봉사학교 각도 사범대학 내 관광학부 개설	
2014년 이후	원산사범대학, 차광수 신의주 제1사범대학 관광학부	
2018	정준택원산경제대학/평양경제기술대학 개성경제기술대학/신의주경제기술대학 관광경제학과 개설	

자료: 임을출 외, 2017: 152~153을 기초로 필자 재구성.

Ⅱ   북한에도 관광 관련 법이 있나요?

1. 관광 관련 법규 현황

과거 북한은 관광에 관해 매우 부정적인 시각이 강해, 관광이라는 용어가 등장하지 않았으나, 경제난 타개를 위해 1984년 9월 8일 제정된 「합영법」[2]에 처음으로 관광이라는 용어가 등장하고 이후 1992년 10월 5일 제정된 「외국인투자법」[3]에도 등장한다. 이후 김정일, 김정은 시대에는 관광이라는 단어가 들어간 법들이 차례도 제정된다.

북한에는 그동안 일정 지역에만 국한된 관광 관련 법규(라선경제무역지대 관광규정과 금강산국제관광특구법)만 존재하였다. 즉, 관광과 직접적으로 관련된 내용이 있으나 일정 지역에만 적용되어 완전한 관광법규라고 하기에는 무리가 있었다. 그런데 2023년 8월 관광법이 제정되어 이제는 북한에도 온전한 관광법이 마련되었다.

사회주의 경제는 생산수단에 대한 사회주의적 소유와 중앙집권적 계획경제를 기본 특징으로 한다. 따라서 생산, 분배, 유통, 무역 등과 같은 일련의 경제활동은 국가와 당이 통제한다. 더구나 북한은 경제정책의 제1차적 과제를 '자립적 민족경제' 건설로 설정하고 있다. 즉 자원, 자본, 기술, 노동력과 같은 생산요소 동원부터 소비생활까지의 경제활동을 해결하는 자급자족 경제체제를 지향한다. 그러나 기술 수준이 낮고 영토가 좁은 북한의 상황에서 자급자족적 경제발전은 고비용 – 저생산의 악순환이 되풀이되는 결과를 초래하였다.[4] 결국 북한은 '자립적 민족경제 건설노선'이 초래한 경제적 어려움을 보완하기 위해 1984년 9월에는 '조선민주주의인민공화국 합영법(합작회사)', 1991년 8월에는 경제특구정책인 '나진 – 선봉 자유경제무역지대'를 그리고 2002년 7월에는 '경제관리조치(이하 7.1조치)'로 이어지는 개혁－개방정책을 시도하게 되었다. 이러한 개혁－개방정책에 발맞추어, 북한에는 협의의 관광법규와 규정, 광의의 관광법규 내 관광규정이 본격적으로 등장하기 시작한다.

2. 관광 관련 법규의 종류

가. 내국인 대상 법규

북한의 관광 및 여가 관련 법령은 자국민을 대상으로 하는 관련 법령과 외국인을 대상으로 하는 관련 법령으로 구분할 수 있다(김상원, 2018: 50). 북한 자국민을 대상으로 하는 관광 관련 법령으로, 북한관광에 관한 가장 기본적인 법규인 조선민주주의인민공화국 「사회주의헌법」(이하 헌법)과 「사회주의노동법」(이하 노동법)상 관광 관련 법규가 있다(임을출, 2017: 176). 그런데 북한의 위 2가지 법은 관광법규라기보다 남한의 「관광기본법」이 관광에 관한 국가와 정부의 임무법적, 선언적 내용을 규정한 것과 같이 관광 관련 규정을 선언적으로 규정한다(김상원, 2018: 50). 예를 들면, 「사회주의헌법」은 주민들의 기본권인 휴식의 권리(제71조), 려행의 자유(제75조), 문화정서생활 향유(제53조) 그리고 내각의 여러 임무 중에서 관광 관련 사업을 조직·집행(제125조) 등을 선언적으로 규정하고 있다(김상원, 2018: 50). 이 중에서 특히 휴식의 권리와 휴식과 휴가에 관한 규정은 「사회주의노동법」에서 많은 내용을 담고 있는데, 그 내용은 충분한 휴식 보장(제12조), 휴식의 권리(제62조), 시간 외 노동 불가 및 휴식(제63조), 주 1일 휴식 보장(제64조), 14일의 정기휴가와 직종에 따른 7일 내지 21일의 보충휴가(제65조), 여성 근로자 산전 35일/산후 42일의 휴가(제66조), 국가의 정양소/휴양소 증설 의무 및 문화적 휴식 수요 충족의 임무(제67조) 등이다(김상원, 2018: 50). 따라서 휴식 시간에 모든 활동을 관광으로 한다고 할 수 없기에 북한 주민 대상 관광 관련 법령으로 보기에는 무리가 있다.

그림 13-3 북한의 관광 관련 법규

1980년대	1990년대	2000년대	2010년대	2020년대
합영법 (1987.09.08~현재)	외국인투자법 (1992.10.05~현재)	라선경제무역지대관광규정 (2000.04.29~현재)		관광법 (2023.08.30~현재)
		신의주특별행정구기본법 (2002.09.12~현재)		
		금강산관광지구법 (2002.11.13~2011.05.31)	금강산국제관광특구법 (2011.05.31~2024.02.07)	
		개성공업지구법 (2002.11.13~현재)	황금평/위화도 경제지대법 (2011.12.03~현재)	
		북남경제협력법 (2005.07.06~2024.02.07)	경제개발구법 (2013.05.29~현재)	

나. 외국인 대상 법규

외국인에 관한 관광 관련 법으로 「합영법」, 「외국인투자법」, 「라선경제무역지대 관광규정」(임을출, 2017: 176), 「신의주특별행정구기본법」, 「금강산국제관광특구법」, 「개성공업지구법」, 「황금평·위화도경지대법」, 「경제개발구법」 등이 관광에 관한 내용을 많이 포함하고 있다.

북한의 관광법규는 「라선경제무역지대 관광규정」과 「금강산국제관광특구법」이 관광법규의 형태를 갖추고 있는 것이라고 할 수 있다. 기타 법률은 관광을 여러 분야 중 하나에 넣어 규정한 것이 대부분이다(김상원, 2018: 50). 1984년 「합영법」, 1992년 「외국인투자법」, 2002년 「신의주특별행정구기본법」, 「개성공업지구법」, 2005년 「북남경제협력법」, 2011년 「황금평·위화도 경제지대법」, 2013년 「경제개발구법」 등 법률의 일부 규정에서 관광을 다루어 왔으나, 이를 엄밀히 관광법규라고 하기에는 무리가 있기 때문이다(김상원, 2018: 50).

북한도 일단 현실적으로 시급히 관광을 통한 경제발전을 도모하고자, 일부 규정에 담았고 그나마 관광법규의 형태를 갖춘 것이 2000년 「라선경제무역지대 관광규정」과 2002년 「금강산관광지구법」(현재 2011년 「금강산국제관광특구법」)이다. 위의 2개 법에 북한 당국의 의무를 일부나마 규정하고 있지만 관광 관련 법규의 기초적인 내용을 담고 있을 뿐이다(김상원, 2018: 51).

앞서 언급한 바와 같이, 뒤늦게나마 2023년 8월 관광법이 제정되어 온전한 관광법이 마련된 것은 주목할 만한 일이다.

3. 관광 관련 법규 제정과 변화

가. 김정일 시대(1994~2011)

김정일은 루마니아에서 챠우세스꾸 정권이 무너진 것이 관광객으로 위장한 미 중앙정보국 요원들이 루마니아에 들어가 폭동을 일으켰기 때문이며 관광업을 잠시 축소할 것을 지시하였다. 1994년 김일성 사망으로 김일성은 북한의 관광업 활성화를 볼 수 없었다. 1990년대 초부터 10여 년간 북한에서 관광을 하겠다고 하면 사회주의 제도를 허물어 버리려는 반당분자로 낙인찍히는 정도였다(태영호, 한국 관광업체 대표들과의 세미나(2017.07.18.) 토론문; 장영주, 2022: 157 재인용). 이러한 인식은 2000년 김정은의 발언에서도 확인할 수 있다.

> "관광업을 하고 자원이나 팔아 돈을 벌어 가지고서는 경제를 발전시킬 수 없습니다. 관광업을 하면 돈을 좀 벌 수는 있겠지만 그것은 우리나라의 현실에 맞지 않습니다. 외자를 끌어들여 경제를 부흥시켜 보려 하는 것도 어리석은 생각입니다. 그처럼 어려웠던 전후복구건설시기에도 우리는 관광업이나 외자도입이란 말을 모르고 살았습니다. 우리는 절대로 남을 쳐다볼 필요가 없습니다."

그러나 고난의 행군으로 인한 경제난으로, 이에 대한 타개책으로 자립적 민족경제건설 노선과 더불어 우리 민족 제일주의를 표방하며, 남한정부와의 화해 협력의 길로 나아가며 이러한 어려움을 타개해 나간다. 우여곡절 끝에 1998년부터 2008년까지 10년간 금강산 관광과 개성관광, 평양관광까지 중간에 여러 어려운 난간을 극복하고 진행되었다. 이러한 과정 속에서 여러 지역의 다양한 법을 제정하며 안정적인 성장을 이루어 나간다. 특별히 김정은 시대에는 상당히 많은 법의 제정이 이루어진다. 2000년 4월 29일 「라선경제무역지대법」(관광규정)을 시작으로, 2002년 9월 12일 「신의주특별행정구기본법」, 2002년 11월 13일 「개성공업지구법」(사문화), 2005년 7월 6일 「북남경제협력법」(2024년 2월 7일 폐지), 2011년 5월 31일 「금강산국제관광특구법」(2024년 2월 7일 폐지), 2011년 12월 03일 「황금평·위화도경제지대법」 등이다. 법의 제정으로 인해, 북한경제의 활성화를 도모하였고 남북 간 3통법 관련 갈등으로 일부 개정이 있었으나 큰 변화는 이루어지지 않았다. 김정일 시대 제정된 주요 법과 내용은 다음과 같다.

(1) 라선경제무역지대법(관광규정)

「라선경제무역지대법」 관광규정은 2000년 4월 29일 내각결정 제33호로 채택되었다. 제1장 일반규정, 제2장 관광려행, 제3장 관광봉사 및 료금, 제4장 관광관리, 제5장 관광개발로 이루어져 있으며 총 35개 조문으로 구성되어 있다.[5]

제1조에서 "'라선경제무역지대'에서 관광을 하는데 유리한 환경과 조건을 보장하며 세계 여러 나라와 관광을 통한 친선협조관계를 발전시키기 위해 이 규정을 제정한다."라고 제정 목적을 밝히고 있다. 또한 본 법은 관광대상과 관광객의 신변보장에 관한 내용 및 라선경제무역지대 내에서 외국인 투자가나 기업이 합영 또는 합작으로 관광지나 관광대상을 개발하거나 관광봉사업을 할 수 있음을 규정하고 있다. 라선경제무역지대 관광관리기관의 임무에 관해서 상세히 규정하고 있으며, 지대의 관광개발 방향도 제시하고 있다.[6]

(2) 신의주특별행정구기본법

2002년 9월 12일 북한의 최고인민회의 상임위원회는 신의주를 외교권을 제외한 독자적인 입법·행정·사법권을 가지는 '특별행정구'로 지정한다. 즉 국제적인 금융·무역 등 다양한 분야는 물론 오락·관광지구로 개발하는 내용의 「신의주특별행정구기본법」을 채택하였다. 중국의 홍콩이나 마카오 같은 특별행정구를 북한 내에 계획한 것이다. 총 6장 101개 조문과 부칙으로 구성되어 있다 (김상원, 2018: 53).

법의 주요 내용은 기업에 관한 신의주특별행정구 내 토지의 50년 장기 임차, 사유 재산권 및 상속권의 인정, 외화의 무제한 반출입 허용과 특혜적인 세금 및 특혜적 관세의 약속 등이다. 관광에 관한 규정은 제13조로 "국가는 신의주특별행정구를 국제적인 금융, 무역, 상업, 공업, 첨단과학, 오락, 관광지구로 꾸리도록 한다."라고 규정하고 있다. 신의주특별행정구를 대표하는 자는 '장관'인데, 신의주특별행정구 초대장관으로 중국계 네덜란드인 부호인 양빈이 임명되었으나, 취임 직전 탈세혐의로 중국 당국으로부터 체포·사법 처리되었다. 계승혜가 새로 장관으로 임명되었으나 신의주특별행정구 개발은 특별한 진전은 없었고, 2012년 북한이 홍콩의 투자기업인 '다중화 국제 그룹'과 계약을 체결하면서 10년 만에 신의주특별행정구역 개발을 재개하였다.[7]

(3) 개성공업지구법

2002년 11월 13일 북한 최고인민회의 상임위원회가 개성공업지구를 지정하고, 바로 이어 동년 동월 20일 최고인민회의 상임위원회가 정령 제3430호로 「개성공업지구법」을 채택하였다. 그로부터 약 5개월이 안 된 시점인 2003년 4월 24일 본법은 최고인민회의 상임위원회 정령 제3715호로 수정/보충되었다.[8]

「개성공업지구법」 제1조의 규정 "개성공업지구는 공화국의 법에 따라 관리 운용하는 국제적인 공업·무역·상업·금융·관광 지역이다. 조선민주주의인민공화국 개성공업지구법은 공업지구의 개발과 관리운영에서 제도와 질서를 엄격히 세워 민족경제를 발전시키는데 이바지한다."와 제30조의 규정 "공업지구에 출입·체류·거주하는 남측 및 해외동포와 외국인은 정해진데 따라 개성시의 혁명 사적지와 역사유적유물, 명승지, 천연기념물과 같은 것을 관광할 수 있다. 개성시 인민위원회는 개성시의 관광대상과 시설을 잘 꾸리고 보존·관리하며, 필요한 봉사를 제공해야 한다."에 의해 남한 주민들이 개성을 관광 목적으로 출입·체류할 수 있는 근거가 마련되었다.

「개성공업지구법」의 핵심은 외부자본의 투자유치 의지, 개성공단 내에서의 자유로운 경제활동의 보장, 문화 및 환경보호 의지 등으로 요약된다.[9] 특히 제3조는 파격적인 내용을 담고 있다. "공업지구에는 남측 및 해외동포, 다른 나라의 법인, 개인, 경제조직들이 투자할 수 있다. 투자가는 공업지구에 기업을 창설하거나 지사, 영업소, 사무소 같은 것을 설치하고 경제활동을 자유롭게 할 수 있다. 공업지구에서는 노력채용, 토지 이용, 세금납부 같은 분야에서 특혜적인 경제 활동조건을 보장한다." 총 5장 46개 조문과 부칙으로 구성되어 있다. 개성공단 폐쇄 후 북한 당국조차 특구법에서 제외하는 등 사문화된 법이다. 최근 발행한 중앙급/지방급 경제개발구에도 개성공업지구는 빠져 있다(<표 13-5> 참조).

(4) 북남경제협력법

북남경제협력의 목적과 원칙을 정한 「북남경제협력법」은, 2005년 7월 6일에 최고인민회의 상임위원회 정령 제1182호로 채택되었다. 제2조에 "북남경제협력에는 북과 남 사이에 진행되는 건설, 관광, 기업경영, 임가공, 기술교류와 은행, 보험, 통신, 수송, 봉사업무, 물자교류 같은 것이 속한다."[10]라고 규정함으로써, 남북 관광사업에 관한 기본적인 법적 근거를 마련하였다. 「북남경제협력법」은 27개 조문으로 구성되어 있다. **그러나 윤석열 보수정권 등장 이후 남북 관계 악화로 2024년 2월 7일 북한이 일방적으로 폐지를 선언하였다**(2024년 2

월 8일 SBS 8시 뉴스).

(5) 금강산국제관광특구법

남북관계의 경색으로 「금강산관광지구법」을 대체하여 마련된 법이 「금강산국제관광특구법」이다. 이 법은 2011년 5월 31일 최고인민회의 상임위원회 정령 제1673호로 채택되었다.[11] 따라서 기존의 「금강산관광지구법」에 근거해 금강산 관광사업을 시행해 오던 ㈜현대아산과의 합의서 유효 문제가 논란이 되고 있다. 이에 관해 금강산 관광사업뿐만 아니라 그동안 ㈜현대아산과 북한이 동의한 모든 합의서는 유효하다고 보아야 하겠으나, 북한이 금강산 관광사업에 관한 현대의 독점권 부여 조항만 실효 통보한 상태라고 보는 견해가 지배적이다.[12] 「금강산국제관광특구법」은 총 6장 41개 조문으로 구성되어 있다. **그러나 이 법도 윤석열 보수정권 등장 이후 남북 관계 악화로 「북남경제협력법」과 함께 2024년 2월 7일 북한이 일방적으로 폐지를 선언하였다**(2024년 2월 8일 SBS 8시 뉴스).

(6) 황금평·위화도 경제지대법

「황금평·위화도 경제지대법」은 2011년 12월 3일 최고인민회의 상임위원회에서 채택한 법이다(김상원, 2018: 55). 이 법은 74개 조문과 부칙 2개 조문으로 구성된다. 두 지역은 평안북도에 속한 지역으로, 제2조는 "황금평 지구는 정보산업, 관광업을 기본으로 개발하며, 위화도 지구는 위화도개발계획에 따라 개발한다."라고 명시하고 있다. 각국 법인, 개인과 경제조직이 투자해 경제지대에서 회사, 지사, 사무소 등을 설립하여 기업의 자유로운 활동이 가능하다(김상원, 2018: 55).

표 13-7 북한 지도자들의 관광 인식의 변화

구분	전기(1948~1984)	후기(1984~1994)	
김일성 시대 (1948~1994)	사회주의 국가 간 연대성 관광	합영법 제정	나선경제무역지대 설치
	-	관광부문 투자 허용	관광규정 제정, 관광기업 창업 허용
	X	△	△
	자립적 민족경제건설 노선	자립적 민족경제건설 노선	
김정일 시대 (1994~2011)	고난의 행군	남북관광 협력 (1998~2008)	북중관광 모색, 진행 (2008~2011)
	X	O	O
	자립적 민족경제건설 노선	자립적 민족경제건설 노선(일부 완화) + 우리 민족 제일주의	

*주: 긍정적·관광허용 O, 비판적·관광불허 X, 소극적·제한적·관광 비실현 △.
자료: 장영주, 2022: 114, 152.

2011년 6월, 중국과 조선은 중조라선경제무역지대와 황금평, 위화도 경제지대 개발협력 연합지도위원회 제2차 회의를 개최하였다. 양국은 "정부유도, 기업위주, 시장운영, 호혜공영"의 개발협력원칙을 명확히 하였으며, 2개 경제지대를 중조경제무역협력시범구와 세계 각국과 경제무역협력을 전개하는 플랫폼으로 건설하기로 하였다(연변일보, 2012년 3월 19일; 김상원, 2018: 55 재인용). 제56조에 관광업에 관한 규정이 있는데, "경제지대에서는 자연풍치, 민속문화 같은 관광자원을 개발하여 국제관광을 발전시키도록 한다. 투자가는 규정에 따라 경제지대에서 관광업을 할 수 있다."라고 명시되어 있다.

나. 김정은 시대(2011~현재)

2011년 12월 17일 김정일 사망 후, 3대 세습으로 국가 원수가 된 김정은은

이전의 관광을 바라보는 시각과는 전혀 다른 파격적이고 과감한 행보를 보인
다. 김정일 사망 후 수습기와 혼란기를 거쳐 어느 정도 정권의 기반이 안정된
이후, 2013년 5월 29일 제정, 공포된 「경제개발구법」을 기초로 관광개발과 관
광상품 개발에 박차를 가하게 된다. 그리고 2023년 8월 30일 북한 최고인민회의
의 상임위원회 제14기 제27차 전원회의에서 「관광법」을 채택하였다. 노동신문
등 북한매체에 따르면 「관광법」에는 국내관광을 활성화하는 것과 동시에 국제
관광을 확대하고 관광객들의 편의를 보장하며 생태환경을 적극 보호할 것에
관한 문제들이 제시되었다(이설, 2023.09.07). 관광법 전문이 아직 미공개된 상태
이므로, 본고에서는 경제개발구법의 개요와 법의 변화에 관해서만 살펴보기로
한다.

(1) 경제개발구법

(가) 개요

「경제개발구법」은 2013년 5월 29일 최고인민회의 상임위원회 정령으로 「경
제개발구법」을 채택하였다. 「경제개발구법」은 북한 전역으로 경제특구를 확대
시킬 것을 내용으로 한다. 「경제개발구법」은 총 7장 62개 조문으로 구성되어 있다.

표 13-8 경제개발구법의 구성

구분	내용	구분	내용
1장	경제개발구법의 기본	5장	경제개발구에서의 경제활동
2장	경제개발구의 창설	6장	장려 및 특혜
3장	경제개발구의 개발	7장	신소 및 분쟁해결
4장	경제개발구의 관리	부칙	-

자료: 장소영, 2017: 62-63에서 일부 발췌.

「경제개발구법」은 김정은 방식의 경제특구법제이다. 기존의 특구를 지정하고 개별특구에 맞는 법제를 마련한 것이 아니라, 각각의 개발구에 「경제개발구법」을 기본으로 적용하고 세부적으로는 시행규정 및 세칙을 통해 시행하고 있다. 시행세칙의 제정과 개정은 개발구가 있는 도(직할시) 인민위원회의 권한이라는 분명한 규정이 있으나, 시행규정은 제정 및 개정을 어디서 담당할 것인지 명시되어 있지 않다. 법체계상 법률의 시행규정은 내각에서 정하는 경우도 있고 최고인민회의 상임위원회가 채택하는 사례도 있다(김준표, 2020: 58). 2013년 5월 제정 이후, 2015년 7월까지 차례로 창설, 관리기관, 기업창설운영, 노동, 환경보호, 개발, 부동산, 보험 규정이 마련되었다. 관련 규정이 마련되면서 이에 부응하듯, 경제개발구가 차례로 4차까지 활발하게 지정되었다. 경제개발구 지정 상황과 역사에 관해 설명한 자료는 다음과 같다(강진규, 2019). 경제개발구를 종합형과 전문형 그리고 지방급과 중앙급으로 분류하고 있는 것으로 확인되었다. 북한은 경제개발구 투자자들에게 인터넷과 이동통신 등 국제통신을 보장하고 입출국, 세관 간소화 등도 약속할 방침이다. 북한 「경제개발구법」에 따라 경제개발구가 특별히 정한 법규에 따라 경제활동에 대한 특혜가 보장되는 특수경제지대라고 설명한다(강진규, 2019).

표 13-9 경제개발구 관련 법규 제정현황

구 분	제정일	하위 조항의 주요 내용
경제개발구법	2013.05.29	법 개요, 설립, 개발, 관리, 경제활동, 장려 및 특혜, 분쟁해결 등
창설규정		경제개발구 창설 관련 구체적인 규정
관리기관운영규정	2013.11.06	관리기관의 기구, 사업 내용, 분쟁해결
기업창설운영규정		기업의 창설 및 등록, 경영활동, 재정회계, 해산, 제재 및 분쟁 해결

노동규정	2013.12.12	노동력 채용과 해고, 노동시간과 휴식, 노동보수, 노동보호, 사회문화시책, 제재 및 분쟁 해결
환경보호규정	2014.02.19	자연환경의 보존과 조성, 환경영향평가, 환경오염 방지, 폐기시설물 취급처리
개발규정	2014.03.05	개발계획, 개발기업 선정, 철거, 개발공사, 제재 및 분쟁 해결
부동산규정	2015.07	부동산의 취득과 등록, 이용, 부동산 임대료와 사용료
보험규정	2015.07	보험계약과 보험지사, 사무소의 설치와 운영

자료: 장소영, 2017: 46.

(나) 연혁

노동당 중앙위원회 2013년 3월 전원회의 이후인 2013년 5월 29일에 「경제개발구법」을 채택하고 2013년 11월 21일 먼저 8개 도에 13개 경제개발구들을 창설한다고 선포한다. 또한 2014년 6월 11일 1개의 경제개발구(원산-금강산국제관광지대), 2014년 7월 23일에는 6개의 경제개발구, 2015년 4월 22일과 10월 8일 각각 1개의 경제개발구(무봉국제관광특구, 함경북도 경원경제개발구), 2017년 12월 21일 강남경제개발구를 창설한다. 경제개발구를 기능에 따라 종합형 경제개발구와 전문형 경제개발구로 구분한다. 종합형 경제개발구는 여러 기능을 동시에 수행하는 지역으로, 압록강경제개발구(평안북도), 만포경제개발구(자강도), 청진경제개발구(함경북도) 등이 해당된다. 전문형 경제개발구는 1~2가지 기능만을 전문적으로 수행하는 지역으로 공업, 농업, 관광, 수출가공, 첨단기술개발 등 전문적인 기능만을 수행하는 개발구이다(강진규, 2019.08.30).

표 13-10　김정은 시대 중앙급과 지방급 경제개발구

구분	명칭	지역	비고
중앙급 (8)	원산-금강산 국제관광지대(2차)	강원도	-
	라선경제무역지대	평안남도 라선특별시	라선경제무역지대법(2000.04.29.~현재)
	황금평·위화도 경제지대	평안북도 신의주시 (북중)	황금평·위화도 경제지대법 (2011.12.03.~현재)
	금강산국제관광특구	강원도	금강산국제관광특구법 (2011.05.31.~2024.02.07.)-폐지
	신의주국제경제지대	평안북도 신의주시 (북중)	신의주특별행정구기본법 (2002.09.12.~현재)
	강령국제녹색시범구 (3차)	황해남도 강령군	농업, 수산업, 축산, 과수, 녹색식품 가공, 에너지, **해수욕장, 골프장, 호텔 및 봉사 시설**, 살림집건설 등
	은정첨단기술개발구 (3차)	평안남도 평양직할시	-
	진도수출가공구(3차)	평안남도 남포특별시	-
	개성공업지구	평안남도 개성특별시	개성공업지구법(2002.11.13.~현재)-폐쇄
지방급 (20)	만포경제개발구(1차)	자강도 만포시(북중)	현대농업, **관광휴양**, 무역
	위원공업개발구(1차)	자강도 위원군	광물자원 가공, 목재가공, 기계설비 제작, 농토산물가공
	청진경제개발구(1차)	함경북도 청진시	금속가공, 기계제작, 건재, 전자제품, 경공업, 수출가공업
	어랑농업개발구(1차)	함경북도 어랑군	농축산기지, 채종, 육종 등 농업과학연구 개발단지
	온성섬관광개발구(1차)	**함경북도 온성군(북중)**	**골프장, 경마장 등 관광개발구**
	경원경제개발구(5차)	함경북도 경원군(북중)	-
	무봉특별국제 관광개발구(4차)	**량강도 삼지연군(북중)**	**백두산 관광**
	혜산경제개발구(1차)	량강도 혜산시(북중)	수출가공, 현대농업, **관광휴양**, 무역
	압록강경제개발구(1차)	평안북도 신의주시(북중)	현대농업, **관광휴양**, 무역

청수관광개발구(3차)	평안북도 삭주군(북중)	-
현동공업개발구(1차)	강원도 원산시	보세가공, 정보산업, 경공업, **관광기념품 생산**, 광물자원
흥남공업개발구(1차)	함경남도 흥남	보세가공, 화학제품, 건재, 기계설비제작
북청농업개발구(1차)	함경남도 북청군	과수업, 과일종합가공, 축산업
와우도수출가공구(1차)	평안남도 남포특별시	수출 가공조립업, 보상무역, 주문가공
송림수출가공구(1차)	황해북도 서송리	수출가공업, 창고·화물운송 등 물류업
신평관광개발구(1차)	**황해북도 신평군**	**체육, 문화, 오락 등 현재 관광지구**
청남공업개발구(3차)	평안남도 청남군	-
숙천농업개발구(3차)	평안남도 숙천군	-
강남경제개발구(6차)	평안남도 평양직할시	-
무산수출가공구(7차)	함경북도 무산군	-

주: 경제개발구 1차 13개 지정(2013.11.21), 2차 1개 지정(2014.06.11), 3차 6개 지정(2014.07.23), 4
차 1개 지정(2015.04.22), 5차 1개 지정(2015.10.08), 6차 1개 지정(2017.12.21), 7차 1개 지정
(2021.04.24.), 지역 순서는 북한자료 근거로 작성. 이탤릭체는 폐지나 미운영되는 경제개발구, **볼드
체**는 관광개발구 혹은 관광을 포함한 개발구.
자료: 조봉현, 2014: 53; 김철원 외, 2014: 60에서 재인용; 고수석, 2015; 임을출 외, 2017: 189; 차명철,
2018; 김용현 외, 2022: 369에서 재인용; 강진규, 2018; 강진규, 2019 등 참고해 필자 재구성.

경제개발구는 부문에 따라 공업개발구, 농업개발구, 관광개발구, 수출가공
구, 첨단기술개발구 등으로 구분한다. 공업개발구는 청남공업개발구(평안남도),
위원공업개발구(자강도), 현동공업개발구(강원도), 농업개발구는 북청농업개발
구(함경남도), 어랑농업개발구(함경북도), 숙천농업개발구(평안남도), 관광개발구
는 청수관광개발구(평안북도), 신평관광개발구(황해북도)를, 수출가공구로서는
송림수출가공구(황해북도), 와우도수출가공구(남포시), 첨단기술개발구는 은정
첨단기술개발구 등을 지정하였다(강진규, 2019).

관광개발구의 경우, 관광목적에 따라 산악관광개발구와 해안관광개발구,
도시관광개발구와 농촌관광개발구, 문화전통관광개발구, 치료관광개발구와
휴식관광개발구, 종합관광개발구로 구분한다(이해정·강성현, 2020: 166).

북한은 그동안 관광을 불건전한 자본주의 문화의 일부라고 인식하였고, 외국인의 방문이 많아질수록 체제 불안정을 초래할 수 있을 것으로 경계하였다. 따라서 이러한 우수한 관광자원을 충분히 활용하지 못하였다. 그러나 경제난이 심화되며 관광에 관해 적극적인 인식을 갖기 시작하였다. 관광을 외자 유치의 유망 분야로 지정해 산업 정책적 차원에서 적극적으로 육성하려는 시도가 엿보인다. 사회주의국가인 중국이 외국인 관광객을 유치하며 많은 외화를 벌어들이는 것을 목격한 것도 북한을 자극한 요인이 되었다. 비교적 적은 투자로 단기간에 상당한 외화를 획득할 수 있는 관광의 장점에 눈길을 돌리게 된 것이다(임을출 외, 2017: 19).

특히 북한은 관광정책과 관련하여 2012년 중국인 관광객은 여권 없이 방북할 수 있는 규제 완화, 2013년엔 평안남도 평성시, 평안북도 동림군, 신의주와 회령 등이 외국인에게 개방되었으며, 2014년에는 평양에 관광대학을 설립해 인력양성 등 교육적 노력과 마식령스키장·문수물놀이장, 갈마비행장 리모델링 등 신규인프라에 대한 투자도 지속하고 있다(중앙일보, 2018; 윤연선·김영덕·신동한·김용현, 2021: 250 재인용).

표 13-11 김정일/김정은 시대 제정된 관광 관련 법규

구분	내용
김정일 시대 (1994.07.09~2011.12.17)	2000년 04월 29일: 라선경제무역지대법(관광규정) 2002년 09월 12일: 신의주특별행정구기본법 2002년 11월 13일: 개성공업지구법(사문화) 2005년 07월 06일: 북남경제협력법(2024년 2월 7일 폐지) 2011년 05월 31일: 금강산국제관광특구법(2024년 2월 7일 폐지) 2011년 12월 03일: 황금평·위화도경제지대법
김정은 시대 (2011.12.18~현재)	2013년 05월 29일: 경제개발구법 2023년 08월 30일: 관광법

표 13-12 김정은 시대 북한의 관광정책

구분	관광정책

김정은 시대
(2011.12.18~현재)
	<관광객 특성을 고려한 다양한 관광상품 등장, 적극적 부분개방 유형>
	• 평양 순안공항, 마식령 스키장 건설
	• 삼지연, 어랑, 갈마 군사비행장 민영화
	• 2012 조선국제여행사, 말련 쿠알라룸푸르 사무소 개소(8월)
	• 스위스 베른(김정은 유학) 박람회 참가-마식령 스키장 홍보
	• 밀라노 엑스포 북한 홍보관 운영
	• 골프, 스키, 크리스마스 관광, 평양 시내 도보관광, 대동강 맥주축제 등 관광수요를 고려한 상품 등장
	• 외래 관광객 100만 명 목표로 인프라 구축, 상품개발 및 홍보
	• 원산-금강산 지구 개발 총계획(2015 북한 국가 설계지도국)
	  연간 1,000만 명, 10년간 100억 달러 이상 투자 목표
	• 총 26개의 경제, 농업개발구, 지대, 관광특구 지정 운영관광 관련:
	  신평, 청수, 온성섬 관광개발구, 무봉국제관광특구, 원산/금강산 관광지구, 금강산 국제관광특구

자료: 남북관광교류 현황과 과제-북한은 어떤 관광사업을 하고 있을까?
　　　https://www.youtube.com/watch?v=0wm64QUmy2A&t=4261s

III 결론

　　1988년 대한민국 서울에서 개최된 제24회 하계 올림픽 성공에 자극받아, 북한은 1989년 7월 1~8일까지 '반제 련대성, 평화와 친선을 위하여'라는 구호 아래 제13차 세계청년학생축전(일명 평양축전)을 국가적 역점사업으로 중점을 두어 성대하게 개최하였고, 올림픽보다 규모가 큰 행사였음을 대대적으로 선전하였다(장영주, 2022: 134). 당시 북한은 냉전 체제 붕괴와 동구권 국가의 몰락 이후 개혁과 개방 열기 고조로 외교 고립화가 심했다. 더구나 「합영법」 제정 이후에도 나아지지 않은 경제현실, 1987년 채무 불이행 선언 등 최악의 경제난을 겪고 있었는데, 이러한 현실에 대규모 국제행사 개최는 물론 2만 명이 넘는 외국인 참가자들에게 관광 및 체류 비용을 무료로 제공하였다. 그 결과 식량난, 에너지난, 외화난 등이 겹치며 북한경제는 파탄으로 이어지고 김일성이 사망하고 경제사정이 더욱 어려워지자 김정일은 '고난의 행군'이라는 구호를 내세우며 어려움을 극복하려고 하였다.

대한민국은 1997년 12월 IMF 경제위기 속에서 김대중 대통령이 당선되어, 관광을 통한 국난 극복과 남북관계 회복을 위해 노력하였다. 정주영 현대그룹 명예회장의 방북으로 남북관광교류의 단초가 마련되었고, 남북관계 개선으로 김정일은 '우리민족끼리' 구호를 내세우며 금강산관광, 개성관광 등을 진행함으로써 경제난을 극복해 나간다. 우여곡절과 갈등 상황으로 중단과 진행이 반복되다가 남한 주민 피격사건으로 남북관광교류는 중단되었으나, 북한은 재빠르게 기존의 유럽과 미주 관광객 유치, 국경을 접하고 있는 중국 관광객을 적극적으로 유치하는 정책으로 태세 전환을 한다. 김정일 사후 2011년 집권한 김정은은 김일성, 김정일 시대와는 다른 파격적인 관광정책과 관광상품을 개발하여 외래 관광객 유치는 물론, 경제난으로 신흥 부유층(일명 돈주)의 국내관광, 시대 흐름에 따라 관광에 관한 긍정적인 변화로, 기존의 사회주의 관광체계에서 자본주의 관광체계와 유사한 형태로 변화되고 있다. 문재인 정부 말기, 평양 개별관광까지 바라보던 남북관계는 윤석열 정부 등장 이후 남북관계 경색과 2024년 노골적인 적대시 정책으로 악화되어 남북관광협력은 당분간 어려울 것으로 판단된다. 그러나 김정은의 '무공해 산업', '굴뚝없는 산업'인 관광에 관심은 지대하며 제조업과 달리 가성비가 좋은 관광을 지속적으로 발전시켜 나갈 것이다. 더구나 김정은은 2024년 2월 29일 지방 경제대책인 '지방발전 20x10'에 따른 첫 공사로, 평안남도 성천군 지방 공업공장 건설 착공식이 진행되었다. 2024년 1월 최고인민회의에서 제시한 정책으로, 매년 20개 군에 현대적 공업공장을 건설해, 10년 안에 인민의 물질문화 수준을 발전시키겠다는 구상이다.

예정대로 진행되어 북한 주민의 경제적인 삶이 향상된다면, 북한의 외래관광 활성화는 물론, 북한 주민의 국내관광 활성화가 이루어질 날도 그리 멀지 않을 것이다.

1 북한은 관광을 통해 계속해서 개방정책으로 나아갈 수 있을까요?

2 향후 통일 이후, 남북한의 관광의 차이를 어떻게 극복할 수 있을까요?

3 남북 평화통일을 위해 관광의 역할은 무엇일까요?

참고문헌

1. 국문 단행본

국립통일교육원 연구개발과, 『2023 북한 이해』, 서울: 국립통일교육원, 2023.

김용현 외, 『북한학 박사가 쓴 북한학 개론』, 서울: 동국대학교 출판부, 2022.

사회과학출판사, 『조선말대사전(1)』, 평양: 사회과학출판사, 1992.

임을출·장동석·고계성, 『북한관광의 이해』, 파주: 대왕사, 2017.

장영주, 『북한의 관광산업』, 서울: 도서출판 선인, 2022.

차명철, 『조선민주주의인민공화국 주요경제지대들』, 평양: 외국문출판사, 2018.

채재득, 『관광업경영방법론』, 평양: 사회과학출판사, 2015.

2. 국문 논문 및 보고서

김상원, "남북한 관광법규 비교", 『통일과 법률』 제35호, 2018, pp. 40-73.

김성섭·한학진·이혜린, "북한주민들의 관광과 여가활동에 대한 이해", 『관광·레저연구』 제18권 제4호, 2006, pp. 381-397.

김준표, "남북한 경제협력 개발에 관한 연구: 북한 경제개발구법을 중심으로", 건국대학교 석사학위 논문, 2020.

김철원·이태숙, "독일 통일에서의 관광교류 분석을 통한 남북관광교류에 관한 연구", 『경상논총』 제32권 제3호, 2014, pp. 51-71.

김한규, "북한 외래관광 연구: 담당조직과 유치 구조 및 전략을 중심으로", 북한대학원대학교 박사학위 논문, 2015.

김현지, "북한 주민의 국내관광 실태에 관한 연구", 북한대학원대학교 석사학위 논문, 2023.

신정화, "북한의 개혁·개방정책의 변화; 관광사업을 중심으로", 『북한연구학회보』 제14권 제2호, 2010, pp. 133-158.

윤연선·김영덕·신동한·김용현, "김정은시대 북한 관광특구의 특성과 한계에 관한 연구", 『Tourism Research』 제46권 제2호, 2021, pp. 241-261.

이해정·강성현, "문으로 본 김정은 시대 북한의 관광산업 인식", 『국가전략』 제26권 제3호, 2020, pp. 151-178.

장소영, "북한의 경제개발구법에 관한 연구: 체제전환 국가의 법제전환과의 비교를 중심으로", 서울대학교 박사학위논문, 2017.

전영명, "사회주의 관광업의 본질적 특징과 역할", 『김일성종합대학학보』 2015년 제1호, 2015, pp. 65-66.

정진영, "북한 관광지식체계의 인식론적 이해: 관광업경영방법론을 중심으로", 『관광연구논총』 제33권 제4호, 2021, pp. 3-27.

Cho, M. C., Current status of the North Korean economy. In C-Y. Ahn(ed.), 『North Korea Development Report』, Seoul: Korea Institute for International Economy Policy, 2002/2003, pp. 32-51.

조봉현, "북한의 경제특구 개발 동향과 남북협력 연계 방안", 『KDI 북한경제리뷰』 9월호, 2014, p. 53.

태영호, "한국 관광업체 대표들과의 세미나", 2017. 7. 18.

허정필, "김정은 시대 북한 관광정책의 변화와 남북 관광협력방안 모색", 『한반도미래연구』 제6권, 2022, pp. 31-63.

3. 언론기사 및 인터넷 자료

뉴스1, "관광법 채택한 북한, 중러와 관광 및 경제적 협력 나설 것", 2023. 9. 7. https://www.news1.kr/articles/?5163742 (검색일: 2024년 2월 29일).

법제처 관광법령, http://www.law.go.kr (검색일: 2024년 7월 7일).

북한 국가관광총국, http://www.tourismdprk.gov.kp/activity (검색일: 2023년 3월 4일).

NH경제, "베일벗은 북한 경제특구 … 27개 지구 지정", 2018. 12. 6. https://www.nkeconomy.com/news/articleView.html?idxno=795 (검색일: 2024년 2월 14일).

NH경제, "북한 경제개발구 종합형-전문형, 지방급-중앙급으로 구분", 2019.8.30. https://www.nkeconomy.com/news/articleView.html?idxno=1863 (검색일: 2024년 2월 14일).

연변일보, "조선 황금평과 위화도 경제지대법 발표", 2012. 3. 19. http://korea.cpc.people.com.cn (검색일: 2024년 8월 9일).

중앙일보, "북한 경제개발구 13곳 상세자료 입수", 2015. 3. 18. https://www.joongang.co.kr/article/17382427#home (검색일: 2024년 2월 12일).

중앙일보, "[월간중앙] 북한관광, 돈줄 막힌 김정은 '틈새시장' 될까", 2018. 10. 20. https://www.joongang.co.kr/article/23052562

통일부 북한정보포털 https://nkinfo.unikorea.go.kr/nkp/pge/view.do (검색일: 2024년 2월 12일).

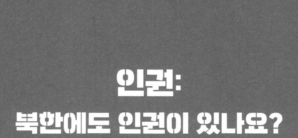

인권:
북한에도 인권이 있나요?

임상순 · 전수미

CHAPTER 14

인권:
북한에도 인권이 있나요?

I 인권의 의미와 북한 인권 현황

1. 인권이란 무엇인가요?

가. 인권의 개념

인권이란 무엇인가? 이 질문에 대한 4가지 대답이 있다. 첫 번째는 자연학파 학자들(natural scholars)의 대답으로서 인권이란 '초월적인 존재에 의해 인간에게 부여된 권리'라는 것이다. 소위 말해 '천부인권', 즉 하늘이 인간에게 부여한 고유한 권리가 인권이다. 두 번째는 심의학파 학자들(deliberative scholars)의 대답으로서 인권이란 '구성원에 의해 사회적 동의를 받은 권리'라는 것이다. 이 권리는 주로 인권법의 형태로 존재한다. 세 번째는 저항학파 학자들(protest scholars)의 대답으로서 인권이란 '사회적 약자들을 위해 만들어진 권리'이다. 이 권리는 억압받는 사람들의 요구와 열망이 반영된 것으로 사회의 부정의를 시정하는 데 필요한 것이다. 네 번째는 담화학파 학자들(discourse scholars)의 대답으로서 인권이란 '원래 존재하는 것이 아니라 단지 구성원들이 서로 나누는 이야기를 통해 생겨난 권리'이다. 이들은 인권이 외부에서 주어진 것도 아닐 뿐만 아니라 세상의 부도덕함에 대한 올바른 해법도 아니라고 주장한다.[1]

이 네 가지 인권에 대한 대답 중 가장 보편적이고 널리 받아들여지고 있는 것은 자연학파 학자들의 인권에 대한 정의이다. 이들은 모든 인간이 '인간인 그 자체'로 인해 인권을 가진다고 강조하면서, 인권은 초월적인 존재인 신, 우주, 이성, 하늘 등에 의해 부여되는 것이라고 주장한다. 이러한 주장은 오랫동안 인권에 대한 정설로 간주되어 왔다. 하지만 최근 들어 인권은 '구성원의 동의', '인권규범과 「인권법」에 기반한 권리라는 심의학파의 주장을 점점 더 많은 사람이 수용하고 있다. 현재 우리나라를 포함하여 많은 국가들은 인권에 대한 자연학파와 심의학파의 입장을 모두 채택하고 있다. 이러한 입장을 가장 잘 반영하고 있는 것이 「국가인권위원회법」이다.

국가인권위원회는 김대중 정부 시절인 2001년 11월 25일 출범했다. 국가인권위원회 설립의 근거가 되는 「국가인권위원회법」 제1조에 명시된 국가인권위원회의 목적은 '모든 개인이 가지는 불가침의 기본적 인권'을 보호하고 그 수준을 향상시킴으로써 인간으로서의 존엄과 가치를 실현하고 민주적 기본질서의 확립에 이바지하는 것이다. 그리고 제2조에서 "인권"이란 「대한민국헌법」 및 법률에서 보장하거나 대한민국이 가입·비준한 국제인권조약 및 국제관습법에서 인정하는 인간으로서의 존엄과 가치 및 자유와 권리라고 규정한다. 이 두 개의 조항에서 보듯이 우리나라는 인권을 '천부인권(자연학파)'으로 보는 동시에 '법에 의해 보장되는 권리(심의학파)'로 인정하고 있다.

인권은 지구상에 살고 있는 모든 인간들이 누려야 하는 권리이기 때문에 개별국가의 차원을 넘어 유엔에서 다루어지고 있다. 유엔헌장 제1조에서 유엔의 목적 중 하나로 '인종·성별·언어 또는 종교에 따른 차별없이 모든 사람의 인권 및 기본적 자유에 대한 존중을 촉진하고 장려함에 있어 국제적 협력을 달성'하는 것을 명시하고 있다. 그리고 유엔헌장 제13조 제1항에서 모든 회원국이 참여하는 유엔총회의 임무 중 하나가 인종, 성별, 언어 또는 종교에 관한 차별 없이 모든 사람을 위하여 인권과 기본적 자유를 실현하는 데 도움을 주는 것이라고 밝히고 있다.

그리고 유엔은 1948년 12월 10일 개최된 총회에서 '세계인권선언'을 채택했는데, 세계인권선언은 전문과 30개의 조항으로 구성되어 있다. 이 선언은 인권을 '인류 가족 모두의 존엄성과 양도할 수 없는 권리(자연학파)'로 정의함과 동시에, 규범으로서 인권에 대한 '하나의 공통기준(심의학파)'을 제시하고 있다.

나. 인권 취약집단

모든 국가는 국경 안에 살고 있는 사람들의 인권을 보호할 책임과 의무가 있다. 특히, 국가는 특별한 보호가 필요한 '인권 취약집단'의 인권이 포괄적으로 보장될 수 있도록 필요한 조치를 취해야 한다. 국가의 특별한 보호를 필요로 하는 인권취약집단에는 여성, 아동, 난민, 고향을 떠난 내부 난민, 노숙자, 소수 민족, 토착민, 이주 노동자, 장애인, 노인, AIDS 감염자, 집시, 성소수자 등이 있다. 인권 취약집단들은 구조적인 차별에 노출되어 있기 때문에 국가의 적극적인 개입이 없을 경우 심각한 인권침해 상황에 놓이게 된다. 유엔 인권기구들은 다양한 형태의 규약을 제정하고 많은 국가의 동의를 받아 인권취약집단의 인권이 보호될 수 있도록 노력하고 있다. 대표적인 규약에는 '여성에 대한 모든 형태의 차별철폐에 관한 협약', '아동의 권리에 관한 협약', '장애인의 권리에 관한 협약', '난민의 지위에 관한 협약', '모든 이주 노동자와 그 가족의 권리 보호에 관한 국제협약', '노인을 위한 유엔원칙' 등이 있다.[2]

인권 취약집단들 가운데 북한에서 보호가 필요한 집단에는 여성, 아동, 장애인, 노인이 있다. 이 네 가지 취약집단의 인권 내용을 유엔 규약을 중심으로 살펴보고자 한다.[3]

(1) '여성에 대한 모든 형태의 차별철폐에 관한 협약'의 주요 내용

이 협약은 1979년 12월 18일 유엔총회에서 채택되었다. 우리나라는 1984년 12월 27일 이 협약을 비준하였고, 북한은 2001년 2월 27일 비준하였다. 이 협약을 통해 철폐하고자 하는 '여성에 대한 차별'이란, 정치적, 경제적, 사회적, 문화적, 시민적 그리고 기타 부문에 있어서 남녀 동등의 기초 위에서 여성들이 인권과 기본적 자유를 인식하고 향유하는 것을 저해하거나 무효화하는 구별, 배제, 제한을 의미한다.

이 협약 당사국은 여성에 대한 차별을 철폐하기 위한 정책을 지체없이 추진하여야 하며, 여성이 남성과 동등하게 인권과 기본적 자유를 행사하고 향유하는 것을 보장하기 위하여 모든 분야, 특히 정치적, 사회적, 경제적, 문화적 분야에서 여성의 완전한 발전 및 진보를 확보해 줄 수 있는 입법 등의 조치를 취해야 한다. 그리고 당사국은 여성에 대한 모든 형태의 인신매매 및 매춘에 의한 착취를 금지하기 위하여 입법 등의 조치를 취해야 한다.

이와 함께 당사국은 교육 분야와 고용 분야, 보건 사업 분야, 경제적 및 사회적 생활의 모든 영역에서 여성이 남성과 동등한 권리를 확보할 수 있도록 노력하여야 한다.

(2) '아동의 권리에 관한 협약'의 주요 내용

이 협약은 1989년 11월 20일 유엔총회에서 채택되었다. 우리나라는 1991년 12월 20일 이 협약을 비준하였고, 북한은 우리보다 앞선 1990년 9월 21일 비준하였다. 이 협약에서 말하는 '아동'이란 성인 연령에 달하지 아니한 만 18세 미만의 사람을 지칭한다.

이 협약에는 생존권, 보호권, 발달권, 참여권이라는 4대 아동 권리가 명시되어 있다. 생존권에는 적절한 생활수준을 누릴 권리, 안전한 주거지에서 살아갈 권리, 충분한 영양을 섭취하고 기본적인 보건 서비스를 받을 권리, 기본적인 삶을 누리는 데 필요한 권리가 포함된다. 보호권에는 모든 형태의 학대와 방임, 차별, 폭력, 고문, 징집, 부당한 형사처벌, 과도한 노동, 약물과 성폭력 등 아동에게 유해한 것으로부터 보호받을 권리가 해당된다. 발달권에는 잠재능력을 최대한 발휘하는 데 필요한 권리, 교육을 받을 권리, 여가를 즐길 권리, 문화생활을 하고 정보를 얻을 권리, 생각과 양심과 종교의 자유를 누릴 수 있는 권리가 포함된다. 마지막으로 참여권에는 자신의 생활에 영향을 주는 일에 대해 의견을 말하고 존중받을 권리, 표현의 자유, 양심과 종교의 자유, 평화로운 방법으로 모임을 자유롭게 열 수 있는 권리, 사생활을 보호받을 권리, 유익한 정보를 얻을 권리가 해당한다.

(3) '장애인의 권리에 관한 협약'의 주요 내용

이 협약은 2006년 12월 13일 유엔총회에서 채택되었다. 우리나라는 2008년 12월 2일 이 협약을 비준하였고, 북한은 2017년 1월 5일 비준하였다. 이 협약에서 '장애인'이란 장기간의 신체적, 정신적, 지적, 감각적인 손상을 가진 사람을 의미한다. 이 장애는 장애인의 완전하고 효과적인 사회참여를 저해한다. 이 협약은 천부적인 존엄성, 선택의 자유를 포함한 개인의 자율성 및 자립에 대한 존중, 비차별, 완전하고 효과적인 사회 참여 및 통합, 인간의 다양성과 인류의 한 부분으로서의 장애인의 차이에 대한 존중 및 수용, 기회의 균등, 접근성, 남녀의 평등, 장애 아동의 점진적 발달 능력 및 정체성 유지를 위한 장애아동 권리에 대한 존중을 일반원칙으로 하고 있다.

당사국은 장애인이 자립적으로 생활하고 삶의 모든 영역에서 완전히 참여할 수 있도록 하기 위한 조치와 장애인이 다른 사람과 동등하게 도시 및 농촌 지역에서 물리적 환경, 교통, 정보와 의사소통 기술 및 체계, 대중에게 개방 또는 제공된 시설 및 서비스에 대한 접근을 보장하기 위한 조치를 취해야 한다. 그리고 당사국은 가정 내외에서 장애인들이 모든 형태의 착취, 폭력 및 학대를 받지 않도록 보호하여야 하며 이를 위해 모든 적절한 입법적, 행정적, 사회적, 교육적 노력을 하여야 한다.

(4) '노인을 위한 유엔원칙'의 주요 내용

1991년 12월 16일 유엔총회에서 채택된 이 원칙은 5개군 18개항으로 구성되어 있다. 우리나라와 북한을 포함한 모든 회원국들은 유엔총회에서 결의된 이 원칙을 준수할 의무가 있다. 이 원칙의 5개군에서 밝히고 있는 노인을 위한 원칙은 독립, 참여, 돌봄, 자아실현, 존엄이다.

첫째, 독립을 위해 노인들은 자신의 소득과 가족, 지역사회의 지원을 통하여 적절한 식량, 물, 주거, 의복 및 건강 보호에 접근할 수 있어야 한다. 둘째, 참여를 위해 노인들은 사회에 통합되어야 하며, 그들의 복지에 직접적인 영향을 미치는 정책의 형성과 이행에 적극적으로 참여하고, 그들의 지식과 기술을 젊은 세대와 함께 공유하여야 한다. 셋째, 보호를 위해 노인들은 각 사회의 문화적 가치체계에 따라 가족과 지역사회의 보살핌과 보호를 받아야 한다. 넷째, 자아실현을 위해 노인들은 자신들의 잠재력을 완전히 개발하기 위한 기회를 추구하여야 한다. 마지막으로 존엄을 위하여 노인들은 존엄과 안전 속에서 살수 있어야 하며, 착취와 육체적 및 정신적 학대로부터 자유로워야 한다.

2. 북한 인권 상황은 어떠한가요?

가. 북한 인권 취약집단의 인권 현황[4]

(1) 북한 여성의 인권 현황

북한에는 여전히 '남자는 존귀하고 여성은 비천하다.'는 의미의 남존여비(男尊女卑) 사상이 널리 퍼져 있다. 이로 인해 비록 북한이 제도적으로 여성차별을 유발하는 관습과 관행을 수정 또는 폐지하였다고 하지만, 현실에서는 여전히 여성이 차별을 당하고 있다. 2020년과 2022년에 탈북한 남성들의 증언에 의하면, 북한에서는 여자가 집에서 살림을 잘하고 아이 낳아 잘 키우고 남편을 공손히 대접하는 것을 제일의 미덕으로 여긴다. 북한 여성들은 정치참여에서도 제한을 받고 있다. 2021년 유엔총회에 제출된 유엔 사무총장 보고서에 의하면, 조선로동당, 내각 등 권력기관의 고위급 의사결정 직책에 여성들의 참여가 절대적으로 부족하다. 김정은 집권 이후 정책과 제도가 개선되긴 했지만 여성이 정치적으로 중요한 직책에 오르는 데는 여전히 진입장벽이 높다.

북한 여성들은 가정폭력, 성에 기초한 착취 및 폭력에 노출되어 있다. 먼저 가정폭력에 대해서 살펴보면, 북한 가정에서 가정폭력은 빈번히 발생하고 있지만 가정폭력을 가정 내 문제로만 치부하는 사회 분위기 때문에 공권력이 개입하는 일이 거의 없다. 가정폭력이 발생하면 인민반장이 와서 말리는 것이 전부이며 경찰서에 신고해도 본인들끼리 알아서 잘 해결하라고 할 뿐이다. 가정폭력에 대해 주변 사람들이 무관심하며, 가정폭력을 막아줄 제도적 장치도 제대로 갖추어져 있지 않다. 북한에서는 성희롱이나 성추행 등 성에 기초한 착취 및 폭력에 대해 큰 문제로 여기지 않는다. 2020년에 탈북한 남성의 증언에 의하면 성희롱, 성추행에 해당하는 일이 상시적으로 발생하고 있으며, 성폭행 피해가 발생했을 때에도 피해여성의 장래를 고려하여 공개하지 않기도 한다. 심지어 여성 피해자를 비웃거나 소문을 내어 피해자의 수치심을 유발할 뿐만 아니라 사회적으로 낙인을 찍는 경우도 많다.

(2) 북한 아동의 인권 현황

북한 아동인권 현황을 유엔 '아동의 권리에 관한 협약'에 명시된 4대 아동권리 즉, 생존권, 보호권, 발달권, 참여권으로 구분하여 설명하고자 한다.

먼저 생존권과 관련하여 2020년 코로나19 팬데믹 이후 북한 아동들의 건강권이 심각히 침해당하고 있다. 코로나19 팬데믹 이전인 2019년만 하더라도 북한 아동의 예방접종률이 96~98%를 기록했으나, 2020년 이후 접종률이 급격히 떨어지고 있다. 특히 2022년에 B형 간염 3차, B형 헤모필루스 인플루엔자 3차, 소아마비 1차, 홍역 1, 2차, 소아결핵 등의 백신접종률이 0%를 기록해 북한 아동의 생명과 질병예방이 심각한 상태에 놓여 있음을 알 수 있다.

보호권과 관련하여 북한 아동들은 방과 후에 각종 작업에 수시로 동원되고 있다. 봄에는 김매기와 모내기에, 가을에는 감자캐기에 주로 동원된다. 감자동원은 1년에 한 번 가을철에 20일 정도 나가는데, 비가 올 경우 실제로는 25일 이상 나가야 하는 경우도 있다. 농촌동원 과정에서 아동들은 육체적으로 힘들고, 정신적인 부담을 많이 받게 된다. 또한 북한 아동들은 모래 나르기, 자갈 나르기와 같은 건설작업 노동 또는 벌목, 철길공사 등에 동원되기도 한다.

발달권과 관련하여 북한 아동들은 학교에서 당과 수령의 위대성, 주체사상 원리, 당 정책, 혁명전통, 혁명 및 공산주의 교양 과목을 통해 수령의 위대성을 학습한다. 그리고 북한 아동들은 종교란 단어를 들어보지 못할 정도로 종교의 자유를 박탈당하고 있다. 북한 당국은 종교에 대한 통제정책을 고수하고 있다.

참여권과 관련하여 북한 아동들은 자유의사에 의한 결사체를 일절 구성할 수 없다. 대신에 북한 아동들은 정치조직인 조선소년단, 사회주의애국청년동맹에 사실상 의무적으로 가입하여야 하는데, 2019년에 탈북한 20대 북한이탈주민의 증언에 따르면 청년동맹에서 실시되는 사상교육은 강도가 매우 강하다.

(3) 북한 장애인의 인권 현황

북한이 2018년 12월 유엔 장애인권리위원회에 제출한 보고서에 의하면, 북한 내 장애인은 전체인구의 5.5%(약 137만 명)를 차지한다. 장애유형별로 살펴보면 지체장애가 전체인구의 2.5%로 가장 많았고, 청각장애(1.3%), 시각장애(1.2%), 언어장애(0.4%), 정신장애(0.4%), 지능장애(0.3%)가 뒤를 이었다.

북한 당국은 유엔에 제출한 보고서에서 장애인 교정기구 및 수술기구의 현대화, 장애인에 대한 직업교육 증진, 장애아동을 위한 원거리 교육체계 구축, 장애인의 직업훈련 및 재활을 위한 사업을 실시하고 있다고 자랑했지만, 북한이탈 주민 면접조사에 의하면 실제 장애인에게 주어지는 교육이나 재활 프로그램은 사실상 전무하다.

대부분의 장애인은 국가의 배려나 보호를 받지 못한 채 가족들의 부양에 의존하거나 구걸을 하며 살아가고 있다. 다만 군대에서 장애를 입은 영예군인들에게는 급수에 따라 혜택과 지원이 제공된다. 2019년 이후에 탈북한 북한이탈 주민들의 증언에 의하면, 영예군인들에게 석탄, 쌀, 부식물이 제공되고 있으며, 영예군인이 결혼할 경우 결혼식에 필요한 용품과 살림집, 혼수 등을 국가에서 제공해 준다. 그리고 영예군인들에게 병원 치료와 진료, 정기검진, 약품제공이 우선적으로 이루어진다.

장애 아동을 위한 교육시설로는 8개 농아학교(삼봉 농아학교, 봉산 농아학교, 봉천 농아학교, 성천 농아학교, 시중 농아학교, 운전 농아학교, 원산 농아학교, 함흥 농아학교)와 3개 맹아학교(대동 맹아학교, 봉천 맹아학교, 함흥 맹아학교)가 있다. 시청각 장애아동들을 위한 이 학교들이 각 도에 하나 정도만 있기 때문에 장애교육을 필요로 하는 장애아동들의 수요를 제대로 충족시키지 못하고 있다.

(4) 북한 노인의 인권 현황

우리나라 통계청이 지난 2023년 12월 20일 발표한 '2023 북한의 주요통계지표'에 의하면, 2022년 기준으로 북한인구는 2570만 명이며, 이 중 65세 이상 노인인구는 북한인구의 10.6%(약 272만 명)를 차지한다.

북한 노인들은 남자 60세, 여자 55세부터 매월 연로연금을 받아서 생활한다. 1990년대 중반 고난의 행군 시기 이전만 하더라도 노인들은 매월 지급되는 연로연금을 가지고 어느 정도 생활이 가능했다. 하지만 현재에는 지급되는 연금액이 노후보장에 턱없이 부족한 수준이어서 노인들의 생활에 전혀 도움이 되지 못하고 있다. 그러다 보니 아예 연로연금을 수령하러 가지 않는 경우마저 있다. 많은 여성노인의 경우에는 연금을 받기 위해 필요한 근속기간 25년을 채우지 못해 연로연금조차 지급받지 못하고 있다.

이처럼 연로연금이 노후보장에 많은 도움이 되지 못하다 보니, 노인들은 자녀에게 의존하거나 스스로 일을 해서 생계를 유지해야 한다. 그렇지 못한 노인들은 양로원에 들어가게 되기 때문에 북한에서 양로원은 돌볼 사람이 없는 할아버지, 할머니들이 가는 곳으로 인식되고 있다.

북한 주민들은 노인에 대해 그다지 좋은 인식을 가지고 있지 않다. 2019년 이후에 탈북한 북한이탈 주민들의 증언에 의하면, 북한 주민들 사이에 노인들에 대한 존경심이 없으며, 생활이 각박해지고 사는 게 어려워지면서 노인들과의 불화가 많이 발생하고 있다. 심지어 폭행이나 언어폭력 등에 시달리는 노인들도 많다.

북한 노인들은 병이 들어도 의료시설에서 제대로 된 의료 서비스를 제공받지 못한다. 초보적인 의약품은 병원에서 무상으로 제공하기도 하지만 수술에 필요한 전문의약품은 대부분 환자들이 구입해야 한다. 입원할 경우 노인 본인이 먹을 식량과 침구류도 가지고 가야 하며, 난방에 필요한 비용도 개인이 지불해야 한다.

나. 북한이 말하는 인권과 국제사회 관여에 대한 대응[5]

북한은 인권을 "정치, 경제, 사상문화를 비롯한 사회생활의 모든 분야에서 인민들이 행사하여야 할 자주적 권리"라고 정의하면서 "참다운 인권은 국가정치에 의해 담보된다."라고 주장한다. 그리고 북한정부는 모든 주민들이 정치적 자유, 노동과 휴식의 권리, 교육과 의료봉사를 받을 권리, 사회적 인간이 누려야 할 권리를 전면적으로 보장받고 있다고 설명한다.

북한은 "모두가 평등하고 똑같은 인권을 가져야 하지만, 그렇다고 하여 초

국가적인 인권이나 자유란 있을 수 없으며, 지구상의 모든 나라들이 서로 다른 전통과 민족성, 문화와 사회발전역사를 가지고 있기 때문에, 인권 기준이 각 나라의 구체적 실정에 따라 서로 다를 수 밖에 없다."라고 하는 강한 상대주의적 인권관을 내세우고 있다.

유엔은 매년 북한 주민들의 열악한 인권 상황을 알리고, 북한 정권의 인권 침해 행위를 비난하는 '북한인권결의안'을 인권이사회와 유엔총회에서 채택하고 있다. 여기에 대해서 북한은 다음과 같은 3단계 논리구조로 자신의 행위를 정당화한다.

첫째, 인권이 곧 국권이다. 왜냐하면 주민의 존엄, 이익, 요구를 가장 중시하며, 그것을 최고의 높이에서 실현시켜 주는 북한 사회주의 제도에 진정한 인권이 있기 때문이다. 따라서 북한 사회주의 조국을 수호하는 것이 곧 인권을 수호하는 것이다. 둘째, 인권이사회와 유엔총회의 '북한인권결의'와 같은 특정 관여는 인권문제를 가지고 북한을 범죄자로 만든 후, 국제적 압력과 제재를 가하고 심지어 무력간섭도 서슴없이 하려고 하는 미국의 의도에서 비롯된 것으로 침략의 서곡이다. 셋째, 북한은 유엔의 특정관여로 인해 촉발되는 무력침략에 대처하고, 주민의 인권과 북한의 자주권을 지키기 위해서 강력한 자위적 힘을 길러야 한다. 나라의 자주권과 민족의 존엄을 지키는 데 있어서, 가장 믿음직한 자위적 힘이 바로 막강한 군사력이다. 선군의 기치를 높이 들고 군대를 강화하고, 군대와 인민이 하나로 단결해야만 민족의 자주권과 존엄을 지킬 수 있다.

이와 함께 북한은 유엔에서 북한정권의 인권침해 행위를 조사하고 해결방안을 모색하여 유엔총회에 보고하도록 임명한 유엔 북한인권특별보고관에 대해서도 다음의 2가지 이유를 들어 그 존재 자체를 거부하고 있다. 첫째, 특별보고관 임명의 근거가 되는 결의안이 미국과 일부 국가들의 정치적 목적과 강압에 의해서 채택되었으며, 특별보고관은 미국, 일본, 유럽연합 국가들과 같은 배후조종자들의 악의적인 목적을 대신하는 꼭두각시에 불과하다. 둘째, 유엔에서 인권논의와 결의가 서방국가들의 정치적 목적과 이해관계, 서방식 가치기준에 따라 이루어지고 있으며, 북한과 같이 선택된 나라들의 인권상황만 문제시하고 있다. 따라서 북한은 정당성을 상실한 특별보고관의 보고서에 기초한 문제제기 자체를 받아들일 수 없다는 것이 일관된 입장이다.

이와 함께 북한은 결의안의 근거가 되는 조사위원회 보고서의 핵심인 탈북자의 증언에 오류가 있음을 제시함으로써, 결의안의 정당성을 깨뜨리고자 한다. 이를 위해 북한은 탈북자 신동혁의 증언에 허구가 있다는 점을 증명하는 동영상을 제작하여 공개했고, 결국, 신동혁은 워싱턴 포스트지를 통해 자신의 증언에 오류가 있음을 인정했다. 북한은 신동혁의 오류인정 이후, 유엔에 서한을 보내 총회 결의안을 철회할 것과 결의안 제안국이 사과할 것을 요구했다. 이에 대해 특별보고관은, 신동혁이 북한인권조사위원회 공개청문회에서 증언한 80명의 증인 가운데 한 명일 뿐이기 때문에 북한인권조사위원회 최종보고서는 여전히 유효하며, 북한의 인권 침해가 명백하다는 입장을 유지하고 있다.

II 북한 인권 관련 법 변화(김정은 시기): 인권 취약집단 관련 법을 중심으로

앞에서 살펴본 바와 같이 북한을 포함하여 모든 국가는 구성원들의 인권을 보호하고 지원해 주어야 할 기본적 의무가 있다. 각 국가는 인권 관련 법 규범의 제정, 시행을 통해 국민들의 인권을 보호한다. 북한도 다른 국가들과 마찬가지로 인권과 관련된 다양한 법이 존재한다. 그중 인권 취약집단, 즉 여성, 아동, 장애인, 노인의 인권과 관련된 법령에 대하여 살펴보고자 한다. 먼저 관련 법령의 제정일과 최근 개정일을 표로 정리하면 다음과 같다.

표 14-1 북한 인권 취약집단 관련 법령과 제정 및 개정일

대상	관련 법령	제정일	최근 개정일
여성	남녀평등권에 대한 법령 녀성권리보장법	1946년 7월 30일 2010년 12월 22일	개정확인 어려움 2015년 6월 30일
아동	어린이보육교양법 아동권리보장법 육아법	1976년 4월 29일 2010년 12월 22일 2022년 2월 7일	2013년 4월 4일 2014년 3월 5일 개정 없음
장애인	장애자보호법	2003년 6월 18일	2013년 11월 21일
노인	년로자보호법	2007년 4월 26일	2012년 4월 3일

위의 표에서 보듯이 북한에는 4가지 인권취약집단(여성, 아동, 장애인, 노인)의 인권 보호를 위한 법령이 모두 존재하며 김정은 시기인 2012년 이후 이 법령들이 개정되었다. 4가지 인권취약집단의 인권과 관련된 법령의 내용과 변화에 대해서 알아보고자 한다.

1. 북한 여성인권 관련 법은 어떻게 변화되었나요?

북한에서 제정된 여성인권과 관련된 최초의 법은 1946년 7월 30일 발표된 「남녀평등권에 대한 법령」이다. 남녀평등권에 대한 법령은 전문과 9개 조항으로 구성되어 있다. 전문에는 이 법령의 목적이 일제식민지정책의 잔재를 숙청하고 낡은 봉건적 남녀 간의 관계를 개혁하며 여성들로 하여금 문화, 사회, 정치 생활에 전면적으로 참여하게 하는 것이라고 밝히고 있다. 이 법령 제1조에는 남녀평등권이, 제2조에는 여성들의 선거권과 피선거권이, 제3조에는 남녀 동일임금, 동일 사회적 보험, 동일 교육이, 제4조에는 남녀 자유결혼의 권리와 강제결혼 금지가, 제5조에는 남녀 동등한 자유 이혼의 권리와 여성의 아동양육비 요구권이, 제6조에는 여성 만 17세 결혼연령 규정이, 제7조에는 일부다처

제, 첩 매매, 여성인권 유린 폐해, 기생제도, 공창, 사창제도의 금지가, 제8조에는 남녀 동일 재산 및 토지 상속권이 명시되어 있다. 제9조는 일제 강점기의 법령과 규칙의 무효가 선언되어 있다.

북한 언론은 남녀평등권에 대한 법령이 만들어짐으로써 북한에 "세상 사람들이 부러워 마지 않는 '여성들의 천국'이 펼쳐 졌다."라고 하면서 북한 여성들이야말로 "세상에서 가장 복 받은 여성들"이라고 보도한다. 남녀평등권에 대한 법령은 조선시대와 일제 강점기 때 차별받고, 억압당했던 여성들의 권리를 회복시켜 주었다는 데 의미가 있다.

여성들의 권리를 구체적으로 정리하고 있는 법은 2010년 12월 22일에 만들어진 「녀성권리보장법」이다. 이 법은 2011년 7월 5일 1차 개정되었고, 김정은 시기인 2015년 6월 30일 2차 개정되어 현재까지 효력을 발휘하고 있다.

「녀성권리보장법」은 7개 장, 55개 조항으로 구성되어 있다. 각 장의 주요 내용을 표로 정리하면 다음과 같다.

표 14-2 녀성권리보장법의 주요 내용

각 장의 제목	조항의 범위	주요 권리 및 내용
제1장 녀성권리보장법의 기본	제1조~제10조	• 남녀평등권 • 기관, 기업소, 단체의 여성권리 보장 • 국제협약은 이 법과 같은 효력 가짐
제2장 사회정치적 권리	제11조~제17조	• 여성의 선거권과 피선거권 • 모든 국가기관에서 사업할 권리 • 사법분야에서의 여성 인격 존중
제3장 교육, 문화, 보건의 권리	제18조~제25조	• 교육, 문화, 보건의 남녀평등권 • 여학생의 신체와 건강 보호 증진 • 소녀 직업기술교육 받을 조건 부여
제4장 로동의 권리	제26조~제35조	• 노동분야에서의 남녀 평등 보장 • 여성 근로자의 노동 보호(위생, 안전) • 산전 60일, 산후 180일 휴가

제5장 인신 및 재산적 권리	제36조~제43조	• 여자아이 살해, 장애여성 학대 금지 • 여성 매매, 강간, 유괴 행위 처벌 • 남녀 평등한 재산 상속권
제6장 결혼, 가정의 권리	제44조~제51조	• 여성의 자유결혼 권리 보장 • 가정에서 여성에 대한 폭행 금지 • 임산부에 대한 약품, 치료기술 제공
제7장 녀성권리 보장사업에 대한 지도통제	제52조~제55조	• 내각에서 여성권리보장 사업 지도 • 여성권리보장 사업에 지장을 준 책임자와 기관, 기업소에 대한 처벌

김정일 시기에 만들어진 이 법은 김정은 시기인 2015년 6월 30일 2차 개정되었는데, 개정된 내용은 출산한 여성의 산후 휴가가 90일에서 180일로 확대된 것이다. 이 법은 김정은 시기에도 변함없이 유지되고 있다.

2. 북한 아동인권 관련 법은 어떻게 변화되었나요?

북한 아동인권과 관련된 중요한 법에는 「어린이보육교양법」(1976년 제정), 「아동권리보장법」(2010년 제정), 「육아법」(2022년 제정)이 있다. 이 세 가지 법의 주요 내용과 김정은 시기 법의 변화에 대해서 살펴보고자 한다.

먼저, 「어린이보육교양법」은 법 명칭에서 알 수 있듯이, 학령 전 어린이들을 탁아소와 유치원 같은 보육교양기관에서 보육하고 교양하는 것과 관련된 제도와 질서를 규제하는 것을 목적으로 하는 법이다. 이 법은 총 6장으로 구성되어 있는데, 제1장 「어린이보육교양법」의 기본, 제2장 국가와 사회적 부담에 의한 어린이 양육, 제3장 문화적이며 과학적인 어린이 보육, 제4장 혁명적인 어린이 교육교양, 제5장 어린이 보육교양기관과 보육원, 교양원, 제6장 어린이 보육교양사업에 대한 지도통제이다.

북한에서 어린이 보육교양기관에는 탁아소, 유치원, 육아원, 애육원이 있다. 이 중 육아원과 애육원은 부모의 보살핌을 받을 수 없는 어린이들을 국가가 맡아 키우는 보육교양기관으로서 우리나라의 보육원과 비슷한 시설이다.

1976년 4월 29일 만들어진 이 법은 1999년 3월 4일 1차 개정되었고, 김정은 시기인 2013년 4월 4일 2차 개정되었다. 김정은 시기에 3가지 사항이 변경되었는데, 첫째, 어린이 식료품 공급 조항에서 식료품 위생 안정성 보장이 추가되었다. 이는 어린이에게 제공되는 식료품의 양과 함께 질에도 관심을 가지기 위한 것이다. 둘째, 어린이 보육교양기관의 분류 조항에서 이전까지 빠져 있던 유치원의 정의(유치원은 학교에 가기 전까지의 어린이들에게 학교에 갈 준비교육을 하는 교육기관의 하나)가 추가되었다. 셋째, 어린이 보육교양기관 일군의 자격 조항에, 의료기관의 건강검진을 정기적으로 받아야 하며 건강검진에서 합격하지 못한 경우 어린이 보육교양기관에서 일할 수 없다는 내용이 추가되었다. 이는 어린이들을 전염병 등의 질병으로부터 보호하기 위한 조치라고 할 수 있다.

「아동권리보장법」은 아동권리보장제도를 더욱 공고히 발전시켜서 사회생활, 교육, 보건, 가정, 사법 분야 등 모든 분야에서 아동의 권리와 이익을 최대로 보장하기 위하여 만들어진 법이다. 이 법은 2010년 12월 22일 제정되었고, 김정은 시기인 2014년 3월 5일 개정되었다. 모두 6장 62조로 구성되어 있는데, 제1장은 「아동권리보장법」의 기본으로 아동의 정의, 아동권리보장 원칙 등이 실려있다. 아동의 정의에 따르면 북한에서 아동은 16세 이하의 사람을 의미한다. 제2장은 사회생활 분야에서의 아동권리 보장으로, 아동의 생명권과 발전권, 이름을 가질 권리와 보살핌을 받을 권리, 사생활, 인격 보호, 아동 노동의 금지, 망명아동의 보호 등이 포함되어 있다. 제3장은 교육, 보건 분야에서의 아동권리 보장으로, 무료 의무교육을 받을 권리, 아동교육기관, 아동의 입학과 졸업보장, 돌볼 사람이 없는 아동의 양육, 아동병원, 영양제와 영양식품, 생활용품의 보장 등이 규정되어 있다. 제4장은 가정에서의 아동권리보장으로, 부모로부터 양육과 교양을 받을 권리, 가정에서 처벌 금지, 후견인의 선정, 아동의 입양, 아동의 상속권 등이 실려 있다. 제5장은 사법 분야에서의 아동권리보장으로, 아동에 대한 형사책임추궁 및 사형 금지, 변호인의 도움을 받을 권리, 이혼을 막기 위한 교양, 아동의 양육비 등에 대한 내용이 담겨 있다. 제6장은 아동권리보장 사업에 대한 지도 통제로서, 아동권리 보장사업에 대한 지도를 내각의 지도 밑에 교육지도기관, 보건지도기관, 지방인민위원회가 하도록 규정하고 있다.

김정은 시기에 「아동권리보장법」은 큰 변화없이 유지되고 있다. 2014년 3월 5일 한 차례 개정이 되었는데, 개정 내용은 의무교육기간이 11년에서 12년으로 늘어난 것이 이 법에 반영된 것이다.

「육아법」은 어린이 영양식품의 생산과 공급, 어린이 양육조건 보장과 관련한 제도를 확립할 목적으로 김정은 시기인 2022년 2월 7일 만들어진 법이다. 이 법은 제1장 「육아법」의 기본, 제2장 어린이 영양식품의 생산과 공급, 제3장 어린이 양육조건보장, 제4장 육아사업에 대한 지도통제로 구성되어 있다. 제1장에서 어린이 육아 사업을 전 국가적, 전 사회적 사업이라고 하면서 어린이들을 국가와 사회의 부담으로 키우는 것이 중요한 공산주의 시책이라고 설명한다. 제2장에서 어린이를 튼튼하게 키우기 위한 중요 요구가 젖제품을 비롯한 어린이 영양식품의 생산과 공급을 정상화하는 것이라고 하면서, 젖생산과 젖수요 보장, 국가규격에 맞는 젖제품 생산을 강조한다. 제3장에서는 탁아소와 유치원 어린이들의 양육 조건 보장을 기관, 기업소, 단체의 의무로 규정한다. 제4장에서는 육아사업에 대한 지도권한을 내각과 해당 중앙기관, 지방인민위원회에 부여하고 있다.

2022년은 북한이 코로나19 유입을 막기 위해 국경을 봉쇄하여 수출입이 제대로 되지 못해 경제적으로 매우 어려운 시기였다는 점을 감안했을 때, 국내의 한정된 자원을 어린 아동들에게 배분하기 위해 이 법이 만들어졌다고 볼 수 있다.

3. 북한 장애인인권 관련 법은 어떻게 변화되었나요?

북한에서 장애인 인권 보호와 복지증진을 위해 만들어진 법은 「장애자보호법」이다. 북한에서는 장애인을 장애자라고 부른다. 이 법의 목적은 모든 분야에서 장애자들의 권리와 이익을 보장하고, 그들에게 안정되고 유리한 생활환경과 조건을 충분히 마련해 주는 것이다. 이 법은 모두 5개 장으로 구성되어 있는데, 제1장은 「장애자보호법」의 기본, 제2장은 장애자의 회복치료, 제3장은 장애자의 교육, 제4장은 장애자의 문화생활, 제5장은 장애자의 노동, 제6장은 장애자 보호사업에 대한 지도통제이다.

김정은 시기인 2013년 북한은 「장애자보호법」의 6개 모든 장에서 내용을 수정하였다. 먼저, 제1장에서는 장애자의 범위를 확대하고, 장애의 유형을 구체화하였다. 개정 전에는 장애자를 '육체적, 정신적 기능이 제한 또는 상실되어 오랜 기간 정상적인 생활을 하는데 지장을 받는 공민'이라고 정의했는데, 이를 '장기적인 신체상 결함과 주위환경의 요인들에 의하여 사회생활에 자립적으로 참가하는데 지장을 받는 공민'으로 정의하였고, 장애의 유형을 '시력장애, 청력장애, 언어장애, 지체장애, 지능장애, 정신장애, 복합장애'로 구체화하였다. 그리고 우대를 받는 장애자의 범위를 '조국과 인민을 위하여 헌신한 영예군인'에서 '조국과 인민을 위하여 헌신한 영예군인과 사회주의 건설에서 공로를 세운 장애자'로 확대하였다.

제2장에서는 장애자 회복치료 및 연구기관의 임무 조항을 추가하였다. 추가된 임무 조항의 내용은 '장애자에 대한 전문적인 회복치료와 함께 장애의 원인, 발병과 관련한 조사, 연구활동을 진행하는 것'이다.

제3장에서는 장애자들을 위한 점자도서와 전자매체를 적극 개발이용하도록 하는 조항이 추가되었고, 특수학교의 지원 규정이 신설되었다. 특수학교 지원 규정에 의하면, 특수학급, 특수학교의 학생에게는 일반장학금이 지급되고,

지방정권기관과 해당 기관이 특수학교들에 후원단체를 정해주며, 정해진 후원단체는 특수학교의 실태를 알아보고 그 운영에 필요한 조건을 보장해 주어야 한다.

제4장에서는 장애자의 체육활동 조직과 문화정서생활 조직의 내용이 추가되었다. 추가된 조항에 의하면, 장애자의 체육사업을 통일적으로 지도하고 발전시키기 위하여 중앙과 지방에 장애자 체육협회를 조직하여 운영하여야 하며, 장애자의 문화정서생활을 통일적으로 지도하고 발전시키기 위하여 중앙과 지방에 장애자 예술협회를 조직하여 운영하여야 한다.

제5장에서는 노동 행정기관과 관련 기관에게 노동능력이 있는 장애자들을 파악하고 그들에게 노동조건을 원만히 보장해 줄 의무를 추가로 부여하였다.

제6장에서는 장애자의 후견 의무를 강화하였다. 후견인이 없거나 후견인 선정에서 분쟁이 있을 경우 주민행정기관이 후견인을 정하도록 하였고, 해당 주민행정기관이 후견 의무 이행을 감독하도록 하였다. 그리고 장애자 후원기금을 설립하도록 하였다. 즉, 장애자 보호기관은 장애자들의 생활환경과 조건을 개선하는 데 필요한 자금을 보장하기 위하여 장애자 후원기금을 만들어 운영할 수 있도록 하였으며, 장애자 후원기금은 장애자 보호기관이 조성하는 자금과 국제기구, 자선단체, 해외동포 등이 보내오는 협조자금, 자선금, 물자 같은 것으로 적립하도록 하였다.

4. 북한 노인인권 관련 법은 어떻게 변화되었나요?

북한에서 노인의 인권과 복지를 보장해 주는 대표적인 법이 「년로자보호법」이다. 「년로자보호법」은 2007년에 만들어졌고, 김정은 시기인 2012년 4월 3일 개정되었다. 「년로자보호법」의 목적은 년로자의 권리와 이익을 보장하고, 그들이 정신적, 육체적으로 더욱 건강하고 보람있고 행복하게 살아가도록 지원하는 것이다. 북한에서는 년로자의 연령을 60세 이상으로 설정하고 있으며, 이 법의 보호를 받는 사람의 연령은 남자 60세, 여자 55세이다.

이 법은 모두 6장으로 구성되어 있는데, 제1장은 「년로자보호법」의 기본, 제2장은 년로자의 부양, 제3장은 년로자의 건강보장, 제4장은 년로자의 문화정서생활, 제5장은 년로자의 사회생활, 제6장은 년로자 보호사업에 대한 지도통제이다. 각 장의 주요 내용을 살펴보면 다음과 같다.

제1장에는 년로자의 생활과 건강을 국가가 책임지고 돌보아 주는 것이 사회주의 제도의 우월한 시책으로 명시되어 있다. 이를 위해 국가는 년로자들에게 혁명의 선배, 사회와 가정의 웃사람으로서의 지위와 역할을 다할 수 있도록 온갖 조건을 보장하도록 하고 있다.

제2장에는 년로자의 부양 의무자가 명시되어 있는데, 부양 의무자는 국가와 가족이며 가족에는 배우자, 같이 살거나 따로 사는 자녀, 손자녀, 형제, 자매가 해당된다. 부양 의무자가 없고 자립적으로 살아가는 데 지장을 받는 년로자는 국가가 부양한다.

제3장에는 보건기관과 해당기관, 기업소, 단체가 년로자에게 장수 보약, 영양식품, 보조기구 및 치료기구를 보장하도록 하고 있다. 즉 년로자의 생리적 특징에 맞는 비타민, 칼슘 같은 미량원소가 풍부한 영양식품, 장수 보약제와 현대적인 보청기, 안경, 지팡이 같은 보조기구와 회복치료기구를 더 많이 공급하도록 하고 있다.

제4장에는 년로자가 여생을 보람있고 낙천적으로 살아가도록 년로자의 문화정서생활을 보장하도록 하고 있다. 이를 위해 년로자의 가정에 신문, 잡지 같은 출판물의 보급률을 높이고, 년로자들이 봄과 가을 또는 의미있는 날에 휴양, 견학, 관광, 탑승 같은 것을 하도록 중앙노동행정지도기관, 년로자 보호기관, 지방정권기관에 의무를 부여하고 있다.

제5장에는 년로자들이 사회활동과 후대 교양사업에 참여할 수 있도록 하고

있다. 이를 통해 년로자들이 앞선 세대의 투쟁정신과 경험, 민족문화와 풍습을 후대들에게 물려주며, 자신의 지식과 능력으로 사회에 이바지할 수 있다. 그리고 이러한 사회활동에 공로를 세운 년로자들에게 훈장과 메달, 명예칭호수여를 할 수 있도록 한다.

　제6장에는 년로자보호 사업에 대한 감독통제를 노동행정기관과 년로자 보호기관, 해당 감독통제기관이 하도록 하고 있다. 그리고 이 법을 어겨 년로자보호사업에 엄중한 결과를 일으킨 기관, 기업소, 단체의 책임있는 일군들과 개인들에게는 정상에 따라 행정적 책임뿐만 아니라 형사적 책임도 지울 수 있도록 하고 있다.

　「년로자보호법」은 김정은 시기에도 큰 변화 없이 유지되고 있다. 2012년 4월 3일 일부 내용이 개정되었는데, 그 개정된 내용은 제5조 '공로가 있는 년로자의 특별보호원칙'에서 특별보호 대상자가 추가된 것이다. 이전에는 혁명투쟁 공로자, 전쟁로병, 영예군인, 공로자와 기타 조국 수호와 사회주의 건설에서 공로를 세운 년로자가 특별보호 대상자였는데, 여기에 '영웅'이 추가되었다. 이를 통해, 김정은 시기에 들어 년로자들에게 제대로 된 물질적 보상을 하지 못하고 있는 북한 당국이 젊은 시절 국가와 사회를 위해 헌신한 보다 많은 년로자에게 자부심과 일부 혜택을 부여하고자 한다는 것을 확인할 수 있다.

1 북한 주민들은 자신들의 인권이 침해당하고 있다는 사실을 모른 채 살아가고 있습니다. 라디오 방송 등 다양한 매체를 통해 북한 주민들에게 인권침해 사실을 알려 주어야 할까요? 모르고 살아가도록 내버려 두어야 할까요?

2 열악하고 어려운 인권 상황에 처한 북한 주민들을 구하기 위해 군사적 방법을 활용해야 한다는 주장이 있습니다. 여기에 대해서 어떻게 생각하나요?

3 북한이 핵 무기와 미사일을 개발하고 있는 상황에서 북한 아동과 여성, 장애인, 노인들의 배고픔 해소와 질병 치료를 위해 인도적 도움을 주는 것에 대해 어떻게 생각하나요?

4 북한 주민들의 정치적 자유, 직업선택의 자유, 집회의 자유와 같은 자유권과 배고픔, 질병, 마실물 부족 해결과 같은 사회권 중 무엇이 먼저 보장되어야 한다고 생각하나요?

참고문헌

Marie-Benedicte Dembour, "What are Human Rights? Four Schools of Thought", *Human Rights Quarterly,* Vol.32 No.1, Feb 2010.

Audrey R. Chapman and Benjamin Carbonetti, "Human Rights Protections for Vulnerable and Disadvantaged Groups : The Contributions of the UN Committee on Economic, Social and Cultural Rights", *Human Rights Quarterly,* Vol.33 No.3, 2011.

이우태 외, 『북한인권백서 2023』, 서울: 통일연구원, 2023.

임상순, "유엔 인권메커니즘의 관여전략과 북한 김정은 정권의 대응전략-로동신문과 유엔문서 분석을 중심으로", 『북한연구학회보』 제19권 제1호, 2015.

정인섭 편, 『국제인권조약집』, 서울: 경인문화사, 2008.

미주

CHAPTER 01

1 북한의 「사회주의헌법」(2019.8 개정)은 제11조에서 "조선민주주의인민공화국은 조선로동당의 령도밑에 모든 활동을 진행한다."라고 규정하고 있다.

2 전영선, "'사회주의 미풍양속'과 '준법기풍'을 통해 본 북한의 문화 검열", 『통일인문학』 제84집, 건국대학교 인문학연구원, 2020, pp. 56-57.

3 로동신문, "모범준법단위칭호쟁취운동의 생활력 과시 – 지난 13년간 전국각지의 근 2 000개 단위 모범준법단위칭호 쟁취", 2020.08.14.; 로동신문, "단위발전의 위력한 추동력인 모범준법단위칭호쟁취운동 – 올해 하반년에 들어와 300여개의 단위가 모범준법단위칭호를 수여받았다", 2022.10.29.; 로동신문, "사회주의법률제도강화에 이바지하는 대중운동의 생활력 – 올해에 들어와 700여개의 단위가 모범준법단위칭호를 수여받았다", 2023.12.27.

4 권영태, 『북한의 법교육』, 파주: 한국학술정보, 2009, pp. 157-158; 권영태, "교시우위론과 북한법의 규범력", 『북한법연구』 제21호, 북한법연구회, 2019, p. 192.

5 로동신문, "책임성높은 법무해설원들", 2019.12.10.

6 권영태, "법무해설원을 통한 북한의 법교육", 『법교육연구』 제4권 제1호, 2009, pp. 37-46.

7 로동신문, "《전국준법교양자료전시회-2023》 진행", 2023.08.28.

8 Daily NK, "평양문화어보호법 채택 이후 단속 고삐 … 北 청년들 바짝 긴장", 2023.02.20.

9 법률신문, "북한, 대대적 형법 개정 … 벌금형 추가 등 처벌 완화", 2014.02.04.

10 통일교육원 청소년 통일사전 "[북한체제] 인민재판(형벌제도)".

11 Daily NK, "북한, 전국에 여전히 9개 교화소 운영 … 반동법 위반자 수감 늘어", 2024.01.10.

CHAPTER 02

1 백과사전출판사, 『광명백과사전 3-정치, 법』, 평양: 백과사전출판사, 2009, p. 508.

2 위의 책, pp. 508-509.

3 위의 책, p. 509.

4 1955년도와 같이 동년에 수정·보충된 「헌법」이 존재하므로 월을 표기해 「개정헌법」을 구

분해 설명하겠다.

5   최선·김재우, "북한의 헌법 개정과 권력 구조 변화", 『국가안보와 전략』제23권 제4호, 2023, p. 164.

6   이 부분은 김상범, 『북한의 핵과 정치권력 변화』, 서울: 경남대학교 출판부, 2024의 일부를 주로 인용하였음을 밝힌다.

7   박서화, 『북한법질서에서의 법치 개념』, 서울: 경남대학교 극동문제연구소, 2023, pp. 89-90.

8   쑨궈화 저, 최용철·김홍매·김미란·남미향 역, 『중국 특색 사회주의 민주법치에 관한 연구』, 파주: 법문사, 2023, p. 73.

9   노동신문, "조선민주주의인민공화국 최고인민회의 법령-자위적핵보유국의 지위를 더욱 공고히 할데 대하여", 2012.04.02.

10   위의 신문.

11   노동신문, "조선민주주의인민공화국 최고인민회의 법령-조선민주주의인민공화국 핵무력정책에 대하여", 2022.09.09.

12   위의 신문.

13   노동신문, "조선민주주의인민공화국 최고인민회의 제14기 제9차회의 진행", 2023.09.28.

14   노동신문, "경애하는 김정은동지께서 조선민주주의인민공화국 최고인민회의 제14기 제9차회의에서 뜻깊은 연설을 하시였다", 2023.09.28.

CHAPTER 03

1   이 글은 2022년 대한민국 교육부와 한국연구재단의 지원을 받아 수행된 연구(NRF-2022S1A-5C2A03091469)인 이수원·하상섭, "북한의 핵 운용 전략 변화 연구: 핵 관련 규범 분석을 통하여", 『통일과 법률』제56호, 법무부, 2023을 수정·보완하여 작성한 것이다.

2   정성장, "김정은 체제의 경제건설과 핵무력건설 병진 노선 평가", 정세와 정책 2013년 5월호, 세종연구소, 2013, 5, 12-15면.

3   홍민, 『북한의 핵·미사일 관련 주요 활동 분석』통일연구원, 2017, 18-20면; 임을출, "김정은 정권의 핵무력정책 법령화: 배경, 특징과 함의", 통일과 법률 통권 제54호, 법무부, 2023, 76-77면 등을 참조.

4   조선민주주의인민공화국 사회과학원, 『정치사전』, 사회과학출판사, 1973, 461-464면; 사회과학원 언어학연구소, 『조선말대사전(1)』, 사회과학출판사, 1992, 1380-1381면.

5   조선의 오늘, "조선말대사전('사회주의 헌법', '당규약' 검색)", https://dprktoday.com/kor_

dic/ (검색일: 2023년 7월 24일).

6 '규범'은 법령의 상위에 위치하는 최고지도자의 인식이 담긴 교시, 당규약은 물론이고 법
   령인 「헌법」 핵 관련 법령이 북한에서 차지하고 있는 가치와 의미를 모두 포괄하는 용어
   이다. 그래서 이 글에서는 최고지도자의 교시, 당규약, 「헌법」 핵 관련 법령 중 최고지도자
   의 교시와 당규약을 포함해서 설명해야 할 때는 '규범'으로, 1가지만 설명할 때는 각각의 명
   칭으로, 「헌법」과 핵 관련 법령을 함께 설명할 때는 '법령'으로 지칭할 것이다. 조선의 오늘,
   "조선말대사전('규범' 검색)", https://dprktoday.com/kor_dic/ (검색일: 2023년 10월 24일).

7 북한은 핵 운용 전략 법제화에 대해 "법은 일단 채택되면 절대성, 신성불가침성을 가진
   다. 이는 누구도 어길 권리가 없다. 핵보유국의 지위를 우리 공화국의 법으로 고착시킴으
   로써 … 우리는 아무런 구속을 받지 않고 핵무력강화의 길로 거침없이 나가게 되었다."라
   고 해설하였다. 우리민족강당, "거대한 사변, 핵보유국의 지위 법화실현", https://ourna-
   tion-school.com/lecture/5497 (검색일: 2023년 7월 24일).

8 최고지도자들의 발언인 '교시'에 대해 북한은 '혁명과 건설에서 강령적 지침으로 되는 가르
   치심'이라고 정의한 후 '북한의 모든 구성원들은 교시를 모든 사업과 생활의 지침과 신조
   로 삼고 최고지도자의 유훈을 철저히 관철해 나가는 것을 의무로, 영예로 여겨야 한다.'고
   설명한다. 조선의 오늘, "조선말대사전('교시' 검색)", https://dprktoday.com/kor_dic/ (검
   색일: 2023년 10월 24일).

9 핵무기에 대한 두려움과 경계심은 "김일성 저작집" 4, 6-8, 10-14, 16-17, 20-28, 30, 32-
   34, 37-38권, 원자력 개발은 9, 15, 19, 29, 31, 35-36, 42-44권, 핵 폐기 주장은 29-30,
   35-36, 40-42권, 1차 핵 위기 당시 입장은 43, 44권에서 확인할 수 있다.

10 이에 대한 구체적 내용은 김보미, 「북한의 핵개발 전략 변화: 냉전기에서 핵무력 완성기
    까지(1948-2017)」, 국가안전전략연구원, 2021; 정일성·고운, "북한의 핵무장력과 국가
    행동 변화 분석", 「한국동북아논총」 제82호, 한국동북아학회, 2017, 195-199면 등을 참조.

11 김일성 시대 북한의 핵에 대한 이중적 인식은 구갑우, "북한 핵 담론의 원형과 마음체계,
    1947~1964", 「현대북한연구」 제17권 제1호, 북한대학원대학교 심연북한연구소, 2014,
    197-250면을 참조.

12 김정일, 「로씨야 이따르-따쓰통신사가 제기한 질문에 주신 대답」, 조선로동당출판사,
    2011, 3-4면.

13 탁성일 편, 「선군-김정일정치」, 외국문출판사, 2012, 69-147면.

14 외국문출판사, 「위인 김정일」, 외국문출판사, 2012, 305-309면.

15 김정일, 「로씨야 이따르-따쓰통신사가 제기한 질문에 주신 대답」, 조선로동당출판사,

2001, 4-6면; 김정일, 『일본 교도통신사 사장이 제기한 질문에 대한 대답』, 조선로동당출판사, 2002, 3-4면.

16 마효양·한동균, "김정일 집권 중기 북한의 핵보유 외교전략 및 주변국 정책: 남북방 3각 관계를 중심으로", 『중국지역연구』 제7권 제3호, 중국지역학회, 2020, 151-153면.

17 홍민, 앞의 책, 4-6면.

18 김정은, 『조선로동당 중앙위원회 2013년 3월전원회의에서 한 결론』, 조선로동당출판사, 2013, 1-4면.

19 로동신문, "경애하는 김정은동지께서 핵무기연구부문의 과학자, 기술자들을 만나시고 핵무기병기화사업을 지도하시였다", 2016.03.09.

20 로동신문, "경애하는 김정은동지께서 조선인민군 전략군의 탄도로케트발사훈련을 보시였다", 2016.03.11.

21 로동신문, "조선민주주의인민공화국 정부 성명: 새형의 대륙간탄도로케트시험발사 성공", 2017.11.29.; 로동신문, "신년사", 2018.01.01.

22 조선노동당 중앙군사위원회는 한미연합훈련에 대응한 전술핵공격가상발사훈련을 실시하며 전체 핵무력이 전쟁억제력을 위한 공세적 행동을 압도적으로 행사하여 한국과 미국에게 북한 핵무력의 위력을 더 분명하게 인식하게 만들어야 한다고 강조하였다. 한국과 미국에 물러서지 않고 공세적으로 맞서겠다는 의지를 보인 것이다. 로동신문, "중요목적의 대응훈련 진행", 2023.09.03.

23 북한은 2023년 9월 최고인민회의에서 국가핵무력정책을 「헌법」에 명기하고 이에 대해 "우리식 사회주의의 전면적발전을 촉진시킬수 있는 강위력한 정치적무기를 마련한 력사적사변"이라고 평가하였다. 핵을 자신들 국정운영의 기반으로 여기고 있는 것이다. 로동신문, "조선민주주의인민공화국 최고인민회의 제14기 제9차회의 진행", 2023.09.28.

24 김정은, 앞의 책, 2면.

25 로동신문, "조선로동당 제7차대회에서 한 당중앙위원회 사업총화보고", 2016.05.08.; 로동신문, "경애하는 김정은동지께서 조선로동당 중앙위원회 사업총화에 대한 력사적인 결론을 하시였다", 2016.05.09.

26 로동신문, "조선로동당 중앙위원회 제7기 제3차 전원회의 진행 조선로동당 위원장 김정은동지께서 병진로선의 위대한 승리를 긍지높이 선언하시고 당의 새로운 전략적로선을 제시하시였다", 2018.04.21.

27 조선중앙통신, "가장 우월한 우리 나라 사회주의제도를 끝없이 빛내여나가자", 2017.12.27.

28 홍민, 앞의 책, 34-35면.

29 로동신문, "경애하는 김정은동지께서 조선민주주의인민공화국 최고인민회의 제14기 제9차회의에서 뜻깊은 연설을 하시였다", 2023.09.28.

30 조선중앙통신, "조선외무성 비망록 <조선반도와 핵>", 2010.04.21.

31 우리민족강당, 앞의 자료.

32 문제는 '임박했다'는 것을 어떻게 판단할 것인가이다. 공격을 위해선 상대에 대한 정보확보가 필수적인데, 북한은 이를 위한 수단이 한국과 미국에 비해 제한적이기 때문이다. 그래서 이를 해결하기 위해 북한은 정찰위성 발사를 하는 것이다.

33 북한의 핵 선제공격 명기가 방어에 중점을 둔 것이라는 분석을 하는 전문가들이 다수 존재한다. KBS, "北 핵무력 법제화에 담긴 뜻", 2022.09.21. 참조.

34 핵보유국들의 핵 운용 방침, 법제화의 구체적 내용은 정성윤·이동선·김상기·고봉준·홍민, 『북한 개발 고도화의 파급영향과 대응방향』, 통일연구원, 2016, 193-202면 참조.

35 2023년 4월 미국 상원과 하원에서는 의회의 승인 없는 핵무기 선제 사용을 금지하는 '선제적 핵무기 사용 제한 법안'이 발의되기도 했다.

36 조선중앙통신, "조선외무성 2기 부쉬행정부의 대조선적대시정책에 대처한 립장 천명: 6자회담참가를 무기한 중단", 2005.02.11.

37 로동신문, "조선민주주의인민공화국 「사회주의헌법」을 수정보충함에 대한 보고", 2012.04.14.

38 로동신문, "조선로동당 제7차대회에서 한 당중앙위원회 사업총화보고", 2016.05.08.

39 로동신문, "조선로동당 제7차 대회 결정서", 2016.05.08.

40 로동신문, "조선로동당 중앙위원회 제7기 제3차 전원회의 진행 조선로동당 위원장 김정은동지께서 병진로선의 위대한 승리를 긍지높이 선언하시고 당의 새로운 전략적로선을 제시하시였다", 2018.04.21.

41 령토(영토)완정은 "국가의 령역에 대한 지배권을 어떠한 간섭이나 참략을 받지 않고 완전히 행사하는 것 또는 그러한 국가의 권리"라고 정의된다. 조선의 오늘, "조선말대사전('령토완정' 검색)", https://dprktoday.com/kor_dic/ (검색일: 2023년 8월 12일).

42 조선중앙통신, "우리식 국가특유의 우월성을 담보하는 인민의 법전", 2022.12.26.

43 김일성, 『김일성저작집(17)』, 조선로동당출판사, 1982, 445면.

44 조선중앙통신, "조선외무성 2기 부쉬행정부의 대조선적대시정책에 대처한 립장 천명: 6자회담참가를 무기한 중단", 2005.02.11.; 조선중앙통신, "외무성 대변인 담화 6자회담은 비핵화, 군축회담으로 되여야 한다", 2005.04.01.

45 북한의 핵보유국 선언 이후 북한 「헌법」에 핵보유국이 명기되기까지 9·19 공동성명이 채

택되었고, 2·13 합의, 10·3 합의가 발표되었으며, 남북 비핵화 회담이 진행되었고, 북미 고위급 대화들이 진행되어 2·29 합의가 이루어졌다. 북한 비핵화를 위한 대화가 꾸준히 진행된 것이다.

46 조선중앙통신, "제3차 지하핵시험을 성공적으로 진행", 2013.02.12.; 변상정, "김정은 시 대 북한의 우주개발과 시사점", INSS 전략보고 November 2022 No. 190, 국가안보전략 연구원, 2022, 4면.

47 김정은은 제7차 당대회 전인 2016년 3월과 4월에 핵탄두의 경량화, 표준화, 규격화에 성 공했으나 핵무기와 그 운반수단들을 더 많이 만들어야 한다고 지시했고 핵공격수단들의 다종화, 다양화를 보다 높은 수준에서 실현해야 한다고 말했다. 즉 이 기간 북한은 핵탄두 와 투발 수단의 생산성과 다양성 확보를 위해 노력하고 있었던 것이다. 로동신문, "경애하 는 김정은동지께서 핵무기연구부문의 과학자, 기술자들을 만나시고 핵무기병기화사업을 지도하시였다", 2016.03.09.; 로동신문, "경애하는 김정은동지께서 서해위성발사정을 찾 으시여 새형의 대륙간탄도로케트 대출력발동기 지상분출시험을 지도하시였다", 2016.04.09.

48 정찰위성 발사는 핵의 실제 사용과 직접 관련이 있다. 발사체는 핵 투발 수단인 미사일로 전용될 수 있고 위성을 실을 수 있다는 것은 ICBM에 탄두를 실을 수 있음을 의미한다.

49 로동신문, "경애하는 김정은동지께서 조선인민군 전술핵운용부대들의 군사훈련을 지도 하시였다", 2022.10.10.; 로동신문, "핵반격가상종합전술훈련 진행", 2023.03.20.; 로동 신문, "중요무기시험과 전략적목적의 발사훈련 진행", 2023.03.24.; 로동신문, "조선인민 군 총참모부 보도", 2023.08.31. 등을 참조.

50 로동신문, 앞의 기사들.

51 홍민, 앞의 책, 19–20면.

52 로동신문, 앞의 기사들(2022.10.10.자 기사; 2023.03.24.자 기사); 로동신문, "대륙간탄 도미싸일발사훈련 진행", 2023.02.19.; 로동신문, "전략순항미싸일 수중발사훈련 진행", 2023.03.13.; 로동신문, "대륙간탄도미싸일 화성포-17형 발사", 2023.03.17. 등을 참조.

53 시대전환, "2021년 1월 개정 조선로동당 규약, 3장 30조", https://transition.parti.xyz/ front/posts/43509 (검색일: 2024년 6월 20일).

54 2022년 법령 서문에 "조선민주주의인민공화국은 책임있는 핵무기보유국으로서…"라며 핵보유국임을 명확히 하고 있고, 법제화의 이유는 "핵무력정책을 공개하고 핵무기사용을 법적으로 규제하는것은 핵무기보유국들사이의 오판과 핵무기의 람용을 막음으로써…" 라고 밝히며 국제사회를 의식하고 있음을 간접적으로 밝히고 있다.

CHAPTER 04

1 이 글은 다음 논문을 수정보완한 것이다. 김일한, "북한 농업법제 변화: 농장의 자율성 확대 vs. 정부의 시장개입 강화", 한국동북아학회, 『한국동북아논총』 제28권 제3호, 2023.

2 2014년 우리식경제관리방법(5.30조치)은 기업(공업)부문의 사회주의기업책임관리제로, 농업부문에서는 농장책임관리제로 구체화되었다.

3 농지보호의 간접효과를 기대할 수 있는 산림건설총계획(2013-2042년)이 추진되고 있다.

4 로동신문, "농업발전의 5대요소에 관한 당의 사상의 기본요구", 2019.12.30.

5 최근 농업부문 개정 법률의 공통점은 농업부문의 부문별 행정기관, 예를 들면, 2021년 개정된 「량정법」은 양정지도기관을 농업지도기관으로 권한을 일원화하고 있다. 부문별 행정기관을 (도, 시, 군)농업지도기관으로 통합 또는 일원화한 것으로 보인다. 농업행정체계를 단순화해 행정비용을 줄이고 효율성을 강화하기 위한 조치로 해석할 수 있다.

6 시정연설의 주요내용은 ▲ 작물 품종의 배치와 파종시기 조절, ▲ 선진 영농기술과 방법 연구 적용, ▲ 과학적 물관리체계 수립, 관개 구조물과 설비·저수지·물길의 정비·보강, ▲ 기상 관측수단의 현대화 등이다.

7 ▲ 북한시장의 밀가루 가격 변동, ▲ 밀가루 수입량 변동 등의 원인에 대한 분석은 김일한, "최근 북한의 식량문제 평가와 전망", 『제8차 당 대회 이후 북한경제 현실과 전망』, 한반도 포커스 경남대학교 극동문제연구소, 2023-05 참조. 한편 2023년 5월 이후 밀가루가격이 폭락했다. 대외 수입량 증가, 국내생산량 공급량 확대가 주요 요인으로 평가할 수 있다. <그림 4-5> 참조.

8 리성영, "현시기 농업부문에서 알곡생산구조를 바꾸는 데서 나서는 중요문제", 『사회과학원학보』 제1호, 2022, pp. 15-18.

9 Goddard Institute for Space Studies, GISS는 Columbia University Earth Institute와 제휴한 NASA의 Goddard 우주비행센터 지구과학부문 실험실이다.

10 북한의 밀농사 확대정책과 동향은 김일한, "글로벌 기후변화와 북한의 농업정책 대응: 밀농사 확대정책을 중심으로", 『경계연구』 제2집 제2호, 신한대학교 탈분단경계문화연구원, 2023 참조.

11 북한 당국은 VNR 농업부문 식량안보 정책과제로 '수확 후 손실'감소를 적시하고 있다. UNDP, UNICEF, UNFPA, WFP, FAO 등과 협력해 수확 후 손실감소, 종자개량, 영양개선, 취로사업 등을 통한 식량 지원 등 다양한 협력사업을 추진한다는 것이다. [4.2. 지속가능한 농업발전 및 식량자급(목표2)] The Government of DPRK, 『Voluntary National Re-

view on the Implementation of the 2030 Agenda for the Sustainable Development』
June 2021.

12 2014년 FAO/UNDP는 평양농업대학과 김일성종합대학이 공동으로 수확후 손실분 연구
를 진행해 ▲ 쌀 15.6%, ▲ 옥수수 17%, ▲ 밀 등 기타 곡물에 16.5%를 추정했다. 2014
년 이전에는 총생산량의 15%를 손실분으로 처리해 왔다. FAO, The Democratic People's
Republic of Korea Outlook for Food Supply and Demand in 2015/16 (November/Oc-
tober) FAO가 수확후 손실분을 추정하는 근거는 크게 ▲ 추수과정의 손실, ▲ 운반 및 탈
곡과정의 손실, ▲ 포장 및 저장과정의 손실 등이다. 구체적인 내용은 FAO/WFP, Special
Report - FAO/WFP Crop and Food Supply Assessment Mission to the Democratic
People's Republic of Korea, 2003.

13 북한은 당 중앙위원회 제8기 제6차 전원회의(2022.12.31)에서 화학공업상을 흥남비료련
합기업소 지배인 출신 김철하로 교체했다. 김철하는 2021년 제8차 당대회에서 당 중앙위
원회 중앙위원에 이미 선임될 정도로 실력을 인정받은 인물이며, 화학비료 증산, 공사 진
척이 부진한 탄소하나화학공업공장 완공해야 하는 과제를 안고 있다. 흥남비료련합기업
소는 2014부터 2023년까지 대부분 시비년도 비료생산계획을 달성했고, 새로운 혼합비
료생산공정 건설(2015.5), 흥남액비료공장 완공과 생산계획 초과 수행(2020.9)하는 등
안정적으로 질소비료 생산능력을 확대해온 전력이 있다. 북한의 비료산업 평가는 김일한,
"북한의 만성화된 식량위기론과 농업정책 재검토", 북한연구학회 2022년 동계학술회의
자료집 참조.

14 조선중앙통신, "중요단위들에 파견된 국가과학원 함흥분원 연구조들 역할 강화", 2023.03.02.

15 로동신문, "정비보강추진지휘조 맹활약, 수십개의 대상공사 활력있게 추진", 2023.05.07.

16 권태진, "북한의 비료수급동향과 시사점", 『KREI 북한농업동향』 한국농촌경제연구원,
2006, p. 15.

17 로동신문, "영농물자와 자재를 군수물자와 같이 최우선적으로 보장할것이다.(당중앙위원
회 제8기 제7차 전원회의 결정중에서)", 2023.03.10. 최고인민회의 제14기 제8차 회의
(2023.1.17-18)에서 농업부문 예산을 2022년 대비 14.7% 증액하면서 비료, 농기계, 관개
시설 정비 등에 예산을 집중하고 있다.

18 로동신문, "사회주의전면적발전의 기상을 과시하는 변혁적실체", 2022.12.13. 농기계 지
원은 "군수공업부문이 총궐기하여 농업부문을 비롯한 인민경제부문들을 지원"한 것으로
2019년 신년사, 제8차 당대회 등 주요 정치행사를 통해 주문된 정책으로 향후에도 군수
공업이 '건설기계, 협동품들과 인민소비품'등 민수경제로 전용되는 사례가 지속적으로 등

장할 가능성이 높아졌다.

19 「허풍방지법」 제1장 「허풍방지법」의 기본, 제2장 경제계산에서의 허풍방지, 제3장 농업생산에서의 허풍방지, 제4장 사회전반에서의 허풍방지, 제5장 허풍방지사업에 대한 지도통제로 구성되어 있다. 특히 3장을 농업부문 통계관리로 분리할 정도로 지도부의 관심이 집중된 법제도로 평가할 수 있다.

20 가을걷이 현장에서 곡물관리가 예년에 비해 강도높게 진행된 것으로 보인다. 특히 농업위원회 간부들이 직접 추수현장에 투입되어 추수과정을 직접 관리했다. "황해남도 논벌들에 내각 농업위원회 현장 지도 소조가 등장해 가을걷이 전투가 순조롭게 진행되도록 매일 정형(상태)을 체계적으로 장악하면서 전투를 지휘"했다는 것이다. DailyNK, "내각 농업위원회 일꾼들 황해남도에 총출동 … 가을걷이 지휘 김정은 배려로 전달된 새 농기계들 가동 보장하고 곡식 빼돌리기 현상 차단에 주력", 2022.10.19.

21 "적지 않은 단위들이 국가통계기관밖에서 광물생산을 진행하는 것으로 하여 지하자원을 전망성있게 효과적으로 개발리용하기 위한 사업에 지장을 주고 있다. 국가자원개발성에서 장악하고 있는 전국적인 석탄생산단위는 3.500여 개, 금속, 비금속광물의 개발 및 생산단위는 3.170여 개이지만 중앙통계국에서는 석탄생산단위 400여 개(11%), 금속, 비금속광물의 개발 및 생산단위의 700여 개(22%) 정도밖에 장악하지 못하고 있다."(조선민주주의인민공화국 내각, "국가경제전략(2016~2020년)", 2016년 4월.) 이찬우, 『북한 제8차 당 대회 평가 및 전망』, 경남대 극동문제연구소 제68차 통일전략포럼 자료집, 2021, pp. 211-217.

22 북한 공식언론에 따르면 김덕훈의 양정부문 현지료해는 2021년 7월부터 2023년 2월까지 총 9차례 진행되었다. 2021년 7월 이전 양정부문 현지료해가 발견되지 않은 반면, 시장 곡물가격의 변동성이 가장 컸던 2023년 1~2월에 3차례 양정부문을 방문했다.

23 로동신문, "경애하는 김정은동지께서 력사적인시정연설《사회주의건설의 새로운 발전을 위한 당면투쟁방향에 대하여》를 하시였다", 2021.09.30.

24 asiapress, "농촌동원 본격화 … 당국은 수확물 유출 강력 경계", 2022.09.23.

25 로동신문, "현시기 공화국정부앞에 나서는 가장 중요한 혁명과업", 2022.09.23.

26 로동신문, "사설. 올해 농사의 성과적결속을 위하여 총동원 앞으로!", 2022.09.28.

27 DailyNK, "3월 초 北 시장 곡물가 최근 5년 중 올해가 최고치", 2023.03.08.

28 asiapress, "해 바뀌자 식량가격 급등, 이유는? 식량 불안 확산에 사재기 쇄도, 생활 파탄나 유랑민까지 발생", 2023.01.08.

29 DailyNK, "함경북도, '5호 창고' 풀어 주요 기업소 노동자들에 식량 공급", 2023.03.03.

30 asiapress, "김 정권이 식량정책 전환, 시장 판매 억제해 '식량 전매제'로 이행 강행 이시마루 지로", 2022.12.13.

31 asiapress, "해 바뀌자 식량가격 급등, 이유는? 식량 불안 확산에 사재기 쇄도, 생활 파탄나 유랑민까지 발생", 2023.01.08.

32 DailyNK, "함경북도, '5호 창고' 풀어 주요 기업소 노동자들에 식량 공급", 2023.03.03.

33 김덕훈 내각총리는 2023년 2월 초까지 양정부문을 현지지도하면서 정책 추진의사를 분명히 했다.

34 FAO/WFP가 추정하는 식량생산량은 2000년 347만 톤에서 2021년 489만 톤으로 40% 식량생산량이 증가했다(FAO/WFP, Special Report. 각 년도).

CHAPTER 05

1 본 글은 2024년 한국보훈논총 제23권 제1호에 수록된 황주희, "김정은 시대 기업경영 질서 변화에 관한 연구: 법제도를 중심으로"를 일부 수정하였습니다.

2 '8.3입금(8.3노동자)'은 기업의 근로자들이 매월 일정 금액의 돈을 기업에 지불하는 대신 출근을 면제받는 것을 의미함.

3 「노동정량법」 제26조.

4 "령수증이란 기관, 기업소, 단체와 공민이 경제거래관계로 물자 또는 자금을 주고받았음을 증명하는 문서" 「령수증법」(2021) 제2조.

5 황주희·최현규, 『북한의 재자원화 정책 추진 동향』, 서울:KISTI, 2021, p. 15.

6 제17조 (시(구역), 군검찰소의 관할) 시(구역), 군검찰소는 중앙검찰소, 도(직할시)검찰소, 특별검찰소의 감시관할에 속하지 않는 자기 관할지역안의 기관, 기업소, 단체에서 국가의 법을 정확히 지키는가를 감시한다. 개별적인 수사, 예심활동, 재산과 관련하여 재판소가 내린 판결, 판정의 집행에 대한 감시는 해당 지역의 시(구역), 군검찰소가 한다.
제18조 (도(직할시)검찰소의 관할) 도(직할시)검찰소는 도(직할시)급기관과 도(직할시)안의 규모가 큰 공장, 기업소에서 국가의 법을 정확히 지키는가를 감시한다. 필요에 따라 시(구역), 군검찰소 감시관할에 속하는 기관, 기업소, 단체를 직접 감시할수 있다.
제19조 (중앙검찰소의 관할) 중앙검찰소는 내각, 위원회, 성, 중앙기관과 그에 직속된 기관, 기업소가 국가의 법을 정확히 지키는가를 감시한다. 필요에 따라 도(직할시), (구역), 군검찰소 및 특별검찰소 감시관할에 속하는 기관, 기업소, 단체를 직접 감시할수 있다.

7 북한의 기본형벌은 4가지가 있다. 사형>무기로동교화형>유기로동교화형>로동단련형이

다(형법 제36조).

CHAPTER 06

1 김일성, 1979년 신년사.

2 김일성, 1980년 신년사.

3 김일성, "현시기 정무원앞에 나서는 중심과업에 대하여", 1992.12.14 『김일성저작집 44』, 평양: 조선로동당출판사, 1996, p. 16 참조.

4 신년공동사설, 1994년, 1997년.

5 탁용달, "1990년대 이후 북한 무역의 비교우위에 관한 연구", 서울: 동국대학교 북한학과 박사학위 논문, 2014, p. 36.

6 2000년부터 2010년까지 경제연구에서 대외경제관련 논문은 평균 5.4편이었지만 2011~2017년 사이에는 9.6편에 달한다(정영철, 『김정은 시대 북한의 변화』, 서울: 도서출판 선인, 2020, p. 90).

7 정영철, 『김정은 시대 북한의 변화』, 서울: 도서출판 선인, 2020, p. 91.

8 김철준, "우리 식으로 대외무역을 확대발전시킬 데 대한 위대한 령도자 김정일동지의 경제 사상", 『경제연구』 2013년 제1호, 평양: 과학백과사전출판사..

9 최광호, "대외무역에서 혁명적 원칙, 사회주의원칙을 지키면서 실리를 보장하기 위한 방도", 『경제연구』 루계 제154호, 평양: 과학백과사전출판사, 2012, pp. 38-39.

10 박진명, "국제상품거래소에서의 현물거래방법", 『경제연구』 2011년 제4호, 평양: 과학백과사전출판사, p. 46.

11 김정훈, "수출무역에서 지불화폐의 합리적선택을 통한 지불위험의 해소", 『경제연구』 2011년 제4호, 평양: 과학백과사전출판사, p. 48.

12 최성혁, "대외금융거래에서 신용위험과 그 평가방법", 『경제연구』 2015년 제2호, 평양: 과학백과사전출판사, p. 56.

13 김수성, "투자유치를 위한 세금제도수립에서 나서는 몇 가지 문제", 『경제연구』 2011년 제3호, 평양: 과학백과사전출판사, p. 51.

14 강용룡, "경제개발구들에 유리한 투자환경과 조건을 보장하기 위한 특혜적인 부동산거래제도의 실시", 『경제연구』 2017년 제1호, 평양: 과학백과사전출판사, pp. 51~52.

15 류주형, "경제개발구에서 지역별특색을 살려나가기 위한 중요문제", 『경제연구』 2017년 제3호, 평양: 과학백과사전출판사, pp. 48~49.

16 김정, "경제개발구의 외국투자기업들에 대한 대부리자률제정에서 나서는 몇가지 문제", 『경제연구』 2017년 제4호, 평양: 과학백과사전출판사, pp. 56-57.

17 이 부분에 대한 평가는 다양하지만 일반적으로 김정은 정권 출범 이후 북한 당국의 경제 분야 개혁 의지는 여러 부문에서 확인할 수 있다.

18 2014년 10월 8일 「합영법」과 「합작법」을 각각 개정했고, 2015년 9월 9일에는 「외국투자 기업 및 외국인세금법」을 개정했다. 2015년 8월 26일에는 「외국투자기업 노동법」을 개정 하였고, 2015년 10월 8일에는 「외국투자기업 회계검증법」을 새롭게 제정하였다. 박승일, 『북한의 외국인투자 법제 분석과 전망』, 세종: 법제연구원, 2020, p. 33.

19 북한에서 발행한 『조선민주주의인민공화국 대외경제부문 법규집』에 따르면 「무역법」, 「세 관법」, 「출입국법」 등은 2012년 4월 최고인민회의 상임위원회 정령으로 개정한 사실을 확인할 수 있다. 이 법규집은 2012년 11월에 발행되었다.

20 「기업소법」은 2010년 처음으로 제정했으나 김정은 체제 출범 이후 2014년과 2015년 두 차례에 걸쳐 수정과 보완 작업을 걸쳤으며, 두 차례의 개정이 '사회주의기업책임관리제' 도입을 제도적으로 보완하는 조치였다. 「기업소법」 제정의 주요 특징은 첫째, 기업의 경영 상 업무에 대한 재량권 확대, 둘째, 기업들의 생산 및 거래에 대한 당국의 관리감독 지속, 셋째, 생산된 제품에 대한 사후 책임 강화와 생산재의 부분적인 사적 거래 허용 등이다.

21 무역에 관련된 기관, 기업소 단체가 내년도 무역계획초안을 국가계획기관과 중앙무역지 도기관에 제출하고, 국가계획 기관이 시달한 무역계획을 월별로 작성해 중앙무역지도기 관의 승인을 받아야 한다는 내용이 새로 포함되었다.

22 조선중앙통신, 2013.10.16.

23 현대경제연구원, "북한의 경제개발구와 '통일경제특구' 구상의 연계 가능성", 「경제주평」 18-34, 통권 제809호, p. 5.

24 2015년 신년사.

25 이석기 외, 『2016년도 북한경제 종합평가 및 2017년 전망』 세종: 산업연구원, 2017. p. 135.

26 국가정보원, 『북한법령집 下』 2020, p. 794.

27 조선민주주의인민공화국 「무역법」 제2장 제11조(2015년 개정안).

28 이석기 외, 『김정은 시대 북한 경제개혁 연구-우리식 경제관리방법을 중심으로』 세종: 산 업연구원, 2018, pp. 176-177.

29 위의 책.

30 「무역법」 제19조(2015년 개정판 추가).

31 이석기 외, 『김정은 시대 북한 경제개혁 연구-우리식 경제관리방법을 중심으로』 세종: 산

업연구원, 2018.

32 조선신보, 2013.11.21.

33 김정은의 경제개발구 정책에서 선 개방의 가능성을 찾을 수 있다고 평가한 바 있다. 권영 경, "중국의 사례를 통해 본 김정은정권 경제개발구 정책의 과제와 향후 전망", 『평화학연 구』 제16권 제1호, 2015, p. 190.

34 국가경제발전 5개년 전략에서 제시된 내용과 최고인민회의에서 발표한 내용이 거의 유사 하다.

35 김천일 조선경제개발협회 서기장이 발표한 2015년 9월 21일 평양 고려호텔에서 열린 제 11차 평양 가을 국제상품전람회 참가자 대상 경제개발구 투자설명회 내용이다. 통일신보, 2015.09.26.

36 조선신보, 2015.09.26.

37 이석기 외, 『2016년도 북한경제 종합평가 및 2017년 전망』, 세종: 산업연구원, 2017, p. 65.

38 박승일, 『북한의 외국인투자 법제 분석과 전망』, 세종: 법제연구원, 2020, p. 69.

39 조선신보, 2015.02.23.

40 이석기 외, 『김정은 시대 북한 경제개혁 연구-우리식 경제관리방법을 중심으로』, 세종: 산업연구원, 2018.

41 한겨레, 2005.04.17.

42 이석기 외, 『김정은 시대 북한 경제개혁 연구-우리식 경제관리방법을 중심으로』, 세종: 산업연구원, 2018.

43 위의 책, p. 112.

44 김정은, "경제건설과 핵무력 건설을 병진시켜 강성국가 건설을 앞당겨 나갈데 대하여", 노동당 중앙위원회 전원회의 결정문.

45 조선노동당 제7기 제3차 전원회의 결정문.

46 정식명칭은 "United Nations Convention on Contracts for the International Sale of Goods"이다. CISG는 현재까지 94개 국가에서 채택하고 있다.

47 이석기 외, 『김정은 시대 북한 경제개혁 연구-우리식 경제관리방법을 중심으로』, 세종: 산업연구원, 2018, pp. 315-330.

48 자력갱생은 북한이 스스로 문제를 해결하겠다는 의지의 표현이지만, 전통적으로 북한이 사용한 자력갱생이라는 단어는 사회주의 우호 국가들과의 관계까지 부정하지 않는 개념 으로 사용되었다. 특히 최근의 국제정세 속에서 신북방 삼각관계로까지 비하될 정도로 관계가 악화하고 있는 상황에서 중러와의 관계 개선은 필연적일 수밖에 없다고 판단된다.

49 2018년 북한의 대외교역량이 사실상의 붕괴 수준으로 하락했지만, 미약하나마 2019년
    에는 회복세를 보인다. 회복세를 보이는 부분에 대한 지속적인 추적과 분석이 필요하지
    만, 일정 정도의 성과를 낼 가능성은 존재한다.

CHAPTER 07

1 명수정, "북한의 환경 현황", 『KDI 북한경제리뷰』, 한국개발연구원, 2018, p.53.

2 명수정·권현한, "북한의 강수특성 분석과 기후변화 전망", 『한국수자원학회 학술발표회』,
   2010, pp. 1443-1447.

3 11개 국가는 북한을 포함한 남아시아 및 동아시아에 있는 아프가니스탄, 버마, 인도, 파키
   스탄 5개 국가와 중앙아메리카 및 카리브해 지역에 있는 과테말라, 아이티, 온두라스, 니카
   라과 4개 국가와 더불어 콜롬비아와 이라크다. "Climate Change and International Re-
   sponses Increasing Challenges to US National Security Through 2040", https://www.
   dni.gov (검색일: 2024년 8월 13일).

4 "Climate Change and International Responses Increasing Challenges to US National
   Security Through 2040", https://www.dni.gov (검색일: 2024년 8월 13일). p.12.

5 조선일보, "COP26에 등장한 북한 ··· 文대통령 '북한 산림 복원해 온실 가스 감축'", 2021.11.

6 이 강수량은 연강수량과 같은 수치이기도 하다.

7 VNR은 2030 의제의 핵심 부분인 지속가능발전목표(Sustainable Development Goals,S-
   DGs) 이행에 동참하는 선진국 및 개발도상국 모든 국가들이 자발적으로 그동안의 경험과
   도전, 교훈 등을 공유하고 검토하는 프로세스이다.

8 https://unfccc.int/sites/default/files/NDC/2022-06/2019.09.19_DPRK%20letter%20
   to%20SG%20special%20envoy%20for%20NDC.pdf (검색일: 2024년 7월 13일).

9 기상청 편, 『북한기상 30년보(1991~2020)』, 2022, p. Ⅱ-20.

10 북한 당국은 2020년 대규모 수해 피해 이후 재개의 개념을 자연재해 중심으로 정의하고
   있다. 2014년 「재해방지 및 구조, 복구법」에서 재해의 범위를 자연재해 중심이 아닌 사회
   재해, 보건재해까지 포괄하여 정의한 것과 대조적이다. 국가정보원편, 『2020 북한법령집
   下』, 서울: 국가정보원, 2020, p. 223.

11 2012년부터 2021년까지 통계청(KOSIS) 자료에 의하면, 연 강수량이 상대적으로 가장 높
   았던 연도는 2012년, 2013년, 2015년, 2020년이다.

12 코로나19 발병현황 제외.

13 로동신문, "2,000여세대의 살림집이 붕괴되고 170여동의 공공건물이 파괴되었으며, 인명피해도 발생했다. 그리고 룡양광산과 대흥청년영웅광산, 검덕광업연합기업소 등에 상당한 피해가 발생했다. 이외에도 통신망들이 두절되고 주요 전력망이 파손되었으며, 870여개소에서 132만여㎡의 도로와 주요 철길 및 다리도 피해를 입었다. 단천시 700여정보의 농경지에도 피해가 발생했다", 2012.11.22.

14 국가비상재해위원회 위원장 강일섭(2020.6.8.까지 등장, 당 중앙위 제7기 제13차 정치국회의), 국장 김영철(2020.3.20. 국가계획 수립).

15 로동신문, "전변의 세기에 맞게 국토관리사업을 더 잘해 나가자", 2001.02.03.

16 로동신문, "과학적인 발전전략을 수립하는데 모를 박고", 2021.02.07.

17 로동신문, "치산치수사업을 힘있게 벌려 조국강산을 살기 좋은 인민의 락원으로 꾸리자", 2020.11.04.

18 로동신문, "일관하게 틀어쥐고 내밀어야 할 책임적인 사업", 2020.09.24.

19 로동신문, "국가재해방지사업총화회의 진행", 2022.09.06.

20 로동신문, "경애하는 김정은동지께서 강원도 안변군 오계리 일대의 태풍피해현장을 돌아보시였다", 2023.08.14.

21 김명희, "유엔의 재난위험 감소 추진체계 및 전략의 시사점", 『한국융합학회논문지』 Vol.11. No.1, 한국융합학회, 2020, pp. 211-219.

22 효고 행동강령(HFA, Hyogo Framework for Action, 2005-2015)은 2004년 태국과 인도네시아에서 발생한 쓰나미 재해 이후 유엔이 채택한 재해위험 감소를 위한 전략이 있다. 센다이 프레임워크(Sendai Framework of Disaster Risk Reduction 2015-2030)는 효고 행동강령의 종료로 제시된 후속 전략으로 센다이 전략은 7개의 성과달성목표와 13개의 지도원리 4개의 우선순위에 지역과 국가 차원에서의 역할과 임무, 이해관계자들의 역할을 제시하고 있다. 박형준, 『국가재난관리거버넌스 개선방향: 센다이프레임워크를 중심으로』, 국회입법조사처, 2017, pp. 17-32.

23 북한은 2022년 12월 말까지 국가재해위험감소계획 체계 확립을 선언했지만, 2023년 8월까지 재해위험감소계획 관련 별도의 보도가 확인되지 않고 있다.

24 조선중앙통신, "공화국정부가 지난 2년 남짓한 기간 센다이기틀문건을 비롯한 국제적합의에 부합되게 재해위험감소사업을 보다 발전시키기 위한 실천적조치들을 취하고 리행하는 과정에 적지 않은 진전을 이룩하였다고 밝혔다. 조선대표단 단장 재해위험감소사업에서 국제적협조를 강화할 것이라고 강조", 2017.05.29.

25 조선중앙통신, "김정은 동지께서 기상수문국을 현지지도, 2014.06.10.

26 조선중앙통신, "전국기상수문 및 해양부문 과학기술발표회 진행", 2014.09.18.

27 조선중앙통신, "우주과학기술토론회 진행", 2014.12.10.

28 조선중앙통신, "조선에서 기상관측과 예보의 현대, 과학화수준 제고", 2014.09.18.

29 조선중앙통신, "기상수문, 해양예보의 정확성보장에서 성과 이룩", 2014.09.18.

30 조선중앙통신, "국가통합재해관리정보체계 개발", 2021.11.26.

31 조선중앙통신, "큰물재해관리정보체계 개발도입", 2021.11.8.

32 조선중앙통신, "우리 나라 적십자회 2021년-2030년 전략수행을 위한 활동", 2021.08.06.

33 로동신문, "우리 당과 국가의 지도사상인 김일성-김정일주의의 본질이 인민대중제일주의로 정식화되고 위대한 수령님식, 위대한 장군님식 인민관을 철저히 구현할 데 대한 사상이 나오게 되었으며 '모든 것을 인민을 위하여, 모든 것을 인민대중에게 의거하여!'라는 구호가 당과 국가활동의 근본원칙, 근본방식으로 확고히 전환되게 되었다. … 우리 당의 정치는 인민대중제일주의정치이다.", 2021.06.02.

CHAPTER 08

1 DPRK, Voluntary National Review on the Implementation of 2030 Agenda, 2021.

2 2020년 기준 OECD 38개 국가 중에 국토 면적 대비 산림 비율이 60%가 넘는 국가는 5개 국가다. https://fra-data.fao.org/ 데이터를 바탕으로 필자 추산.

3 북한은 경사도 15°이하는 농작물 재배가 가능한 지역으로 분류하고 있다. 우리나라는 경사도 8° 이하를 농경지로 분류한다. 오삼언·김은희, "북한 임농복합경영의 사회경제적 함의와 남북 산림협력방향", 『북한학연구』 제16권 제2호, 2020.

4 북한의 산림복구정책을 경제발전전략과 연관시켜 '황금산 전략'으로 분석한 연구로 다음을 참조. Sam Un Oh·So Young Park, "Implications of North Korean Forest Policy and "Golden Mountain Strategy"", Pacific Focus, 381, 2023.

5 남북의 산림복구 정책 비교와 관련해서는 다음을 참조. Sam Un Oh·Eun-Hee Kim·Kyoung-Min Kim·Myung-Kil, "A Study on the Application of Successful Forest Greening Experience for Forest and Landscape Restoration: A Comparative Study of Two Koreas", Sustainability Vol.2020 No.12 winter, 2020.

6 북한의 산림복구 성과와 관련해서는 다음을 참조. 오삼언·김은희, "김정은 시대 산림복구 성과와 양상 분석", 『북한연구학회보』 제25권 제2호, 2021.

7 명수정, "북한의 환경 현황", 『KDI 북한경제리뷰』, 한국개발연구원, 2018.

8 Strategic Framework for cooperation between the UN and the DPRK, 2017~2021. 북한 외무성 산하 국가조정위원회위원장 김창민 국장의 서명으로 제출(2016.09.01.)

9 11개 국가는 북한을 포함한 남아시아 및 동아시아에 있는 아프가니스탄. 버마. 인도. 파키스탄 5개 국가와 중앙아메리카 및 카리브해 지역에 있는 과테말라. 아이티. 온두라스. 니카라과 4개 국가와 더불어 콜롬비아와 이라크다.

10 "Climate Change and International Responses Increasing Challenges to US National Security Through 2040."

11 북한은 2021년 6월말 유엔의 지속가능발전목표(Sustainable Development Goals. SDGs) 이행 현황과 과제를 담고 있는 '자발적 국가검토 보고서'(Voluntary National Review. VNR)를 제출했다.

12 Intended Nationally Determined Contribution of Democratic People's Republic of Korea, September 2016.

13 보고서에서 북한은 국가에너지전략. 농업발전전략. 과학기술발전전략 등 3가지 정책 방향도 함께 언급했다.

14 북한의 분류를 참조하더라도 생태환경 관련 법과 기후위기 대응 관련 법을 명확히 구분하기는 어렵다.

15 한상운, 『북한 환경상태조사 및 남북 환경협력사업 개발 연구: 북한 환경법제 입법동향 및 DB구축』, 한국환경정책·평가연구원, 2020.

16 오삼언·박소영, "김정은 집권 이후 자연보호구 정책의 특징", 『통일정책연구』 제32권 제2호, 2023.

17 묘향산은 2009년, 구월산은 2004년, 백두산은 1989년에 생물권보전지역으로 지정된 바 있다.

18 오삼언·박소영, "북한의 자연재해와 기후위기 대응전략", 『현대북한연구』 제25권 제3호, 2022.

19 최형순 외, "기후위기와 남북산림협력", 『국제산림정책토픽』 제111호, 2022.

20 북한의 생태환경정치와 관련해서는 다음을 참조. 오삼언, "김정은 집권 이후 '생태환경정치'의 출현", 『북한연구학회보』 제28권 제1호, 2024.

CHAPTER 09

1 이규창, "김정은 시대 북한의 사회통제 및 처벌 실태는?", 통일연구원 세부보고서 2023-1, 2023, p. 49.

2 조선노동당 규약(2021) 서문 참고.

3 김병로, 『김정은 정권 10년, 북한주민 통일의식』, 서울대학교 통일평화연구원, 2021, p. 121.

4 임동민 외, 『2022년 북한 방송통신 이용실태 조사 사업결과보고서』, 정보통신정책연구원, 2022, pp. 102-105.

5 북한 「형법」상 형벌의 종류는 1. 사형, 2. 무기로동교화형, 3. 유기로동교화형, 4. 로동단련형, 5. 선거권박탈형, 6.재산몰수형, 7. 벌금형, 8. 자격박탈형, 9. 자격정지형 등으로 나뉜다 (제2절 제35조). 사형과 무·유기 노동교화형, 노동단련형은 기본형벌이며 이밖에 형벌은 부가형벌로 분류된다. 노동교화형은 범죄자를 교화소에 수감하여 노동을 시키는 형벌로 이 기간 동안 공민의 권리가 정지되며, 유기노동교화형의 경우 기간은 1년부터 15년까지에 달한다.

6 Wedeen, Lisa, Ambiguities of Domination: Politics, Rhetoric, and Symbols in Contemporary Syria, Chicago: University of Chicago Press, 1999, p. 147.

CHAPTER 10

1 김인식 외, 『인간과 사회와 교육』, 서울: 교육과학사, 1998, p. 119.

2 로동신문, "조선로동당 중앙위원회 제8기 제8차전원회의 확대회의에 관한 보도", 2023. 06.19.

3 조정아·이춘근·엄현숙, 『'지식경제시대' 북한의 대학과 고등교육』, 서울: 통일연구원, 2020, p. 30.

4 이는 달리 해석하면 북한에서 교육이 차지하는 비중이 매우 크다는 점을 보여준다. 이에 대하여 박정원은 사회주의 사회인 북한에서 교육은 이데올로기 강화를 위한 가장 중요한 도구라는 점을 강조하였다. 박정원, 『북한의 교육법제에 관한 연구』, 서울: 한국법제연구원, 2003, p. 11.

5 "조선민주주의인민공화국 교육법: 1999년 7월 14일 최고인민회의 상임위원회 정령 제847호로 채택", 『조선민주주의인민공화국 법전(대중용)』, 평양: 법률출판사, 2004, p. 104; "각이한 사회성원들을 움직이기 위하여 국가가 만든 행동, 질서, 행동준칙이 법이다. 법에는 사회의 모든 성원들이 반드시 지켜야 할 사회적권리와 의무가 명백하게 규정되여있다."

리금송 외, "법이란 무엇인가", 『사회주의도덕과 법(고급중학교 1학년용)』, 평양: 교육도서
출판사, 2013, p. 107.

6 제13조 제2항, 중등일반의무교육학제를 기존 11년제에서 12년제로 수정, 제20조 제2항,
학교교육기관에 기존 중학교를 초급중학교, 고급중학교로 수정하였다. 『조선민주주의인민
공화국 법전』 증보판, 평양: 법률출판사, 2016, p. 148.

7 제8조, "온 사회를 인테리화하는 것은 사회주의교육의 전망과업이다."를 "전민과학기술인
재화를 실현하는 것은 사회주의교육의 전망과업이다."로 수정하였다. 제17조 제1항에서 전
문학교 삭제, 제20조의 학교교육기관에서 기존 중학교를 초급중학교, 고급중학교로 수정
하였다. 『조선민주주의인민공화국 법전』 증보판, 평양: 법률출판사, 2016, p. 393.

8 기존의 『교육테제』와 「유아보육 · 교육법」 및 김일성 부자의 교육관련 문건들을 종합 · 정리
해 6장 52조로 된 「교육법」을 채택 · 법제화했으며, 2000년 3월 4-6일 최고인민회의 제10
기 제3차 회의에서 이를 승인하였다. 정영순 외, 『통일대비 북한교과서에서의 교육이념 변
화 연구』, 서울: 한국교육개발원, 2002, p. 49.

9 조선민주주의인민공화국 「사회주의헌법」은 1972년 12월 27일 최고인민회의 제5기 제1차
회의에서 채택되고 1992년, 1998년, 2009년, 2010년, 2012년, 2013년, 2016년 수정보
충 되었다.

10 조선민주주의인민공화국 「어린이보육교양법」은 1976년 4월 29일 최고인민회의 법령 제
7호로 채택, 1999년 수정보충되었다.

11 "사회주의교육에 관한 테제"는 1977년 조선노동당 중앙위원회 제5기 제14차 전원회의에
서 발표되었다. '테제'는 북한 교육의 기본원리와 교육내용, 방법, 교육제도, 교육기관의 임
무와 역할, 교육에 대한 지도와 방조 등을 규정하고 있었다.

12 엄현숙, "2000년대 이후 교육법제 정비를 통한 북한 교육의 현황", 『현대북한연구』 제20
권 제1호, 2017, p. 100.

13 제11조 고등교육의 구분을 대학교육의 구분으로 수정하고, "고등교육은 대학교육으로 한
다."로 명기하였다. 제12조 기존 전문학교교육을 삭제하고 기존 제11조 제2항의 내용을
제12조로 수정하였다. 제16조 고등교육기관의 구분에서 전문학교를 삭제, 제17조 전문학
교의 조직을 삭제하고 기존 제16조 제2항으로 수정, 제18조 대학의 조직 제1항, "대학은
기술자, 전문가에 대한 국가적, 사회적수요를 고려하여 종합대학과 부문별 또는 지역별종
합대학, 부문별대학, 직업기술대학 같은 것을 적절히 배합하는 원칙에서 조직한다." 제21
조 일하면서 배우는 고등교육기관의 조직에서는 공장전문학교를 삭제하였다. 『조선민주
주의인민공화국 법전』 증보판, 평양: 법률출판사, 2016, p. 391.

14 김정일, "사회주의강성국가건설의 요구에 맞게 교육사업에서 혁명적 전환을 일으킬데 대하여: 조선로동당 중앙위원회 책임일군들과 한 담화(2008년 5월 7일)", 『김정일선집 23권』 증보판, 평양: 조선로동당출판사, 2014, p. 387.

15 김정일, "사회주의강성국가건설의 요구에 맞게 교육사업에서 혁명적 전환을 일으킬데 대하여: 조선로동당 중앙위원회 책임일군들과 한 담화(2008년 5월 7일)", 『김정일선집 23권』 증보판, 평양: 조선로동당출판사, 2014, p. 391.

16 "조선민주주의인민공화국 고등교육법", 『조선민주주의인민공화국 법전』, 평양: 법률출판사, 2012, p. 1054.

17 최은석, "북한의 사회주의 법제정의 합리화와 규범적 법문건의 입법기술", 『立法學研究』 제8집, 2011, p. 81.

18 조정아 · 이춘근 · 엄현숙, 『'지식경제시대' 북한의 대학과 고등교육』, 서울: 통일연구원, 2020, p. 9.

19 로동신문, 제13차 전국교육일군대회 참가자들에 전달된 노작 "새 세기 교육혁명을 일으켜 우리나라를 교육의 나라, 인재강국으로 빛내이자", 2014.09.11.

20 북한의 대학 수는 350여 개 정도, 대학생은 31만 명 정도로 추정되며, 이는 남한과 비교할 때, 1/4 정도, 대학생은 약 1/10 정도 규모이다. 조정아 외, 『북한 이공계 대학 교육과정 분석』, 서울: 통일연구원, 2007, p. 13.

21 조정아 · 이춘근 · 엄현숙, 『'지식경제시대' 북한의 대학과 대학교육』, 서울: 통일연구원, 2020, pp. 74-81.

22 "(중략) 우리 당은 대학 및 전문학교들의 교육강령에서 정치사상과목에 응당한 비중을 돌리고 위대한 수령님의 고전적로작과 혁명력사, 조선로동당정책사 그리고 주체철학과 정치경제학 등 정치사상과목과 사회과학과목 교수의 과학리론수준을 높이도록 하였다." 리영환, 『조선교육사 5권』, 평양: 사회과학출판사, 1993, p. 65.

23 『북한 이공계 대학 2006년 교육과정안』을 살펴보면, 일부 대학 과정안에 학점이 나와 있는 것으로 보아 적어도 2006년부터 점차적으로 학점제로 이행하고 있음을 짐작하게 한다. 그러나 대학은 같아도 전공에 따라 학점제가 있는 경우와 없는 경우가 있다.

24 2001년 4월 새 학년부터 도입된 '선택과목제'란 지역별 · 지대별 특성에 맞춘 과목별 교육방식이다. 농촌지역에서는 농업 관련 과목 교육, 어촌지역에서는 어업 관련 과목 교육, 산간지역에서는 임업 관련 과목 교육 등 지역별 · 지대별 특성에 맞는 과목을 집중적으로 교육하는 것이다.

25 공로혁, "교육구조의 혁신을 지향하여", 『로동신문』, 2024.04.01.

26 UNESCO, Denocratic people's Republic of Korea Education and Literacy, 2018.

27 김정일, "학교교육사업을 개선강화하는데서 나서는 몇가지 문제", 『김정일선집 11권』 증보판, 평양: 조선로동당출판사. 2011, p. 459.

28 김영수, 『대학입학원격시험체계구성과 운영에 대한 연구』, 평양: 김형직사범대학출판사, 2017, p. 27.

29 김계수·이춘근, "북한의 국가연구개발체계와 과학기술인력 양성체계", 과학기술정책연구원, 2001.

30 로동신문, "조선민주주의인민공화국 원격교육법을 채택함에 대하여", 2020.04.20.

31 로동신문, "원격교육과 지식형 근로자", 2023.05.20.

32 공로혁, "올해 원격교육을 받는 근로자들이 5천여명 더 늘어났다", 『로동신문』, 2023.05.13.

33 엄현숙, "정보화시대 북한의 사이버 교육에 관한 연구: 남북한 사이버 교류협력을 위한 시론", 『국가안보와 전략』 제20권 제3호, 2020, p. 83.

34 "조선민주주의인민공화국 컴퓨터망관리법", 『북한법령집 下』, 서울: 국가정보원, 2022.

35 『북한법령집 下』, 서울: 국가정보원, 2022, p. 641.

36 위의 책, p. 643.

37 조선신보, "전국적인 교육정보통신망을 형성", 2018.11.07.

38 엄현숙, "정보화 시대 북한의 사이버 교육에 관한 연구", p. 82.

39 조선신보, "조선에 대한 리해", 2020.03.06.

40 이춘근·김종선, "북한 김정은 시대의 과학기술정책 변화와 시사점", 『STEPI INSIGHT』 제173호, 2015, p. 19.

41 엄현숙, "정보화 시대 북한의 사이버 교육에 관한 연구", p. 85.

42 위의 책, pp. 88-89.

43 장철범, "기술인재육성, 여기에 증산의 지름길이 있다", 『로동신문』, 2019.04.24.

44 로동신문, "조선민주주의인민공화국 최고인민회의 제14기 제7차회의에서 하신 경애하는 김정은동지의 시정연설", 2022.09.09.

45 조정아·이춘근·엄현숙, 『'지식경제시대' 북한의 대학과 고등교육』, 서울: 통일연구원, 2020, p. 42; 엄현숙, "김정은 시대 고등교육 정책 연구: 박사학위 제도를 중심으로", 『국가안보와 전략』 제19권 제4호, 2019, pp. 86-90.

46 로동신문, "주체의 혁명적당건설사에 특기할 불멸의 대강 경애하는 김정은동지께서 조선로동당 중앙간부학교를 방문하시고 기념강의를 하시였다", 2022.10.17.

47 엄현숙, "북한의 대학 혁신 연구: 교수의 전문성을 중심으로", 『현대북한연구』 제26권 제2

호, 2023, p. 67.

48 통계청 보도자료 2011, http://kostat.go.kr/assist/synap/preview/skin/miri.html?f-
    n=e14df6300214231055214&rs=/assist/synap/preview (검색일: 2024.01.24.).

49 UNESCO, Denocratic people's Republic of Korea Education and Literacy, 2018.

50 김계수·이춘근, "북한의 국가연구개발체계와 과학기술인력 양성체계", 과학기술정책연
    구원, 2001, p. 53.

CHAPTER 11

1 국가정보원 편, 『2022 북한법령집 下』, 서울: 국가정보원, 2022.

2 박민주, "북한 주민의 일상의료 경험: 2000년대 이후 의료지형의 환경조건과 영역별 주민
   실천을 중심으로.", 『통일인문학』 93, 2023, pp. 159-210.

3 국가정보원 편, 『2020 북한법령집 下』, 서울: 국가정보원, 2020.

4 『조선의 오늘』, 2022.08.19.

5 이유림, "김정은, '방역 공로' 군장병 불러 단체 촬영⋯노고 치하", 『이데일리』, 2022.08.21.,
   https://www.edaily.co.kr/news/read?newsId=01266086632429616&mediaCode-
   No=257&OutLnkChk=Y.

6 노동신문, "사소한 방심과 해이도 허용될 수 없다", 2022.08.23.

CHAPTER 12

1 2012년 12월 19일 최고인민회의 상임위원회 정령 제2876호로 채택.

2 2015년 10월 8일 최고인민회의 상임위원회 정령 제707호로 채택.

CHAPTER 13

1 북한은 1985년 평양외국어학원에 동시통역연구소를 설립하여 통역요원을 양성하기 시작
   하였다. 외국인 관광객을 위한 언어능력을 갖춘 고급 관광인력 양성이 동시통역연구소 설
   립 이유 중 하나였다. 세계관광기구(UNWTO) 가입 이후 관광인력의 양성이 본격화되어
   1987년 상업대학에 관광학과를 신설하였으며, 1990년대에는 관광일꾼양성소와 같은 전
   문인력 양성기관이 설립되어 안내 및 통역 인력, 접대 서비스 인력, 전문 요리사 등이 배출
   되기 시작하였다. 1997년부터는 평양외국어대학, 장철구평양상업대학, 청진상업대학 등에
   관광전공 강좌가 개설되었으며, 국가관광총국 부설 4년제 국제관광안내통역학교, 관광서

비스학교, 평양요리학교(2년제)도 학생을 모집하였다(임을출 외, 2017: 152).

2 「합영법」(1984.09.08)의 정식명칭은 「합작회사운영법」으로 총 5장 46개 조문, 자본주의 국가를 포함한 국가로부터의 투자 유치를 목적으로 한 「합영법」을 최고인민회의 상설회의 결정 제10호로 채택하여 제정·공포, 공업, 건설, 운송, 과학기술, 관광업 등 5개 산업을 대상기업으로 지정하고, 이 법에 근거한 합영기업을 "한나라 회사·기업소와 다른 나라의 회사·기업소가 공동 투자, 공동 경영, 이윤의 공동 분배, 손실에 대한 공동 부담을 전제로 창설하는 기업"이라고 규정하고, 북한이 외국인의 직접투자유치 전략으로 북한의 낙후된 산업을 발전시키고자 하는 최초의 개혁개방 정책, 관광이라는 용어를 경제활동과 관련하여 공식적으로 사용하며 서구자본과의 합작 분야로 선정하였다.

3 「외국인투자법」(1992.10.05)은 22개 조문, 최고인민회의 상설회의 결정 제17호로 채택, 제6조에서 외국자본의 관광 분야 투자를 명기하고 있다. 즉 제6조(투자부문 및 투자방식)에 '외국 투자가는… 과학기술, 관광… 같은 여러 부문에 여러가지 방식으로 투자할 수 있다'고 규정한다.

4 신정화, 2010: 134.

5 통일부, 북한정보포털-경제-관광업, 북한 법령(검색일: 2024년 7월 7일).

6 임을출 외, 2017: 187.

7 전게서, 2017: 186.

8 통일부 북한법령.

9 임을출 외, 2017: 186.

10 법제처 북한법령용어사전.

11 통일부 북한법령.

12 임을출 외, 2017: 179.

CHAPTER 14

1 Marie-Benedicte Dembour, "What are Human Rights? Four Schools of Thought" Human Rights Quarterly, vol.32, no.1, Feb. 2010, pp. 1-3.

2 Audrey R. Chapman & Benjamin Carbonetti, "Human Rights Protections for Vulnerable and Disadvantaged Groups: The Contributions of the UN Committee on Economic, Social and Cultural Rights" Human Rights Quarterly, vol.33, no.3, 2011, pp. 683-684.

3 정인섭 편, 『국제인권조약집』, 서울: 경인문화사, 2008.

4   이우태 외, 『북한인권백서 2023』, 서울: 통일연구원, 2023.

5   임상순, "유엔 인권메커니즘의 관여전략과 북한 김정은 정권의 대응전략-로동신문과 유엔 문서 분석을 중심으로", 『북한연구학회보』 제19권 제1호, 2015.

약력

1장

임상순

동국대 정치학 박사

평택대 부교수(통일학 전공 주임교수)

저서: 남북한의 삶, 만남, 평화 이야기(2023)

논문: 김정은 집권 10년 간 유엔에서의 남북한 상호작용 연구: 박근혜 정부와 문재인 정부의 비교를 중심으로(2021)

최효정

동국대 북한학 박사

동국대 북한학연구소 연구초빙교수

저서: 남북한 경제용어 비교 사전(공저, 2021)

논문: 사전 표제어로 본 남북한 경제 용어 네트워크의 사회적 함의(2024)

2장

김상범

동국대 북한학 박사

경남대 극동문제연구소 조교수

저서: 북한의 핵과 정치권력 변화(2024)

논문: 베트남전쟁기 북한의 성명외교 연구(1964－1972)(2023)

3장

이수원

동국대 북한학 박사

안양대 통일사회정책연구소 상임연구위원

저서: 북한의 군사 · 국가지도기관(2022)

논문: 북한의 국가 주권 최고 지도기관에 대한 비교 분석(2022)

하상섭

동국대 북한학 박사

연세대 빈곤문제국제개발연구원 연구교수

논문: 리빙랩(Living Labs) 방식을 활용한 통일교육: Y 대학 '남북한관계론' 수업 사례 (2024), 국제사회 극체제 변화 속 북한 국방력 강화가 북한 안보 − 경제 메커니즘에 미치는 영향(2022)

4장

김일한

동국대 북한학 박사

동국대 북한학연구소 DMZ평화센터 연구위원

저서: 김정은 시대 경제정책: 101가지 질문·답변(2021)

논문: 북한 농업법제 변화: 농장의 자율성 확대 vs. 정부의 시장개입 강화(2023)

5장

황주희

고려대 북한학 박사

통일연구원 부연구위원

저서: 평양의 도시정치와 공간구조 공저 (2023)

논문: 김정은 시대 북한의 사회주의기업책임관리제 연구: 경영관행의 제도화를 중심으로 (2023)

6장

탁용달

동국대 북한학 박사

한국자산관리공사 캠코연구원 책임연구원

저서: 김정은 시대 북한의 이해(2022)

논문: 북한의 대외채무 처리방안 연구(2018)

7장

허정필

동국대 북한학 박사

동국대 북한학연구소 연구초빙교수

저서: 북한학 박사가 쓴 북한학개론(2022)

논문: 북한 체육정책을 통해 본 김정은 시대 취약계층 인권 연구(2023)

이창희

동국대 북한학 박사

동국대 북한학과 외래교수

저서: 북한의 선군정치(2019, 공저)

논문: 탈냉전 30년 북한 경제발전전략의 변화(2020)

8장

오삼언

동국대 북한학 박사

국립산림과학원 박사연구원

저서: 한국인과 소나무(2024, 공저)

논문: Implications of North Korean Forest Policy and 'Golden Mountain Strategy'(2023)

9장

정원희

고려대 북한학 박사

강원대 통일강원연구원 선임연구원

저서: 통일미래학개론(공저, 2024)

논문: 조선노동당 비밀문서를 통해 본 북한사회의 변화(2024)

10장

엄현숙

북한대학원대 북한학 박사

국립통일교육원 교수

저서: 12개 주제로 생각하는 통일과 평화 그리고 북한(2024)

논문: 공공부문 통일교육의 현황과 과제(2024)

11장

박민주

이화여대 북한학 박사

이화여대 통일학연구원 연구교수

저서: 북한 주민의 학교 생활: '인민'의 재생산과 학교 일상의 수행성(2023)

논문: 북한 주민의 모바일 일상과 기술·사회 재편: 사이보그들의 은근한 전유와 탈주(2024)

12장

하승희

북한대학원대 북한학 박사

동국대 북한학연구소 연구초빙교수

저서: 우리 마음의 국경(2024)

논문: 다음 세대를 위한 남북주민통합: 접촉, 일상, 공존(2024)

13장

김상원

경기대 관광학 박사

서울신학대 관광경영학과 교수

저서: 성경적 통일의 길(2019, 공저)

논문: 남북한 관광법규 비교(2018)

14장

임상순, 전수미

전수미

연세대 정치학 박사

숭실대학교 조교수(대외협력실장)

논문: Preemptive Strike on North Korea: Explaining the Sino-North Korean Mutual Aid and Cooperation Friendship Treaty

저서: 12개 렌즈로 보는 남북관계(공저)

북한법 변화를 통해서 보는 현대 북한의 이해

초판발행	2024년 10월 14일
지은이	임상순 외
펴낸이	안종만·안상준
편 집	박세연
기획/마케팅	최동인
표지디자인	BEN STORY
제 작	고철민·김원표
펴낸곳	㈜ **박영사**
	서울특별시 금천구 가산디지털2로 53, 210호(가산동, 한라시그마밸리)
	등록 1959. 3. 11. 제300-1959-1호(倫)
전 화	02)733-6771
f a x	02)736-4818
e-mail	pys@pybook.co.kr
homepage	www.pybook.co.kr
ISBN	979-11-303-2045-8 93340

copyright©임상순 외, 2024, Printed in Korea

정 가   20,000원